구약성서로 읽는 갈등과 화해

Conflict and Reconciliation in the Old Testament

구약성서로 읽는 갈등과 화해

정석규

Conflict and Reconciliation in the Old Testament

한들출판사

||| 머리말 |||||

"이제는 전에 멀리 있던 너희가 그리스도 예수 안에서 그리스도의 피로 가까워졌느니라 그는 우리의 화평이신지라 둘로 하나를 만드사 원수된 것 곧 중간에 막힌 담을 자기 육체로 허시고 법조문으로 된 계명의 율법을 폐하셨으니 이는 이 둘로 자기 안에서 한 새 사람을 지어 화평하게 하시고 또 십자가로 이 둘을 한 몸으로 하나님과 화목하게 하려 하심이라…"(엡 2:13-16, 개역개정판[1]).

예수님께서 이 땅에 오신 목적은 화목케 하기 위함이다. 사람들 사이에 막힌 담을 허시고, 사람과 하나님 사이를 화목하게 하시기 위해서 이 땅에 오셨다. 화목케 하신다는 것은 화목이 깨어졌음을 전제한다. 사람들 사이, 그리고 하나님과 사람 사이에 장벽과 갈등이 있음을 전제한다. 막힌 담과 갈등이 있기에 화목이 필요하고, 이 화목을 위해 예수님께서 이 땅에 오셨고, 십자가에 돌아가셨다.

1) 이후의 모든 성경구절은 개역개정판에서 인용하였다.

구약성서는 여러 종류의 갈등과 화해의 사건들을 다룬다. 하나님과 인간, 인간과 인간, 그리고 인간과 자연의 관계 속에 나타난 갈등과 화해에 주된 관심을 갖는다. 갈등과 화해라는 주제는 구약성서 처음부터 등장한다. 하나님께서 창조하시고 보시기에 좋았던 피조계의 질서(창 1-2장)는 아담과 하와가 하나님의 말씀에 불순종함으로 왜곡되었다(창 3장). 하나님의 형상으로 피조된 인간은 죄를 범한 후에 하나님을 피해 숨는 존재가 되었다(창 3:8; 참조. 창 1:26-27). 창조주 하나님과 피조물 인간 사이에 장벽이 생긴 것이다. 한 몸이었던 인간들은 상대방에게 죄를 전가하는 분리된 관계가 되었다(창 3:12; 참조. 창 2:24). 인간에게 삶의 터전으로 주어졌던 땅은 저주를 받고 가시덤불과 엉겅퀴를 소산하는 황량한 땅이 되었다(창 3:17-19; 참조. 창 1:26-30; 2:15). 인간과 땅, 인간과 자연의 관계도 적대적이 되었다.

창조질서의 왜곡은 하나님의 백성들의 공동체에서 대부분 갈등의 형태로 나타난다. 갈등이란 사전적으로 "칡덩굴이 얽힘과 같이 일이 복잡하게 뒤얽혀 알력을 낳게 하는 상태나 관계…서로 상치되는 견해, 처지, 이해 따위의 차이로 생기는 충돌"[2]을 의미한다. 창조 이래로 인간과 하나님 사이에, 그리고 인간들 사이에는 이러한 갈등이 끊임없이 발생해왔으며, 지금도 이 세상에 존재하는 모든 생명체와 그 생명체들의 관계 속에는 항상 갈등이 존재한다. 이러한 갈등의 과정은 매우 고통스럽다. 그러나 갈등을 잘 통과하면 많은 유익을 얻을 수 있다. 갈등을 통하여 하나님을 더욱 깊게 경험할 수 있고, 자신의 모습을 더욱 분명히 발견할 수도 있다. 갈등을 통하여 나와 다른 사람들을 존귀히 여기고 그들을 더 잘 이해할 수 있을 뿐만 아니라, 이전에 갖지 못했던 세상에 대한 새로운 시각도 얻을 수 있다.

갈등의 문제를 대면하는 바람직한 방법과 태도는 무엇일까? 현재 한국에 나와 있는 대부분의 목회상담학이나 상담학 책들은 갈등의 문

---

2) 국어국문학회, 《새로 나온 국어대사전》(서울: 민중서관, 2001), 60.

제를 일반 상담이론에 근거하여 접근한다. 갈등의 문제를 성서와 연결한다하더라도 일반 상담이론을 전제로 하여 그것의 보조 자료로 성서를 사용하고 있다. 그러나 갈등의 문제를 해결하기 위해서 가장 근본적인 것은 갈등과 화해에 대한 성서적 시각을 갖는 것이다. 왜냐하면 성서의 주된 관심이 하나님과 인간 사이의 갈등, 그리고 인간들 사이의 갈등을 해결하고 그들 사이를 화해하는 것이기 때문이다.

본서인《구약성서로 읽는 갈등과 화해》는 갈등의 문제를 구약성서가 어떻게 다루고 있는지 구체적인 사례를 통해 살펴본 연구이다. 구약성서에 묘사된 갈등의 예들은 대부분 이야기체(내러티브)로 표현된 사건들에 나타난다.《구약성서로 읽는 갈등과 화해》는 구약성서에 나타난 갈등 내러티브 가운데 하나님과 인간 사이의 갈등, 가족 구성원 사이의 갈등, 그리고 공동체 안에서의 갈등을 다루는 일곱 개의 사건을 선택하여 다룬다. 1-2장(chapter)은 하나님과 인간 사이의 갈등으로, 하나님과 아브라함(창 11:27-25:11), 그리고 하나님과 요나(욘 1-4장)의 갈등을 다룬다. 3-4장은 가족 구성원 사이의 갈등으로, 부모와 자녀인 라반과 야곱(창 29:1-31:55), 그리고 형제 사이인 야곱과 에서(창 25:19-28:22; 32:1-35:29)의 갈등을 다룬다. 5-7장은 공동체 안에서의 갈등으로, 지도자와 백성인 모세와 이스라엘 백성(출 15:22-18:27), 동역자 사이인 사무엘과 사울(삼상 8:1-15:35), 그리고 전임자와 후임자인 사울과 다윗(삼상 16:1-31:13)의 갈등을 다룬다.

각 장(chapter)은 크게 두 부분으로 구성된다. 첫째 부분은 각 갈등을 다루는 본문에 대한 주석이다. 주석은 텍스트의 구조와 짜임새를 통하여 본문의 의미를 도출하는 구조분석 방법에 따라 이루어진다. '구조분석(structural analysis)'이란 정해진 본문 안에 있는 구성요소들이 어떻게 연결되어 짜여 있으며, 또는 이러한 연결된 글의 각 구성요소들이 어떤 흐름으로 진행되는지를 파악함으로 글의 메시지를 찾아내는 방법이다.[3] 둘째 부분은 첫째 부분에서 행해진 주석을 근거로 하여 텍스트를 '갈등과 화해'라는 시각으로 재해석한 것이다. 이 부분은 크게 세

단계로 진행된다. 첫째는 '갈등의 이유'를 밝히는 단계이다. 이 단계에서는 두 당사자(하나님과 인간, 또는 인간과 인간) 사이에 갈등을 야기한 다양한 원인을 텍스트 속에서 끄집어낸다. 둘째는 '갈등 해결의 원리'를 발견하는 단계이다. 이 단계에서는 갈등의 관계가 어떻게 화목과 화평의 관계로 변화되는지 그 원리를 찾아낸다. 셋째는 '갈등의 목표'를 제시하는 단계이다. 이 단계에서는 갈등이 화해로 변화되는 과정을 통하여 구약성서가 드러내는 메시지가 무엇인지 설명한다.

《구약성서로 읽는 갈등과 화해》는 성서 본문에 대한 주석을 다루는 성서학의 영역과, 갈등이라는 주제를 다루는 상담학의 관심을 연결하려는 시도 가운데 하나이다. 본서는 구약성서의 관점에서 갈등의 문제를 다루는 것이기에 성서학에 치우친 경향이 있지만, 지금까지 갈등의 문제가 대부분 상담학의 영역으로 인식된 것을 고려한다면 학제간의 교류 차원에서 유의미한 작업이라 할 수 있다. 《구약성서로 읽는 갈등과 화해》가 학문의 영역들이 미분화됨으로 발생된 학문 간의 단절과 갈등을 화해하는 하나의 시도가 되길 소망한다.

《구약성서로 읽는 갈등과 화해》가 출판되기까지 많은 분들의 도움과 사랑의 수고가 있었다. 먼저 이 책을 쓰도록 격려해 주신 클레어몬트신학교(Claremont School of Theology)의 사무엘 이(K. Samuel Lee) 교수님, 이 책에 추천의 글을 써주신 크리스찬치유상담연구원 원장이시며 한신대 명예교수님이신 정태기 박사님과 한국구약학회 회장이시며 감신대 교수님이신 왕대일 박사님께 깊은 감사의 마음을 전한다. 또한 집필에 필요한 자료를 수집하는 데 도움을 준 한영신학대학교 도서관 사서들과 이 책의 교정을 도와준 정은숙 전도사님, 그리고 이 책을 출판하도록 도와주신 한들출판사 대표 정덕주 목사님에게도 심심한 감사를 전한다.

3) 구조분석 방법에 대해서는 저자의 책을 참조하라. 정석규, 《구조로 읽는 구약성서: 구조분석 방법과 실제》(서울: 프리칭아카데미, 2006).

글을 쓰는 저에게 시간적인 배려와 따뜻한 격려를 주고 삶에 위로와 힘이 되어준 사랑하는 아내와 두 딸에게도 고마움을 전한다. 마지막으로 저희 가족을 위해 끊임없는 관심과 헌신으로 사랑의 본을 보이시며 든든한 후원자 되신 장인 김병곤 님과 장모 도성자 님에게 사랑의 빚진 자로 감사를 드리며, 이 책을 두 분께 바친다.

2010년 3월 10일
학산에서 정석규

||| 차례 |||||

||| 제1장 |||

하나님과 인간과의 갈등 1

하나님과 아브라함

하나님과 인간 사이의 갈등은 구약성서에 많이 나타난다. 구약성서에서 하나님과 인간의 갈등은 대부분 자신의 계획과 뜻을 이 세상 가운데 실현하기를 원하시는 하나님과, 연약함과 불신앙으로 하나님의 계명에 순종하지 않고 우상을 섬기거나 자신의 욕심과 생각대로 행동하는 인간들의 대립으로 나타난다. 이러한 갈등은 현재 형태의 구약성서에서 하나님과 아담의 갈등부터 시작된다(창 3장). 그 외에도 하나님과 가인과의 갈등(창 4:1-16), 하나님과 바벨탑의 인간들 사이의 갈등(창 11:1-9), 하나님과 아브라함과의 갈등(창 11:27-25:11) 등 창세기에도 하나님과 인간 사이의 갈등은 자주 등장한다. 이러한 갈등은 출애굽기와 민수기에 나타난 광야 생활에서 불순종의 이스라엘과 하나님 사이의 갈등으로, 역사서에서는 여호와 하나님의 계명을 따르지 않고 우상을 섬기는 이스라엘 백성 또는 왕들과 하나님 사이의 갈등으로, 시가문학에서는 욥과 하나님의 갈등으로, 그리고 예언서에서는 하나님의 말씀을 선포하기를 거절하는 예언자(예레미야, 요나 등)와 하나님 사이의 갈등으로 표현된다. 이러한 많은 갈등의 이야기 가운데 이 장(chapter)은 하나님과 아브라함 사이의 갈등을 다룬다. 왜냐하면 아브라함 이야기는 아브라함과 하나님의 관계가 여러 형태로, 그리고 매우 구체적으로 묘사되기 때문이다.

아브라함 이야기가 나오는 창세기서는 서론(창 1:1–2:3)과 '엘레 톨레도트'(אלה תולדות, 창 2:4; 5:1; 6:9; 10:1; 11:10; 11:27; 25:12, 19; 36:1; 37:2)[1]라는 표제와 함께 시작되는 10개의 단락으로 구성된다. '엘레 톨레도트'라는 히브리적 표현에 따라 구분할 때, 창세기서는 아래와 같이 11개의 단락으로 구성된다.

아브라함 이야기(창 11:27-25:11)는 11개의 단락으로 구성된 창세기서 가운데 7번째 단락이다. 이 단락은 '이것은 데라의 톨레도트이다'(창 11:27)라는 표제와 함께 시작되지만, 이 단락에 나오는 이야기는 대부분 데라의 후예 가운데 한 사람인 아브라함에 집중하여 묘사된다. 그러므로 이 단락은 아브라함 이야기로 이해된다.

---

1) 창세기에서 '엘레 톨레도트'(אלה תולדות)는 새로운 문단을 시작하는 지시어로 사용된다(창 2:4; 5:1; 6:9; 10:1; 11:10, 27; 25:12, 19; 36:1; 37:2). 여기서 '톨레도트'라는 용어는 개역 성경에 "계보," "사적," "후예," "대략," "약전"이라는 말로 번역되어 있다. 여기서 '이것은 X의 톨레도트이다'와 함께 시작되는 문단은 X의 기원이 아니라, X의 후손들 또는 후손들이 행한 것을 다룬다. '엘레 톨레도트'를 근거로 창세기를 구분하는 주장에 대해서는 아래의 글들을 참조하라. R. Rendtorff, "Pentateuchal Studies on the Move," *JSOT* 3 (1977), 20–28; Brevard S. Childs, *Introduction to the Old Testament as Scripture* (Philadelphia: Fortress Press, 1979), 145–50; Herbert Wolf, *An Introduction to the Old Testament Pentateuch* (Chicago: Moody Press, 1991), 79–82; Joseph Blenkinsopp, *The Pentateuch: An Introduction to the First Five Books of the Bible* (New York: Doubleday, 1992), 58–59, 99–100; David A. Dorsey, *The Literary Structure of the Old Testament* (Grand Rapids: Baker Books, 1999), 48–49; Gordon J. Wenham, *Genesis 1–15*. 박영호 역, 《창세기 1–15》(서울: 솔로몬사, 2000), 28–30; 강사문, 《하나님이 택한 자들의 가정 이야기》(서울: 한국성서학연구소, 1998), 2–5; 김정우, 《구약통전》(서울: 이레서원, 2002), 342–43, 60–61; 정석규, 《구조로 읽는 창세기》(서울: 프리칭아카데미, 2006), 30–31.

1. 창세기의 서론	1:1-2:3
2. 천지의 이야기	2:4-4:26
3. 아담의 계보	5:1-6:8
4. 노아 이야기	6:9-9:29
5. 노아의 아들들 이야기	10:1-11:9
6. 셈의 족보	11:10-26
7. 데라의 후예(아브라함)의 이야기	11:27-25:11
8. 이스마엘의 족보	25:12-18
9. 이삭의 후예(야곱)의 이야기	25:19-35:29
10. 에서의 족보	36:1-37:1
11. 야곱의 후손(요셉) 이야기	37:2-50:26

I. 아브라함 이야기(창 11:27-25:11)의 문학적 구조와 내용

아브라함 이야기는 아래와 같이 크게 아브라함에게 주어진 약속과 연관된 이야기(창 11:27-22:24)와 아브라함 시대를 마무리하는 사건들을 다루는 결론적인 언급(창 23:1-25:11)이라는 두 개의 대문단으로 구성된다.

1. 첫째 대문단: 아브라함을 통한 약속과 성취의 과정 (창 11:27-22: 24)

아브라함을 통한 약속과 성취의 과정을 다루는 첫째 대문단은 아래와 같이 아브라함의 언약을 중심(창 15:1-16:16; 17:1-18:15)으로 열 개의 소문단이 교차대구구조(*chiasmus*)의 형태로 배열된다.

A. 데라의 계보	11:27-32
B. 하나님의 약속과 아브람의 순종	12:1-9
C. 이방(애굽)에서 사라가 당한 위기	12:10-20
D. 롯과 소돔 이야기	13:1-14:24
E. 아브람 언약과 이스마엘의 탄생	15:1-16:16
F(E'). 아브라함 언약 갱신과 이삭의 탄생 예고	17:1-18:15
G(D'). 롯과 소돔 이야기	18:16-19:38
H(C'). 이방(그랄)에서 사라가 당한 위기	20:1-18
I(B'). 하나님의 약속의 성취와 아브라함의 순종	21:1-22:19
J(A'). 나홀의 계보	22:20-24

1) 제1 테두리: 데라와 나홀의 족보(창 11:27-32; 22:20-24)

아브라함의 언약을 다루는 첫째 대문단은 위에서 보여주듯이 교차대구법으로 배열된 10개의 소문단으로 구성된다. 첫째 소문단은 데라의 계보(창 11:27-32)를 다룬다. 이 소문단은 열 번째 소문단(창 22:20-24)인 나홀의 계보와 대응된다. 데라의 계보는 원역사(창 1:1-11:26)와 족장역사(창 11:27-50:26)를 연결하는 가교 역할을 한다. 데라의 계보는 원역사의 마지막 부분에 있는 셈의 계보(창 11:10-26)의 마지막 자손인 데라에서 시작하여 첫 번째 족장인 아브라함을 소개하고, 데라 자신의 죽음으로 마무리된다(창 11:32).

또한 데라의 계보는 아브라함의 언약을 다루는 첫째 대문단의 서론과 같은 역할도 한다. 데라의 계보를 언급하는 첫째 소문단은 아래와 같이 교차대구구조(*chiasmus*)로 짜여진다.

1. 서언	11:27
2. 우르에 있었던 가족	11:28
3. 아브람과 나홀이 아내를 취함	11:29

4. 사래가 자식이 없음	11:30
5(3'). 데라가 아브람과 사래, 그리고 롯을 취함	11:31a
6(2'). 우르를 떠나 하란에 거함	11:31b
7(1'). 결언	11:32

이 구조에서 사래가 자녀가 없다는 언급은 중앙에 배열됨으로 가장 강조된다. 자녀와 연관된 주제는 아브라함 이야기 전체를 관통하는 핵심 주제이다. 불임의 문제는 단지 자손과 연관된 주제가 아니다. 이 문제는 땅과도 연관된다. 왜냐하면 후손이 없으면 그들이 살아야 할 삶의 터전인 땅이 필요하지 않기 때문이다. 그러므로 첫째 소문단이 강조하는 사래의 '자녀 없음'(barrenness)의 주제는 아브라함의 언약을 다루는 첫째 대문단의 서론과 같은 역할을 한다.

2) 제2 테두리: 하나님의 약속과 아브라함의 순종(창 12:1-9; 21:1-22:19)

데라의 족보(창 11:27-32)와 나홀의 족보(창 22:20-24)라는 제1 테두리 안에 '하나님의 약속과 아브라함의 순종'이라는 주제를 다루는 제2 테두리가 배열된다. 제2 테두리의 앞부분인 둘째 소문단(창 12:1-9)은 하나님의 약속의 말씀과 아브라함의 순종의 모습을 다룬다. 하나님께서는 아브라함을 부르시고 그에게 자손에 대한 약속을 주셨다(창 12:1-3). 이에 아브라함은 하나님의 말씀에 순종하여 하란을 떠나 가나안으로 들어왔다(창 12:4-6). 하나님의 약속과 아브라함의 순종이라는 구조는 이후에도 반복된다. 하나님께서는 가나안에 들어온 아브라함에게 땅에 대한 약속을 주셨고(창 12:7a), 이러한 약속에 대하여 아브라함은 순종하고 제단을 쌓았다(창 12:7b-9). 이러한 병행 구조 속에서 땅과 자손에 대한 하나님의 약속과, 약속의 말씀에 대한 아브라함의 순종이라는 주제가 반복되어 나타남으로 강조된다.

제2 테두리의 뒷부분인 아홉째 소문단(창 21:1–22:19)도 하나님의 약속과 아브라함의 순종이라는 주제를 다룬다. 이 소문단은 이삭과 연관된 하나님의 약속 성취와 아브라함의 순종을 묘사한다. 이 소문단의 구조는 아래와 같다.

1. 하나님의 약속 성취: 이삭 탄생	21:1–8
2. 자손과 연관된 갈등(이삭과 이스마엘)	21:9–21
3(2'). 땅과 연관된 갈등(아비멜렉)	21:22–34
4(1'). 아브라함의 순종과 축복의 약속	22:1–19

이 소문단은 제2 테두리의 앞부분인 둘째 소문단(창 12:1–9)과 구조와 내용에 있어서 대응된다. 둘째 소문단(창 12:1–9)은 자손과 땅에 대한 하나님의 약속과 아브라함의 순종이 병행 구조로 반복되는 반면, 아홉째 소문단은 하나님의 약속이 성취되는 것(창 21:1–8)과 그 약속이 아브라함의 순종으로 온전하게 되는 것(창 22:1–19)을 테두리(*inclusio*)로 하여 그 가운데 약속의 내용인 자손과 땅과 연관된 갈등들(창 21:9–21, 22–34)이 놓여있는 형태로 구성된다. 하나님의 약속 성취는 말씀대로 이삭이 태어나는 사건으로 설명되며(창 21:1–8), 아브라함의 순종은 외아들 이삭을 번제로 드리라는 하나님의 시험에 아브라함이 묵묵히 따르는 모리아 산 사건에 잘 묘사된다(창 22:1–19). 이러한 테두리 안에 있는 자녀와 연관된 갈등은 이삭과 이스마엘, 그리고 사라와 하갈의 갈등으로 묘사되고(창 21:9–21), 땅과 연관된 갈등은 우물과 연관하여 발생한 아비멜렉과의 갈등으로 설명된다(창 21:22–34). 이러한 대응을 통하여 제2 테두리를 이루는 두 소문단(창 12:1–9; 21:1–22:19)은 하나님의 약속의 말씀과 아브라함의 순종을 강조한다.

3) 제3 테두리: 사라가 타국에서 당한 위기(창 12:10-20; 20:1-18)

제2 테두리의 안쪽에는 이방에서 사라가 당한 위기를 다루는 제3 테두리가 놓인다. 제3 테두리의 앞부분인 셋째 소문단(창 12:10-20)은 사라가 타국인 애굽에서 당한 위기를 묘사한다. 이 소문단은 아브라함의 속임수로 인해 야기된 문제를 언급하는 부분(창 12:10-16)과 여호와의 개입하심으로 그 위기가 해결되는 부분(창 12:17-20)으로 구성된다. 아브라함은 애굽에서 사라를 자신의 누이로 속였다. 이러한 거짓은 바로가 사라를 취하는 위기를 야기하였다. 그러나 하나님께서는 이 상황에 직접 개입하셔서 바로에게 재앙을 내리심으로 이 문제를 해결하셨다.

제3 테두리의 뒷부분인 여덟째 소문단(창 20:1-18)도 사라가 타국인 그랄에서 당한 위기를 다룬다. 이 소문단도 셋째 소문단과 그 내용과 형식에 있어서 유사하다.[2] 이 소문단도 셋째 소문단처럼 아브라함의 속임수로 인해 야기된 문제를 언급하는 부분(창 20:1-2; 참조. 창 12:10-16)과 여호와의 개입하심으로 그 위기가 해결되는 부분(창 20:3-18; 참조 창 12:17-20)으로 짜여진다. 아브라함은 그랄에서 사라를 자신의 누이로 속이고, 이러한 거짓은 그랄의 왕 아비멜렉이 사라를 취하는 위기로 이어졌다(창 20:1-2). 이러한 위기 속에서 하나님께서는 아비멜렉의 꿈 가운데 사라가 아브라함의 아내라는 것을 알리셨고, 그 결

---

2) 역사비평 학자들은 아브라함이 사라를 자신의 누이라고 속임으로 위기를 벗어나려는 것과 연관된 이야기가 표현과 강조점의 차이를 갖고 두 번 반복되는 것은 이것들의 이전 자료가 다르기 때문이라고 주장한다. 즉, 창 12:10-20은 야웨(J) 문서이고, 창 20:1-18은 엘로힘(E) 문서라고 말하며, 창 20:1-18은 12:10-20보다 신학적인 시각으로 쓰였다고 주장한다. 위의 주장에 대하여 아래의 글을 참조하라. Gerhard von Rad, *Das erste Buch Mose: Genesis,* 한국신학연구소 역, 《창세기》(서울: 한국신학연구소, 1981), 248-53: E. A. Speiser, *Genesis* (AB; New York: Doubleday & Company, 1982), 150-52; J. Van Seters, *Abraham in History and Tradition* (New Haven: Yale University Press, 1975), 171-75.

과 아비멜렉은 사라를 아브라함에게 돌려보냈다.[3)]

아브라함이 사라를 자신의 누이라고 속이는 사건을 다루는 제3 테두리는 하나님이 아브라함에게 약속을 주신 첫 사건(창 12:1-9) 바로 뒤와, 이삭의 탄생을 통하여 그 약속이 처음으로 이루어지는 사건(창 21장) 바로 앞에 놓인다. 이러한 짜임새를 통하여 본문은 하나님의 약속과 인간의 불신과의 관계를 보여준다. 즉 인간의 불신으로 하나님의 약속이 위기를 맞이하지만, 하나님께서는 인간의 역사에 간섭하셔서 위기를 극복하시고 약속을 이루신다.

4) 제4 테두리: 롯과 소돔 이야기(창 13:1-14:24; 18:16-19:38)

제4 테두리를 이루는 넷째 소문단(창 13:1-14:24)과 일곱째 소문단(창 18:16-19:38)은 모두 롯과 소돔에 대한 사건을 다룬다. 아브라함 이야기 가운데 제4 테두리만 롯과 소돔과 연관된 사건을 다룬다는 공통점이 있다.

넷째 소문단은 롯과 아브라함의 갈등과 화해(창 13:1-18), 그리고 아브라함이 롯과 소돔을 구원하는 사건(창 14:1-24)을 다룬다. 이 소문단은 '약속의 위기'라는 주제를 다룬다는 면에서 셋째 소문단(창 12:10-20)과 연결된다. 아브라함과 롯의 목자들이 서로 다투자, 아브라함은 롯에게 땅을 선택할 수 있는 권한을 먼저 주었다. 롯이 가나안 땅이 아닌 요단 동편을 택함으로 아브라함은 약속의 땅 가나안에 거할 수 있게 되었고, 땅에 대한 약속의 위기는 해결되었다(창 13:1-18).[4)]

---

3) 셋째 소문단(창 12:10-20)과 여덟째 소문단(창 20:1-18)은 위와 같은 유사점을 갖지만, 몇 가지의 차이점도 있다. 첫째, 이 사건이 발생한 장소가 다르다. 셋째 소문단의 배경은 애굽이고, 여덟째 소문단의 배경은 그랄이다. 둘째, 셋째 소문단에서는 아브람이 약속의 땅 가나안을 떠나 애굽으로 가고 그곳에서도 거짓을 행하는 부정적인 모습이 부각되는 반면, 여덟째 소문단에서는 부정적인 모습과 함께 아비멜렉을 위하여 중보의 기도하는 긍정적인 모습도 나타난다.

4) 아브람과 헤어진 롯은 나중에 암몬과 모압의 조상이 된다(참조. 창 19:30-38). 암몬과

이어지는 사건에서도 롯과 소돔의 이야기가 나온다(창 14:1-24). 열왕들의 싸움으로 인해 소돔에 살던 롯이 포로가 되었다는 소식을 듣고, 아브라함은 318명의 가신을 거느리고 왕들과 싸워 승리를 거두고 롯을 구원하였다(창 14:1-16). 롯의 구원 사건 후에 아브라함은 살렘 왕 멜기세덱[5]을 만나 그에게 전리품 가운데 십일조를 바쳤다(창 14:17-24).

제4 테두리의 뒷부분인 일곱째 소문단(창 18:16-19:38)도 롯과 소돔 이야기를 언급한다. 이 소문도 넷째 소문단과 그 내용과 구조에서 대응된다.[6] 넷째 소문단에서 아브라함이 롯과 소돔을 구원했던 것처럼, 이 소문단에서도 아브라함은 소돔과 롯을 구원하기 위하여 중보의 기도를 드렸다(창 18:16-33). 넷째 소문단에서 아브라함은 롯과 소돔 모두를 구원했지만, 이 소문단에서 아브라함은 롯을 구원하지만 소돔을 구원하지는 못했다(창 19:1-29). 넷째 소문단에서 아브라함은 멜기세덱의 환대와 축복을 받고 그에게 십일조를 바치는 긍정적인 인물로 묘사되지만, 이 소문단에서 롯은 두 딸과 동침하여 모압과 암몬 족속의 조상이 되는 아이를 낳는 부정적인 인물로 그려진다.

제4 테두리는 소돔과 롯의 모습을 묘사하는 가운데 아브라함과 롯을 대조적으로 비교한다. 이러한 대조를 통하여 아브라함을 롯에게 먼저 땅을 선택할 기회를 주는 아량이 넓은 자로, 소돔과 롯을 보호했던 구원자로, 그리고 소돔과 롯을 위하여 기도한 중보자로 묘사한다. 이러한 아브라함에 대한 긍정적인 묘사는 아브라함이 하나님의 언약의 대상자로 적합한 인물임을 보여준다. 이러한 준비를 테두리로 하여, 그 중앙에는 하나님과 아브라함 사이의 언약이 묘사된다.

모압은 이후에 하나님의 약속이 이루어지지 못하도록 방해한 백성들로 묘사된다(민 22-25장; 참조. 신 23:3-6; 스 9:1).

5) 이곳에서 살렘 왕 멜기세덱은 하나님의 제사장으로 언급된다(창 14:18). 멜기세덱은 성서에서 최초로 언급된 제사장이다.

6) 넷째와 일곱째 소문단 사이의 구조적, 그리고 내용적 대응에 대하여는 아래의 글을 참조하라. 정석규, 《구조로 읽는 창세기》, 143-45.

5) 중심부: 하나님과 아브라함 사이의 언약 (창 15:1-16:16; 17:1-18:15)

아브라함에게 주어진 약속을 다루는 첫째 대문단(창 11:27-22:24)은 네 개의 테두리 안에 중심부분이 놓인 형태로 구성된다. 이 대문단의 중심을 이루는 다섯째 소문단(창 15:1-16:16)과 여섯째 소문단(창 17:1-18:15)은 모두 하나님과 아브라함 사이의 언약을 주로 다룬다.

다섯째 소문단은 하나님과 아브라함 사이의 언약 자체를 다루는 부분(창 15:1-21)과 언약에 대한 불신으로 야기된 이스마엘의 탄생 부분(창 16:1-16)으로 구성된다. 여기서 이스마엘의 탄생을 다루는 창세기 16장은 15장에 주어진 하나님의 약속이 성취될 것임을 예시하는 기능을 한다.[7] 이러한 창세기 16장의 문학적 기능을 통하여 다섯째 소문단 전체는 하나님과 아브라함 사이의 언약에 집중한다. 하나님께서는 아브라함에 나타나셔서 그에게 자손과 땅에 대한 약속을 주시고, 언약 체결 의식을 거행하셨다(창 15:1-21; 참조. 렘 34:18).[8]

---

7) 창세기 15장과 16장 사이의 문학적 연관성은 다음과 같다. 첫째, 아브라함의 자손이 번성할 것이라는 약속(창 15:5)은 하갈에게 주어진 자녀에 대한 약속(창 16:10)과 병행된다. 둘째, 창세기 15장 13절에서 여호와께서 아브람에게 주신 자손에 대한 약속, "네 자손이 이방에서 객이 되어 그들을 섬기겠고 그들은 사백 년 동안 네 자손을 괴롭히리니"라는 말씀은 창세기 16장에서 아브라함의 자손이 아닌 애굽의 여인 하갈과 연결된다. 구체적으로 말하면, 아브라함의 자손이 객이 될 이방은 하갈의 나라인 애굽을 의미하며, 이방인들이 아브라함의 자손을 괴롭게 한다는 말씀에서 '괴롭게 하다'(ענה)라는 용어는 창세기 16장에서 이스라엘인 사라가 애굽인인 하갈을 학대하는 것을 묘사하는 용어로 사용된다(창 16:6, 9, 11). 또한 창세기 15장에서 이스라엘 자손을 가리키는 '객'(게르, גר)이라는 히브리 용어는 하갈(הגר)이라는 이름과 '말의 재치'(wordplay)를 이룬다. 이러한 연관성에 근거한 창세기 16장의 문학적 기능에 대하여는 아래의 글을 참조하라. 정석규, "창세기 16장의 구조분석적 해석," 「구약논단」 23집(2007, 3), 31-51.

8) 고대 근동의 큰 도시국가였던 마리(Mari)에서 발견된 문서에 따르면, 이 장면은 계약을 맺는 의식이다. 동물을 둘로 자른 후 그것을 양쪽으로 마주보게 놓고 그 사이로 계약을 맺은 당사자가 지나감으로 계약을 맺는다. 이 의식은 계약을 위반하면 쪼개진

이러한 언약에도 불구하고 사라에게는 자녀가 없었다. 이러한 상황 속에서 사라는 하나님의 약속을 기다리지 못하고 그 시대에 통용되던 관습 가운데 하나인 그의 몸종을 통하여 자녀를 낳았다(창 16:1–16).[9] 여기서 하갈을 통한 이스마엘 탄생은 그녀에게 주어진 약속(창 16:10–12)과 그것에 대한 성취(창 16:15–16)의 형태로 설명된다. 이러한 형태는 아브라함에게 주어진 약속(창 15:5)도 미래에 성취될 것(창 21:1–3)임을 예시하는 역할을 한다.

중심부에 놓인 또 다른 소문단인 여섯째 소문단(창 17:1–18:15)도 하나님과 아브라함의 언약을 다룬다. 여섯째 소문단은 다섯째 소문단과 구조와 내용에 있어서 대응된다. 이 소문단은 다섯째 소문단처럼 아브라함과 맺은 하나님의 언약(창 17:1–27; 참조. 창 15:1–21)과 아브라함의 아들의 탄생과 연관된 이야기(창 18:1–15; 참조. 창 16:1–16)로 구성된다. 여섯째 소문단에서 하나님께서는 아브라함에게 나타나시어 언약을 맺으셨다. 언약의 내용은 다섯째 소문단에서와 같이 자손과 땅에 대한 것이지만(창 17:6–8), 이 언약은 다섯째 소문단에서 하나님과 아브라함이 맺은 언약과는 몇 가지 차이가 있다. 첫째, 17장에서 언급된 언약은 '영원한 언약' (ברית עולם, 창 17:7, 13, 19)이다. 즉 이 언약은 단지 아브라함과 사라와만 맺은 언약이 아니라 아브라함의 후손들과도 맺은 영원한 언약이다. 둘째, 17장의 언약은 아브라함과만 맺은 15장의 언약과는 달리 아브라함뿐만 아니라 사라와도 맺은 언약이다. 셋째, 17장

짐승과 같은 운명을 당하게 될 것이라는 의미를 담는다. 참조. Nahum M. Sarna, *Genesis* (JPS Torah Commentary; Philadelphia/New York/Jerusalem: The Jewish Publication Society, 1989), 114–15; Brian E, Keck, "Mari," *ABD*, vol. 4 (1992), 525–38.

9) 고대 근동의 큰 도시였던 누지(Nuzi)에서 발견된 문서에 따르면, 당시에 아이가 없는 부부는 양자를 택해 상속자로 삼을 수 있었으며(참조. 창 15:1–2), 또는 아이가 없는 아내가 남편에게 자신을 대신할 첩을 주어 아이를 낳게 할 수 있었다. 브라이트,《이스라엘 역사》, 100-101; Florence Morgan Gillman, "Nuzi," ABD, vol. 4 (1992), 1156–62; Maynard Paul Maidman, "Nuzi: Portrait of an Ancient Mesopotamian Provincial Town," *CANE*, vol. II (1995), 931–47.

의 언약에는 언약의 표징으로 할례를 요구한다. 넷째, 17장의 언약에는 이름의 변화를 통하여 존재가 변화되었음을 언급한다. 즉 아브람의 이름은 아브라함(창 17:5)으로, 사래의 이름은 사라(창 17:15)로 바뀐다.

아브라함 언약 자체를 다루는 부분 후에 이삭의 탄생을 예고하는 내용이 나온다(창 18:1-15). 여호와께서는 나그네의 모습으로 다른 두 사람과 함께 아브라함을 찾아오셔서,[10] 사라에게 기한이 이를 때에 아들을 낳을 것이라고 예고하셨다. 이 말씀에 사라는 웃지만, 여호와께서는 "여호와께 능하지 못한 일이 있겠느냐"(창 18:14)고 말씀하심으로 자신의 말씀이 반드시 이루어질 것이라고 확언하셨다. 이 부분은 이삭의 탄생 예고만을 다루지만, 이 부분과 대응되는 16장은 이스마엘의 탄생 예고와 이스마엘의 탄생 자체를 언급한다. 이스마엘의 탄생 예고 후에 그 말씀대로 이스마엘이 태어난 사건은 이삭의 탄생 예고 후에도 그 말씀이 성취될 것임을 예시하는 기능을 한다(참조. 창 21:1-3).

2. 둘째 대문단: 아브라함 이야기의 결론적 언급들(창 23:1-25:11)

아브라함 이야기의 결론적 언급을 다루는 둘째 대문단은 아래와 같이 아브라함 이야기의 주요 주제인 자손(창 24:1-67; 25:1-6)과 땅(창 23:1-20, 25:7-11)에 대한 말씀이 교차대구구조 속에서 배열된다.

A. 아브라함 아내의 죽음과 땅의 첫 번째 소유	23:1-20
B. 아브라함 아들의 결혼	24:1-67
C(B'). 아브라함이 후처에게서 얻은 자녀들	25:1-6
D(A'). 아브라함의 죽음	25:7-11

10) 여기서 세 사람으로 표현된 나그네는 인간의 모습을 한 여호와 하나님과 천사로 이해된다. 본문은 그 가운데 한 분이 여호와임을 본문은 분명히 보여준다(창 18:1, 14, 17, 33 등). 반면에 그 가운데 둘은 19장에서 천사로 언급된다(창 19:1, 15; 참조 창 18:16, 22; 19:5, 10, 12, 16).

둘째 대문단은 아브라함 이야기를 마치는 몇 개의 사건들로 구성된다. 이 대문단은 아브라함 시대를 마감하고 다음 세대를 시작하는 것과 연관된 사건들을 담는다. 이 사건들 가운데에도 아브라함 이야기의 주된 주제인 자손과 땅에 대한 주제가 이어진다.

둘째 대문단은 사라의 죽음에 대한 보도인 첫째 소문단(창 23:1-20)과 함께 시작되며 아브라함의 죽음에 대한 보도인 넷째 소문단(창 25:7-11)으로 마무리된다. 이 소문단들은 모두 첫 번째 족장과 족장 아내의 죽음에 대하여 언급하고 있으며, 그들의 죽음과 매장지인 막벨라 굴이 연결되어 나타난다. 이러한 대응을 통하여 아브라함 아내와 아브라함의 죽음에 대한 보도는 둘째 대문단의 테두리(*inclusio*)를 형성한다.

테두리의 앞부분인 첫째 소문단(창 23:1-20)은 아브라함 아내의 죽음과 땅의 첫 번째 소유 사건을 다룬다. 사라가 죽자 아브라함은 헷 족속에게 사라의 시신을 매장할 땅을 구하였다. 막벨라 굴을 매입하는 이 사건은 약속의 땅인 가나안을 소유하는 최초의 사건이 된다. 테두리의 뒷부분인 넷째 소문단(창 25:7-11)은 아브라함의 죽음에 대한 보도를 다룬다. 아브라함의 죽음에 대한 보도는 아브라함이 죽은 후에 하나님께서 이삭에게 복을 주었다는 언급(창 25:11)으로 마무리된다. 이러한 마무리는 아브라함 시대는 지나갔고 하나님의 약속이 이삭에게 넘어갔음을 보여준다.

이러한 테두리 안에 아브라함의 다음 세대인 이삭이 아내를 맞는 이야기(창 24:1-67)와 아브라함의 다음 세대들인 후처 그두라를 통해 얻은 후손에 대한 계보(창 25:1-6)가 놓여 있다. 둘째 소문단(창 24:1-67)은 아브라함의 아들인 이삭의 결혼 사건을 다룬다. 아브라함은 자신의 종에게 자신의 고향으로 가서 이삭의 아내 될 사람을 구하라고 부탁하였다(창 24:1-9). 아브라함의 종은 나홀의 도성에 이르러 우물곁에서 이삭의 아내가 될 리브가를 만났다(창 24:10-27). 그리고 리브가의 오라버니인 라반과 만나서 아브라함이 자신을 보낸 목적을 설명하였다(창 24:28-61). 결국 아브라함의 종은 리브가를 데리고 오고, 리브가는 이삭의 아내가 되었다(창 24:62-67). 이삭의 결혼 사건은 사라의 뒤를 이어 리브가가 약속의 어머니가 되었음을 보여줌으로(참조. 창 24:67), 자손에 대한 약속이 끊어지지 않았음을 암시한다. 이와 대응되는 셋째 소문단(창 25:1-6)은 아브라함이 후처에게서 얻은 자녀들의 목록을 언급한다. 이를 통하여 아브라함의 시대에서 다음 세대로 이어짐을 보여준다.

결론적으로, 둘째 대문단은 아브라함과 그의 아내 사라의 죽음과 함께 족장 1세대가 마감되고(창 23:1-20; 25:7-11), 이삭이 리브가와 결혼하는 사건(창 24:1-67)과 아브라함의 후처에게서 얻은 자녀들의 목록(창 25:1-6)을 통하여 족장 2세대로의 흐름을 보여준다.

II. 갈등의 주제로 읽는 아브라함 이야기

하나님과 아브라함의 관계는 하나님의 부르심으로 시작된다. 이렇게 형성된 관계는 하나님께서 아브라함에게 주신 자손과 땅에 대한 약속으로 인하여 갈등으로 이어진다. 하나님과 아브라함 사이의 갈등은 약속 성취의 지체와 아브라함의 불신으로 인해 더 큰 갈등으로 확장되지만, 하나님께서는 이러한 갈등 속에 개입하셔서 주도적으로 문제를 해결하신다. 결국 하나님과 아브라함 사이의 갈등은 하나님께서는 아브라함에게 아들 이삭을 주시고, 아브라함은 가나안에서 최초의 소유지로 막벨라 굴을 얻음으로 해결된다.

1. 갈등의 원인

아브라함 이야기는 갈등의 원인으로 하나님 자신과 아브라함의 불신앙을 제시한다. 하나님께서 아브라함에게 자손과 땅에 대한 약속을 주심으로 둘 사이의 갈등이 시작되었다. 약속으로 인해 발생된 이러한 갈등은 아브라함의 불신앙으로 더욱 심화되었다.

1) 하나님은 갈등의 제공자이다

창세기에서 아브라함 이야기는 11장 27절부터 시작된다. 그러나 11장 27–32절에는 하나님이 등장하지 않는다. 이 부분은 '아브라함 이야기의 문학적 구조'에서 언급했듯이 '사래가 불임이며 자식이 없었다'(창 11:30)는 내용을 강조하는, 아브라함 기사의 서론이라 할 수 있다. 그러므로 아브라함 이야기에서 아브라함과 하나님과의 관계에 대한 최초의 언급은 12장 1절 이하라 할 수 있다.

하나님과 아브라함과의 관계는 하나님께서 아브라함을 부르심과 그에게 주어진 약속의 말씀으로 시작되었다.

> 여호와께서 아브람에게 이르시되 너는 너의 고향과 친척과 아버지의 집을 떠나 내가 네게 보여 줄 땅으로 가라 내가 너로 큰 민족을 이루고 네게 복을 주어 네 이름을 창대하게 하리니 너는 복이 될지라 너를 축복하는 자에게는 내가 복을 내리고 너를 저주하는 자에게는 내가 저주하리니 땅의 모든 족속이 너로 말미암아 복을 얻을 것이라 하신지라(창 12:1–3).

하나님께서는 아브라함에게 혈연과 지연을 떠나 하나님의 말씀에 따라 가나안으로 이주하면 많은 자손을 주시겠다고 약속하셨다. 이러한 약속과 함께 하나님과 아브라함의 관계는 시작되었다.

이러한 약속의 말씀이 주어졌을 때, 아브라함의 아내 사라는 불임이었고 아이가 없었다. 성경은 이러한 사라의 육신의 상태를 병행되는 두 문장을 통하여 더욱 강조하고 있다(창 11:30).

> 사래는 임신하지 못하므로(a) 자식이 없었더라(a').

아브라함이 하나님의 약속을 받고 가나안에 들어올 때의 나이는 75세였다(창 12:4). 아브라함과 사라의 나이 차가 10세인 점을 감안하면(참조. 창 17:17), 아브라함이 하나님의 약속을 처음 받았을 때의 사라의 나이는 65세라 할 수 있다. 65세였던 불임의 여성 사라에게 많은 자손을 주시겠다는 하나님의 말씀은 받아들이기 힘든 약속이었을 것이다. 무자의 상황에 있었던 늙은 여인에게 자손을 주시겠다는 하나님의 말씀은 현실과 동떨어진, 인간의 이성으로 이해할 수 없는 갈등의 메시지였다. 그러므로 창세기 12장에서 하나님께서는 아브라함과 사라에게 현실과 말씀 사이의 괴리라는 갈등을 제공하신 분으로 등장하셨다.

갈등의 제공자 되신 하나님의 모습은 하나님께서 아브라함을 부르신 첫 번째 사건 후반부에도 잘 나타난다. 하나님께서는 하나님의 말씀대로 가나안에 들어온 아브라함에게 다시 약속의 말씀을 하셨다.

> 내가 이 땅을 네 자손에게 주리라(창 12:7).

이 약속을 받았을 때 아브라함은 그의 고향을 떠나 가나안 땅에 "나그네요 거류하는 자"(창 23:4)였다. 그리고 가나안 땅은 어느 누구도 살지 않는 텅 빈 공간이 아니라, 그곳에는 이미 가나안 사람들이 살고 있었다(창 12:6). 다른 민족이 살고 있던 그 땅을 한갓 나그네에 불과했던 아브라함이 차지한다는 것은 현실적으로 불가능한 일이었다.

하나님께서 아브라함을 찾아오기 이전에는, 그리고 땅에 대한 약속을 주시기 이전에는 아브라함은 땅과 연관된 어떤 갈등을 가질 이유가 없었다. 그러나 하나님은 가나안에 한 평의 땅도 없었던 아브라함을 부르시어 그에게 땅에 대한 약속을 주심으로 문제를 던지셨다. 가나안에서 한 평의 땅도 소유하지 못했던 아브라함의 현실과 가나안 땅을 주시겠다는 하나님의 약속 사이에 존재했던 깊은 틈새는 결국 아브라함의 생애 가운데 하나님과의 갈등의 원인으로 등장하게 되었다. 이러한 틈새는 하나님과 아브라함 사이의 갈등의 출발점이 되었다.

하나님과 아브라함 사이의 갈등은 하나님이 아브라함의 외아들 이삭을 바치라는 명령에도 분명하게 나타난다. 위의 주석에서 언급했듯이 자손과 땅에 대한 약속이 처음 나타나는 문단(창 12:1-9)과 대응되는 문단은 하나님의 약속 성취와 아브라함의 순종이 나타나는 창 21:1-22:19이다. 이 문단에서 하나님께서는 자신의 말씀대로 이삭을 주셨다(창 21:1-7). 이삭은 아브라함과 사라에게 너무나 큰 기쁨이었다(참조. 창 21:6). 젊을 때 얻은 아들이었을지라도 부모의 기쁨이 되었을 텐데, 아브라함이 백세에 얻은 아들이었으니 노부부에게 얼마나 큰 기쁨이 되었을까. 그러나 하나님께서는 아브라함에게 이렇게 귀하게 얻은 독자 이삭을 번제로 바치라고 명령하셨다(창 22:2). 하나님께서 약속의 말씀대로 주신 아들을 포기하라니, 아브라함에게 이 말씀은 도저히 받아들일 수 없는 명령이었다. 이 명령은 아브라함에게 너무나 큰 내적 갈등을 일으켰다. 천하보다 귀한 것이 생명이요, 자신의 생명보다 귀한 것이 자녀인데, 그 자녀를, 그것도 하나밖에 없는 독자를 하나님께서 번제로 드리라고 명령하셨던 것이다.

하나님은 때때로 우리가 이해할 수 없는 명령을 하신다. 이러한 명령을 통하여 우리의 마음에 갈등을 심으신다. 칠십 오세 된 나그네 아브라함에게 하늘의 별처럼 많은 자손과 가나안 땅을 주시겠다는 비현실적인 약속, 그리고 약속으로 얻은 아들을 번제로 드리라는 매정한 명령을 주신 하나님은 아브라함에게 갈등을 던지신 분이셨다. 그러나 이 갈등은 하나님께서 아브라함과 관계를 맺는 방법이었다. 이와 같이 하나님은 갈등을 통하여 우리 인간과 관계를 맺으시는 분이시다. 하나님은 때때로 우리들에게 갈등을 제공하시지만, 그 갈등은 우리를 넘어뜨리기 위함이 아니라 우리와 더 깊은 관계를 맺기 위함이다.

2) 인간의 불신앙은 갈등을 심화시킨다

아브라함과 하나님 사이에 존재했던 갈등의 기본 문제는 자손과 땅에 대한 것이었다. 나이 많아 늙었고 불임이었으며 자식이 없었던 사라를 아내로 갖고 있었던 아브라함, 그리고 가나안 땅에 한 평의 땅도 소유하지 못하고 나그네로 들어왔던 아브라함에게 하나님께서는 많은 자손과 가나안 땅을 주시겠다는 약속을 하셨다. 하나님께서 아브라함에게 주셨던 자손과 땅에 대한 약속은 일회적으로만 주어진 것이 아니었다. 하나님께서는 아브라함의 일생 가운데 믿음의 확신이 필요할 때마다 반복적으로 말씀하셨다(창 12:1-3, 7; 13:14-17; 15:4-5, 18-21; 17:2-8; 22:16-18). 이러한 반복되는 약속에도 불구하고 인간 아브라함은 하나님의 약속을 신뢰하지 못했다. 약속을 주신 하나님을 전적으로 믿지 못했다. 이러한 불신은 약속의 위기를 통해 더 큰 갈등으로 이어졌다.

아브라함 이야기의 문학적 구조에서 보면, 아브라함의 불신의 모습은 '하나님의 약속과 아브라함의 순종'이라는 주제를 다루는 제2 테두리(창 12:1-9; 21:1-22:19) 안쪽에 위치한 제3 테두리(창 12:10-20; 20:1-18)에 잘 나타난다. 제3 테두리는 이방에서 사라가 당한 위기를 다루는 소문단들이다. 애굽과 그랄에서 사라가 당한 위기는 아브라함이 하나님의 약속을 신뢰하지 못한 약속의 위기요, 그 약속을 주신 하나님을 의지하지 못한 믿음의 위기였다. 이러한 위기로 인하여 하나님과 아브라함 사이의 갈등은 더욱 심화되었다.

아브라함은 가나안에 기근이 들자 약속의 땅을 버리고 애굽으로 내려갔다(창 12:10). 기근이라는 장애물이 생기자 아브라함은 약속을 주신 하나님을 의지하면서 그 문제를 대면하려하기보다는, 단순히 그 장애물을 피해 약속의 땅을 떠나 애굽으로 들어갔던 것이다. 이러한 행동은 땅에 대한 약속을 주신 하나님을 신뢰하지 못한 행동이었다. 하나님께서 주신 땅에 대한 약속으로 야기된 아브라함과 하나님의 갈등은 약속의 땅을 떠나는 아브라함의 불신앙으로 더 큰 갈등으로 확대되었다.

이러한 불신앙은 더 큰 갈등을 야기하는 시발점이 되었다. 이방 땅 애굽에 들어간 아브라함은 애굽 사람들이 자신의 아내인 사라를 취하기 위해 자신을 죽일까 두려워하여 그녀를 자신의 누이라 속였다(창

12:11-13). 실제로 사라는 이복 누이였다(참조. 창 20:12). 그러나 아브라함이 사라를 누이라고 말한 것은 이러한 혈연관계를 설명하려 한 것이 아니었다. 아브라함은 사라로 인해 예상되는 위협을 피하기 위해 상대방을 속인 것이었다. 이러한 아브라함의 거짓과 불신앙의 행동에 대하여 사라도 침묵으로 동참하였다. 사라는 바로의 궁에 들어갔고, 바로는 사라를 아내로 삼았다(창 12:14-15, 참조. 창 12:19).

아브라함은 사라를 통해 큰 민족을 이루겠다는 약속(참조. 창 12:2; 17:16-19)을 주신 하나님보다, 아름다운 사라로 인해 발생할지도 모르는 바로의 위협을 더욱 두려워했다. 그래서 아브라함은 사라를 통해 많은 자손을 얻을 것이라는 하나님의 약속을 버리고, 자신의 목숨을 위하여 사라를 바로에게 보냈던 것이다. 이러한 불신앙은 자손과 연관하여 발생했던 하나님과 아브라함 사이의 갈등을 더욱 고조시켰다.

아브라함이 자신의 아내 사라를 누이로 속임으로 발생한 심화된 갈등은 그랄에서 있었던 사건에서도 반복되었다(창 20:1-18). 그랄에서도 하나님의 약속은 아브라함의 불신앙으로 인해 위기에 처하게 되었다. 이러한 위기는 하나님과 아브라함 사이에 내재된 갈등을 더욱 고조시켰다.

애굽에서 있었던 아브라함의 불신앙의 사건은 하나님께서 아브라함을 부르셔서 그에게 처음으로 약속의 말씀을 주신 사건(창 12:1-9) 바로 뒤에 위치하고(창 12:10-20), 그랄에서 있었던 아브라함의 불신앙의 사건은 이삭의 탄생을 통하여 하나님의 약속이 처음으로 성취되기 시작하는 사건(창 21:1-22:19) 바로 앞에 배열된다(창 20:1-18). 이러한 구조를 통하여 본문은 아브라함의 불순종으로 인한 약속의 위기와, 아브라함의 순종과 약속의 성취라는 주제를 대비시키고 있다. 약속을 주시고 그것을 성취하시는 신실하신 하나님과, 약속을 주신 하나님보다 이방의 왕을 더욱 두려워하는 불신앙의 아브라함을 대조시키고 있다. 이러한 대비를 통하여 아브라함의 불신과 하나님을 경외하지 않음이 얼마나 큰 문제를 야기할 수 있는지를 교훈한다. 아브라함의 불신앙은 하나님께서 주신 약속의 위기를 초래했을 뿐만 아니라, 약속을 주신 하나님과의 갈등을 더욱 심화시켰던 것이다.

약속은 받았지만 그 약속이 이루어지지 않는 현실, 그런 갈등의 상황 속에서 약속을 주신 하나님께 집중하는 것은 쉽지 않다. 기근이라는 상황 속에서 약속의 땅을 떠났던 아브라함처럼, 혹시 모를 죽음의 위협 가운데 아내 사라를 누이라고 속였던 아브라함처럼, 약속의 하나님이 잘 보이지 않는 상황 속에서 하나님을 기다리는 것은 고통스럽기까지 하다. 하나님이 잘 보이지는 않는 갈등의 상황은 우리의 내면에 좌절과 회의와 공포와 실망을 가져온다. 좌절과 공포를 갖고 온 갈등의 상황에 집중하면, 그 너머에 계신 하나님을 볼 수 없다. 하나님을 보질 못하면 하나님의 때를 기다릴 힘을 얻을 수 없다. 갈등의 심연 가운데서라도 그 너머에 계신 하나님을 보는 것, 그것이 믿음이요 신앙이다.

> 믿음은 바라는 것들의 실상이요 보이지 않는 것들의 증거니(히 11:1).

불신은 보이지 않는 것들을 소망할 수 없게 만들지만, 믿음은 보이지 않는 것이라도 바라고 기다리게 만든다. 불신은 하나님의 약속과 현실의 불일치로 인해 발생한 갈등을 더 큰 갈등으로 만들지만, 약속을 주신 하나님에 대한 믿음과 약속에 대한 소망은 갈등의 심연 속에서도 생명력을 준다. 그러나 아브라함은 갈등의 심연 속에서 하나님을 믿지 못했다.

유대인들이 유월절에 꼭 부르는 노래가 있다. 노래의 제목은 히브리말로 '아니마밈' 인데 이 용어의 뜻은 '나는 믿는다' 이다. 이 노래는 2차 세계대전 당시 유대인들이 참혹하게 죽어갔던 아우슈비츠의 수용소에서 작사되고 작곡된 노래였다. 이 노래는 이렇게 시작된다.

> 나는 믿는다. 나의 메시아가 나를 돕기 위해서 반드시 나를 찾아오리라는 사실을.

그런데 희망이 없어 보이는 수용소의 현실 속에서 유대인들은 이 노래를 부르면서 그 가사에 다음과 같은 내용을 덧붙였다.

> 그런데 때때로 그 메시아는 너무 늦게 오신다.

자기의 동료들이 비참하게 가스 사형실로 불려 나가는 모습을 보면서 그들은 이 슬픈 노래를 부를 수밖에 없었다. 그러나 이 수용소 안에 있던 젊은 외과의사 출신의 한 유대인은 이 노래를 부르지 않았다. 왜냐하면 그의 마음속에는 다른 믿음이 있었기 때문이었다. 그는 자신의 삶을 향한 하나님의 뜻이 있으며, 그 뜻을 성취하기까지 하나님께서 자신을 이 세상에 살려 두실 것이라는 믿음이 있었다. 이러한 믿음으로 그는 오히려 이후의 삶을 준비하였다. 그는 동료들이 깊이 잠들어 있는 한밤중에 일어나 어느 날 우연히 줍게 된 유리 파편 조각 하나로 피를 흘리면서 면도를 하기 시작했다. 나치의 경찰들이 가스실로 불려 갈 사람들을 끄집어내기 위해서 그의 방에 들어와 이 청년에게 접근했다. 그러나 수염이 없는 새파란 청년의 얼굴을 보자 차마 그를 죽음의 가스실로 끌고 가지를 못하고 다른 사람들을 데리고 가곤 했다. 그리고 얼마 후 전쟁이 끝났고 이 청년은 얼마 되지 않은 생존자의 대열 속에 끼어서 수용소를 나올 수 있었다.

이 수용소를 빠져 나오던 날 그는 이 노래를 다음과 같이 고쳐서 불렀다.

> 나는 믿는다. 나의 메시아가 반드시 찾아와 나를 도우리라는 사실을. 그런데 사람들은 너무 서두른다. 사람들은 너무 서둘러 믿음을 포기한다.

아브라함은 약속의 하나님을 믿지 못했으나, 유대인 외과의사는 여호와를 신뢰했다. 아브라함의 불신앙은 약속의 위기를 초래하고, 약속과 현실 사이의 더 큰 틈새를 만들었지만, 유대인 외과의사의 믿음은 하나님의 구원을 이끌었다. 갈등의 시간에 하나님을 의지하지 못하는 것은 갈등을 더욱 심화시키지만, 하나님을 기억하며 그분을 기다리는 것은 갈등 너머의 믿음의 세계로 우리를 이끈다.

2. 갈등 해결의 원리

하나님과 아브라함 사이의 갈등은 둘 사이의 진지하고 대담한 대면을 통하여 해결되기 시작한다. 그리고 그 갈등은 아브라함의 순종과 헌신을 통하여 극복된다.

1) 하나님과 담대히 대면하라

창세기 15장은 아브라함과 맺은 하나님의 언약에 대한 말씀이다. 창세기 15장은 두 번에 걸친 하나님과 아브라함 사이의 대면을 다룬다. 첫째 대면은 자손과 연관된 주제를 다루는 1-6절이며, 둘째 대면은 땅과 연관된 주제를 언급하는 7-21절이다. 창세기 15장은 이러한 두 대면을 아래와 같은 변형된 병행구조로 묘사함으로 두 대면을 비교하고 있다.[11)]

I. 자손에 대한 하나님의 약속과 아브라함의 반응	15:1-6
A. 하나님의 현현과 아브라함의 반응	15:1-3
1. 하나님의 현현하심	15:1
2. 아브라함의 반응: 질문과 대답	15:2-3
B. 하나님의 약속과 아브라함의 반응	15:4-6
1. 하나님의 약속과 증거	15:4-5
2. 아브라함의 반응: 믿음 (마음)	15:6

11) 창세기 15장의 구조분석에 대하여는 본인의 아래의 글을 참조하라. 정석규, 《구조로 읽는 창세기》, 176-89.

II(I’). 땅에 대한 하나님의 약속(언약)과 아브라함의 반응	15:7–21
A. 하나님의 현현과 아브람의 반응	15:7–8
1. 하나님의 현현하심	15:7
2. 아브람의 반응: 질문	15:8
B. 하나님의 언약에 대한 지시와 아브람의 반응	15:9–11
1. 하나님의 지시	15:9
2. 아브람의 반응: 순종 (행동)	15:10–11
C. 언약 체결에 대한 보도	15:12–17
1. 서론적 배경	15:12
2. 하나님의 언약의 말씀	15:13–16
3(1’). 하나님의 언약 체결	15:17
4(2’). 하나님의 언약의 말씀	15:18–21

첫째 대면과 둘째 대면은 모두 하나님의 현현하심으로 시작된다. 첫째 대면에서 하나님께서는 “나는 네 방패요 너의 지극히 큰 상급이니라”(창 15:1)고 계시하셨고, 둘째 대면에서는 “나는 이 땅을 네게 주어 소유를 삼게 하려고 너를 갈대아인의 우르에서 이끌어 낸 여호와니라”(창 12:7)고 현현하셨다.

하나님께서 이렇게 자기 자신을 아브라함에게 나타내자, 아브라함은 하나님께 질문을 하였다. 첫째 대면에서 아브라함은 “주 여호와여 무엇을 내게 주시려 하나이까”(창 15:2)라고 질문하였고, 둘째 대면에서는 “주 여호와여 내가 이 땅을 소유로 받을 것을 무엇으로 알리이까”(창 15:8)라고 질문하였다. 그러나 질문 후에 하나님의 대답을 기다렸던 둘째 대면과는 달리(창 15:9), 첫째 대면에서 아브라함은 하나님의 대답을 받기도 전에 자기 스스로 하나님께 자신의 질문에 대한 해답을 제시하였다.

> 나는 자식이 없사오니 나의 상속자는 이 다메섹 사람 엘리에셀이니이다(창 15:2).

아브라함은 이 대답에 덧붙이어 자신이 엘리에셀을 상속자로 정한 것이 하나님께서 약속을 이루시지 않았기 때문이라고 말하면서 하나님께 그 이유를 돌렸다.

> 주께서 내게 씨를 주지 아니하셨으니 내 집에서 기른 자가 내 상속자가 될 것이니이다(창 15:3).

첫째 대면에서 하나님께서는 아브라함에게 자신을 방패와 큰 상급으로 현현하셨다. 여기서 '상급'이라는 히브리어는 '사카르'(שָׂכָר)인데, 이 용어는 마땅히 받아야 할 것을 말하는 것이 아니라 거저 받는 선물을 의미한다(참조. 욥 29:15; 30:28; 31:7 등).[12] 즉 하나님께서는 자신을 상급으로 계시하심으로 아브라함에게 어떤 선물을 주실 것을 보여주셨다.

하나님께서 자신을 상급으로 현현하시자, 아브라함은 하나님께 자신에게 무엇을 주려하는지 질문하였다. 이러한 질문 후에 예상되는 단계는 하나님의 답변이었다(참조. 창 15:9 이하). 그러나 아브라함은 하나님의 답변을 기다리지 않고, 자신의 질문에 대하여 스스로 대답하였다. 아브라함은 자신이 받기 원하는 가장 큰 상급인 자손과 연관하여 말하였다. 아브라함은 하나님께서 지금까지 자신에게 씨를 주지 않으셨기 때문에 자신이 다메섹 출신의 엘리에셀을 상속자로 정했다고 하나님께 알려주었다(창 15:2-3).

아브라함이 하나님의 부르심과 약속을 받고 가나안에 들어온 지 몇 년 후에 이 사건이 일어났는지는 분명하지 않다. 창세기 17장의 사건이 일어난 때는 아브라함이 99세, 이스마엘은 13세 때였다(창 17:24-25). 아브라함과 이스마엘의 나이 차이가 86년이었던 것을 고려할 때, 이스마엘의 탄생을 언급하는 창세기 16장은 아브라함이 86세 때 발생한 사건으로 이해된다. 아브라함 이야기가 기본적으로 시간적 순서로 배열되

12) Walter Brueggemann, *Geneses,* 강성열 역,《창세기》(현대성서주석, 서울: 한국장로교출판사, 2000), 226-27.

었음을 전제할 때, 창세기 15장의 사건은 아브라함이 약 85세 때 일어난 것으로 추측할 수 있다. 아브라함이 하나님으로부터 자손에 대한 약속을 그의 나이 75세 때 받았으므로(창 12:4), 창세기 15장의 사건은 약속을 받은 지 10년 정도가 지난 후에 일어난 것이라 할 수 있다.

하나님으로부터 자손에 대한 약속을 받은 지 10년 정도가 지났음에도 자신에게 자녀가 없자, 아브라함은 그 시대에 통용되던 방식으로 다메섹 출신 엘리에셀을 양자로 택했던 것이다. 그리고 하나님께서 자신에게 씨를 주지 않아 엘리에셀을 상속자로 택한 것이라고 말하면서, 그 원인을 그때까지 자신이 기대한 상급을 주지 않았던 하나님께 돌렸다. 즉 아브라함은 자신이 하나님의 약속을 기다리지 않고 그 시대에 통용되던 방식으로 양자를 택한 것은 믿음이 없어서가 아니라 하나님 때문이라고 대담하게 하나님께 도전했던 것이다.

약속이 주어졌지만 그것이 아직 이루어지지 않았던 상황 속에서 아브라함은 자신에게 나타나신 하나님께 자신의 마음속에 있는 답답함과 이해하지 못함을 솔직하게 드러내었다. 비록 그것이 하나님의 뜻과는 다른 인간적 선택이었지만, 그럴 수밖에 없었던 자신의 상황을 하나님께 솔직하게 아뢰었다.

아브라함이 자신이 양자를 택한 것에 대한 정당함을 말하자, 하나님께서는 아브라함에게 자신의 뜻을 다시 보여주셨다.

> 그 사람이 네 상속자가 아니라 네 몸에서 날 자가 네 상속자가 되리라(창 15:4).

하나님께서는 양자를 택하여 자신의 상속자를 삼으려 했던 아브라함에게 그것은 자신의 뜻과 다르며, 아브라함의 몸에서 날 자가 아브라함의 대를 잇는 상속자가 될 것이라고 분명하게 말씀하셨다. 하나님께서는 아브라함에게 자손에 대한 약속의 말씀만 주지 않고 증거까지 보여주셨다. 하나님께서는 아브라함을 데리고 밖으로 나가서 하늘의 뭇별을 증거로 보여주시면서, 많은 별처럼 아브라함의 자손이 창대할 것이라고 말씀하셨다(창 15:5).

이러한 하나님과 아브라함의 대면은 아브라함을 변화시켰다. 후손이 없는 현실과 밤하늘의 별처럼 많은 후손을 주시겠다는 하나님의 약속 사이에 큰 차이가 있었음에도 불구하고 아브라함은 약속의 하나님을 신뢰하였고, 그 믿음으로 여호와는 아브라함을 의롭게 여기셨다(창 15:6).[13)]

여기서 '의롭다'(צדק: 차다크)라는 용어는 인간이 본래 소유하고 있는 어떤 절대적 속성을 의미하는 것이 아니라 관계의 개념이다. 즉 하나님과 인간의 관계와 연관하여 사용되는 개념이다. 제의적인 문맥에서, '의로 여기다'는 것은 하나님의 대리인인 사제들이 봉헌한 제물이 하나님께 받아들여지는 것이라는 의미로 사용된다(레 7:18; 17:4; 민 18:27). 이러한 의의 개념은 하나님과의 관계뿐만 아니라 사회 구성원간의 관계에서도 사용된다. 즉 의란 모든 사회의 구성원간의 바른 관계를 유지하는 것을 의미한다.[14)] 그러므로 하나님께서 아브라함을 의롭게 여겼다는 것은 하나님과 아브라함 관계가 회복되었음을 의미한다. 즉 하나님과의 진지한 대면을 통하여 아브라함은 하나님을 더욱 신뢰하게

---

13) 창 15:6을 문자적으로 번역하면 다음과 같다. "그가 여호와를 믿었다. 그리고 그가 그를 의롭다 간주했다." 히브리 성경(MT)에는 구체적으로 3인칭 대명사가 누구를 지칭하는지 나타나지 않는다. 바울은 '아브라함이 여호와를 믿었고, 하나님께서 이것을 아브람의 의로 여기셨다'라고 해석한다(참조. 롬 1:17; 갈 3:6-9). 바울과 같은 해석에 대하여는 아래의 글을 참조하라. 강사문, 《하나님이 택한 자들의 가정 이야기》, 167-174; Wenham, 《창세기 1-15》, 571-73. 그러나 스위니(Sweeney)는 '아브람이 여호와를 믿었고, 아브람이 여호와를 의로운 분으로 여겼다'라고 해석한다. Marvin A. Sweeney, "Form Criticism," *In To Each Its Own Meaning: An Introduction to Biblical Criticisms and their Application* (ed. Stephen R. Haynes and Steven L. McKenzie; Louisville: Westminster; John Knox Press, 1999), 73. 본인은 창 15:6의 말씀을 바울이 이해한 것처럼, '아브람이 여호와를 믿었고, 여호와께서 그 믿음을 그의 의로 여기셨다'로 이해한다.

14) Von Rad, 《창세기》, 201-02; 강사문, 《가정 이야기》, 167-68.

되었고, 이러한 믿음은 하나님과의 갈등을 회복시켰다.

아브라함의 변화된 모습은 둘째 대면(창 15:7-21)에 잘 묘사된다. 하나님께서는 다시 아브라함에게 자기 자신을 계시하셨다. 하나님께서는 가나안 땅을 아브라함에게 주어 소유를 삼게 하려고 갈대아 우르에서 이끌어 내신 여호와로 현현하셨다(창 15:7). 그러자 아브라함은 하나님께 자신이 이 땅을 소유로 받을 것을 어떻게 알 수 있는지 질문하였다(창 15:8, 참조. 창 15:2).

첫째 대면에서 아브라함은 질문 후에 스스로 대답했지만(창 15:2-3), 둘째 대면에서 아브라함은 질문 후에 하나님의 대답을 기다렸다. 하나님께서는 아브라함에게 "나를 위하여 삼년 된 암소와 삼 년 된 암염소와 삼 년 된 숫양과 산비둘기와 집비둘기 새끼를 가져올지니라"(창 15:9)고 지시하셨다. 이러한 하나님의 지시는 인간적인 눈으로 볼 때 잘 이해가 되지 않는 말씀이었다. 아브라함이 질문한 것은 '가나안 땅을 소유로 받을 것을 어떻게 알 수 있느냐' 는 것이었다. 이러한 자신의 질문에 대하여 아브라함이 예상한 하나님의 답변은 땅과 연관된 것이었을 것이다. 롯과 헤어진 후에 하나님께서 아브라함에게 땅의 동서남북을 보여주시면서 그 땅을 자신과 자손들에게 영원히 주실 것이라는 말씀(창 13:14-15)과 유사한 증거를 기대했을 것이다. 그러나 하나님께서는 땅과 직접적 연관성이 없어 보이는 지시, 즉 짐승들을 취하라는 명령을 하셨다.

말씀이 주어진 그 순간에 하나님의 지시는 인간의 이성으로 받아들이기 힘든 것이었다. 그러나 아브라함은 어떤 대꾸나 의심도 없이 하나님의 말씀에 순종하였다. 그는 짐승들을 취하여 그것을 반으로 나누어 그 둘을 마주보게 놓았다(창 15:10-11). 그런데 이러한 아브라함의 순종은 하나님과의 언약체결을 위한 준비가 되었다. 하나님께서는 불의 형상으로 둘로 쪼갠 짐승 사이를 지나감으로 아브라함과 언약을 맺으셨다(창 15:12-21).

하나님께서는 아브라함과 언약을 맺으시면서 홀로 쪼갠 고기 사이로 지나가셨다(창 15:17). 구약에서 하나님은 종종 불의 형상으로 나타나신다(참조. 출 3:2; 19:18). 그러므로 횃불만이 쪼갠 고기 사이로 지나갔다는 언급은 하나님만이 고기 사이로 지나가셨음을 뜻한다. 고대 근동에서 계약을 체결할 때는 계약의 대상자인 쌍방이 쪼갠 짐승 사이로 지나가는 것이 일반적인데, 여기서는 하나님만이 홀로 지나가셨다. 이러한 의식을 통하여 하나님께서는 아브라함에게 어떤 것도 요구하지 않고 무조건적이며 일방적으로 은혜의 언약을 체결하셨던 것이다.

아브라함은 자신의 부족한 모습을 감추지 않고 솔직하게 하나님과 대면하였다. 비록 하나님의 뜻과는 달랐지만 자녀가 없는 상황 속에서 자신이 엘리에셀을 양자로 택했다고 하나님께 말했으며, 약속과 다르게 자녀를 자신에게 주지 않았다고 하나님께 도전하였다. 그러나 이러한 대담한 대면은 하나님으로부터 자손의 약속과 땅과 연관된 언약을 이끌었다. 하나님께서는 아브라함에게 뭇별을 보여주며 자손이 이와 같이 많을 것이라고 약속하셨고, 언약을 체결함으로 구체적인 땅의 지경까지도 말씀해 주셨다(창 15:18-21).

하나님과의 대담한 대면을 통하여 아브라함은 변화되었다. 하나님께 자신의 뜻대로 따라오라고 요청했던 아브라함은(창 15:2-3) 약속을 주신 하나님을 더욱 깊게 신뢰하는 사람으로(창 15:6), 이해할 수 없는 하나님의 지시까지도 순종하는 인물로 변화되었다(창 15:9-10). 하나님의 뜻을 자신의 생각대로 수정하려 했던 것이 아니라, 자신의 뜻을 하나님의 의지대로 변화시켰던 것이다. 이러한 변화를 통하여 하나님의 약속으로 야기된 아브라함과 하나님 사이의 갈등은 해결되기 시작하였다.

2) 온전한 순종으로 시험을 이겨라

자손에 대한 약속으로 야기된 하나님과 아브라함 사이의 갈등은 창세기 21-22장에서 이삭의 탄생과 이삭을 번제로 드리라는 시험의 극복으로 해결된다.

하나님께서는 아브라함에게 이삭을 허락하심으로 자손에 대한 약속을 성취하셨다(창 21:1-3). 이삭의 탄생은 자손과 연관된 하나님과 아브라함 사이의 갈등이 어느 정도 해소되는 사건이라 할 수 있다. 그러나 창세기 22장에서 하나님께서는 아브라함에게 약속의 성취로 주신 이삭을 번제로 드리라고 명령하셨다. 해결국면을 맞이한 하나님과 아브라함 사이의 자손과 연관된 갈등이 또다시 발생된 것이었다. 이러한 심화된 갈등은 아브라함의 순종으로 극복되었다. 이러한 갈등의 극복은 창세기 22장에 잘 묘사된다.

창세기 22장은 아래와 같이 본문에 대한 서언(창 22:1a)과 결론적 묘사(창 22:19)를 테두리(*inclusio*)로 하여 그 가운데 하나님의 말씀 또는 여호와 사자의 말씀(창 22:1b-2, 11-12, 15-18)과 그것에 대한 아브라함의 순종(창 22:3-10, 13-14)의 형태로 배열된다.[15)]

I. 서언	22:1a
II. 하나님의 말씀과 아브라함의 반응	22:1b-10
A. 하나님의 말씀 : 이삭을 번제로 드려라	22:1b-2
B. 아브라함의 순종	22:3-10
III(II'). 여호와 사자의 말씀과 아브라함의 반응	22:11-18
A. 여호와 사자의 말씀 : 이삭에게 손을 대지 말라	22:11-12
B. 아브라함의 순종	22:13-14
C. 여호와 사자의 말씀: 자손에 대한 복을 맹세함	22:15-18
IV(I'). 결론적 묘사: 브엘세바로 귀환함	22:19

창세기 22장은 하나님의 아브라함을 부르심과 함께 시작된다. "아브라함아!"(창 22:1). 그러자 아브라함은 하나님의 말씀을 듣겠다는 태도로 "내가 여기 있나이다"(창 22:1)라고 대답하였다. 하나님께서는 아브

15) 창세기 22장의 구조분석을 통한 해석에 대하여는 아래의 글을 참조하라. 정석규, 《구조로 읽는 창세기》, 204-19.

라함에게 "네 아들 네 사랑하는 독자 이삭을 데리고 모리아 땅으로 가서 내가 네게 일러준 한 산 거기서 그를 번제로 드리라"(창 22:2)고 명령하셨다.

이삭을 번제로 드리라는 하나님의 명령은 이삭의 탄생으로 어느 정도 해소되었던 하나님과 아브라함 사이의 갈등을 더욱 고조시켰다. 자손이 전혀 없던 현실 가운데 많은 자손을 주시겠다는 하나님의 약속의 말씀은 하나님과 아브라함 사이에 자손과 연관된 갈등을 야기하였다. 이 갈등은 비록 하늘의 별과 같이 많은 자녀는 아니지만 약속대로 이삭을 주심으로 어느 정도 해소되었다. 그러나 약속의 아들 이삭을 번제로 드리라는 하나님의 명령은 해결되는 갈등의 불씨를 다시 붙였던 것이다.

이삭은 아브라함이 백 세 때 얻은 사랑하는 독자였다. 이삭은 하나님의 약속에 대한 성취로 주어진 선물이었다. 이삭을 통하여 하늘의 별과 같은 많은 자손을 얻을 가능성이 있으므로, 이삭은 자손에 대한 하나님과의 갈등을 해결해 줄 수 있었던 잠재적 화해자였다. 그런데 하나님께서는 그 아들을 번제로 드리라고 명령하셨던 것이다.

번제란 칼로 제물의 각을 뜨고 제물 전체를 태워서 드리는 희생제사이다(레 1:3-17). 이 제사는 제물을 드리는 제주가 제물처럼 온전히 하나님께 드려진다는 것과, 제물의 죽음을 통하여 제주의 죄가 대속된다는 의미가 있다. 그러므로 사랑하는 외아들 이삭을 드리라는 하나님의 명령은 제주인 아브라함이 하나님께 온전한 순종을 할 수 있는가에 대한 시험이라 할 수 있다. 본문도 이것이 하나님의 시험이라고 구체적으로 언급한다.

> 그 일 후에 하나님이 아브라함을 시험하시려고 그를 부르시되(창 22:1).

그러므로 이삭을 번제로 드리라는 명령은 더 큰 갈등이 내포된 하나님의 시험이었다. 그러나 아브라함은 이러한 하나님의 명령에 어떤 질문이나 이견 없이 침묵함으로 순종하였다(창 22:3-10). 비록 아브라함이 이삭을 번제로 드리라는 하나님의 요청을 이성적으로 이해할 수는 없었겠지만, 아브라함은 하나님의 말씀을 묵묵히 따랐다. 아브라함은 번제를 드릴 준비를 하고 그가 살던 곳에서 하나님이 지시하는 곳으로 출발하여 하나님이 지시한 제사의 장소 근처로 이동하였다(창 22:3-5). 아브라함은 그의 사환에게 자신과 이삭은 하나님께 예배를 드리고 올 테니 기다리라고 말하고(창 22:5), 번제물인 이삭을 데리고 하나님이 정하신 곳으로 이동하였다(창 22:6-8). 그곳을 향하여 나아가는 도중 이삭은 아브라함에게 "번제할 어린 양이 어디 있나이까"(창 22:7)라고 질문하였다. 번제물이 되어야 할 이삭이 번제물을 찾았던 것이다. 아브라함은 이삭에게 차마 '네가 번제물이다' 라고 말하지 못하고 "하나님이 자기를 위하여 친히 준비하시리라"(창 22:8)라고 대답하였다.[16)]

마침내 아브라함과 이삭은 하나님께서 지시한 장소에 도착하였다(창 22:9). 그곳에서 아브라함은 번제를 위한 구체적인 준비를 하였다(창 22:0-10). 아브라함은 제단을 만들었고, 그 제단 위에 나무를 쌓았다. 그리고 번제물인 이삭을 결박하였고, 그를 제단 위에 올려놓았다. 아브라함은 손을 내밀어 칼로 이삭을 죽이려고 하였다. 이러한 구체적인 행동을 통하여 아브라함은 하나님의 명령을 온전히 순종하여 이삭을 번제로 드리려고 하였다.

사랑하는 독자 이삭을 번제물로 드리라는 하나님의 명령과 사랑하는 독자를 품고 싶은 아버지의 마음 사이에서 인간 아브라함은 당연히 크나 큰 내적 갈등이 있었을 것이다. 그러한 내적 갈등 가운데서도 아브라함은, 비록 이해할 수 없는 하나님의 명령이었지만, 그 명령에 순종하였다. 순종이란 자신의 마음과 이치에 맞지 않아도 따르는 것이다. 아

16) "하나님이 자기를 위하여 친히 준비하시리라"는 아브라함의 대답은 이삭의 질문을 회피하는 것처럼 보이지만, 이 대답은 뒤에 있을 사건을 예시하는 역할도 한다. 아브라함의 말처럼 하나님께서는 번제로 드릴 수양을 준비하셨다(창 22:13-14).

브라함은 자신의 이성과 마음에 합하지 않았지만 하나님의 말씀에 따랐다. 자신의 생각대로 하나님을 조종하지 않고, 하나님의 뜻대로 자신의 생각을 바꾸었다.

미국에서 남북전쟁이 한창일 때, 아직도 북군이 남군에 비해서 전세가 불리할 때였다. 링컨의 참모가 링컨에게 와서 이렇게 물었다.

> 각하, 하나님은 우리 북군 편에 계실까요, 남군 편에 계실까요?

이 질문을 받고 링컨은 이렇게 대답했다고 한다.

> 나는 그런 것 가지고 고민하지 않네. 내 고민은 하나님이 우리 편에 계신가 적의 편에 계신가 하는 것이 아니라, 내가 하나님 편에서 있나 그렇지 않나 하는 것이네.

중요한 것은 '하나님께서 내 편에 계신가 그렇지 않는가'가 아니라, '내가 하나님 편에 있는가 그렇지 않는가'이다. 하나님을 고정된 나의 뜻에 따르도록 요청하는 것이 아니라, 나의 뜻과 다를지라도 그것을 포기하고 하나님의 뜻에 따를 수 있는가이다. 이것이 순종이다. 아브라함은 자신의 생각과는 너무나 달랐지만, 자신의 판단을 포기하고 하나님의 명령에 순종하였다.

아브라함의 온전한 순종은 결국 하나님의 개입하심을 이끌었다(창 22:11-12). 아브라함이 이삭을 번제물로 죽이려는 순간, 여호와의 사자가 급하게 아브라함을 불렀다.[17] "아브라함아 아브라함아"(창 22:11). 아

17) 여기서 '여호와 하나님'과 '여호와의 사자'(מלאך יהוה) 사이의 구분은 분명하지 않다. 하나님과 하나님의 사자 또는 천사가 구분되지 않는 것은 이곳뿐만 아니라 구약성서의 여러 부분에서 나타난다. 여호와의 사자가 하갈에게 말했지만(창 16:7-11), 하갈은 직접 하나님께 대답하였다(창 16:13). 모세가 호렙산에서 하나님을 만날 때에도 여호와의 사자와 여호와께서 겹쳐서 나온다(출 3:2-4). 사사 기드온 사건에서도 여호와와 여호와의 사자가 번갈아 나타난다(삿 6:11-23). 여호와의 사자에 대하

브라함이 살던 곳에서 아브라함을 부르셨던 하나님은(창 22:1), 하나님께서 정하신 산에서도 아브라함을 부르셨다. 이전에도 "내가 여기 있나이다"(창 22:1)라고 대답했던 아브라함은, 여기서도 하나님의 말씀을 듣겠다는 태도로 "내가 여기 있나이다"(창 22:11)라고 대답하였다. 여호와의 사자는 이삭에게 손을 대지 말라고 말하면서 "네가 네 아들 네 독자까지도 내게 아끼지 아니하였으니 내가 이제야 네가 하나님을 경외하는 줄을 아노라"(창 22:12)고 선언하였다.

여호와의 사자는 이삭을 바치는 사건을 통하여 아브라함이 하나님을 경외하는 줄을 알았다고 인정했을 뿐만 아니라,[18] 아브라함에게 하늘의 별과 같고 바닷가의 모래와 같게 아브라함의 자손을 번성케 하겠다는 '맹세'까지 하였다(창 22:15-18). 구약성서에서 '맹세한다'는 것은 약속한 말씀을 충실하게 이행하겠다는 증거일 뿐만 아니라, 그 말씀이 깨어질 수 없는 신성한 것임을 의미한다.[19] 여기서 하나님께서는 자신 스스로에게 맹세를 하셨다. 이 맹세를 통하여 자신이 한 약속에 대한 절대적인 확실성과 불변성을 보여 주셨다.

이삭을 드리라는 명령을 통해 야기된 믿음의 시험은 아브라함의 온전한 순종을 통하여 극복되었다. 아브라함의 순종은 하나님의 개입하심을 이끌었고, 결국 이삭의 구원과 자손에 대한 하나님의 약속 이상의 맹세를 이끌었다. 이삭을 살리고, 자손에 대한 하나님의 맹세를 통하여 하나님과 아브라함 사이에 이전에 존재했던 자손과 연관된 갈등은 해소된 것이다.

여는 아래의 글을 참조하라. Sarna, *Genesis,* 383-84; Harris (eds.), *Theological Wordbook,* 464-65.

18) 여기서 "내가 이제야…아노라"(עתה ידעתי, 아타 야다티; 참고. 출 18:11; 삿 17:13; 왕상 17:24; 시 20:7 등)라는 표현은 일반적으로 어떤 것을 새롭게 알게 될 때, 또는 지금까지 받아들여졌던 것을 재확인할 때 사용된다. Nahum M. Sarna, *Exodus* (JPS Torah Commentary; Philadelphia; New York; Jerusalem: The Jewish Publication Society, 1989), 99.

19) Harris(eds.), *Theological Wordbook,* 899-900.

3) 갈등 해결의 대가를 지불하라

땅에 대한 약속으로 야기된 하나님과 아브라함 사이의 갈등은 창세기 23장에서 막벨라 굴을 소유지로 삼음으로 성취되기 시작한다. 창세기 23장은 하나님과 아브라함 사이의 땅과 연관된 갈등의 해결을 다룬다. 하나님께서는 아브라함에게 가나안 땅을 주시겠다고 말씀하셨다. 아브라함의 일생 가운데 이 말씀도 약속과 성취 사이에 큰 괴리를 보였다. 하나님의 약속을 아브라함과 함께 받았던 사라가 이 세상을 떠났을 때에도 아브라함은 가나안에 한 평의 땅도 소유하지 못했다. 땅과 연관된 갈등은 아브라함 세대에는 전혀 해결될 기미가 보이지 않았던 것이다. 그러나 사라의 죽음은 땅과 연관된 갈등을 넘어서는 기회가 되었다. 그 기회는 아브라함의 헌신과 포기를 통해 이루어졌다. 아브라함이 대가를 지불함으로 극복된 갈등 사건은 창세기 23장에 잘 나타난다.

창세기 23장은 아래와 같이 두 개의 테두리 안에 아브라함이 땅을 소유하는 과정을 다루는 핵심 부분이 놓인 형태로 구성된다.[20)]

I. 사라의 죽음에 대한 서론적 서술	23:1
II. 사라가 헤브론에서 죽고 아브라함은 애통함	23:2
III. 아브라함이 땅을 소유하는 과정	23:3-18
IV(II'). 아브라함이 사라를 헤브론에서 장사함	23:19
V(I'). 땅의 소유에 대한 결론적 서술	23:20

창세기 23장의 외부 테두리는 사라의 향년에 대한 서론적 서술(창 23:1)과 아브라함이 헷 족속의 땅을 소유지로 삼았다는 결론적인 서술(창 23:20)이다. 이러한 테두리는 본문이 사라의 죽음(창 23:1)에서 가나안 땅 소유(창 23:20)라는 주제로 진행됨을 보여준다.

20) 창세기 23장의 구조분석을 통한 해석에 대하여는 아래의 글을 참조하라. 정석규, 《구조로 읽는 창세기》, 220-30.

내부 테두리는 사라가 헤브론에서 죽었다는 서술(창 23:2)과 아브라함이 헤브론에서 사라를 장사했다는 서술(창 23:19)이다. 내부 테두리도 사라의 죽음(창 23:2)에서 사라가 장사된 땅인 헤브론 땅의 소유(창 23:19)라는 주제로 흘러간다. 이러한 두 개의 테두리 안에 사라의 죽음이 어떻게 가나안 땅의 소유로 연결되는지를 보여주는 땅 소유의 과정이 구체적으로 묘사된다(창 23:3-18).

가나안 땅을 전혀 소유하지 못한 상태에서 사라의 죽음은 땅과 연관된 갈등을 더욱 증폭시켰다. 사라는 일백이십칠 세[21]를 살고 죽었다(창 23:1). 하나님의 약속을 의지하여 고향을 떠나 가나안에 들어와 약 63년간[22]을 가나안에서 객으로 함께 동고동락하면 살았던 사라가 이 세상을 떠나자, 아브라함은 마음이 찢어지듯 아파 슬퍼하여 애통하였다(창 23:2). 자손과 땅에 대한 약속을 받고 가나안 땅에서 살다가 사라가 90세 때에 외아들 이삭을 얻었지만, 아직까지 땅과 연관된 약속은 전혀 성취되지 않은 상태에서 사라가 죽었던 것이다. 땅에 대한 말씀으로 인해 발생한 하나님의 약속과 아브라함의 현실 사이의 갈등은 사라의 죽음으로 미해결 상태에서 끝나는 것처럼 보였다. 그러나 사라의 죽음은 끝이 아니었다. 또 다른 시작이었다. 사라의 죽음은 가나안 땅을 처음으로 소유하게 되는 계기가 된 것이다.

아브라함은 헷 족속 에브론으로부터 사라의 매장지로 막벨라 굴이 있는 밭을 구입함으로 처음으로 가나안 땅의 일부를 소유지로 얻게 되었다. 그러나 아브라함이 사라의 매장지를 얻는 것은 쉬운 과정이 아니

---

21) 미드라쉬는 사라의 나이에 나타난 의미에 대하여 이렇게 말한다. 100은 아주 많은 나이, 20은 아름다움, 그리고 7은 온전함을 상징한다는 것이다. 그러므로 사라는 아주 많은 해를 살았던 족장의 온전하고 아름다운 아내라는 것이다. Wenham, 《창세기 16-50》, 259.

22) 아브라함이 가나안 땅에 들어온 것은 그가 75세(참조. 창 12:4) 때이고, 아브라함과 사라의 나이 차가 10살이므로(참조. 창 17:17) 사라가 가나안 땅에 들어온 것은 그녀가 65세 때이다. 사라가 127세에 죽었으므로, 그녀는 가나안에 들어와서 약 63년을 산 것이다.

었다. 아들 이삭을 얻었던 것처럼 하나님의 일방적인 은혜로 주어진 것이 아니었다. 땅과 연관된 하나님의 약속이 성취되는 과정에는 아브라함의 포기가 필요했다.

아브라함은 먼저 헷 족속에게 아내의 매장지를 자신이 소유(אחזה, 아후자; 창 23:4)할 수 있도록 요청하였다(창 23:3-4).[23] 이러한 요구에 대하여 헷 족속은 아브라함의 질문의 핵심을 피하여 소유하는 것에 대하여는 일절 언급하지 않았다. 그리고 자신들이 갖고 있는 묘실 가운데 좋은 것을 택하여 장사하라고 대답하였다(창 23:5-6).

이러한 상황 가운데 아브라함은 겸손하게 몸을 굽히며 간절하게 헷 족속에게 다시 요청하였다(창 23:7-9). 아브라함은 구체적으로 에브론의 땅인 막벨라 굴을 자신에게 팔아 그것을 소유(אחזה, 창 23:9)하게 해 달라고 부탁하였다. 그러나 에브론은 그 요청의 핵심을 알고도 회피하였다. 그는 막벨라 굴의 값을 언급하지 않고, 그냥 막벨라 굴과 그 주위의 땅까지 줄 테니 장사하라고 제안하였다(창 23:10-11). 에브론은 마치 자신이 아브라함에게 막벨라 굴과 그 주위의 땅을 거저 주겠다는 듯하게 말하였다. 그러나 이것은 고대 동양에서 흔했던 매매의 관행이라 할 수 있다.[24] 오히려 에브론은 막벨라 굴을 팔라는 아브라함의 요청에, 막벨라 굴이 있는 밭까지를 흥정 대상에 넣었던 것이다.

아브라함은 다시 몸을 굽히면서(창 23:12), 막벨라 굴뿐만 아니라 그

---

23) '소유지'(אחזה, 아후자)라는 단어는 창세기에 9번 사용되는데, 그 가운데 창세기 23장에 3회나 사용되고 있다(창 23:4, 9, 20). 이 단어는 대부분 땅에 대한 소유, 특히 가나안 땅과 연관하여 사용된다. 하나님께서는 아브라함에게 가나안 땅을 "영원한 기업(אחזה)"(창 17:8)으로 약속하셨다. 이 약속은 야곱에게도 반복된다(창 48:4). 창세기에서 여호와의 소유는 대부분 아브라함이 막벨라 굴을 구입한 것과 연관되어 사용된다(창 23:4, 9, 20; 49:30; 50:13). 그러므로 사라의 죽음으로 구입한 막벨라 굴과 그 주위의 밭은 하나님께서 족장에게 약속한 땅에 대한 약속의 성취라 할 수 있다.

24) Sarna, *Genesis,* 159; Wenham, 《창세기 16-50》, 263-64; Clause Westermann, *Genesis,* 강성열 역, 《창세기주석》(서울: 한들출판사, 1998), 248.

주위의 밭까지 사라는 에브론의 제안을 받아들이겠다고 말하였다(창 23:13). 그러자 에브론은 땅 값으로 은 사백 세겔을 요구하였고(창 23:15), 아브라함은 에브론의 요구에 따라 은 사백 세겔을 지불하고 막벨라 굴과 밭을 구입하였다(창 23:16-17).

세겔은 고대 가나안과 메소포타미아 지역에서 일반적인 무게의 단위였다.[25] 구약성서에서 사백 세겔은 매우 큰 가격이었다. 예레미야는 아나돗의 밭을 "은 십칠 세겔"로 샀다(렘 23:9-10). 다윗은 아라우나의 타작마당과 소를 "은 오십 세겔"로 샀다(삼하 24:24). 오므리는 사마리아를 은 두 달란트(약 육천 세겔)에 샀다(왕상 16:24). 그러므로 아브라함이 은 사백 세겔로 땅을 구입한 것은 매우 비싼 부동산 가격이었다고 할 수 있다. 이 매매는 에브론에게 있어서는 막벨라 굴뿐만 아니라 그 굴이 있는 밭까지 좋은 가격에 판 것이었고, 아브라함에게 있어서는 사라의 매장지인 막벨라 굴뿐만 아니라 그 굴이 있는 밭까지 비싼 값으로 구입한 많은 대가를 지불한 매매였다. 아브라함은 사라의 매장지를 얻는데 있어서 헷 족속에게 자신의 몸을 굽히면서 겸손하게, 그러나 지속적으로 요청하여 결국 가나안 땅에 소유지를 얻었던 것이다. 아브라함은 큰 대가를 지불함으로 마침내 가나안 땅의 첫 번째 소유지를 얻게 되었다.

가나안 땅을 전혀 소유하지 못한 상태에서의 사라의 죽음은 땅과 연관된 아브라함과 하나님 사이의 갈등을 더욱 고조시켰다. 그러나 아브라함은 사라의 죽음이라는 절체절명의 위기를 땅을 소유하는 기회로 삼았다. 아브라함은 사라의 매장지를 얻기 위하여 겸손한 태도와 끈질긴 노력, 그리고 은 사백 세겔이라는 큰 대가를 지불하였다. 이러한 아브라함의 값비싼 노력은 땅과 연관된 갈등을 해소시켰다.

---

25) Harris(eds.), *Theological Wordbook,* 954.

3. 갈등의 목표

하나님과 아브라함 사이에 발생한 갈등이 아픔과 괴로움만 준 것은 아니었다. 하나님께서는 갈등을 통하여 자신의 약속을 성취하셨으며, 아브라함을 믿음의 거장으로 다시 태어나게 하셨다.

1) 하나님은 갈등을 통하여 축복의 약속을 성취하신다

아브라함과 갈등을 야기하신 분은 하나님이셨다. 하나님께서는 자손과 땅에 대한 약속을 주시면서 아브라함을 믿음의 여정으로 초대하셨다(창 12:1–3). 그러나 이러한 믿음의 여정은 축복에 대한 하나님의 약속과, 그 약속이 이루어지지 않은 아브라함의 현실 사이에 본질적으로 존재했던 갈등의 과정이었다.

이러한 갈등을 더욱 고조시킨 사건은 애굽에서(창 12:10–20), 그리고 그랄 땅(창 20:1–18)에서 발생했다. 아브라함은 약속의 땅 가나안을 떠나 이방 땅으로 들어갔고, 그곳에서 아내 사라를 자신의 누이로 속였다. 그 결과 사라를 통하여 많은 후손을 주시겠다는 하나님의 약속은 더 큰 위기를 맞이하게 되었다. 이 위기는 하나님의 약속과 아브라함의 현실 사이에 더 큰 간격을 만들었고, 자손과 연관하여 하나님과 아브라함 사이에 더 큰 갈등을 야기하였다.

그러나 하나님께서는 이러한 위기 가운데 개입하셨다. 여호와 하나님께서는 바로와 그 집에 큰 재앙을 내리심으로(창 12:17), 그리고 그랄의 왕 아비멜렉의 꿈 가운데 재앙을 선포하심으로(창 20:3–7) 약속의 위기 가운데 임재하셨다. 그리고 아브라함의 불신앙으로 야기된 위기와 갈등을 해결하셨다. 하나님께서는 위기와 갈등만을 해결한 것이 아니라, 이 사건을 통하여 아브라함에게 큰 재물의 축복을 허락하셨다. 아브라함은 바로와 아비멜렉으로부터 양과 소와 노비 등 많은 재물을 얻었다(창 12:16, 20; 20:14). 하나님께서는 자손과 연관된 갈등의 과정을 통하여 아브라함에게 복을 더하셨다.

많은 자손과 가나안 땅을 주시겠다는 비현실적인 하나님의 약속은 갈등을 야기했지만, 이러한 갈등을 통과한 아브라함에게 하나님께서는 자신의 약속을 이루셨다. 약속이 성취되는 과정은 갈등의 연속이었다. 자녀가 전혀 없었던 아브라함은 엘리에셀을 양자로 택하기도 하고(창 15:2-3), 그의 몸종 하갈을 통해 이스마엘을 얻기도 하였다(창 16장). 그러나 엘리에셀도 이스마엘도 하나님의 약속의 자손이 아니었다. 하나님의 약속과 아브라함의 현실 사이에는 갈등이 지속되었다. 그러나 하나님께서는 이러한 갈등의 과정 속에서 아브라함에게 나타나셔서 자신의 약속을 거듭 말씀하셨다. 그리고 이러한 하나님의 약속을 포기하지 않고 소망하던 아브라함에게 '말씀하신 대로' 약속의 아들 이삭을 주셨다(창 21:1-7). 하나님께서는 갈등을 통과한 아브라함에게 약속대로 자손의 복을 주셨던 것이다.

땅에 대한 하나님의 약속도 가나안에 한 평의 땅도 없던 아브라함에게 갈등의 이유가 되었지만, 오랫동안 나그네와 객으로의 삶을 통과한 아브라함에게 하나님께서는 소유지를 주셨다. 땅에 대한 약속은 사라가 죽는 순간에도 이루어지지 않았다. 그러나 사라가 죽고 그녀의 매장지가 필요한 상황 속에서 하나님께서는 가나안 땅에 첫 번째 소유지로 막벨라 굴을 아브라함에게 주셨다. 비록 이 땅이 은 사백 세겔이나 지불하는 아브라함의 희생 위에 얻어진 것이지만, 하나님께서 주셨던 약속은 때가 차매 이루어졌다.

하나님의 약속과 아브라함의 현실 사이의 있는 깊은 틈새로 인해 발생한 둘 사이의 갈등, 하나님의 약속이 지체되는 상황 속에서 깊어졌던 하나님과 아브라함 사이의 갈등은 이삭의 태어남과 막벨라 굴의 구입으로 해결되었다. 비록 아브라함에게 주셨던 많은 자손과 가나안 땅 전체에 대한 약속이 아브라함 시대에 이루어지지는 않았지만, 아브라함 이후의 이어지는 세대 속에서 하나님의 약속은 끊어지지 않았다. 그리고 이스라엘 역사 가운데 아브라함의 언약은 성취되었다(참조. 출 1:7; 수

21:43-45). 이와 같이 자손과 땅에 대한 약속과 함께 갈등을 제공하신 하나님께서는 갈등을 통과한 아브라함과 이후의 세대들에게 그 약속을 성취하셨다.

2) 아브라함은 갈등을 통하여 믿음의 거장이 된다

하나님의 약속은 아브라함의 현실과 너무나 동떨어진 것이었다. 게다가 이러한 약속이 이루어지는 것은 아브라함의 시대에 계속 지체되었다. 아브라함은 하나님의 말씀을 의지하여 약속의 땅 가나안으로 들어갔다. 그러나 그곳에는 아브라함을 위해 예비된 땅이 없었다. 오히려 그 땅에 기근이 있었다(창 12:10-20). 아브라함은 생존을 위하여 약속의 땅을 벗어나 애굽으로 피신하였고, 그곳에서 사라를 자신의 누이로 속여 바로의 궁에 들어가게 만들었다. 이러한 약속의 위기에 하나님께서는 인간사에 개입하셨다. 하나님께서는 사라를 애굽 궁에서 구원하고 아브라함에게 많은 재물을 얻게 하셨다. 아브라함 가족은 다시 가나안으로 돌아왔다. 이와 비슷한 하나님의 개입하심은 그랄 지방에서도 있었다(창 20장). 하나님의 직접적인 개입하심으로 아브라함은 하나님을 점점 더 알아갔다.

자손에 대한 약속으로 야기된 갈등 속에서도 아브라함은 하나님을 경험하였다. 아브라함은 자손에 대한 약속을 받은 지 10여 년이 지나가도 그 약속이 이루어지지 않자, 그 시대 통용되던 인간적인 방법으로 양자를 택했다(창 15장). 아브라함은 다메섹 출신의 엘리에셀을 자신의 상속자로 인정해 달라고 하나님께 요청했지만, 하나님께서는 아브라함을 데리고 밖으로 나아가 하늘의 뭇 별처럼 많은 자손을 주시겠다고 약속하셨다. 이러한 하나님과의 대담한 대화를 통하여 아브라함은 여호와를 깊이 신뢰하는 믿음의 사람으로 변화되었다(창 15:6). 이러한 존재의 변화는 창세기 17장에서 아브람이 아브라함으로 이름이 바뀌는 사건 속에서 분명히 나타난다. 하나님께서는 아브람을 아브라함으로 개명하시며 그에게 열국의 아비가 되는 영원한 언약을 주셨다. 하나님께서는 갈등을 통하여 아브라함을 하나님의 약속을 받기에 합당한 새로운 존재로 변화시켜 주셨다.

하나님께서는 비록 자신이 시작한 위기였지만 외아들 이삭을 번제로 드리는 사건(창 22장) 가운데서도 인간사에 개입하셨다. 이삭이라는 약속과 그를 번제로 드려야 하는 현실 사이의 갈등 속에서 아브라함은 이전과 달리 하나님의 명령에 온전히 순종하였다. 자신의 이성과 판단과 다른 요구였지만, 아브라함은 하나님의 말씀에 따라 이삭을 번제물로 드리려고 하였다.

외아들 이삭을 번제로 드리는 것은 아버지인 아브라함에게 크나큰 아픔이었을 것이다. 그러나 그것은 하나님에게도 마찬가지, 아니 더 큰 아픔이었을 것이다. 이삭은 하나님 자신이 약속하시고 자신이 직접 주신 자녀였다. 어떻게 보면 이삭은 아브라함의 아들 이전에 하나님의 아들이었다. 자신의 아들을 번제로 드리라고 요청해서 아브라함이 하나님의 아들을 번제로 드리는 것이었으니 하나님의 마음이 얼마나 두렵고 아팠을까. 아브라함이 이삭을 죽이려 하자 하나님께서는 "아브라함아 아브라함아"(창 22:11) 2번이나 반복하며 급하게 부르셨다. 왜냐하면 하나님께서 마음이 두렵고 조마조마했기 때문이었다. 하나님께서는 아브라함을 부르시고, 약속의 아들을 죽이려는 것을 막으셨다.

그럼에도 불구하고 하나님께서는 이삭을 드리라고 아브라함에게 요청하셨다. 왜냐하면 아브라함을 하나님 경외하는 사람으로 만들기 위해서였다(참조. 창 22:12). 이 사건을 통하여 아브라함도, 이삭도 모두 하나님이 어떤 분이심을 깊이 경험했을 것이다. 그 어떤 것보다 하나님을 사랑하는 존재가 되었을 것이다. 상대방을 위하여 희생하는 것은 상대방에 대한 사랑 때문에 가능하기도 하지만, 그 희생이 상대방에 대한 사랑을 더욱 크게 만든다. 아브라함과 이삭의 희생은 하나님을 더욱 사랑하며 경외하게 만드는 과정이었다. 하나님께서는 이러한 시험을 통하여 아브라함과 이삭을 믿음의 거장, 하나님을 그 무엇보다도 사랑하고 경외하는 존재되게 하셨다. 그리고 아브라함에게 많은 자손을 주시겠다는 맹세까지 하시는 복을 더하셨다.

그는 갈등을 통하여 믿음의 거장으로 변화되었다(참조. 갈 3: 9; 히 11:17). 야고보는 갈등을 통해 아브라함이 얻은 축복을 이렇게 말한다.

> 우리 조상 아브라함이 그 아들 이삭을 제단에 바칠 때에 행함으로 의롭다 하심을 받은 것이 아니냐 네가 보거니와 믿음이 그의 행함과 함께 일하고 행함으로 믿음이 온전하게 되었느니라 이에 성경에 이른 바 아브라함이 하나님을 믿으니 이것을 의로 여기셨다는 말씀이 이루어졌고 그는 하나님의 벗이라 칭함을 받았나니(약 2:21-23).

하나님을 불신했던 아브라함은 하나님께서 주신 갈등을 통과함으로 하나님을 온전히 믿고, 하나님의 벗이 되는 축복을 얻었다. 아브라함은 갈등을 통하여 하나님과 친밀한 교제가 있는 친구요, 하나님을 깊이 신뢰하는 믿음의 거장이 되었다. 갈등의 순간은 힘들고 아프다. 그러나 그것을 통과한 사람은 갈등의 유익을 안다.

헬렌 켈러는 우리가 삶 속에서 경험하는 아픔과 갈등의 유익을 이렇게 말하고 있다.

> 우리의 삶에 뛰어넘어야 할 아무런 한계가 없다면 우리가 하는 경험들은 결실의 기쁨을 잃어버린다. 어둔 골짜기를 지나가는 고난이 없다면 산 정상에 서는 기쁨도 사라진다.

하나님께서 우리의 삶에 한계를 주시고 고난을 주시는 것은, 우리에게 더 큰 기쁨을 주시기 위함이다. 하나님의 말씀과 우리가 직면하고 있는 현실 사이의 큰 틈새로 인해 겪는 갈등은 하나님께서 우리의 믿음을 성장시키기 위하여 허락하신 축복의 과정이다. 하나님께서는 그러한 갈등의 과정을 통하여 하나님의 복을 받기에 합당한 자로 우리의 존재를 변화시키시며, 변화된 모습 위에 하늘의 복을 더하신다.

||| 제2장 |||

하나님과 인간과의 갈등 2

하나님과 요나

하나님과 인간의 갈등으로 다룰 두 번째 내용은 하나님과 요나의 갈등이다. 하나님과 요나의 갈등은 니느웨로 가서 심판의 말씀을 전하라는 하나님의 명령과 그 명령을 거절하는 요나 사이에 발생했다. 이러한 하나님과 요나의 갈등은 요나서에 잘 나타난다.[1)]

요나서는 기독교 신자들에게 그 내용이 매우 잘 알려진 친숙한 책 가운데 하나이다. 그러나 요나서는 매우 독특한 형태를 띠고 있을 뿐만 아니라, 많은 신학적인 이슈들을 포함하고 있는 책이기도 하다. 그 형식에 있어서 요나서는 이스라엘이나 이방 민족을 향한 하나님의 말씀을 수집해 놓은 다른 예언서들과는 달리, 예언자 요나의 '자서전적인 이야기'(biographical story)를 다룬다. 그 내용에 있어서도 요나서는 이방 민족을 부정적으로 그리고 있는 다른 예언서들과는 달리, 이방민족(앗

---

1) 요나서의 개관은 대부분 본인의 글에서 인용한 것이다. 정석규, "요나서 4장의 주석과 설교,"『한영논총』10호(2006), 39-40.

수르)을 하나님의 사랑 안에서 긍정적으로 묘사하고 있다.

요나서는 다른 예언서와는 달리 독특한 형태를 띠고 있을 뿐만 아니라, 매우 다루기 까다로운 신학적인 이슈들도 갖고 있다. 예를 들면, 요나서의 구약 정경에서의 위치, 요나서의 쓰인 시기, 요나서 전체의 통일성, 요나서의 문학적인 장르, 그리고 요나서의 메시지 및 의도에 대한 많은 논쟁들이 있다.[2] 그러나 이러한 대부분의 이슈들에 대하여 요나서를 통하여 명확하게 해결하기란 쉽지 않다. 왜냐하면 요나서는 이러한 이슈들에 대하여 대부분 침묵하고 있기 때문이다.

위에 언급한 이슈 가운데 우리가 요나서 자체를 통하여 살펴볼 수 있는 것은 요나서의 의도 및 신학적인 메시지이다. 요나서가 현재의 형태에서 말하고자 하는 메시지는 요나서 자체의 분석을 통하여 접근할 수 있다. 많은 해석자들은 요나서가 유대 공동체에 내재된 보편주의(universalism)와 특수주의(particularism) 사이의 갈등을 드러내고 있다고 주장한다.[3] 그러나 스위니(Marvin A. Sweeney)는 요나서의 주된 주제는 반유대적인 보편주의가 아니라, 하나님의 사랑(mercy)과 신뢰성(trustworthiness)이라고 주장한다.[4] 즉 하나님께서는 이스라엘뿐만

---

2) 요나서에 나타난 신학적 이슈들에 대하여는 아래의 글을 참조하라. R. B. Salters, *Jonah & Lamentations* (OT Guides; Sheffield: JSOT Press, 1994), 13-62.

3) 요나서의 의도와 연관된 위의 주장에 대해서는 아래의 글을 참조하라. Salters, *Jonah & Lamentations,* 51-62. 마태복음 12:41에서 요나의 말씀을 듣고 회개한 니느웨의 사람들은 복음을 듣고 하나님께 돌아온 이방인들의 대표격으로 설명된다. 이러한 마태복음의 시각으로 요나서를 이해할 때, 요나서는 반유대인 정서를 포함하고 있다고 생각할 수 있다. 맥가우언(McGowan)은 이스라엘과 이방민족과 연관되는 요나서의 주제가 에스라, 느헤미야, 룻기의 공통 관심사로 이해한다. J. C. McGowan, "Jonah," *The Jerome Biblical Commentary* (Englewood Cliffs: Prentice-Hall Inc., 1968), 633-34. 핸슨(Hanson)은 요나서가 에스라 느헤미야의 종교개혁의 배타성에 항거하는 문학으로 주장한다. Paul D. Hanson, *The People Called. The Growth of Community in the Bible* (San Francisco: Harper & Row Publisher, 1987), 321.

4) Marvin A. Sweeney, *The Twelve Prophet,* vol. I (Berit Olam; Collegeville: The Liturgical Press, 2000), 303-07. 뎀프시(Dempsey)도 요나서의 핵심 주제는 '하나님은 피조물을 온전하게 다스리는 힘이 가장 큰 분이시다' 라고 말한다. Carol J. Demp-

아니라 다른 민족들까지도 회개한다면 그들을 구원해 주시는 분이시라는 것이다. 이러한 하나님의 자비에 대한 이해는 반역의 길을 걸었던 이스라엘 백성들에게도 새로운 기회를 다시 주고 있다는 것이다. 스투아트(Douglas Stuart)도 요나서가 에스라서와 느헤미야서에서 보여주는 유대주의를 비난하면서 보편주의를 다루고 있다는 주장에 대하여 두 가지 측면에서 반론을 제기한다:[5] 1) 요나서는 앗수르에 대해서만 다루고 있지, 그 외 다른 나라들의 구원에 대해서는 다루지 않으므로 보편주의적이라고 말할 수 없다. 2) 요나서는 에스라서와 느헤미야서의 관심사인 혼혈금지, 제의의 회복, 예루살렘의 치안, 이방인의 영향력 제거 등을 다루지 않으므로 에스라와 느헤미야의 폐쇄적인 유대주의를 반대한다고 볼 수 없다. 이와 같이 요나서의 신학적인 이슈들에 대한 학자들의 의견은 다양하다.

I. 요나서의 문학적 구조와 내용

요나서 전체는 "여호와의 말씀이…요나에게 임하니라"(욘 1:1; 3:1)라는 표제와 함께 시작되는 두 개의 큰 이야기로 구성된다(욘 1:1-2:10; 3:1-4:11). 첫째 이야기는 니느웨를 향하는 여정을 다루며, 둘째 이야기는 니느웨에서 있었던 사건을 다룬다. 이러한 장면에 따라 요나서 전체는 아래와 같이 병행구조로 배열된다.[6]

---

sey, *The Prophets: A Liberation-Critical Reading* (Minneapolis: Fortress Press, 2000), 121-27. 워드(Ward)는 요나서의 근본 관심은 여호와는 어떤 분이시며, 그분이 왜 니느웨 백성들을 구원하시는 일을 하셨는가에 대한 질문과 그 해답이라고 주장한다. 여기서 첫 번째 질문의 해답은 요나의 고백인 4장 2절에서, 그리고 두 번째 질문의 해답은 여호와의 질문인 4장 10-11절에서 발견할 수 있다. James M. Ward, *Thus says the Lord: The Message of the Prophets* (Nashville: Abingdon Press, 1991), 247-48.

5) Douglas Stuart, *Hosea-Jonah* (WBC; Waco: Word Books, 1987), 434-45.

6) 노갈스키(Nogalski)는 요나서를 아래와 같이 4개의 독립된 장면으로 구성되었다고 주

I. 첫째 이야기: 니느웨를 향한 여정	1:1-2:10
A. 여호와의 말씀과 요나의 불순종, 그리고 그 결과	1:1-16
1. 여호와의 말씀과 요나의 불순종	1:1-3
2. 여호와의 재앙과 선원들의 반응	1:4-16
B. 요나의 회개와 요나에 대한 여호와의 사랑	1:17-2:10[7]
1. 여호와께서 큰 물고기로 요나를 삼키게 하심	1:17
2. 요나의 회개의 기도	2:1-9
3(1'). 여호와께서 큰 물고기로 요나를 토하게 하심	2:10
II(I'). 둘째 이야기: 니느웨에서 있었던 사건	3:1-4:11
A. 여호와의 말씀과 요나의 순종, 그리고 그 결과	3:1-10
1. 여호와의 말씀과 요나의 순종	3:1-4
2. 니느웨 백성의 순종과 여호와의 반응	3:5-10
B. 요나의 불평과 니느웨에 대한 여호와의 사랑	4:1-11
1. 요나의 불평과 여호와의 질문	4:1-5
2. 요나의 불평과 여호와의 사랑	4:6-11

주장한다: 1) 요나의 사명과 도피, 2) 요나의 기도, 3) 요나의 말씀 선포와 그 결과, 4) 말씀 선포의 성취와 그것에 대한 요나의 반응. James Nogalski, *Redactional Processes in the Book of the Twelve* (Berlin; New York: Walter de Gruyter, 1993), 249. 그러나 노갈스키는 요나서 전체의 구조에 있어서 표제(욘 1:1; 3:1)의 역할을 간과하고 있다. 반면에 돌시(Dorsey)는 요나서를 아래와 같이 변형된 병행구조로 이해한다: 1) 요나의 사명(욘 1:1-3), 2) 요나와 이방 선원들(욘 1:4-16), 3) 요나의 감사의 기도(욘 2:1-11), 1') 요나의 재 사명(욘 3:1-3a), 2') 요나와 이방 니느웨 사람들(욘 3:3b-10), 3') 요나의 성내는 기도(욘 4:1-4), 4) 요나에게 주어진 여호와의 교훈(욘 4:5-11). 여기서 대응되지 않는 욘 4:5-11은 본문에서 가장 강조된다. David A. Dorsey, *The Literary Structure of the Old Testament,* 292. 반면에 트리블(Trible)은 본인처럼 요나서의 구조를 두 개의 에피소드가 병행구조로 배열된 것으로 이해한다. Phyllis Trible, *Rhetorical Criticism: Context, Method, and the Book of Jonah* (Minneapolis: Fortress Press, 1994), 107-225.

7) 히브리어 성경(MT)에는 이 부분이 욘 2:1-11로 표기된다. 그러나 본인은 여기서 한글 개역성경의 절 구분을 따르겠다.

위의 구조도표에서 보여주는 것과 같이 첫째 대문단(욘 1:1-2:10)과 둘째 대문단(욘 3:1-4:11)은 대조적으로 병행된다.[8] 첫째 대문단의 첫째 소문단(욘 1:1-16)은 '니느웨로 가서 외치라'는 여호와의 말씀과 요나의 불순종을 다루는 반면, 둘째 대문단의 첫째 소문단(욘 3:1-10)은 '니느웨로 가서 외치라'는 여호와의 말씀과 요나의 순종에 대하여 다룬다. 첫째 대문단의 첫째 소문단에서는 요나와 이방 사람들인 선원들이 주요 등장인물로 나타나고, 둘째 대문단의 첫째 소문단에서도 요나와 이방 사람들인 니느웨의 백성이 주요 등장인물로 나타난다. 이러한 내용과 형식의 연결을 통하여 이 두 소문단은 서로 대응된다.

첫째 대문단의 둘째 소문단(욘 1:17-2:10)은 요나의 회개와 하나님의 요나에 대한 사랑을 다룬다. 반면에 둘째 대문단의 둘째 소문단(욘 4:1-11)은 요나의 불평과 하나님의 니느웨에 대한 사랑을 다룬다. 첫째 대문단과 둘째 대문단의 둘째 소문단들(욘 1:17-2:10; 4:1-11)은 첫째 소문단들과는 다르게 모두 하나님과 요나가 주요 등장인물로 나타난다. 이러한 구조 속에서 뒤에서 병행되는 부분인 둘째 대문단(욘 3:1-4:11)은 더욱 강조된다.[9]

1. 첫째 대문단: 니느웨를 향한 여정(욘 1:1-2:10)

첫째 대문단은 니느웨를 향한 여정을 다룬다. 여호와께서는 요나에게 '니느웨로 가서 외치라'고 명령하셨으나, 요나는 불순종하여 니느웨를 향하지 않고 다시스로 향했다. 하나님께서는 폭풍을 통하여 요나를 바다에 던지게 만드셨다. 요나는 여호와께서 예비하신 큰 물고기의 뱃속에서 하나님께 회개의 기도를 드렸다. 하나님께서는 물고기를 명하여

---

8) 요나서 1-2장과 3-4장의 대응에 대한 구체적인 분석은 아래의 책을 참조하라. Trible, *Rhetorical Criticism,* 109-22.

9) 병행구조는 일반적으로 뒤에서 대응되는 부분이 강조된다. Dorsey, *Literary Structure of the Old Testament,* 37-40.

요나를 육지에 토하게 만드셨다.

1) 첫째 소문단: 여호와의 말씀과 요나의 불순종, 그리고 그 결과 (욘 1:1-16)

첫째 소문단(욘 1:1-16)은 여호와의 말씀과 요나의 불순종, 그리고 요나의 불순종의 결과로 요나가 바다에 던짐을 당하는 사건을 다룬다. 첫째 소문단은 등장인물에 따라 여호와와 요나가 주로 등장하는 첫째 미세문단(욘 1:1-3)과 이방 선원과 요나가 주로 등장하는 둘째 미세문단(욘 1:4-16)으로 구성된다. 첫째 미세문단에는 여호와의 말씀과 요나의 부적절한 반응이 나타나는 반면, 둘째 미세문단에는 여호와의 재앙과 선원들의 적절한 반응이 나타난다.

(1) 여호와의 말씀과 요나의 반응(욘 1:1-3)

요나서는 요나에게 임한 여호와의 첫 번째 말씀으로 시작된다(욘 1:1-2). 여호와께서는 요나에게 니느웨로 가서 그들의 악독이 내게 상달되었다고 외치라고 명령하셨다. 그러나 요나는 여호와의 명령에 불순종하였다(욘 1:3). 요나는 여호와의 얼굴을 피하려고 다시스로 가는 배를 탔다.

(2) 여호와의 재앙과 선원들의 반응(욘 1:4-16)

둘째 미세문단(욘 1:4-16)은 요나의 불순종에 대한 결과로, 여호와의 재앙과 그 재앙에 대한 선원들의 순종적 반응을 다룬다. 이 미세문단의 구조는 아래와 같다.

a. 여호와께서 재앙을 내리심: 폭풍	1:4
b. 선원들의 반응	1:5–16
1) 첫 번째 반응: 신께 기도함	1:5–6
a) 사공들의 행동: 신을 부르고 물건을 던짐	1:5a
b) 요나의 행동: 배 밑층에서 잠을 잠	1:5b
c–a') 선장의 행동: 요나에게 기도하기를 요청함	1:6
2) 두 번째 반응: 제비뽑기	1:7–10
a) 제비뽑기를 함	1:7
(1) 제비뽑기하기로 결정함	1:7a
(2) 요나가 뽑힘	1:7b
b) 요나가 뽑힌 후의 대화	1:8–10
(1) 선원들의 질문: 요나의 정체	1:8
(2) 요나의 대답: 여호와를 경외하는 히브리인	1:9
(3–1') 선원들의 반응: 두려워 함	1:10
3) 세 번째 반응: 요나를 바다에 던짐	1:11–16
a) 선원들의 질문: 어떻게 해야 바다가 잔잔할까	1:11
b) 요나의 대답: 나를 던지라	1:12
c–a') 선원들의 반응: 요나를 던짐	1:13–16
(1) 선원들의 불순종: 인간적 노력이 실패함	1:13
(2) 선원들의 순종	1:14–16
(a) 여호와께 기도함	1:14
(b) 요나를 던짐	1:15
(c-a') 여호와께 제사를 드림	1:16

요나가 여호와의 명령에 불순종하여 다시스로 가는 배를 타고 갈 때, 여호와께서는 큰 폭풍을 일으켜 요나가 타고 있는 배에 재앙을 내리셨다(욘 1:4).

이러한 하나님의 재앙에 대하여 선원들은 세 번에 걸쳐서 행동을 취한다(욘 1:5–16). 이러한 선원들의 행동은 대부분 교차대구법

(*chiasmus*)으로 표현된다. 첫 번째 행동은 그들의 신께 기도를 드리는 것이었다(욘 1:5-6). 이 부분은 위의 구조도표에서 보여주듯이 선원들과 선장의 행동(욘 1:5a, 6)을 테두리(*inclusio*)로 하여 그 중앙에 요나의 행동(욘 1:5b)이 묘사된 형태로 구성된다. 이러한 구조에서 요나의 행동에 대한 묘사는 중앙에 놓임으로 강조된다. 즉 사공들과 선장은 폭풍으로 야기된 문제를 해결하기 위하여 그들의 신을 부르고 물건을 바다에 던졌지만, 요나는 태평하게 배 밑에서 잠을 자고 있었다.

두 번째 행동은 재앙의 원인자를 밝히기 위하여 제비를 뽑는 것이었다(욘 1:7-10). 이 행동은 제비뽑기 자체에 대한 묘사(욘 1:7)와 요나가 뽑힌 후에 있었던 대화(욘 1:8-10)로 구성된다. 선원들은 제비뽑기를 통하여 누구의 잘못으로 이러한 재앙이 임했는지 알아보자고 제안하고(욘 1:7a), 제비뽑기를 하였는데 요나가 뽑혔다(욘 1:7b). 요나가 뽑힌 후의 대화(욘 1:8-10)는 선원들의 말과 행동을 테두리(욘 1:8, 10)로 하여 그 중앙에 요나의 대답(욘 1:9)이 놓인 형태로 구성된다. 이러한 짜임새에서 요나의 대답은 중앙에 놓임으로 구조적으로 강조된다. 선원들은 요나에게 이 재앙의 이유와 요나의 정체에 대하여 물어보았다(욘 1:8). 이에 요나는 자신이 여호와를 경외하는 히브리인이라고 대답하였다(욘 1:9). 그러자 선원들은 두려워하며, 요나에게 왜 이런 일을 행했는지 추궁하였다(욘 1:10).

세 번째 행동은 요나를 바다에 던진 일이었다(욘 1:11-16). 이 부분도 선원들의 말과 행동을 테두리(욘 1:11, 13-16)로 하여 그 중앙에 요나의 대답(욘 1:12)이 놓인 형태로 구성된다. 이러한 짜임새에서 요나의 대답이 중앙에 놓임으로 강조된다. 선원들은 바다가 점점 흉용하자 요나에게 어떻게 해야 바다가 잔잔할지 질문하였다(욘 1:11). 그러자 요나는 자신을 던지면 바다가 잔잔해 질 것이라고 대답하였다(욘 1:12). 이러한 요나의 대답에 대하여 선원들은 처음에는 요나의 의견과 달리 자신들의 뜻대로 행하였다(욘 1:13). 그들은 배를 육지에 돌리고자 노를 저었었으나 실패하였다. 실패 후에 선원들은 요나와 하나님의 뜻에 순종하였다(욘 1:14-16). 그들은 여호와께 기도를 드렸고(욘 1:14), 요나를 바다에 던졌으며(욘 1:15), 그리고 여호와께 제물을 드리고 서원하였다(욘 1:16).

결론적으로 여호와의 재앙과 그것에 대한 선원들의 반응을 다루는 둘째 미세문단(욘 1:4-16)은 요나의 행동들을 강조한다. 이 미세문단은 재앙을 알지 못하고 배 밑에서 잠을 자는 무감각한 요나의 모습(욘 1:5)에서 시작하여, 여호와를 경외하는 히브리인이라는 자기 정체성을 고백하는 요나의 모습(욘 1:9)을 거쳐서, 여호와의 재앙이 자신의 죄로 인한 것을 인정하며 자신을 바다에 던지라고 말함으로 자신의 잘못에 책임을 지는 요나의 모습(욘 1:12)으로 진행된다. 이러한 흐름은 회개의 기도를 드리는 요나의 모습을 다루는 둘째 소문단(욘 1:17-2:10)으로 자연스럽게 이어진다.

2) 둘째 소문단: 요나의 회개와 요나에 대한 여호와의 사랑 (욘 1:17-2:10)

요나의 회개와 요나에 대한 여호와의 사랑을 다루는 둘째 소문단(욘 1:17-2:10)은 위의 구조 도표와 같이 여호와께서 큰 물고기를 예비하여 요나를 삼키고(욘 1:17) 토하게 하셨다(욘 2:10)는 서술을 테두리로 하여 그 중앙에 요나의 기도(욘 2:1-9)가 놓인 형태로 짜여진다. 이러한 구성에서 요나의 기도는 중앙에 놓이는 구조적 특징과 운문체로 써어졌다는 문체적 특징에 의해서 가장 강조된다.

요나의 기도(욘 2:1-9)는 그것이 물고기 뱃속에서 요나가 하나님 여호와께 한 기도라는 설명을 담고 있는 이야기 도입부(욘 2:1)와 기도 자체(욘 2:2-9)로 구성된다. 기도 자체는 아래와 같은 구조를 지닌다.[10)]

---

10) 란데스(Landes)는 아래의 글에서 요나의 기도와 요나서 전체의 내용이 연결되어 있음을 밝힌다. G. M. Landes, "The Kerygma of the Book of Jonah," *Int* 21 (1967), 3-31. 요나의 기도와 요나서 전체의 연관성에 대한 란데스의 주장은 아래의 책에 잘

1) 여호와의 응답에 대한 서론적 선언	2:2
2) 여호와의 심판과 요나의 결심	2:3-4
a) 여호와의 심판에 대한 묘사	2:3
b) 요나의 결단의 기도: 성전을 바라볼 것이다	2:4
3-2') 여호와의 구원과 요나의 기도 응답	2:5-7
a) 여호와의 심판과 구원에 대한 묘사	2:5-6
b) 요나의 기도 응답: 성전에 도달했다	2:7
4-1') 여호와의 구원에 대한 요나의 결론적 맹세	2:8-9
a) 요나의 결론적 맹세	2:8-9a
(1) 우상 숭배자는 은혜를 저버림	2:8
(2-1') 자신은 은혜에 응답함: 제사와 서원	2:9a
b) 여호와의 구원자 되심의 결론적 선언	2:9b

요나의 기도는 위와 같이 교차대구구조로 배열된 네 개의 미세문단들로 구성된다. 첫째 미세문단(욘 2:2)은 여호와의 응답에 대한 서론적 선언을 다룬다. 여기서 요나는 여호와 하나님께서 자신의 간구를 응답해 주셨음을 아래와 같이 두 개의 병행되는 문장을 통하여 강조하며 표현하였다.

> 내가 받는 고난으로 말미암아 여호와께 불러 아뢰었더니(a) 주께서 내게 대답하셨고(b) 내가 스올의 뱃속에서 부르짖었더니(a') 주께서 내 음성을 들으셨나이다(b').

첫째 미세문단은 여호와의 구원에 대한 결론적 맹세를 다루는 넷째 미세문단(욘 2:8-9)과 대응된다. 이 두 미세문단들은 '음성'(קוֹל)이라는 용어의 반복(욘 2:3, 9)을 통하여 연결된다.[11] 넷째 미세문단에서 요나는

요약되어 있다. Stuart, *Hosea-Jonah,* 471-72.

11) 이 용어는 개역 개정판 성경 2절에서는 '음성'으로, 9절에서는 '목소리'로 번역되어

하나님의 은혜에 제사와 서원으로 갚겠다고 맹세를 하였다(욘 2:8-9a). 여기서 요나의 맹세는 첫째 미세문단처럼 두 개의 병행되는 문장으로 표현된다. 그러나 요나의 맹세는 동의적으로 병행되는 첫째 미세문단과는 달리, 아래와 같이 반어적으로 병행된다.

> 거짓되고 헛된 것을 숭상하는 모든 자는(a) 자기에게 베푸신 은혜를 버렸나오나(b) 나는(a') 감사하는 목소리로 주께 제사를 드리며(b') 나의 서원을 주께 갚겠나이다(b'').

이러한 반어적 병행을 통하여 요나는 자신을 거짓되고 헛된 것을 숭상하는 자와 대비되는 여호와께 제사와 서원을 드리는 자로 묘사한다. 넷째 미세문단은 "구원은 여호와께 속하였나이다"(욘 2:9b)라는 선언으로 요나의 기도 전체를 결론 맺는다.

둘째 미세문단(욘 2:3-4)은 여호와의 심판과 요나의 결심을 다룬다. 요나는 자신의 죄로 인하여 과거에 임했던 여호와의 심판을 '깊음' 속에 내려가 큰 물이 자신을 덮었던 것으로 표현한다(욘 2:3). 이러한 상황에서 요나는 자신이 "다시 주의 성전을 바라보겠다"(욘 2:4)고 다짐하였다.

둘째 미세문단과 대응이 되는 셋째 미세문단(욘 2:5-7)은 여호와의 심판과 구원, 그리고 요나의 기도가 응답되었다는 내용을 다룬다. 둘째 미세문단이 '깊음의 물'과 연관된 여호와의 심판에 대한 묘사로 시작되듯이, 셋째 미세문단도 '깊음의 물'과 연관된 여호와의 심판에 대한 묘사로 시작된다(욘 2:5-6a). 그러나 셋째 미세문단은 심판으로 끝나지 않는다. 셋째 미세문단은 여호와의 구원으로 이어진다(욘 2:6b). 여호와 하나님께서 요나의 생명을 건지셨다는 구원이 언급된다. 구원에 대한 언급 후에 요나는 "주의 성전을 바라보겠다"(욘 2:4)는 이전의 기도와

사용되나 원어에서는 모두 '콜'(קוֹל)이라는 단어이다. 이 용어는 요나서 전체에서 이 두 절에서만 사용된다.

연관하여, 자신의 기도가 "주의 성전에 미쳤나이다"(욘 2:7)라고 기도의 응답을 고백하였다.

결론적으로 요나의 기도는 교차대구구조 속에서 여호와 하나님께서 요나의 기도에 응답하셔서 그를 깊음 가운데서 구원하신 구원의 주관자이심을 강조한다.

2. 둘째 대문단: 니느웨에서 있었던 사건들(욘 3:1-4:11)

둘째 대문단(욘 3:1-4:11)은 니느웨에서 있었던 사건들을 다룬다. 여호와께서는 요나에게 '니느웨로 가서 외치라'고 명령하고, 요나는 순종하여 니느웨에서 하나님의 말씀을 선포하였다. 이 말씀을 듣고 니느웨의 백성과 왕은 금식을 선포하며 하나님 앞에서 회개하였고, 하나님은 뜻을 돌이켜 니느웨에 재앙을 내리지 아니하셨다. 하나님께서 뜻을 돌이키자 요나는 하나님께 항의를 하였다. 이에 하나님께서는 요나에게 자신이 니느웨를 사랑하사 그들에게 재앙을 내리지 아니하신 것이 정당하다고 말씀하셨다.

1) 첫째 소문단: 여호와의 말씀과 요나의 순종, 그리고 그 결과 (욘 3: 1-10)

첫째 소문단(욘 3:1-10)은 여호와의 말씀과 요나의 순종, 그리고 요나의 순종의 결과 니느웨의 백성들이 회개하고 하나님께서 그들을 용서해주시는 사건을 다룬다. 첫째 소문단은 등장인물에 따라 여호와와 요나가 주로 등장하는 첫째 미세문단(욘 3:1-4)과 니느웨의 백성들과 하나님이 주로 등장하는 둘째 미세문단(욘 3:4-10)으로 구성된다. 첫째 미세문단에는 여호와의 말씀과 요나의 반응이 나타나는 반면, 둘째 미세문단에는 니느웨의 행동과 여호와의 반응이 나타난다.

(1) 여호와의 말씀과 요나의 순종(욘 3:1–4)

첫째 대문단(욘 1:1–2:10)이 '니느웨로 가서 외치라'는 여호와의 말씀으로 시작되듯이, 둘째 대문단(욘 3:1–4:11)도 '니느웨로 가서 외치라'는 여호와의 말씀으로 시작된다(욘 3:1–2). 이 말씀은 "여호와의 말씀이 두 번째로 요나에게 임하니라"(욘 3:1)라는 설명을 통하여 여호와의 첫 번째 말씀(욘 1:1–2)과 대응을 이룬다.

여호와의 말씀에 이어 요나의 반응이 나온다(욘 3:3–4). 첫째 대문단에서 요나는 여호와의 말씀에 불순종하여 니느웨가 아닌 다시스로 향했지만, 둘째 대문단에서 요나는 여호와의 말씀에 순종하여 니느웨로 들어가 "사십 일이 지나면 니느웨가 무너지리라"(욘 3:4)는 여호와의 말씀을 외쳤다.

(2) 니느웨 사람들의 회개와 여호와의 반응(욘 3:5–10)

둘째 미세문단은 니느웨 사람들의 회개와 여호와의 반응을 다룬다. 이 미세문단의 구조는 아래와 같다.

a. 니느웨 사람들의 회개	3:5–9
1) 백성들의 반응: 금식을 선포함	3:5
2) 왕의 반응	3:6–9
a) 왕의 회개의 행동: 베옷을 입음	3:6
b) 왕의 조서	3:7–9
(1) 회개하고 악에서 떠나라	3:7–8
(2) 예상되는 결과: 하나님의 뜻을 돌이키심	3:9
b. 여호와의 반응: 재앙을 그치심	3:10

이 미세문단은 첫째 대문단의 첫째 소문단의 둘째 미세문단(욘 1:4–

16)과 그 구조에 있어서 아래와 같이 교차대구적으로 대응된다.

여호와께서 재앙(a, 욘 1:4)과 이방인(선원)의 반응(b, 욘 1:5–16)
이방인(니느웨)의 회개(b', 욘 3:5-9)와 여호와의 반응(a', 욘 3:10)

첫째 대문단에서는 여호와의 폭풍을 통한 재앙(욘 1:4)에 대하여 이방인인 선원들이 요나를 바다에 던지고 제사를 드리는 반응(욘 1:5–16)을 하는 반면, 둘째 대문단에서는 이방인들인 니느웨 백성들의 회개(욘 3:5–9)에 대하여 여호와께서는 그들을 용서해 주시는 반응(욘 3:10)을 하신다. 이러한 대응을 통하여 첫째 대문단에서 선원들의 행동이 여호와의 폭풍을 통한 재앙을 해결하는 적절한 반응이었듯이(욘 1:15), 둘째 대문단에서도 여호와의 용서하시는 행동이 니느웨 백성들의 회개에 대한 적절한 반응임을 보여준다.

니느웨 백성들은 요나를 통한 하나님의 심판의 말씀을 듣고 하나님을 믿고 금식하였다(욘 3:5). 왕도 이 소식을 듣고 먼저 하나님 앞에서 베옷을 입고 재 위에 앉는 회개의 행동을 하였다(욘 3:6). 이어서 왕은 조서를 내렸다. 그 조서의 내용은 백성에 대한 것과 하나님에 대한 것으로 구성되었다. 왕은 먼저 백성들에게 모든 사람들과 짐승들까지도 금식을 하며 하나님께 간구하고 악에서 떠날 것을 명령하였다(욘 3:7–8). 이어서 왕은 회개로 인해 예상되는 결과로 하나님의 용서하심을 언급하였다(욘 3:9). 하나님의 용서하심에 대한 기대는 수사학적 질문의 형태를 통하여 강조된다.

왕의 기대와 같이 여호와께서는 니느웨 백성들이 회개함을 보시고 뜻을 돌이켜 그들에게 내리시고자 했던 재앙을 내리지 아니하셨다(욘 3:10). 첫째 대문단에서 여호와의 재앙에 대한 선원들의 반응이 구원을 이끌었듯이, 둘째 대문단에서는 니느웨 백성들의 회개의 행동이 여호와의 구원을 이끌었다. 첫째 소문단은 이러한 하나님의 용서와 구원을 강조한다.

2) 둘째 소문단: 요나의 불평과 여호와의 니느웨 사랑(욘 4:1-11)[12]

요나의 불평과 여호와의 니느웨 사랑을 다루는 둘째 소문단(욘 4:1-11)은 요나가 있는 장소적 배경에 따라 두 개의 대문단으로 구성될 수 있다. 첫째 대문단은 요나가 도시 안에 있었을 때의 사건을 다루는 1-4절이고, 둘째 대문단은 요나가 도시 밖에 있었을 때의 사건을 다루는 5-11절이다.[13] 그러나 요나가 도시 안에 있었을 때의 사건을 다루는 것은 4장 1절부터가 아니라, 3장 3절부터 나타난다. 그러므로 요나가 있었던 장소적 배경에 따른 구분은 문제가 있다.

둘째 소문단은 많은 병행들이 있다: "사는 것보다 죽는 것이 내게 나음이니이다"라는 요나의 불평(욘 4:3, 8), "네가 성내는 것이 옳으냐"는 여호와의 질문(욘 4:4, 9), 그리고 여러 중요 용어들('라아' [רעה: 악한, 나쁜, 불쾌한; 욘 4:1, 2, 6], '게도라' [גדולה: 큰; 욘 4:1, 6], '마나' [מנה: 예비하다; 욘 4:6, 7, 8], '후스' [חוס: 측은히 여기다, 사랑하다; 욘 4:10, 11]). 이러한 병행들을 고려할 때, 둘째 소문단은 변형된 병행구조로 배열된 두 개의 미세문단으로 구성되었다고 이해할 수 있다. 첫째 미세문단(욘 4:1-5)은 하나님의 니느웨 구원과 연관된 내용을 담고 있고, 둘째 미세문단(욘 4:6-11)은 하나님께서 박넝쿨을 주셨다가 가져가신 것과 연관된 내용을 다룬다.

(1) 요나의 불평과 여호와의 질문(욘 4:1-5)

a. 하나님의 구원에 대한 요나의 반응	4:1-3
1) 요나의 마음의 반응: 싫고 성냄	4:1
2) 요나의 입의 반응: 기도	4:2-3

---

12) 요나서 4장에 대한 구조분석적 해석에 대해서는 본인의 글을 참조하라. 정석규, "요나서 4장의 주석과 설교," 37-60.

13) 참조. Stuart, *Hosea-Jonah,* 500-501.

a) 하나님에 대한 항의	4:2a
b) 하나님에 대한 고백	4:2b
c-a') 하나님에 대한 항의적 간구	4:3
b. 요나의 반응에 대한 하나님의 질문	4:4
c. 하나님의 질문에 대한 요나의 반응	4:5

첫째 미세문단(4:1-5)은 주어의 변화에 따라 세 개의 큰 단위로 구성된다: 1) 하나님의 니느웨 구원에 대한 요나의 반응(욘 4:1-3), 2) 요나의 반응에 대한 하나님의 질문(욘 4:4), 3) 하나님의 질문에 대한 요나의 반응(욘 4:5).

첫째 큰 단위(욘 4:1-3)는 하나님의 니느웨 구원(욘 3:10)에 대한 요나의 반응을 다룬다. 요나의 반응은 크게 마음의 반응(욘 4:1)과 입술의 반응(욘 4:2-3)으로 구성된다. 하나님께서 니느웨를 구원해 주자 요나의 마음은 매우 싫었고 진노하였다(욘 4:1). 이어서 요나는 구체적으로 입술로 자신의 마음을 표현하였다. 요나의 입술의 반응은 2장처럼 여호와께 기도하는 것으로 묘사된다(욘 4:2; 참조. 욘 2:1). 요나의 기도는 아래와 같이 교차대구구조로 배열된다: 1) 하나님에 대한 항의(욘 4:2a), 2) 하나님에 대한 고백(욘 4:2b), 3-1') 하나님에 대한 항의적 간구(욘 4:3). 요나의 기도는 하나님에 대한 항의와 연관된 표현을 테두리(*inclusio*)로 하여 그 중앙에 하나님에 대한 고백(욘 4:2b)이 놓인 형태로 배열된다.

앞의 테두리(욘 4:2a)는 요나의 항의이다. 요나는 먼저 하나님께서 니느웨를 구원한 것에 대하여 항의하였다. 요나는 자신이 이전에 고국에 있었을 때 말한 것과 다시스로 도망한 행동에 대하여 언급하면서 하나님의 말씀에 순종하지 않았던 말과 행동이 정당했다고 항변하였다. 여기서 이 항변은 '아나 야웨'(אנה יהוה, 오 여호와여)라는 문구와 함께 시작한다.

뒤의 테두리(욘 4:3)는 앞의 테두리를 시작하는 문구의 유음인 '아타 야웨' (עתה יהוה, 지금 여호와여)라는 문구로 시작된다. 이러한 유음 단어들의 반복을 통하여 앞뒤의 테두리는 서로 연결된다. 요나는 하나님의 구원을 항의한 후에 항의조로 하나님께 간구하였다. 그는 자신의 생명을 취하라고 간구하였다(욘 4:3a). 이러한 간구는 원인사인 '키' (כי, 왜냐하면)를 통하여 보충된다. 요나의 간구의 이유는 "사는 것보다 죽는 것이 내게 나음이니이다"(욘 4:3b)[14]라고 설명된다.

이러한 테두리 중앙에 하나님에 대한 요나의 고백(욘 4:2b)이 놓임으로 가장 강조된다. 요나의 하나님의 모습에 대한 고백은 '야다티' (ידעתי, 내가 알았다)라는 표현과 함께 시작됨으로 강조된다. 이어서 요나가 알았던 내용이 소개된다. 이 부분은 2인칭 단수 대명사인 '아타' (אתה)와 함께 시작된다. 즉 하나님을 지시하는 2인칭 대명사를 사용함으로 하나님을 강조한다. 요나는 하나님에 대하여 "은혜로우시며 자비로우시며 노하기를 더디 하시며 인애가 크시사 뜻을 돌이켜 재앙을 내리지 아니하시는 하나님"(욘 4:2b)이라고 고백하였다. 여호와의 이러한 속성은 약간의 차이는 있지만 구약성서에 자주 나타난다(출 34:6; 민 14:18; 시 86:15; 103:8; 145:8; 나 1:3; 느 9:17).[15] 구약성서 안에서 자주 표현되는 하나님의 속성에 대한 이러한 묘사는 요나의 이 고백이 성경적으로 정확했음을 보여준다.

요나의 불평과 항의에 이어서 하나님께서 요나에게 질문하시는 둘

---

14) 요나가 자신이 죽는 것이 더 좋겠다는 표현은 엘리야의 고백과 비슷한 형태를 띤다. "여호와여 넉넉하오니 지금 내 생명을 취하옵소서"(왕상 19:4). 그러나 여기서 엘리야는 하나님을 떠난 이스라엘 백성의 마음을 돌이키는데 실패한 것에 대한 절망감 가운데 표현한 것이지만, 요나는 하나님의 말씀 선포로 인해 니느웨 백성의 마음을 돌이킨 것으로 인해 표현한 것이다. 굿(Good)은 이러한 요나의 불평과 하나님의 질문 등 요나서 4장에 나타난 많은 표현들을 아이러니(Irony)라는 수사학적 기교로 설명한다. Edwin M. Good, *Irony in the Old Testament* (Sheffield: The Almond Press, 1981), 50–55.

15) 요나서 4장 2절에 나타난 하나님의 제한되지 않는 사랑에 대해서는 아래의 글을 참조하라. Stuart, *Hosea–Jonah,* 443.

째 큰 단위(욘 4:4)가 등장한다. 여기서 하나님은 '사는 것이 죽는 것보다 낫겠다'는 요나의 불평을 무시하고, 단지 요나에게 "네가 성내는 것이 옳으냐"고 질문하셨다. 여기서 '성을 내다'라는 히브리 용어는 '하라'(חרה)로, 이 단어는 1절에서 요나의 모습을 표현하는 데에도 사용되고 있다. 이러한 같은 단어의 반복을 통하여 본문은 하나님의 질문이 요나의 불평과 항의에 대한 것임을 분명히 한다.

하나님의 질문에 이어서 이 질문에 대한 요나의 반응이 셋째 단위(욘 4:5)에 나타난다. 요나는 하나님의 질문에 직접적인 대답을 회피하였다. 니느웨의 구원에 대하여 하나님께 항의한 요나는 하나님께서 니느웨 성을 어떻게 하실지 보기 위하여 성 밖으로 나아갔다. 요나는 성 밖으로 나아가서, 성 동편에 앉았고, 자신을 위하여 초막을 만들었으며, 그리고 성읍이 어떻게 되는지 볼 때까지 그늘 아래에 앉았다. 이러한 동사들의 반복을 통하여 본문은 요나의 행동을 한 단계 한 단계 구체적으로 표현한다.

(2) 요나의 불평과 여호와의 사랑(욘 4:6-11)

a. 하나님의 행동에 대한 요나의 반응	4:6-8
1) 하나님의 첫 번째 행동: 박넝쿨을 예비하심	4:6
a) 하나님의 행동	4:6a
b) 요나의 반응: 기뻐함	4:6b
2) 하나님의 두 번째 행동: 벌레와 동풍을 예비하심	4:7-8
a) 하나님의 행동	4:7-8a
b) 요나의 반응: 죽기를 간구함	4:8b
b. 요나의 반응에 대한 하나님의 질문	4:9a
c. 하나님의 질문에 대한 요나의 반응	4:9b
d. 하나님의 결론적 말씀	4:10-11
1) 요나의 박넝쿨 사랑	4:10
2) 하나님의 니느웨 사랑	4:11

둘째 미세문단(욘 4:6-11)은 박넝쿨 사건을 통하여 하나님께서 니느웨를 사랑한 것이 정당했음을 보여준다. 첫째 미세문단의 첫 번째 큰 단위(욘 4:1-3)는 하나님의 이전의 행동에 대한 요나의 반응을 다루는 반면, 둘째 미세문단의 첫 번째 큰 단위(욘 4:6-8)는 하나님의 행동과 그것에 대한 요나의 반응 모두를 언급한다. 그러나 요나의 반응과 연관하여 두 미세문단은 모두 요나의 마음의 반응(욘 4:1, 6b)과 입술의 반응(욘 4:2-3, 8b)을 다룬다. 그리고 요나의 마음의 반응을 다루는 부분에서는 모두 '가돌'(גָּדוֹל, 심히, 큰; 욘 4:1, 6)이라는 용어가 사용되고, 입술의 반응을 다루는 부분에는 모두 "사는 것보다 죽는 것이 내게 나음이니이다"(욘 4:3, 8)라는 같은 표현이 사용된다. 또한 '라아'(רעה, 악한, 나쁜, 불쾌한)라는 용어도 이 두 단위에만 나타난다(욘 4:1, 2, 6). 이러한 용어의 반복과 구조적 연관성을 통하여 두 단위(욘 4:1-3, 6-8)는 서로 대응을 이룬다. 또한 둘째 미세문단의 첫째 단위에는 '마나'(מנה, 예비하다)라는 동사가 각 절에 한 번씩 사용됨으로(욘 4:6, 7, 8) 이 단위를 문학적 한 단위로 연결시켜 준다.

둘째 미세문단의 첫 번째 큰 단위(욘 4:6-8)는 박넝쿨과 연관된 두 번에 걸친 하나님의 행동과 요나의 반응이 각각 나타난다. 하나님의 첫 번째 행동(욘 4:6a)은 박넝쿨을 예비하여 요나에게 그늘을 만들어 준 것이었다.[16] 이것에 대하여 요나는 마음의 반응을 표현하였다(욘 4:6b). 첫째 미세문단에서 요나는 하나님의 니느웨 구원 행동에 대하여 심히 싫어했지만, 둘째 미세문단에서 요나는 하나님께서 박넝쿨로 그늘을 만들어 준 것에 대해서 심히 기뻐하였다.

이어지는 하나님의 두 번째 행동(욘 4:7-8a)은 그 박넝쿨을 제거하여 요나에게 그늘을 빼앗는 것이었다. 하나님께서는 먼저 벌레를 예비

16) 하나님께서 요나를 위하여 박넝쿨을 준비하셨듯이, 요나서 2장 1절(개역개정판에서는 1장 17절)에서도 하나님께서는 요나를 위하여 큰 물고기를 예비(마나, מנה)하셨다. 하나님은 큰 물고기를 통하여 요나를 구원해 주셨듯이, 박넝쿨을 통하여 요나에게 괴로움을 면하게 하셨다(욘 4:6).

하여 그 벌레가 박넝쿨을 먹도록 하였다(욘 4:7). 이어서 하나님께서는 해가 뜰 때 뜨거운 동풍을 예비하고, 그 해가 요나의 머리에 내리쬐게 하셨다(욘 4:8a). 이러한 두 번의 행동에는 모두 '마나'(מנה, 예비하다)와 '나카'(נכה, 때리다)[17]라는 동사가 사용된다. 이러한 하나님의 행동에 대하여 요나는 첫째 미세문단처럼 "사는 것보다 죽는 것이 내게 나으니이다"라고 입술로 말하였다(욘 4:8b, 참조. 욘 4:4).

둘째 미세문단의 둘째 큰 단위는 요나의 불평에 대한 하나님의 질문을 다룬다(욘 4:9a). 하나님께서는 박넝쿨이 없어진 것으로 인하여 불평하는 요나에게 "네가 이 박넝쿨로 말미암아 성내는 것이 어찌 옳으냐"고 수사학적 질문의 형식으로 말씀하셨다. 즉 하나님은 요나의 불평이 정당하지 못하다고 말씀하셨다. 하나님께서 말씀하신 질문은 첫째 미세문단에서 하나님께서 요나에게 제기하신 질문과 같은 표현으로 사용된다(욘 4:4). 이러한 동일한 표현을 통하여 각 미세문단의 둘째 단위들은 서로 연결된다.

셋째 큰 단위(욘 4:9b)는 하나님의 질문에 대한 요나의 반응을 다룬다. 첫째 미세문단에서 요나는 하나님의 질문에 대하여 직접적인 대답을 회피하고 하나님께서 어떻게 하시는지 봄(욘 4:5)으로 자신의 정당함을 표현하였다. 그러나 둘째 미세문단에서 요나는 "성내는 것이 어찌 옳으냐"는 하나님의 질문을 그대로 인용하면서 "내가 성내어 죽기까지 할지라도 옳으니이다"라고 직접적으로 항변하였다. 요나는 하나님의 질문을 직접적으로 인용할 뿐만 아니라, 거기에 "죽기까지"라는 표현을 덧붙여서 자신이 화를 낸 것이 정당했음을 말했다.

자신의 행동이 정당하다는 것에 대한 요나의 항변에 이어서 니느웨의 백성들을 사랑하시는 하나님의 행동이 정당하다는 결론적 말씀을 다루는 넷째 단위(욘 4:10-11)가 등장한다. 둘째 미세문단의 이 단위는 첫째 미세문단에는 대응되는 요소 없는 독특한 부분으로, 둘째 소문단

17) 개역개정 성경에는 '갉아 먹다'와 '쬐다'로 문맥에 따라 다르게 번역되어 있으나, 히브리어 성경에는 같은 단어가 사용된다.

(욘 4:1-11)에서 구조적으로 가장 강조된다. 여기서 하나님은 박넝쿨을 사랑하는 요나의 사랑(욘 4:10)과 니느웨를 사랑하시는 자신의 사랑(욘 4:11)을 비교하며 말씀하셨다. 요나의 사랑은 '아타 하스타 알'(...אתה חסת על, 네가… 을 사랑한다)로 시작되고, 하나님의 사랑은 '아니 로 아후스 알'(...אני לא אחוס על, 내가… 을 사랑하지 않는다)로 시작된다. 하나님께서 직접 하신 말씀의 형태로 표현되었기에 하나님의 사랑은 일인칭으로 표현되었고 요나의 사랑은 이인칭으로 표현되었지만, 두 표현은 같은 용어의 반복을 통해 서로 대응된다. 하나님의 사랑에 부정어 '로'(לא, not)만 덧붙여지고 있다는 차이만 있다. 이러한 대조를 통하여 두 사랑은 서로 비교되고 있다.

여기서 '사랑하다'는 용어의 히브리어는 '후스'(חוס)이다. 이 단어는 구약성서에서 24회 사용되는데, 그 가운데 2회가 요나서 4장 10-11절에 있는 하나님의 말씀에 나타난다. 이 단어는 어려움에 처한 사람을 향한 감정을 다룰 때 사용하는 용어로, 곤란한 상황에 있는 사람을 걱정하거나, 배려하는 것, 또는 그들에게 적극적인 관심을 표명하는 의미로 사용된다.[18)]

요나가 사랑한 대상은 박넝쿨이었다. 요나는 박넝쿨을 위하여 "수고도 아니하였고 재배도 아니하였"(욘 4:10)다. 그것은 "하룻밤에 났다가 하룻밤에 말라 버린"(욘 4:10) 것이었다. 반면에 여호와께서 사랑한 대상은 니느웨였다. 니느웨는 "큰 성읍"이었고, "니느웨에는 좌우를 분변하지 못하는 자가 십이만여 명이요 가축도 많이"(욘 4:11) 있었다. 여기서 박넝쿨과 니느웨는 서로 대조되고 있다. 즉 작은 박넝쿨과는 달리, 니느웨는 큰 성읍이었다. 박넝쿨은 요나가 수고하지 않고 얻었으며 단지 하루만 살았던 것과는 달리, 니느웨에는 하나님께서 창조하신 사람과 동물들, 즉 수명이 긴 많은 생명들이 있었다. 이러한 비교를 통하여 본문은 요나가 생명보다 더욱 아꼈던 박넝쿨보다 여호와께서 사랑하신

18) Harris (eds.), *Theological Wordbook,* 625.

니느웨가 훨씬 귀하며, 그러한 니느웨를 하나님께서 사랑하신 것은 정당하다고 증거 한다.

결론적으로, 둘째 소문단(욘 4:1-11)은 요나의 박넝쿨 사랑과 하나님의 니느웨 사랑을 대조함으로, 하나님의 사랑은 요나의 사랑을 훨씬 능가하며, 하나님께서는 이스라엘의 적인 니느웨까지도 사랑하시는 자비로우시며 인애가 크신 하나님이심을 강조한다.

II. 갈등의 주제로 읽는 요나 이야기

하나님과 요나의 갈등은 '니느웨로 가서 외치라'는 여호와의 말씀이 요나에게 임함으로 시작된다(욘 1:1-2; 3:1-2). 이렇게 시작된 갈등은 요나가 하나님의 명령에 불순종하여 니느웨로 가지 않고 다시스로 향하므로 더욱 고조된다. 그러나 하나님께서는 폭풍의 재앙을 통하여 요나에게 회개의 기회를 주시고, 요나가 자신의 모습을 다시 찾고 자신의 잘못을 인정하며 회개의 기도를 드림으로 갈등은 해소되기 시작한다. 하나님의 구원하심으로 요나는 순종하여 니느웨에서 여호와의 심판의 말씀을 전한다. 그러나 이러한 요나의 순종은 하나님께서 뜻을 돌이키셔서 니느웨를 구원하심으로 하나님과 요나 사이의 또 다른 갈등으로 심화된다. 하나님께서는 갈등 가운데 있는 요나를 찾아오셔서 자기 자신을 인애가 크신 하나님으로 계시하심으로 요나가 갖고 있는 더 큰 내면의 갈등을 해결하신다.

1. 갈등의 원인

요나서 1장과 3장은 갈등의 원인에 대하여 언급한다. 요나가 받아들이기 힘든 명령을 주신 여호와 하나님은 갈등의 제공자이시고, 그 말씀에 대한 요나의 불순종과 순종은 갈등을 더욱 심화시킨다.

1) 하나님의 사명은 갈등의 출발점이다

요나의 이야기는 '니느웨로 가서 심판의 말씀을 외치라'(욘 1:2)는 여호와의 말씀이 요나에게 임함으로 시작된다. 이 명령은 예언자 요나에게 주어진 하나님의 사명이었다. 그러나 그 사명은 요나가 받아들이기 쉽지 않은 것이었다.

니느웨는 앗수르(앗시리아)의 수도였다. 구약 시대 때 앗수르는 북이스라엘과 남유다의 가장 큰 적대국 가운데 하나였다. 앗수르는 북이스라엘을 멸망시킨 나라임과 동시에 남유다를 지배했던 나라였다. 하나님의 명령은 요나에게 그 나라로 가서 하나님의 말씀을 선포하라는 것이었다.

하나님께서 선포하라는 것은 심판의 말씀이었다. 그러나 심판의 말씀을 전한다는 것은 단지 심판을 알리는 것이 아니다. 구약의 예언서들의 많은 부분에서 예언자들이 하나님의 심판을 선포하는 이유는 죄를 지은 백성들을 회개시키기 위함이다. 그러므로 요나에게 하나님께서 심판의 말씀을 선포하라는 것도 니느웨의 회개를 촉구하는 것이고, 더 나아가 회개하면 하나님께서 그들을 구원해 주실 것이라는 의미도 내포된 것이다.

하나님께서는 요나에게 이스라엘의 적대국인 앗수르에 가서 그들이 회개하게끔 심판의 말씀을 전하라고 하셨다. 적국에 가서 하나님의 말씀을 전하여 그들을 구원의 길로 이끄는 것은 이스라엘의 시각으로 볼 때는 달갑지 않은 것이었다. 그러므로 '니느웨에 가서 외치라'는 하나님의 명령이 요나에게 갈등을 일으킨 것은 당연한 것이었다. 그래서 요나는 니느웨로 가지 않고 니느웨의 반대편인 다시스로 가는 배를 탔던 것이다.

인간의 눈으로 볼 때 하나님은 갈등의 제공자이시다. 하나님께서는 때로는 우리가 생각하는 것, 소망하는 것, 뜻하는 것과 다른 사명을 주신다. 우리가 이성적으로 이해할 수 없는 명령을 하신다. 이러한 하나님의 명령과 하나님께서 주신 사명은 그 사명이 주어진 순간부터 우리에게 갈등을 야기한다. 하나님의 명령에 따라야 하는지, 아니면 자신의 이성적인 판단에 따라, 또는 자신의 감정에 따라 행동해야 하는지 고민하게 만든다. 하나님께서 주신 사명에 순종해야 하는지, 아니면 그 사명을 회피해야 하는지 갈등하게 만든다. 그러나 갈등 이야기는 하나님께서 우리들에게 갈등을 주시기 위하여 사명을 주셨다고 말하지 않는다. 하나님께서 우리들에게 사명을 주신 것은 갈등을 넘어서 우리들이 예상하지 못하는 새로운 은혜의 경험을 하게 하시기 위함이다.

2) 갈등을 회피한다고 갈등이 사라지지는 않는다

자신이 원하지 않는 사명을 받은 요나는 하나님을 피해 다시스로 가는 배를 탔다. 성경은 요나가 다시스로 가는 배를 탄 이유를 "요나가 여호와의 얼굴을 피하려고 일어나 다시스로 도망하려 하여"(욘 1:3)라고 표현한다. 요나는 가야할 곳으로 부르심을 받은 니느웨가 아니라 다시스로 가면 여호와의 얼굴을 피할 수 있을 것이라고 예상했다. 갈등을 일으킨 그 사명을 피하면, 갈등도 사라질 것이라고 생각했다. 갈등을 회피하면 그 갈등이 사라질 것이라고 생각했다.

그러나 우리 인간이 여호와의 얼굴을 피할 수 있을까? 이 우주 어느 공간에나 계시고, 시간의 처음부터 끝까지 존재하시며, 우리의 마음속까지도 계시는 무소부재하신 하나님을 피할 수 있을까? 시편 기자는 하나님의 무소부재의 속성을 이렇게 고백하고 있다.

> 내가 주의 영을 떠나 어디로 가며 주의 앞에서 어디로 피하리이까 내가 하늘에 올라갈지라도 거기 계시며 스올에 내 자리를 펼지라도 거기 계시니이다 내가 새벽 날개를 치며 바다 끝에 가서 거주할지라도 거기서도 주의 손이 나를 인도하시며 주의 오른손이 나를 붙드시리이다(시 139:7-10).

그러나 요나는 하나님을 피해 도망했다. 요나는 니느웨로 가라는 하나님의 명령을 회피하면 갈등도 없어질 것이라고 기대했을 것이다. 실제로 요나는 하나님께서 주신 사명으로 인해 야기된 심적 갈등을 잠깐은 잊었던 것 같다. 요나는 다시스로 항해 가운데 폭풍을 만났을 때에 배의 밑층에서 깊이 잠을 자고 있었다(욘 1:5). 하나님을 피하는 것은 잠깐은 갈등을 잊게 해 줄지는 모르지만, 근본적으로 갈등을 해결하진 못한다. 하나님을 피하는 것이 잠깐은 단잠을 줄 수 있을지는 모르지만, 내적 평안을 주지는 못한다.

여호와께서는 자신이 주신 사명을 저버리고 다시스로 배를 타고 항해하는 과정에 요나를 찾아오셨다. 폭풍이라는 재앙을 통하여 요나의 삶 가운데 개입하셨다. 하나님께서는 바다 위에 큰 폭풍을 일으키심으로 요나가 탄 배를 거의 파선할 지경까지 만드셨다(욘 1:4). 여호와의 얼굴을 피해 도망하던 요나는 폭풍을 통하여 간섭하시는 여호와 하나님을 더욱 가까이서 대면하게 된 것이다. 여호와께서 주신 사명으로 인해 발생한 갈등 속에서 여호와를 피해 도망하던 요나, 도망하는 과정 가운데 일시적으로 갈등을 잊고 배 밑에서 단잠을 잤던 요나, 그는 다시스로 가는 불순종의 길 가운데 여호와의 폭풍 앞에서 생명의 위협을 느끼는 더 큰 문제, 더 큰 갈등을 맞이하게 되었다.

갈등과 연관하여 중요한 것은, '어떻게 하면 갈등을 경험하지 않을 수 있을까'가 아니라 '그 갈등을 어떻게 대면해야 하는가'이다. 이런 말이 있다. '독수리가 빠른 속도로 평형성을 유지하며 안정감 있게 날기 위해서는 한 가지 장애물을 극복해야 한다.' 그 장애물은 다름 아닌 공기이다. 그렇다면 그 장애물이 없으면 독수리가 더 잘 날 수 있을까? 그렇지 않다. 공기가 없는 진공 상태에서는 새들이 전혀 날 수 없다. 비행하는데 방해되는 바로 그 요소가 동시에 비행할 수 있는 조건이 되는 것이다.

갈등도 마찬가지이다. 우리들이 맞이하는 갈등은 피한다고 없어지는 것이 아니다. 갈등을 대담하게 대면하지 않고 회피하는 것은 잠깐은 내적인 갈등의 고민을 잊게 만들 수 있을지는 모르지만, 그 갈등을 근본적으로 해결해주지는 않는다. 갈등을 해결하기 위해서는 오히려 그 갈등을 대면해야 한다. 그 갈등을 정면으로 대면하여 그것을 극복해야 한다. 갈등을 회피하는 것이 아니라, 갈등의 제공자이신 하나님을 피해 도망하는 것이 아니라, 그 갈등 자체와 갈등의 제공자이신 하나님 앞에서 정면 돌파하는 것이 갈등을 해결하는 방법이다.

요나는 하나님의 사명으로 인해 야기된 갈등을 대면하지 않았다. 갈등을 주신 하나님 앞에 나아가지 않았다. 요나는 갈등을 주신 하나님을 피했다. 그러나 그것은 일시적으로 그 갈등을 잊게 만들어 주었을지는 모르지만 근본적인 문제 해결이 되지 못했다. 오히려 더 큰 갈등을 초래하였다. 요나는 갈등을 피해 가는 항해에서 생명의 위협을 느끼는 폭풍으로 인해 더 큰 갈등을 맞이하였다.

3) 하나님에 대한 순종도 때때로 갈등을 일으킨다

하나님에 대한 불순종만 갈등을 야기하는 것은 아니다. 요나가 하나님의 명령에 불순종하여 다시스로 향할 때 하나님께서는 폭풍을 통하여 요나에게 더 큰 갈등을 대면하게 하셨다. 이와 같이 인간의 불순종은 갈등을 고조시킨다. 그러나 때로는 하나님의 말씀에 순종하는 것도 갈등을 야기할 수 있다.

하나님의 말씀에 불순종했던 요나는 폭풍을 통한 하나님의 임재를 경험하고 하나님 앞에서 회개하였다(욘 2장). 그리고 하나님께서 주신 두 번째 기회에 순종으로 응답하였다. 여호와 하나님께서는 다시 요나에게 나타나셔서 "니느웨로 가서 내가 네게 명한 바를 그들에게 선포하라"(욘 3:2)는 사명을 주었고, 요나는 하나님의 말씀에 순종하여 니느웨에 가서 심판의 말씀을 전했다(욘 3:3-4).

요나가 니느웨 도시에 심판의 말씀을 전하자 니느웨의 백성들과 왕은 심판의 말씀 앞에 굴복하였다. 백성들은 금식을 선포하고 높고 낮은 자 모두 베옷을 입었다(욘 3:5). 니느웨의 왕도 베옷을 입고 조서를 내려 니느웨에 있는 모든 사람과 짐승들까지도 금식을 하도록 하였고, 베옷을 입고 하나님께 간구하며 죄의 길에서 떠나라고 명하였다(욘 3:6-8). 그러자 요나가 예상치 못했던 일이 일어났다. 니느웨 백성들이 악한 길에서 돌이키자 하나님께서는 자신도 뜻을 돌이켜 요나를 통하여 선포하신 재앙을 내리지 않으셨다(욘 3:10).

니느웨는 요나의 나라인 이스라엘의 가장 큰 적대국인 앗수르의 수도였다. 그 나라에 가서 하나님의 말씀을 전하는 것을 요나는 원하지 않았는데, 그 일을 통하여 하나님께서 그들을 구원까지 해 주셨으니 요나는 당연히 분노했다(욘 4:1). 요나의 순종이 자신이 가장 원하지 않았던 결과, 즉 니느웨의 구원을 초래했던 것이다. 하나님께서 주신 사명에 순종함으로 요나는 더 큰 하나님과의 내적 갈등을 빚게 된 것이다.

우리가 하나님께서 주신 사명에 순종하더라도 때로는 우리가 예상하지 못한 결과를 낳을 수 있다. 우리가 원하지 않는 결과가 초래될 수 있다. 또 다른 갈등을 맞이할 수 있다.

가나안을 떠나 삼촌 라반의 집에서 라반과 갈등했던 야곱은 "네 조상의 땅 네 족속에게로 돌아가라"(창 31:3)는 하나님의 명령에 순종해서 20년 동안이나 살던 삶의 터전을 떠나 가나안으로 돌아가게 되었다. 그런데 귀향의 여정에서 야곱은 라반보다 더 큰 갈등의 대상인 형 에서를 만나게 되었다. 그것도 에서가 사백 명이나 되는 사람을 데리고 야곱을 만나기 위해 다가오고 있었다(창 32:6). 야곱이 하나님의 말씀에 순종하지 않았으면 만나지 않았을 수 있었던 더 큰 장애물이 순종의 여정 가운데 그를 기다리고 있었던 것이다.

하나님의 말씀에 순종한다고 모든 일이 자신의 생각대로 순조롭게 진행되는 것은 아니다. 오히려 하나님의 말씀에 순종하기 때문에 우리의 인생에 장애물을 경험할 수도 있다. 하나님께서 주신 사명에 자신을 죽이고 순종하는 과정에 우리는 또 다른 갈등의 대상을 만날 수 있다. 그러나 온전한 순종이란 그 결과까지도 하나님께 맡기는 것이다. 그 결과가 자신의 뜻과 다르더라도 하나님의 주권을 인정하며 받아들이는 것이다. 왜냐하면 그 어떤 사람도 하나님의 뜻을 온전히 헤아릴 수 없기 때문이다.

> 지혜로도 못하고, 명철로도 못하고 모략으로도 여호와를 당하지 못하느니라(잠 21:30).

2. 갈등 해결의 원리

하나님은 요나의 삶에 갈등만을 주신 분이 아니셨다. 하나님은 요나의 삶 가운데 찾아오셔서 자신이 주신 갈등을 해결할 수 있는 기회도 주셨다. 하나님의 심판은 단지 재앙 자체가 아니라 갈등 해결을 위한 기회였다. 요나는 그러한 하나님의 기회를 놓치지 않고 회개와 기도로 응답하였다. 그리고 이해할 수 없는 일에 대해서는 그 문제를 갖고 하나님 앞에 대담하게 나아가 자신의 속마음을 토로함으로 하나님께서 자신의 뜻을 분명하게 드러내시도록 이끌었다.

1) 하나님께서 주시는 고난은 갈등 해결을 위한 사랑의 표현이다

요나가 하나님의 사명에 불순종하여 다시스로 가는 배를 타고 항해할 때에 하나님께서는 바다에 큰 폭풍을 내리셨다(욘 1:4). 이러한 폭풍 앞에서 선원들은 자신들이 할 수 있는 최선을 다했다. 그들은 자신들의 신을 부르고, 배를 가볍게 하기 위해서 물건들을 바다에 버렸다(욘 1:5). 그리고 누구의 죄로 인하여 이러한 폭풍이 임했는지 알아보기 위해 제비뽑기를 하였고, 결국 요나가 선택되었다(욘 1:7). 선원들은 요나에게 이 재앙이 임한 이유와 요나의 정체에 대하여 질문하였다(욘 1:8).

여호와의 얼굴을 피해 도망하던 요나는 자신이 제비에 뽑히고, 선원들이 자신의 정체에 대하여 질문하는 상황을 피하지 않았다. 폭풍과 제비 뽑히는 두려워할 법한 상황에서 요나는 오히려 자신이 누구인지 자신의 정체성을 분명히 발견했다.

> 나는 히브리 사람이요 바다와 육지를 지으신 하늘의 하나님 여호와를 경외하는 자로라(욘 1:9).

요나는 하나님께서 주신 폭풍이라는 고난의 상황에서, 게다가 제비뽑기를 통하여 자신이 선택되는 암담한 상황에서 하나님을 피하지 않고 오히려 하나님과 대면하였다. 요나는 이러한 고난의 상황이 하나님으로부터 온 것임을 알았다(참조. 욘 1:12). 그래서 그는 하나님은 바다와 육지를 지으신 하늘의 하나님 여호와라 고백했다. 여호와 하나님은 천지를 지으신 창조주요, 바다와 육지를 주관하시는 통치자이심을 요나는 인정했다.

하나님에 대한 요나의 바른 이해는 자신이 하나님의 얼굴을 피해 도망한 이전의 잘못된 행동을 인정하는 것이었다. 요나는 니느웨가 아닌 다시스로 향한 것이 하나님을 피하는 것으로 생각했다. 그러나 폭풍과 제비뽑기를 경험한 이후에 요나는 자신이 피했던 여호와는 바다와 육지를 지으신 하늘에 계신 하나님이심을 고백했다. 하나님께서는 요나 자신이 다시스로 도망한다고 피할 수 있는 분이 아니라, 천지의 창조주이시며 통치자이시다.

요나는 여호와를 천지의 창조주요 통치자로 인정했을 뿐만 아니라, 자신이 그 하나님을 경외한다고 고백하였다. "경외하다"(야레, ירא)라는 히브리어는 구약성서에서 크게 5가지 의미로 사용된다:[19] 1) 두려운 감정, 2) 감정적 반응에 대한 강조 없이 악에 대한 지적인 기대, 3) 경외함, 4) 의로운 행동이나 신앙심, 5) 의례적인 종교 제사. 여기서 요나가 여호와를 경외한다는 것은 그의 의로운 신앙심을 표현하는 것이라 할 수 있다. 하나님을 피해 도망했던 요나는 창조주이신 여호와 하나님을

19) Harris(eds.), *Theological Wordbook*, 399-400.

더욱 신뢰하는 자가 되었던 것이다.

요나는 하나님을 더욱 신뢰하는 자가 되었을 뿐만 아니라 자신의 잘못에 대하여 책임을 지는 자로 변했다. 바다가 점점 흉용해지는 상황에서 선원들은 요나에게 어떻게 해야 바다가 잔잔해지겠느냐고 질문하였다(욘 1:11). 그러자 요나는 이렇게 대답하였다.

> 나를 들어 바다에 던지라 그리하면 바다가 너희를 위하여 잔잔하리라 너희가 이 큰 폭풍을 만난 것이 나 때문인 줄을 내가 아노라(욘 1:12).

요나는 바다에 폭풍이 일어난 것이 자신의 죄에 대한 하나님의 심판이었음을 인정했다. 그리고 자신의 죄로 인해 발생한 문제에 대하여 책임을 졌다. 요나는 폭풍의 원인인 자신을 바다에 던지면 하나님께서 바다를 잔잔케 하실 것이라고 말했다. 그리고 요나는 바다로 던짐을 당했고 풍랑은 잔잔해졌다(욘 1:15). 요나가 자신의 죄에 대해 책임을 지고, 그 죄에 대한 처벌로 바다에 던져지자 풍랑으로 인해 야기된 갈등은 해결되었다.

요나는 풍랑이라는 고난을 통하여 자신의 정체성과 하나님이 어떤 분이심을 발견하였다(욘 1:9). 그리고 자신의 죄에 대해 책임지는 존재로 변화되었다(욘 1:12, 15). 시편 기자는 고난의 유익을 이렇게 고백한다.

> 고난당한 것이 내게 유익이라 이로 말미암아 내가 주의 율례들을 배우게 되었나이다(시 119:71).

고난은 하나님의 율례, 즉 하나님의 뜻을 배우는 과정이다. 고난을 통하여 하나님께서는 요나를 자신과 하나님을 바로 아는 자로, 자신의 잘못에 대하여 책임질 줄 아는 자로 변화시켰다.

이러한 변화는 요나에게만 일어나지 않았다. 요나가 하나님이 어떤 분이심을 증거하자 이방 사람이었던 선원들은 하나님을 두려워하였다(욘 1:10). 그들은 여호와 하나님께 부르짖으며 기도를 드렸다(욘 1:14). 그들은 여호와께 제물을 드리고 서원까지 하는 자로 변화되었다(욘 1:16). 고난을 통하여 복음이 전파된 것이다.

하나님께서 주시는 고난은 우리를 파멸하기 위함이 아니다. 그 고난을 통하여 하나님께서는 우리를 정금처럼 정결케 하신다. 우리의 내면에 있는 갈등과 문제를 해결하신다. 그러므로 하나님께서 주시는 고난은 사랑의 표현이다. 우리를 정결케 만들어 우리 안에 있는 문제와 갈등을 해결해 주시기 위한 사랑의 행동이다.

> 많은 사람이 연단을 받아 스스로 정결하게 하며(단 12:10).

2) 진정한 회개는 갈등을 넘어선다

요나가 바다로 던져짐으로 폭풍으로 인해 발생한 문제는 해결되지만, 요나 자신의 인생은 끝나는 것처럼 보였다. 요나는 폭풍보다 더 큰 갈등인 죽음을 맞이하게 된 것이다. 그러나 하나님께서는 큰 물고기를 예비하셔서 요나를 삼키게 하셨다(욘 1:17). 그리고 삼일 후에 하나님께서는 요나를 물고기의 뱃속에서 나오게 만드심으로 요나를 구원하셨다(욘 2:10).

요나가 바다로 던져진 사건에서 큰 물고기를 통하여 육지에 나오게 된 사건으로의 진행은 죽음에서부터 생명으로, 그리고 심판에서부터 구원으로 흐름을 보여준다. 이러한 흐름 속에서 죽음이라는 갈등은 극복된다.

바다에 던져짐에서 육지로 나오게 되는 사건들 사이에는 요나가 물고기 안에서 여호와 하나님께 드린 기도가 나온다(욘 2:2-9). 요나가 드린 이 기도는 요나서에서 죽음이라는 갈등을 해결하는 요소로 등장한다. 즉 회개와 감사의 기도는 죽음의 갈등을 넘어서는 통로가 된다.

요나서의 구조와 내용에서 언급했듯이, 요나의 기도는 교차대구구조로 배열된 네 개의 미세문단들로 구성된다. 첫째 미세문단(욘 2:2)은 여호와께서 자신의 기도에 응답하셨음을 언급하는 기도의 서론이다. 이 문단과 대응되는 넷째 미세문단(욘 2:8-9)은 여호와의 구원에 대한 요나의 서원과 여호와의 구원자 되심에 대한 고백을 다룬다. 즉 요나의 기도는 여호와의 구원자 되심에 대한 결론적 선언으로 마무리된다. 둘째 미세문단(욘 2:3-4)은 여호와의 심판을 언급하며, 이 문단과 대응되는 셋째 미세문단(욘 2:5-7)은 여호와의 심판뿐만 아니라 구원에 대하여도 논한다. 이러한 대응을 통하여 이 두 문단도 심판에서 구원에로의 움직임을 보여준다.

하나님께서는 폭풍을 통하여 요나를 심판하시고, 결국 요나는 바다로 던져짐을 당하지만, 하나님께서는 큰 물고기를 예비하셔서 그를 삼키게 하여 요나의 생명을 보존해 주셨다. 물고기의 뱃속에 들어간 요나는 하나님께서 주신 두 번째 기회를 놓치지 않았다. 요나는 고기 뱃속에서 하나님께 기도드렸다. 기도를 통하여 요나는 하나님께서 자신을 심판에서 구원으로, 죽음에서 생명으로 옮기셨음을 고백했다. 요나는 결론적으로 "구원은 여호와께 속하였나이다"(욘 2:9)라고 고백함으로 여호와만이 구원자이심을 선언했다.

여호와의 구원자 되심에 대한 요나의 고백은 이전의 불순종에 대한 회개의 의미가 담겨있다. 사람들이 구원을 받고, 받지 못하는 것이 여호와의 자유라는 고백은 구원에 있어서 요나 자신의 주권이 없다는 인정이었다. 그러므로 구원과 연관하여 인간은 하나님의 말씀을 들을 자를 선택할 수 있는 자유가 있지 않고, 오직 하나님의 자유에 순종할 따름이다.

요나가 니느웨에 가서 외치라는 여호와의 명령에 자의적인 판단에 따라 순종하지 않은 것은 하나님의 영역을 침범한 것이었다. 요나의 기도는 이러한 자신의 죄에 대한 고백이요, 인정이었다. 요나의 회개의 기도는 자신의 죄로 인해 야기되었던 모든 갈등들을 극복하는 통로였다.

요나의 회개 후에 하나님께서는 요나를 구원해 주셨다. 여호와의 구원자 되심에 대한 요나의 고백은 하나님께서 또 다른 구원을 행하실 것임을 예시하는 기능도 한다. 실제로 하나님께서는 니느웨 백성들이 회개하자 뜻을 돌이켜 그들도 구원해 주셨다(욘 3장). 요나의 회개의 기도와 니느웨 백성들의 회개는 그들의 구원을 이끌었다. 불순종으로 인해 죽음이라는 갈등을 초래한 요나와, 악한 행위로 인해 심판이라는 갈등을 일으켰던 니느웨 도시는 모두 하나님 앞에 온전히 회개함으로 그 갈등을 극복하고 구원받았다.

이전의 죄된 길에서 돌이키는 회개는 하나님의 뜻도 돌이키게 하는 힘이 있다. 요나와 니느웨의 백성들이 악한 길에서 돌이키자 하나님께서는 뜻을 돌이켜 그들을 구원해 주셨다. 역대기의 기자도 죄된 길에서 돌이킬 때 주시는 하나님의 복을 이렇게 말하고 있다.

"내 이름으로 일컫는 내 백성이 그들의 악한 길에서 떠나 스스로 낮추고 기도하여 내 얼굴을 찾으면 내가 하늘에서 듣고 그들의 죄를 사하고 그들의 땅을 고칠지라"(대하 7:14).

요나를 구원하시고, 니느웨 백성들에게 임할 재앙을 거두신 여호와 하나님께서 악한 길에서 떠나 겸비하여 기도하는 우리 모두의 갈등과 아픔을 치유하시길 소망한다.

3. 갈등의 목표

하나님께서는 요나가 선포한 하나님의 말씀을 듣고 악한 길에서 돌아선 니느웨 백성들을 구원해 주셨다(욘 3장). 그러나 요나는 이러한 하나님의 행동을 이해하지 못했다. 요나는 분노를 품은 채 하나님과 대면하였고, 하나님께서는 요나와의 갈등의 대화를 통하여 자신이 사랑의 하나님이심을 계시하셨다(욘 4장). 그리고 사랑의 부족함으로 인해 니느웨를 포용하지 못하는 요나에게 더 큰 사랑을 품은 자로 초대하셨다.

1) 하나님께서는 갈등을 통하여 자신을 사랑의 하나님으로 계시하신다

요나는 자신에 주어진 두 번째 기회를 놓치지 않고 하나님의 명령에 순종하여 니느웨로 가서 하나님의 심판을 선포했다. 하나님의 말씀을 들은 니느웨의 백성들은 금식하며 회개하였고, 결국 하나님께서는 뜻을 돌이켜 그들에게 내리고자 했던 재앙을 거두셨다(욘 3장). 이로 인하여 하나님과 요나 사이에 또 다른 갈등이 시작되었다.

하나님께서 니느웨를 구원하자 요나는 매우 싫어하고 분노했다(욘 4:1). 요나는 "사는 것보다 죽는 것이 내게 나음이니이다"(욘 4:3)라고 말할 정도로 크게 분노했다. 하나님의 구원하심으로 죽음에서 살아난 요나는, 하나님께서 니느웨를 구원하자 구원받기 이전의 죽음의 단계로 돌아가는 것이 더 좋겠다고 말했던 것이다.

요나가 분노하자 하나님께서는 "네가 성내는 것이 옳으냐"(욘 4:4) 하면서 질문하셨다. 이러한 하나님의 질문에 요나는 어떤 대꾸도 하지 않고 성문 밖으로 나아가 하나님께서 니느웨 도성에 어떤 행동을 하실지 지켜보았다. 즉 요나는 하나님께서 니느웨에 재앙을 내리시겠다고 약속하신 것을 행하시라고 무언의 압력을 가했던 것이다.

이러한 요나의 행동에 대하여 하나님께서는 그를 책망하지 않으셨다. 그리고 요나에게 자신의 마음을 가르치셨다. 요나가 죽음의 상황에 처했을 때에 큰 물고기를 예비하신 하나님께서는 박넝쿨을 예비하시어 성읍 밖에 앉아 있던 요나에게 내리쬐던 햇볕을 가려 주셨다(욘 4:6). 니느웨의 구원으로 인해 매우 싫어했던 요나는(욘 4:1) 박넝쿨로 인해 생긴 그늘로 인하여 매우 기뻐했다(욘 4:6).

박넝쿨을 예비하셨던 하나님께서는 다음 날에 벌레를 예비하시어 박넝쿨을 갉아먹게 하셨고, 뜨거운 동풍을 예비하시어 요나의 머리에 햇볕을 내리쬐게 하셨다(욘 4:7-8). 니느웨의 구원으로 인해 "사는 것보다 죽는 것이 내게 나음이니이다"(욘 4:3)라고 말했던 요나는 햇볕의 뜨거움으로 지치자 "사는 것보다 죽는 것이 내게 나으니이다"(욘 4:8)

라고 똑같이 고백하였다.

요나의 불평에 대하여 이전에도 "네가 성내는 것이 옳으냐"(욘 4:4)고 질문하셨던 하나님께서는 박넝쿨로 인해 불평하던 요나에게 "네가 성내는 것이 어찌 옳으냐"(욘 4:9)고 같은 질문을 하셨다. 요나는 자신이 성내어 죽는다할지라도 자신의 행동이 옳다고 대답하였다.

이러한 갈등의 대화 후에 하나님께서는 자기 자신의 모습을 요나에게 계시하셨다. 하나님께서는 "네가 수고도 아니하였고 재배도 아니하였고 하룻밤에 났다가 하룻밤에 말라 버린 이 박넝쿨을 아꼈거든 하물며 이 큰 성읍 니느웨에는 좌우를 분변하지 못하는 자가 십이만여 명이요 가축도 많이 있나니 내가 어찌 아끼지 아니하겠느냐"(욘 4:10-11)고 수사학적으로 질문하심으로 자신의 마음을 드러내셨다.

하나님께서는 요나가 박넝쿨을 사랑하는 모습과 자신이 니느웨를 사랑하는 모습을 비교하시며 자신의 사랑을 설명하셨다. 박넝쿨은 요나의 상황에서 참으로 요긴한 것이었다. 뜨거운 날씨에 시원한 그늘을 만들어 준 것이었다. 그런데 박넝쿨이 누구의 것이었는가? 요나가 심은 것이었는가? 요나가 그 박넝쿨에 물을 준 적이 있었는가? 요나가 그 박넝쿨을 위해 한 일이 무엇이었는가? 박넝쿨은 하나님의 것이었다. 하나님께서 요나에게 거저 주신 것이었다. 하나님의 은혜였다. 박넝쿨이 죽은 것은 요나가 불평할 일이 아니었다. 그것은 당연한 것이었다. 오히려 그 전날 하루라도 박넝쿨이 있어서 그늘에 쉴 수 있었던 것이 감사할 것이었다. 있으면 감사할 것이고, 없는 것은 당연한 것인데, 요나는 그러한 것으로 인하여 자신의 목숨을 걸면서까지 불평했던 것이다.

박넝쿨 없이 햇볕을 내리쬐는 상황에 있는 것은 요나의 당연한 모습이었다. 하루 동안 박넝쿨이 있었던 것은 하나님께서 요나에게 주신 은혜였다. 우리도 마찬가지이다. 우리의 삶에 박넝쿨이 없는 것은 당연한 것이다. 그럼에도 지금 우리의 삶에, 또는 이전에 우리의 삶에 박넝쿨이 있었다면, 그것은 당연한 것이 아니라 하나님께서 우리에게 거저 주신 은혜이다. 혹시 우리가 살면서 불평하는 것이 이러한 박넝쿨 때문은 아닌가?

하나님께서는 자신의 것도 아닌 박넝쿨이 없어짐으로 인해 불평하던 요나에게, '박넝쿨을 아끼는 것이 당연하면, 너의 원수라 할지라도 니느웨의 영혼들을 아끼고 사랑하는 것은 더더욱 당연하지 않느냐' 고 반문하셨다. 하나님께서는 이 사건을 통하여 자신이 어떤 존재인지 보여주셨다. 하나님은 요나가 박넝쿨을 귀하게 여겼던 것과 비교할 수 없을 정도로 생명을 아끼시는 분이시다. 니느웨나 요나에게 어떤 자격이나 공적이 있어서 그들을 사랑해 주셨던 것이 아니라, 하나님께서는 자신의 사랑의 속성에 근거하여 요나와 니느웨를 사랑하셔서 구원하셨던 것이다.

하나님이 우리를 사랑해 주시는 것도 마찬가지이다. 우리가 의롭고, 우리에게 사랑받을 만한 어떤 장점이 있어서 우리를 사랑한 것이 아니다. 불순종했던 요나처럼, 악을 행했던 니느웨처럼 우리가 죄인 되었던 그 때에도 하나님께서는 우리를 사랑하셨다. 바울은 로마서에서 이러한 하나님의 사랑을 이렇게 고백하였다.

> 우리가 아직 죄인 되었을 때에 그리스도께서 우리를 위하여 죽으심으로 하나님께서 우리에게 대한 자기의 사랑을 확증하셨느니라(롬 5:8).

하나님께서는 우리가 죄인으로 사랑받기에 합당한 모습이 아니었음에도, 자신의 사랑의 속성에 근거하여 예수님을 통하여 우리에 대한 사랑을 표현하셨다. 사랑하는 독생자 예수 그리스도를 십자가에 죽게 하심으로 우리를 죽음에서 생명으로 옮기셨다.

하나님께서는 죽을 수밖에 없던 요나를 살리시고, 심판을 받을 수밖에 없던 니느웨를 구원하시는 갈등의 과정을 통하여 자신이 어떤 존재인지 계시하셨다. 하나님은 불순종한 요나와 자신이 선택한 나라인 이스라엘의 가장 큰 적대국인 니느웨까지도 품으시는 사랑의 하나님이시다. 이러한 하나님의 속성과 모습을 아이러니하게도 요나는 하나님에 대한 불평 가운데 잘 표현하였다.

> 주께서는 은혜로우시며 자비로우시며 노하기를 더디하시며 인애가 크시사 뜻을 돌이켜 재앙을 내리지 아니하시는 하나님이신 줄을 내가 알았음이니이다(욘 4:2).

하나님께서는 갈등의 과정을 통하여 자신을 계시하셨다. 자신의 사랑의 지경을 보여주셨다. 여호와가 사랑의 하나님이심을 드러내셨다. 그러므로 갈등은 하나님의 자기 계시를 향하여 나아간다.

2) 하나님께서는 갈등을 통하여 요나를 더 큰 사랑의 사람으로 초대하신다

회개를 하면 하나님과의 갈등이 더 이상 발생하지 않는다고 단언할 수는 없다. 회개한 그리스도인들에게도, 또는 하나님의 주권을 인정한 영역에서도 하나님과의 갈등은 지속된다.

요나는 회개하고 구원받은 후 하나님의 말씀에 순종하는 존재가 되었지만, 자신의 소망과 다르게 니느웨가 구원을 받게 되는 상황 속에서 하나님과 갈등했다. 그러나 하나님께서는 그러한 갈등을 통하여 자신을 사랑으로 계시하셨으며, 요나를 사랑의 사람으로 초대하셨다. 이 초대는 단지 요나만을 위한 것이 아니다. 사랑의 사람으로의 초대는 요나의 모습으로 대변되는 이스라엘을 위한 것이요, 지금 요나서를 읽는 우리들을 위한 것이다. 그러므로 하나님과의 갈등은 요나, 이스라엘, 그리고 독자인 우리를 더 큰 사랑의 사람으로 변화시키기 위한 하나님의 사랑의 초청이다.

요나가 하나님의 말씀과는 다르게 다시스로 가려 한 것이나, 니느웨의 구원을 매우 싫어 한 것에는 '니느웨는 하나님의 사랑의 대상이 아니라 심판의 대상이다' 라는 이해가 전제되어있다. 이러한 이해는 요나에게만 있었던 것이 아니라 구약 시대의 이스라엘 백성들에게도 있었다. 그들은 하나님께서 자신의 민족만 사랑하시고, 자신들의 적들을 심판하시는 분으로 이해했다. 이러한 전제로 인하여 이스라엘 백성들은 하나님께서 니느웨까지도 사랑하신다는 요나서를 읽으면서 내적 갈등이 있었을 것이다. 이러한 내적 갈등에 전제된 이스라엘의 편협한 사랑을 극복하고 더 큰 사랑의 존재로 만드시기 위하여 하나님께서는 갈등의 이야기를 주셨던 것이다.

이스라엘의 편협한 사랑은 구약 시대에만 있던 것이 아니다. 신약 시대에도 유대인들은 사마리아인이나 다른 이방인들을 자신의 사랑의 대상인 이웃에 포함시키지 않았다. 누가복음 10장 25절 이하에 나오는 율법사와 예수님의 영생에 대한 대화에는 이러한 편협한 이스라엘의 사랑이 잘 묘사된다.

어떤 율법사가 예수님을 찾아와 영생에 대하여 질문하였고, 예수님께서는 율법에 어떻게 기록되었는지 되물으셨다. 율법사가 율법에 하나님을 사랑하고 이웃을 사랑하라고 쓰였다고 대답하자 예수님께서는 "네 대답이 옳도다 이를 행하라 그러면 살리라"(눅 10:28)고 말씀하셨다. 그러자 율법사는 "그러면 내 이웃이 누구니이까"(눅 10:29)라고 질문하였고, 이 질문에 대한 대답으로 예수님께서는 선한 사마리아인 비유를 말씀하셨다.

율법사의 질문은 자신이 사랑해야 할 이웃, 즉 사랑의 대상에 대한 것이었다. 아마 율법사는 자신이 사랑해야 할 이웃을 유대인으로 한정했고, 예수님에게 그러한 대답을 기대했을 것이다. 그러나 예수님께서는 선한 사마리아인 비유를 통하여 율법사에게 강도 만난 자의 이웃은 제사장이나 레위인이 아니라 바로 사마리아인이라고 말씀하셨다. 그리고 "가서 너도 이와 같이 하라"(눅 10:37)고 명령하셨다.

율법사는 자신이 사랑해야 할 대상인 이웃의 범위에 관심을 가졌다. 그러나 예수님께서는 율법사가 정해 놓은 범위를 미리 아시고, 그 범위를 넘어선 대상인 사마리아인의 비유를 통하여 이웃 사랑을 설명하셨다. 자신의 동족인 유대인만을 사랑해야 할 이웃의 범위로 이해한 율법사의 편협한 사랑을 지적하시면서 사랑의 지경을 넓힐 것을 요청하셨던 것이다. 또한 예수님께서는 사랑해야 할 범위와 연관된 지적인 관심을 가진 율법사에게 "가서 너도 이와 같이 하라"고 말씀하심으로 사랑은 이론이 아니라 행동임을 강조하셨다. 그러므로 예수님께서는 율법사와의 대화를 통하여 사랑의 지경을 넓힐 것과 이론적으로 사랑을 이해하지 말고 행동으로 사랑을 직접 표현할 것을 요청했다.

하나님께서 요나를 통하여 니느웨를 구원한 사건은 요나가 미워했던 니느웨 백성에 대한 사랑뿐만 아니라 바로 요나에 대한 사랑이었다. 하나님께서는 요나를 사랑하셔서, 요나의 사랑이 더 큰 사랑으로 변화되길 원하셨던 것이다. 이것은 사랑하기 힘든 대상까지도 사랑하시는 하나님의 그 큰 사랑을 요나가, 그리고 요나로 대표되는 이스라엘 백성들이, 그리고 그 사건을 읽는 독자인 우리들이 소유하도록 가르쳐 준 사건이었다.

요한일서 4장 10-11절도 이렇게 말씀한다.

> 사랑은 여기 있으니 우리가 하나님을 사랑한 것이 아니요 하나님이 우리를 사랑하사 우리 죄를 속하기 위하여 화목 제물로 그 아들을 보내셨음이라 사랑하는 자들아 하나님이 이같이 우리를 사랑하셨은즉 우리도 서로 사랑하는 것이 마땅하도다.

예수 그리스도를 통한 하나님의 사랑을 받은 자로서 마땅히 하여야 할 사랑을 하는 존재로 하나님께서는 우리를 초대하신다. 자신이 선택한 이스라엘 백성들의 원수인 니느웨 사람들까지도 사랑하신 하나님의 그 큰 사랑을 우리도 소유하길 요청하신다. 하나님께서는 예수님을 통해 보여주신 그 큰 사랑으로 우리도 원수까지 품을 수 있는 존재로 변화되길 원하신다. 그러므로 하나님께서 요나에게 주셨던 갈등, 그리고 우리의 삶 가운데 주시는 갈등은 우리를 더 큰 사랑을 품은 하나님의 형상으로 빚어가는 과정이다.

||| 제3장 |||

가족 구성원 사이의 갈등 1 : 부모와 자녀

라반과 야곱

구약성경에는 가족들에 대한 많은 이야기가 나온다. 창세기의 족장 이야기도 가족 이야기라 할 수 있고, 사무엘서의 다윗 이야기의 많은 부분도 가족 관계를 다룬다. 룻기서도 가족 이야기를 담고 있다.

가족 구성원 가운데서도 부모와 자녀 사이의 갈등은 성경의 주요 소재 가운데 하나이다. 구약성경에는 노아와 아들들의 갈등(창 9:20-27), 이삭/리브가와 그의 아들들인 에서/야곱의 갈등(창 26:34-28:9), 라반과 사위 야곱의 갈등(창 29:1-31:55), 나오미와 룻의 갈등(룻 1:1-4:22), 그리고 다윗과 압살롬의 갈등(삼하 13:1-18:33) 등이 나온다. 이러한 이야기들은 모두 부모와 자녀 사이의 갈등을 다루지만, 이러한 것들 가운데 부모와 자녀의 갈등이 주요 주제인 본문은 라반과 야곱의 이야기(창 29:1-31:55)라 할 수 있다. 그러므로 가족 구성원 사이의 갈등 가운데 부모와 자녀의 갈등을 다루는 이 장(chapter)은 라반과 야곱의 갈등을 주로 다룰 것이다. 여기에 라반과 야곱과의 갈등의 문맥에 나오는 부모와 자녀 사이의 또 다른 갈등인 야곱과 그의 아버지 이삭과의 갈등(창 26:34-28:9)도 부수적으로 다룰 것이다.

I. 야곱과 라반이야기(창 29:1-31:55)의 문학적 구조와 내용

야곱과 라반 이야기는 서론(창 1:1-2:3)과 10개의 '엘레 톨레도트'(창 2:4; 5:1; 6:9; 10:1; 11:10; 11:27; 25:12, 19; 36:1; 37:2)라는 표제로 시작되는 10개의 단락으로 구성된 창세기 가운데 8번째 '엘레 톨레도트' 단락 안에 포함된다. 8번째 '엘레 톨레도트' 단락은 '엘레 톨레도트 이츠학(יצחק)'(이것들은 이삭의 후예들이다, 창 25:19)이라는 표제로 시작되고 '이것은 에서의 톨레도트이다'(창 36:1)라는 표제로 시작되는 9번째 '엘레 톨레도트' 바로 앞 절인 35장 29절에서 마무리된다.

8번째 '엘레 톨레도트'인 '이삭의 후예 이야기'(창 25:19-35:29)는 주로 이삭의 아들 가운데 야곱을 중심으로 다룬다. 이 단락은 야곱과 다른 사람, 특히 그의 형 에서와 삼촌이며 장인인 라반과의 갈등과 그것의 해결이라는 주제의 흐름, 그리고 가나안에 거하던 야곱이 가나안을 떠나 라반의 집이 있던 하란에 머물다가 다시 가나안으로 돌아오는 장소적 배경의 변화가 겹쳐서 전개된다. 이러한 요소들을 고려할 때, '이삭의 후예 이야기'는 아래와 같이 3개의 단락으로 구성된다.

I. 가나안에서 있었던 사건들: 야곱과 에서의 갈등	25:19-28:22
II. 가나안 밖에서 있었던 사건들: 야곱과 라반과의 갈등과 해결	29:1-31:55
III(I'). 가나안에서 있었던 사건들: 야곱과 에서의 갈등 해결	32:1-35:29

여기서 첫째(창 25:19-28:22)와 셋째 단락(창 32:1-35:29)은 야곱과 에서의 갈등과 해결을 다루며,[1] 둘째 단락(창 29:1-31:55)은 야곱과

1) 야곱과 에서의 관계를 다루는 단락들(창 25:19-28:22; 32:1-35:29)은 형제들 사이의 갈등을 다루는 본서의 제4장에서 논할 것이다.

라반과의 갈등과 해결을 다룬다. 그러므로 야곱과 라반 이야기는 '이삭의 후예 이야기' 가운데 둘째 단락인 창세기 29장 1절부터 31장 55절까지이다.

야곱과 라반과의 갈등과 해결을 다루는 단락은 아래와 같이 5개의 대문단이 교차대구구조로 배열된 형태로 짜여진다.[2)]

A. 야곱이 라반을 만남: 갈등의 배경	29:1–14
B. 야곱의 결혼: 라반과의 갈등 I (라반이 야곱을 속임)	29:15–30
C. 야곱의 아들들의 출생: 라헬과 레아의 갈등과 화해	29:31–30:24
D(B'). 야곱의 재물: 라반과의 갈등 II (야곱이 라반을 속임)	30:25–43
E(A'). 야곱이 라반을 떠남: 갈등의 해결	31:1–55

이 단락은 야곱이 장인인 라반을 만나고 떠나는 테두리(창 29:1–14; 31:3–55)[3)] 안에서 위와 같은 교차대구구조로 배열된다. 야곱이 라반을 만나는 첫째 대문단에 이어 나오는 둘째 대문단(창 29:15–30)은 야곱의 결혼에 대하여 다룬다. 야곱의 결혼 이야기는 라반이 야곱을 속임으로 야기된 야곱과 라반 사이의 갈등을 주로 묘사한다. 둘째 대문단과 대응되는 넷째 대문단(창 30:25–43)은 야곱의 재물에 대하여 다룬다. 야곱의 재물과 연관된 사건은 야곱이 라반을 속임으로 야기된 야곱과 라반 사이의 갈등을 묘사한다. 이러한 교차대구구조 속에서 야곱의 아들들이 태어나는 사건(창 29:31–30:24)은 중앙에 놓임으로 가장 강조된다. 이 사건은 자손에 대한 하나님의 약속의 성취로 이해된다. 야곱의 자녀들의 출생은 라헬과 레아의 갈등과 화해라는 흐름 속에서 설명된다.

---

2) 야곱과 라반과의 관계를 다루는 문단의 구조분석은 본인의 책을 참조하라. 정석규, 《구조로 읽는 창세기》, 236–67.

3) 개역성경(또는 개정판) 31장 55절은 히브리어 성경(MT)에서는 32장 1절로 표기되어 있다. 본인은 개역성경(개정판)의 구분에 따라 다루겠다.

1. 첫째 대문단: 야곱과 라반의 만남(창 29:1-14)

첫째 대문단은 야곱이 동방 사람의 땅에 들어가 삼촌 라반을 찾던 중 우물곁에서 라반의 딸인 라헬을 만나게 되고, 라헬을 통하여 결국 라반을 만나게 되는 사건을 묘사한다. 이 대문단은 아래와 같은 구조로 배열된다.

1. 서론적 묘사: 야곱이 동방 사람의 땅에 도착함	29:1
2. 야곱과 목자들의 만남	29:2-8
a. 야곱의 행동: 목자들이 양떼에게 물 먹이는 것을 지켜봄	29:2-3
b. 야곱과 목자들의 대화: 야곱의 정체에 대하여	29:4-8
1) 첫 번째 대화: 목자의 출신에 대하여	29:4
2) 두 번째 대화: 라반에 대하여	29:5
3-2') 세 번째 대화: 라반의 안부에 대하여	29:6
4-1'). 네 번째 대화: 목자들의 행동에 대한 조언	29:7-8
3(2'). 야곱과 라반과의 만남	29:9-14a
a. 야곱의 행동: 라헬의 양떼에게 물을 먹임	29:9-10
b. 야곱과 라반과의 대면	29:11-14a
1) 야곱이 자신의 정체를 라헬에게 알림	29:11-12a
2) 라헬이 아버지에게 알림	29:12b
3) 라반이 야곱을 영접함	29:13-14a
4(1'). 결론적 묘사: 야곱이 라반의 집에 거함	29:14b

이 대문단은 야곱이 동방 사람의 땅에 도착했다는 서론적 묘사(창 29:1)에서 시작하여 야곱이 라반의 집에 거했다는 결론적 묘사(창 29:14b)로 마무리된다. 이러한 테두리 안에 야곱과 목자들과의 만남을 다루는 둘째 소문단(창 29:2-8)과 야곱과 라반과의 만남을 다루는 셋째

소문단(창 29:9–14a)이 중앙에 위치한다. 여기서 둘째 소문단과 셋째 소문단은 동방 사람의 땅에 도착한 야곱이 어떤 과정을 거쳐서 라반의 집에 거하게 되었는지를 구체적으로 묘사한다.

둘째 소문단(창 29:2–8)은 야곱과 목자들의 만남을 다룬다. 이 소문단은 야곱의 행동(창 29:2–3)과 야곱과 목자들의 대화(창 29:4–8)로 구성된다. 야곱은 목자들이 우물곁에서 양 떼에 물을 먹이는 장면을 보았다(창 29:2-3). 그리고 그들과 네 번에 걸쳐서 대화했다. 네 번에 걸친 대화는 위의 구조도표에서 보여주듯 교차대구구조로 배열된다.

첫 번째 대화에서 야곱은 목자들의 출신을 물었고, 그들은 하란에서 왔다고 대답했다(창 29:4).[4] 두 번째 대화에서 야곱은 목자들에게 하란에 사는 라반을 아는지 물었고, 그들은 안다고 대답했다(창 29:5). 세 번째 대화에서 야곱은 라반의 안부에 대하여 물었고, 목자들은 라반의 딸인 라헬이 양을 몰고 온다고 대답했다(창 29:6). 네 번째 대화에서 야곱은 목자들에게 지금 양떼에게 물을 먹이라고 조언을 했고, 목자들은 지금은 먹일 수 없다고 대답했다(창 29:7–8).

셋째 소문단(창 29:9–14a)은 야곱과 라반과의 만남을 다룬다. 이 소문단도 둘째 소문단처럼 양떼에게 물을 먹이는 사건과 연관된 야곱의 행동과 함께 시작된다(창 29:9–10; 참조. 창 29:2–3). 야곱은 라헬이 양떼를 데리고 오자 우물 입구에 있는 돌을 옮기고 라반의 양떼에게 물을 먹였다. 야곱의 행동에 이어서 야곱과 라반과 만나는 사건이 나온다(창 29:11–14a). 야곱은 라헬에게 인사한 후에 자신의 정체를 밝혔다(창 29:11–12a). 그러자 라헬은 아버지에게 달려가서 이 사실을 알렸다(창 29:12b). 라헬의 아버지 라반은 야곱의 소식을 듣고 달려와서 그를 영접하고 자신의 집으로 인도했고, 야곱은 라반에게 자신에 대한 모든

---

4) 하란은 북부 메소포타미아 지역에서 최대의 도시였다. 하란이라는 뜻은 교차로(Crossroad)로, 이 도시는 동서와 남북을 잇는 교역의 교차로였다. 고대 도시였던 하란에 대하여는 아래의 글들을 참조하라. Yoshitaka Kobayashi, "HARAN," *ABD*, vol. 3 (1992), 58–59.

것을 말했으며, 라반은 야곱이 자신의 혈육이라는 것을 확인했다(창 29:13–14a). 이러한 과정을 통하여 야곱은 라반의 집에 머무르게 되었다(창 29:14b).

첫째 대문단(창 29:1–14)에서 야곱과 라반과의 만남은 야곱과 목자들과의 만남에서 라헬의 만남, 그리고 라반과의 만남으로 진행된다. 여기서 양떼라는 소제가 사용되고 있는데, 이 소제는 하란에서의 삶에서 양떼가 주요 소제로 등장할 것임을 예시한다. 실제로 이후에 야곱은 라반의 재산 가운데 많은 양떼를 얻게 되며(창 30:25–31:2), 그것들을 갖고 가나안으로 돌아오게 된다(창 31:17-18).

이 대문단에서 라헬은 야곱을 라반에게로 이끄는 매우 중요한 기능을 한다. 이것은 라헬이 야곱의 삶에 매우 중요한 인물로 등장할 것임을 예시한다. 이러한 예시처럼 라헬은 야곱의 사랑하는 아내가 되며, 라헬의 몸에서는 요셉이 태어난다. 이러한 예시들을 통하여 첫째 대문단은 야곱과 라반과의 관계를 다루는 본문의 서론과 같은 역할을 한다.

2. 둘째 대문단: 야곱의 결혼(창 29:15–30)

야곱과 라반의 만남에 대한 첫째 대문단은 야곱이 라반을 찾아간 한 이유인 결혼과 연관된 주제를 다루는 둘째 대문단(창 29:15–30)으로 진행된다. 이 대문단은 라헬을 아내로 얻고자 했던 야곱이 라반의 속임수로 인하여 라헬뿐만 아니라 그녀의 누이인 레아까지도 아내로 얻게 되는 사건을 묘사한다. 이 대문단은 아래와 같은 구조로 배열된다.

1. 라헬을 아내로 얻기 위한 야곱의 수고 I	29:15–20
a. 야곱에게 품삯을 주겠다는 라반의 제안	29:15
b. 라반의 두 딸에 대한 서술적 묘사	29:16–17
c. 야곱의 제안: 라헬을 위해 칠 년을 섬기리다.	29:18
d. 라반의 대답: 그것이 좋다.	29:19

e. 야곱의 섬김에 대한 서술적 묘사	29:20
2(1'). 라헬을 아내로 얻기 위한 야곱의 수고 II	29:21-30
a. 라헬을 아내로 달라는 야곱의 제안	29:21
b. 라반이 레아/실바를 야곱에게 주었다는 서술적 묘사	29:22-24
c. 야곱의 질문: 왜 레아를 주어 나를 속였나?	29:25
d. 라반의 대답	29:26-27
1) 언니가 먼저 결혼하는 것이 풍습	29:26
2) 라헬을 위하여 칠 년을 섬기라.	29:27
e. 야곱의 라헬 얻음과 섬김에 대한 서술적 묘사	29:28-30
1) 야곱이 라헬/빌하를 얻음	29:28-29
2) 라헬을 위하여 칠 년을 섬김	29:30

이 대문단은 야곱이 라헬을 얻기 위한 노력을 두 개의 소문단에서 각각 다루고 있다. 야곱의 수고를 다루는 두 소문단은 모두 야곱이 칠 년 동안 라반을 섬겼다는 말로 마무리된다(창 29:20, 30).

첫째 소문단(창 29:15-20)은 야곱이 라헬을 얻기 위한 첫 번째의 섬김을 다룬다. 이 소문단은 라반이 야곱에게 품삯을 주겠다는 제안과 함께 시작된다(창 29:15). 여기서 품삯이라는 말의 원어는 '마스코레트'(מַשְׂכֹּרֶת)로, 이 용어는 노동의 대가로 받는 보수를 의미한다.[5] 이것은 야곱이 라반의 집에 한 달을 거하면서 그 집을 위해 일을 했음을 전제한다. 이러한 제안 후에 라반의 두 딸에 대한 묘사가 나온다. 이것은 품삯 또는 야곱의 섬김과 라반의 딸과의 연관성을 보여준다. 라반의 두 딸은 레아와 라헬인데, 그중 라헬이 더욱 아름다웠다(창 29:16-17). 야곱은 라헬을 사랑하였고, 라헬을 신부로 얻기 위해 칠 년 동안 라반을 섬기겠다고 제안했다(창 29:18). 그러자 라반은 자신의 딸을 타인에게 주는 것보다 친척인 야곱에 주는 것이 더욱 좋다고 말하며 야곱의 제

5) Harris (eds.), *Theological Wordbook,* 878.

안에 동의했다(창 29:19). 야곱은 자신의 제안대로 칠 년 동안 라반을 섬겼다(창 29:20).

누찌문서에 따르면,[6] 신랑은 결혼을 위하여 신부의 값을 치르게 되어 있었다. 그런데 재력이 없는 경우에는 일정기간 노동으로 신부 아버지에게 신부의 값(מהר, 모하르. 참조 출 22:17)[7]을 대신 치를 수 있었다. 그러므로 야곱의 섬김은 신부의 값이라 할 수 있다.

둘째 소문단(창 29:21-30)은 야곱이 라헬을 얻기 위한 두 번째 섬김을 다룬다. 이 소문단은 라반의 제안과 함께 시작되는 첫째 소문단과는 달리 야곱의 제안과 함께 시작된다(창 29:21). 야곱은 칠 년을 섬긴 후에 라반에게 자신의 아내를 달라고 요청하였다. 이러한 요청에 따라 라반은 결혼 잔치를 배설하였으나, 라반은 야곱에게 라헬이 아니라 레아와 그녀의 여종 실바를 주었다(창 29:22-24). 이러한 라반의 행동에 대하여 야곱은 왜 자신을 속였냐고 추궁했다(창 29:25). 여기서 야곱은 자신이 라헬을 위하여 칠 년을 섬기겠다고 이전에 말한 것을 반복하면서(창 29:18), 라반이 자신을 속였다고 말했다. 야곱의 말에서 사용된 '속이다' 라는 히브리어는 '라마' (רמה)이다. 이 단어가 '속이고 기만하다' 라는 의미로 사용되는 것은 구약성서에서 8회이다(수 9:22; 삼상 19:17; 28:12; 삼하 19:27; 잠 26:19; 애 1:19).

이러한 야곱의 질문에 라반은 이전에 자신이 답변한 것과는 달리(창 29:19), 언니보다 동생을 먼저 결혼시키는 것이 이 지방의 관습에 맞지 않는다고 말하면서 칠일 후에 라헬도 줄 테니 칠년을 더 봉사하라고 제안했다(창 29:26-27). 야곱은 결혼 잔치의 기간인 칠일 후에 라헬과 그녀의 여종 빌하를 얻고, 그녀를 사랑했기에 라반을 위하여 칠 년을 더 섬겼다(창 29:28-30).

이 대문단은 크게 세 가지의 주제를 다룬다. 첫째는 야곱의 결혼이

---

6) John Bright, *A History of Israel,* 박문재 역,《이스라엘 역사》(서울: 크리스챤다이제스트, 1993), 100-02.

7) 히브리어 성경(MT)에는 출 22:16절이다.

다. 이 주제는 야곱으로부터 태어날 자손에 대한 주제와 연관된다(참조. 창 29:31-30:24). 둘째는 야곱이 라헬을 레아보다 더 사랑했다는 것이다(참조. 창 29:30). 이 주제도 다음 대문단(창 29:31-30:24)에서 아이를 낳는 일에 있어서 라헬과 레아 사이의 갈등과 연관된다. 셋째는 라반의 속임수이다. 이 주제는 이전에 야곱이 에서를 속였던 사건과 에코되며, 이후에 또 다른 속임(야곱이 라반을 속임) 사건이 발생할 것을 암시한다(넷째 대문단, 창 30:25-31:2).

3. 셋째 대문단: 야곱의 아들들의 출생(창 29:31-30:24)

야곱의 결혼을 다루는 둘째 대문단은 그 결혼을 통하여 생겨난 아이들의 출생에 대한 셋째 대문단(창 29:31-30:24)으로 진행된다. 이 대문단은 본문 가운데 중앙에 놓임으로 가장 강조된다. 이 대문단은 아래와 같은 구조로 짜여진다.

1. 레아가 낳은 자녀들	29:31-35
a. 서론: 여호와께서 그녀의 태를 여심	29:31
b. 레아가 자녀를 낳음 (르우벤, 시므온, 레위, 유다)	29:32-35
2. 여종 빌하를 통해 라헬이 얻은 자녀들	30:1-8
a. 서론: 라헬이 야곱에게 빌하와 동침하라 강요함	30:1-4
b. 빌하가 자녀를 낳음 (단, 납달리)	30:5-8
3(2'). 여종 실바를 통해 레아가 얻은 자녀들	30:9-13
a. 서론: 레아가 실바를 야곱과 동침하도록 함	30:9
b. 실바가 자녀를 낳음 (갓, 아셀)	30:10-13
4(1'). 레아가 낳은 자녀들	30:14-21
a. 서론: 합환채를 주는 대가로 레아가 동침함	30:14-16
b. 레아가 자녀를 낳음 (잇사갈, 스불론, 디나)	30:17-21
5. 라헬이 얻은 자녀	30:22-24
a. 서론: 여호와께서 그녀의 태를 여심	30:22
b. 라헬이 자녀를 낳음 (요셉)	30:23-24

이 대문단은 여호와께서 레아에게는 태를 여셨으나 라헬은 무자하였다는 서론적 언급으로 시작된다(창 29:31). 이 언급에는 족장의 아내들의 불임에 대한 주제가 반복되며, 이는 라헬이 정당한 족장의 아내임을 암시한다(참조. 창 11:30; 25:20–21). 야곱의 아들의 태어남에 대한 이 대문단은 야곱의 두 아내인 레아와 라헬의 갈등 구조 속에서 표현된다. 이 대문단은 교차대구구조로 배열된 네 개의 소문단(창 29:31–30:21)과, 이 구조에 포함되지 않는 독특한 소문단인 다섯째 소문단(창 20:22–24)으로 구성된다. 모든 소문단은 자녀를 낳게 되는 상황을 언급하는 서론(창 29:31; 30:1–4, 9, 14–16, 22)과, 자녀의 태어남(창 29:32–35; 30:5–8, 10–13, 17–21, 23–24)으로 구성된다. 여기서 구조의 의외성을 갖는 다섯째 소문단, 즉 라헬이 요셉을 낳았다는 것을 언급하는 부분은 구조적으로 가장 강조된다.

첫째 소문단(창 29:31–35)은 레아에게서 네 명의 아들(르우벤, 시므온, 레위, 유다)이 태어났다는 것을 언급한다. 여기에는 레아가 야곱에게서 사랑받지 못하는 상황을 여호와께서 보시고 자녀를 주셔서 야곱의 사랑을 받게 되겠다는 레아의 소망이 반복됨으로 강조된다(창 29:31, 32, 33, 34).

둘째 소문단(창 30:1–8)은 라헬의 몸종인 빌하에게서 두 명의 아들(단, 납달리)이 태어났다는 것을 언급한다. 이 소문단의 서론(창 30:1–4)은 라헬이 자신에게 자식이 없자 야곱에게 자녀를 낳게 하라고 강요한 말(창 30:1)과 라헬이 야곱에게 여종 빌하에게 들어가 아들을 낳으라고 말을 하고 그녀를 야곱의 아내로 준 사건(창 30:3–4)을 테두리로 하여 그 중앙에 야곱의 대답(창 30:2)이 놓인 형태로 배열된다. 여기서 중앙에 위치한 야곱의 대답은 구조적으로 가장 강조된다. 야곱은 라헬에게 임신하지 못하게 한 분은 자신이 아니라 하나님이심을 언급한다. 그러므로 이 소문단의 서론에서는 자녀를 얻는 것이 여호와 하나님의 주권임을 강조한다. 서론 후에 라헬의 몸종인 빌하가 단과 납달리를 낳았다는 언급이 나온다(창 30:5–8). 납달리(נפתלי)라는 명명은 라헬 자신이 언니 레아와 경쟁하여 이겼다는 것과 연관되어 설명된다. 여기서 "내가 경쟁했다"는 동사는 '니프탈티'(נִפְתַּלְתִּי)로 '납달리'라는 명사와 연관된다. 이 이름을 통하여 두 자매 사이의 경쟁과 갈등이 분명히 드러난다.

레아의 몸종인 실바를 통해 얻은 자녀를 다루는 셋째 소문단(창 30:9-13)은 라헬의 몸종인 빌하를 통해 얻은 자녀를 다루는 둘째 소문단(창 30:1-8)과 대응된다. 셋째 소문단의 서론(창 30:9)에도 둘째 소문단의 서론(창 30:1-4)처럼 야곱의 본처(레아)가 그의 여종(실바)을 야곱에게 아내로 주는 설명이 나온다(참조. 창 30:4). 이러한 대응 후에 레아의 여종 실바가 낳은 자녀들인 갓과 아셀의 이름과 설명이 나온다(창 30:10-13).

넷째 소문단(창 30:14-21)은 첫째 소문단(창 29:31-35)처럼 레아가 낳은 자녀에 대하여 다룬다. 넷째 소문단의 서론(창 30:14-16)은 합환채를 라헬에게 주는 대가로 레아가 야곱과 동침하게 된 내용을 언급한다. 합환채란 임신 촉진제를 의미한다. 하나님께서 레아의 소원을 들으셔서 레아는 두 아들과 한 명의 딸(잇사갈, 스불론, 디나)을 낳았다(창 30:14-21). 두 아들의 태어남과 연관하여, 하나님께서는 자녀를 주시는 분으로 반복됨으로 강조된다(창 30:18, 20; 참조. 창 30:17).

다섯째 소문단(창 30:22-24)은 서로 대응되는 앞의 네 소문단들과는 달리, 대응되는 어떤 소문단을 갖지 않는 독특한 형태를 지닌다. 이 소문단은 하나님께서 라헬을 기억하시고 그의 소원을 들으셔서 그녀의 태를 여셨다는 서론으로 시작된다(창 30:22). 즉 라헬이 자녀를 낳는 것은 하나님의 기억하심(זָכַר, 자카르)의 결과이다. 하나님의 기억하심은 적절한 행동을 수반하는 내적 행동이다.[8] 하나님께서는 라헬을 기억하사 그의 태를 여시고 요셉이라는 아들을 주셨다. 요셉의 태어남이 하나님의 기억하심으로 이루어진 것으로 설명되는 것은, 이후에 요셉이 야곱의 아들 가운데 주요 인물로 등장할 것이라는 것을 암시한다. 이러한

8) Harris (eds.), *Theological Wordbook,* 241-42.

암시처럼 요셉은 야곱의 뒤를 잇는 족장이 된다(참조. 창 37-50장). 또한 요셉의 이름이 '더하다' 라는 뜻의 '야삽' (גטד)과 연결되는 것은, 요셉 이후에도 또 다른 아들이 태어날 것임을 암시한다. 이러한 암시처럼 요셉 이후에 라헬은 베냐민을 낳았다(창 35:16-18).

요셉의 태어남과 함께 셋째 대문단은 마무리된다. 미래의 이스라엘 지파의 족장이 되는 야곱의 열한 아들이 태어났음을 언급하는 이 대문단은 하나님의 자손에 대한 약속이 성취를 향하여 한 단계 더 나아갔음을 보여준다.

4. 넷째 대문단: 야곱의 재물(창 30:25-43)

넷째 대문단은 둘째 대문단(창 29:15-30)인 야곱의 결혼 사건과 그 주제에 있어서 대응된다. 둘째 대문단은 라반이 야곱을 속인 것을 다루는 반면에, 이 대문단은 역으로 야곱이 라반을 속이는 사건을 다룬다. 또한 각 대문단에서 야곱은 라반에게서 속고 속이는 과정을 통하여 중요한 것들을 얻는다. 둘째 대문단에서는 두 딸을 얻었고, 넷째 대문단에서는 많은 재물을 얻었다. 넷째 대문단의 구조는 아래와 같다.

1. 야곱의 품삯에 대한 야곱과 라반과의 대화	30:25-34
a. 야곱의 요청: 고향으로 보내 달라	30:25-26
b. 라반의 대답 및 역 제안	30:27-28
1) 대답: No, 그대로 있으라.	30:27
2) 역 제안: 품삯을 주겠다.	30:28
c. 야곱의 재요청: 언제 내 집을 세웁니까? (질문 형태)	30:29-30
d. 라반의 질문: 무엇을 줄까? (질문 형태)	30:31a
e. 야곱의 대답 및 제안: 점이 있고 아롱진 염소와 양을 달라	30:31b-33
f. 라반의 대답: Yes, 네 말대로 하라	30:34

2. 야곱의 품삯에 대한 라반과 야곱의 행동	30:35-43
a. 라반의 행동: 야곱은 비정상적인 양을 돌보지 못하게 함	30:35-36
b. 야곱의 행동과 그 결과	30:37-43
1) 행동 자체: 점이 있고 아롱진 좋은 새끼를 얻음	30:37-42
2) 그 결과: 재산이 많아짐	30:43

넷째 대문단은 야곱이 라반을 위하여 일한 것에 대한 품삯을 얻는 과정을 다룬다. 이 대문단은 글의 형식에 따라 품삯에 대한 야곱과 라반과의 대화(창 30:25-34)와 그들의 행동에 대한 서술적 묘사(창 30:35-43)라는 두 개의 소문단으로 구성된다.

야곱과 라반의 대화를 다루는 첫째 소문단(창 30:25-34)은 야곱이 처자들과 함께 고향인 가나안으로 돌아가게 허락해 달라는 요청과 함께 시작된다(창 30:25-26). 이러한 요청 가운데 야곱은 자신이 라반을 위하여 일한 것에 대하여 언급했다(창 30:26). 야곱의 요청에 라반은 여호와께서 야곱으로 말미암아 자신에게 복을 주셨다고 인정하면서 자신에게 머물 것을 부탁하였다(창 30:27). 이어서 라반은 품삯을 정하면 자신이 줄 것이라고 제안했다(창 30:28). 이 말 가운데에는 라반이 지금까지 야곱에게 품삯을 주지 않았었음이 암시된다.

라반의 권고에도 야곱은 자신의 주장을 굽히지 않았다. 야곱은 먼저 자신이 삼촌을 위하여 어떻게 일했는지 삼촌 라반이 알고 있다고 확인하고(창 30:29), 구체적으로 자신으로 인하여 여호와께서 삼촌의 집에 많은 복을 주셨음을 말했다. 그리고 이어서 의문문 형태로 다시 요청을 하였다. "나는 언제나 내 집을 세우리이까"(창 30:30). 이러한 질문에 라반도 질문으로 응답하였다. "내가 무엇으로 네게 주랴"(창 30:31a).

야곱은 라반에게 특별한 품삯 없이 "외삼촌의 양 떼에 두루 다니며 그 양 중에 아롱진 자와 점 있는 것과 검은 것을 가려내며 또 염소 중에 점 있는 것과 아롱진 것을 가려내리니 이 같은 것이 내 품삯이 되리이다"(창 30:32)라고 제안하였다. 일반적으로 양들은 대부분 흰색이고 염소들은 대부분 검은 색이다. 여러 색깔을 가진 양과 염소는 매우 드물다. 이러한 사실을 잘 알고 있던 라반은 야곱의 제안에 쉽게 동의하였다(창 30:34).

야곱의 품삯에 대한 대화 후에 라반과 야곱의 행동에 대한 묘사가 둘째 소문단(창 30:35-43)에 나타난다. 먼저 라반은 자신의 재산을 보호하기 위한 조치를 취했다(창 30:35-36). 라반은 염소 중 얼룩무늬와 점 있는 것, 그리고 아롱진 것을 가리고 양 중의 검은 것들을 구분하여 자신의 아들들에게 맡겼다. 그리고 야곱에게는 야곱의 삯이 될 가능성이 없는 양들을 치도록 하였다. 라반은 야곱의 몫이 될 양과 염소로부터 야곱을 분리시킴으로 야곱의 삯이 많아질 수 있는 가능성을 배제시켰다.

반면에 야곱은 좋은 재산을 얻기 위해 노력하였다(창 30:37-43). 야곱은 독특한 양의 육종 기술을 통하여 자신의 삯이 될 얼룩지고 아롱진 양떼를 많이 얻었다. 야곱은 껍질 벗긴 나무 가지를 양 떼가 먹는 물구유에 옆에 세워서 양들이 그것을 보면서 수태하게 하여 점이 있고 아롱진 새끼를 낳게 하였다. 건강한 양들은 이런 방법을 통하여 점이 있는 새끼를 낳게 만들고, 약한 양들은 정상적인 방법으로 수태하여 새끼를 낳게 하였다.[9] 그 결과 건강한 것들의 새끼들은 얼룩진 것이 되어 야곱의 소유가 되었고, 얼룩지지 않은 약한 새끼는 라반의 소유가 되었다. 결론적으로 야곱은 번창하여 많은 양 떼, 노비, 낙타, 그리고 나귀를 소유하게 되었다(창 30:43).

결혼과 연관하여 삼촌 라반에게 속임을 당한 야곱은(참조. 창 29:15-30; 31:7, 14-16) 라반을 속여 라반의 많은 재산을 소유하게 되었

9) 교배하는 동안 어떤 색깔의 물체를 보느냐에 따라서 수태되는 새끼의 색깔이 결정된다는 것은 현대 유전학적인 관점에서 볼 때는 이해가 되지 않는다. 그러나 튼튼한 양은 건강한 새끼를 낳고(참조. 창 30:37-40) 약한 양의 새끼는 약하다는 것(참조. 창 30:41-42)은 과학적이라 할 수 있다. 참조. Sarna, *Genesis,* 212.

다. 이러한 야곱과 라반의 주고받는 대결은 이 대문단의 구조에서도 잘 나타난다. 이 대문단에서 야곱과 라반의 말과 행동이 차례로 나온다. 이러한 병행을 통하여 본 대문단은 야곱과 라반 사이의 대립 관계를 보여준다.

5. 다섯째 대문단: 야곱이 라반을 떠남(창 31:1–55)

다섯째 대문단(창 31:1–55)은 야곱이 라반을 떠나는 사건을 다룬다. 이 대문단은 야곱이 라반을 만나는 사건을 다루는 첫째 대문단(창 29:1–14)과 대응을 이룬다. 각 대문단에는 만남과 떠남의 과정에서 라헬이 주요 역할을 한다는 공통점도 있다. 첫째 대문단에서 라헬은 야곱이 라반의 땅에 왔음을 라반에게 알렸으며(창 29:12), 다섯째 대문단에서 라헬은 아버지의 드라빔을 훔쳐(창 31:19) 라반이 야곱을 추격하는 구실을 제공하였다(창 31:30–35). 다섯째 대문단의 구조는 아래와 같다.

1. 하란을 떠나는 야곱과 가족들	31:1–21
a. 야곱이 라반의 가족들의 반감을 경험함	31:1–2
b. 여호와의 말씀: 네 고향으로 돌아가라	31:3
c. 떠나는 일에 대한 야곱과 아내들의 대화	31:4–16
1) 야곱이 라헬과 레아에게 설명함	31:4–13
a) 라반의 이전 행동과 하나님께서 행하신 것	31:4–9
(1) 라반의 태도가 달라짐/ 하나님이 야곱과 함께 함	31:4–5
(2) 라반이 품삯을 변역함/ 하나님이 야곱을 보호하심	31:6–7
(3) 라반이 삯을 정함/ 하나님이 야곱에게 짐승을 주심	31:8–9
b) 야곱이 꿈 가운데 경험한 것	31:10–13
(1) 야곱이 본 것: 숫양은 모두 얼룩	31:10
(2) 야곱이 들은 것: 고향으로 돌아가라는 하나님의 말씀	31:11–13
2) 아내들이 동의함	31:14–16

d. 야곱과 가족이 하란을 떠남	31:17-21
2. 라반과 야곱의 대면	31:22-55
a. 라반이 야곱을 추격함	31:22-25
1) 라반의 야곱 추격	31:22-23
2) 하나님의 현현: 야곱에게 선악간에 말하지 말라	31:24
3-1') 라반이 야곱에게 도착함	31:25
b. 라반과 야곱이 서로의 잘잘못을 가림	31:26-42
1) 라반의 질문: 왜 날 속이고 도망/ 왜 신을 도적?	31:26-30
2) 야곱의 대답: 두려워서/ 신을 찾으면 그를 죽여라	31:31-32
3) 라반의 행동: 드라빔을 찾으려 하나 실패함	31:33-35
4) 야곱의 행동: 라반의 이전 행위를 책망함	31:36-42
c(b'). 야곱과 라반이 평화의 언약을 맺음	31:43-54
1) 라반의 언약 체결의 제안	31:43-44
2) 야곱의 언약 체결 준비: 돌로 기둥을 세움	31:45-46
3) 이름들에 대한 기원론적 설명	31:47-50
4-1') 라반의 언약의 서약	31:51-53a
5-2') 야곱의 언약 체결 행동: 맹세, 제사, 식사	31:53b-54
d(a'). 라반이 고향으로 돌아감	31:55

다섯째 대문단은 하란을 떠나는 야곱에 대한 첫째 소문단(창 31:1-21)과 떠나는 여정에서 라반과 야곱의 대면을 다루는 둘째 소문단(창 31:22-55)으로 구성된다. 여기서 첫째 소문단은 야곱이 떠나는 상황을 네 개의 선형구조로 단계별로 구체적으로 설명하고 있다. 반면에 둘째 소문단은 라반이 야곱을 추적하는 것(창 31:22-24)과 자신의 땅으로 돌아오는 것(창 31:55)을 테두리(*inclusio*)로 하여 그 중앙에 라반과 야곱의 잘잘못을 따지는 대립(창 31:25-42)과 둘 사이에 맺은 평화의 언약에 대한 설명(창 31:43-54)이 놓인 형태로 배열된다.

하란을 떠나는 야곱과 그의 가족을 다루는 첫째 소문단(창 31:1-21)

은 야곱이 라반의 가족들의 반감을 경험하는 내용(창 31:1–2)으로 시작된다. 야곱은 자신이 라반의 소유를 다 빼앗았다는 라반의 아들들의 말을 들었고(창 31:1), 라반의 태도가 달라진 것을 보았다(창 31:2). 장인 라반과 처남들이 자신을 지지하지 않은 상황 속에서 야곱은 네 조상의 땅으로 돌아가라는 하나님의 말씀을 들었다.

> 여호와께서 야곱에게 이르시되 네 조상의 땅 네 족속에게로 돌아가라 내가 너와 함께 있으리라 하신지라(창 31:3).

가나안으로 돌아가는 주제는 넷째 대문단의 앞부분에도 나타난다(창 30:25). 그러나 야곱의 입을 통해 표현된 넷째 대문단과는 달리 다섯째 대문단은 하나님의 입을 통한 말씀으로 표현된다.[10] 이러한 하나님의 말씀은 야곱이 가나안을 떠날 때 벧엘에서 야곱에게 주신 말씀과 연결된다.

> 내가 너와 함께 있어 네가 어디로 가든지 너를 지키며 너를 이끌어 이 땅으로 돌아오게 할지라(창 28:15).

심상치 않은 주변 가족 상황 속에서 하나님의 말씀을 들은 야곱은 그의 아내들을 불러 지금까지 있었던 일들에 대하여 매우 상세하게 말하였다(창 31:4–13). 야곱은 아내들에게 라반이 자신에게 행했던 적대적 행동과 그 가운데 하나님께서 자신을 보호해 주신 것을 세 번에 걸쳐서 말했다.[11] 첫째, 라반의 태도가 달라졌으나 하나님께서는 야곱과

---

10) 가나안 밖에서 있었던 사건을 다루는 둘째 대문단(창 29:1–31:55)에서 하나님의 직접적인 말씀은 이곳에서만 나타난다. 이것은 본문의 내용이 가나안 땅의 주제와 연관된 것임을 보여준다. 즉 하나님의 말씀은 가나안을 떠난 야곱이 다시 가나안으로 돌아오라는 것과 연관된다.

11) 여기서 야곱은 결혼과 연관된 라반의 속임에 대하여는 언급하고 있지 않다. 이것은 아마도 이 주제가 아내들의 이해관계가 얽혀 있었기 때문일 것이다.

함께 해 주셨다(창 31:4-5). 둘째, 라반은 품삯을 열 번이나 변역하였으나 하나님께서 야곱을 해치 못하게 보호해 주셨다(창 31:6-7). 셋째, 라반은 얼룩무늬가 있는 양은 야곱의 삯이라고 정했으나, 하나님께서는 야곱에게 좋은 짐승을 주셨다(창 31:8-9). 자신에 대한 라반의 적대적 행동과 하나님의 함께 하심을 완전수인 세 번이나 아내들에게 말함으로 자신이 말에 문제의 소지가 없음을 밝혔다. 이러한 설명에 덧붙여서 야곱은 꿈 가운데 경험한 것을 아내들에게 말하였다(창 31:10-13). 야곱은 꿈 가운데 양 떼를 탄 숫양이 모두 얼룩무늬 있는 것이었음을 보았고(창 31:10), 하나님의 사자가 벧엘에서 서원한 대로 네 고향으로 돌아가라는 말씀을 들었다(창 31:11-13)고 라헬과 레아에게 말했다. 야곱은 꿈 이야기를 통하여 짐승을 얻은 것이나, 고향으로 돌아가는 것이 하나님의 뜻임을 분명히 하였다.

야곱의 말을 들은 후, 라헬과 레아는 아버지 라반이 자신들을 팔고 자신들의 돈을 모두 착취했으니, 하나님께서 주신 재물을 갖고 하나님께서 말씀하신 대로 순종하자고 야곱에게 응답했다(창 31:14-16).

야곱과 그의 아내와의 대화 가운데에는 이전에 라반이 야곱과 그의 아내들을 속인 사건들이 강조된다(창 31:7, 14-15).[12] 이것은 야곱이 라반에게서 많은 짐승을 얻게 된 것은 야곱의 속임수로 인한 것이 아니라 이전에 야곱과 그 아내들에게 라반이 행한 잘못에 대한 하나님의 심판임과 동시에 야곱에게 주신 하나님의 축복임을 보여준다(참조. 창 31:9, 12).

야곱과 아내의 대화(창 31:4-16)는 구체적인 행동(창 31:17-21)으

---

12) 누찌 문서에 따르면 신랑은 결혼을 위하여 신부의 값을 치르게 되어 있었고 돈이 없으면 일정기간 노동으로 그것을 대신할 수 있었다. 그리고 신부 아버지는 딸에게 지참금을 주도록 되어 있었다. 그러나 라반은 야곱에게서 두 딸의 값으로 14년 동안의 노동을 받았지만 딸들에게 주어야 할 지참금을 주지 않고 속였던 것 같다(참조. 창 31:14-15). 그래서 라헬과 레아는 아버지가 자신들을 팔았다고 말한다. Bright, 《이스라엘 역사》, 100-101.

로 이어졌다. 그들은 대화한대로 모든 소유물을 이끌고 라반의 집을 떠나 가나안으로 향하게 되었다. 그런데 야곱과 그의 아내들은 라반의 집을 떠날 때 라반이 양털을 깎으러 나간 틈을 이용하여 그에게 알리지 않고 몰래 떠났으며(창 31:20), 라헬은 라반의 드라빔[13]을 도적질하여 가지고 떠났다(창 31:19). 이것은 이후에 이 행동과 연관된 문제가 일어날 것임을 암시한다. 그들은 강을 건너 길르앗 산을 향하여 도주하였다. 야곱의 가족이 떠난 하란과 그들이 향한 길르앗(갈릴리 바다와 사해 사이의 요단강 동쪽에 위치함)의 위치를 고려할 때, 그들이 건넌 강은 유프라테스 강을 의미할 것이다.

둘째 소문단(창 31:22-55)은 야곱과 두 아내가 주요 인물로 등장하는 첫째 소문단과는 달리 야곱과 라반이 주요 인물로 등장한다. 이 소문단은 라반이 야곱을 추격하는 것(창 31:22-24)과 자신의 땅으로 돌아오는 것(창 31:55)을 테두리(*inclusio*)로 하여 그 중앙에 라반과 야곱의 대립(창 31:25-42)과 화해 사건(창 31:43-54)이 놓인 형태로 배열된다.

첫째 미세문단(창 31:22-25)은 라반이 야곱을 추격하는 내용을 담는다. 이 미세문단은 라반이 야곱을 추격하는 사건(창 31:22-23)과 라반이 야곱에게 도착하는 사건(창 31:25)을 테두리로 하여 그 중앙에 하나님께서 라반에게 현현하시는 사건(창 31:24)이 놓인 형태로 구성된다. 이러한 구조에서 중앙에 놓인 하나님의 현현 사건은 강조되며, 이 사건에서 하나님께서는 '야곱에게 선악 간에 말하지 말라' 고 라반에게 말씀하셨다. 즉 옳고 그름에 대하여 야곱과 논쟁을 하지 말라고 지시하셨다. 첫째 미세문단과 대응되는 넷째 미세문단(창 31:55)은 라반이 자신의 딸들과 손자들과 이별하고 고향으로 돌아간 내용을 서술적으로

---

13) 드라빔이란 일종의 가신상이다. 드라빔이 어떤 역할을 했는지는 분명치 않지만, 어떤 학자들은 드라빔이 그것을 소유한 사람에게 일반적으로 상속권을 주었던, 또는 가족의 리더십을 주었던 중요한 물건이었다고 주장한다. Speiser, *Genesis,* 250-51; Sarna, *Genesis,* 216; 참조. Wenham, 《창세기 16-50》, 273-74.

묘사한다.

첫째와 넷째 미세문단의 테두리 안에 라반과 야곱의 관계는 갈등에서 해결로 진행된다. 둘째 미세문단(창 31:26-42)은 라반과 야곱 사이의 갈등을 다룬다. 야곱을 찾아온 라반은 왜 자신을 속여 자신에게 알리지 않고 도망했는지 야곱을 추궁하였다(창 31:26-28). 라반의 말에는 '속이다'(가나브, גנב)라는 용어가 반복된다(창 31:26, 27). 이 용어는 이후에도 '도적질하다'라는 의미로 반복되어 사용된다(창 31:30, 32, 39x2; 참조. 창 31:19, 20). 그러므로 이 용어는 라반과 야곱의 갈등을 다루는 둘째 미세문단의 주제어라 할 수 있다.

라반은 야곱이 몰래 도망한 것을 책망한 후에 하나님께서 꿈 가운데 하신 말씀, 즉 '야곱에게 선악 간에 말하지 말라'는 말씀을 야곱에게 전했다(창 31:29). 그 후에 마지막으로 다시 질책했다. "어찌 내 신을 도둑질하였느냐"(창 31:30). 여기서 라반의 질문은 크게 두 가지이다. 첫째는 '왜 자신을 속이고 도망했는가'이고, 둘째는 '왜 가신상을 도적질했는가'이다.

이러한 라반의 두 질문에 대하여 야곱은 각각 반박하였다(창 31:31-32). 첫째 질문에 대하여 야곱은 자신이 몰래 도망한 것은 외삼촌이 딸들을 빼앗을까봐 두려워서 그렇게 했다고 대답하였다(창 31:31). 앞에서 라반은 야곱에서 왜 '가나브'(גנב; 속이다[창 31:26, 27], 도둑질하다[창 31:30])하였는지 세 번이나 질책하였다. 그러자 야곱은 라반에게 더 강한 용어를 사용하여 외삼촌이 딸들을 '가잘'(גזל, 빼앗다)할까봐 두려워서 그랬다고 대답했다. '가잘'은 단순한 도적질이 아니라 폭력으로 상대방의 물건을 강탈하는 것을 의미한다.[14] 그리고 둘째 질문에 대하여 야곱은 가신상을 훔치지 않았으며, 그것을 훔친 자가 발견되며 그를 처벌해도 좋다고 말하였다(창 31:32).

라반은 드라빔을 찾기 위해 야곱의 장막, 레아의 장막, 두 여종의 장막, 그리고 라헬의 장막에 들어갔으나 찾지 못했다(창 31:33-35). 왜냐

14) Harris (eds.), *Theological Wordbook,* 157-58.

하면 드라빔을 훔친 라헬이 그것을 낙타 안장 아래 감추고 자신은 그 안장 위에 앉았기 때문이다. 여기서 '로 마차'(לֹא מָצָא, 발견하지 못하다)라는 표현이 완전수인 세 번이나 반복된다(창 31:33, 34, 35). 이러한 반복을 통하여 라반이 온전히 실패했음을 보여준다.

라반이 드라빔을 찾지 못하자 야곱은 이전에 자신을 속였던 라반의 행동을 비난하며 그에게 반격을 가했다(창 31:36-42). 야곱은 자신이 라반의 집에서 어떤 것도 도적질하지 않았으며, 지난 이십 년 동안 라반을 위하여 헌신적으로 일했다고 말했다. 그는 구체적으로 짐승에 물려 찢긴 것과 낮과 밤에 도둑을 맞은 양들에 대하여 자신이 다 보충하였다고 말하였다(창 31:39). 고대 근동의 법에 따르면 목자는 야생 짐승의 공격과 도적질로 인해 생긴 손실에 책임을 지지 않았다.[15] 그러나 야곱은 라반에게 그런 손실까지 책임졌고, 라반은 전혀 손해를 입지 않았다. 그럼에도 불구하고 야곱은 라반이 자신에게 품삯을 열 번이나 바꾸었다고 비난하였다. 즉 야곱은 자신이 라반을 속이고 가신상을 훔친 것이 아니라, 라반이 자신을 속여 품삯을 열 번이나 바꾸었다고 책망하였다. 야곱은 이러한 자신의 책망이 정당하다는 것을 하나님께서 자신을 축복해 주신 것과 라반의 꿈에 나타나 라반을 책망한 것을 통하여 증명하였다(창 31:42).

셋째 미세문단(창 31:43-54)은 라반과 야곱이 맺은 평화의 언약을 다룬다. 야곱에게서 어떤 잘못을 찾아내지 못하고 그에게 책망을 들은 후, 결국 라반은 야곱과 평화의 언약을 맺었다. 라반이 언약 체결을 제안하자(창 31:43-44), 야곱은 언약 체결 준비로 돌로 기둥을 세우고 돌을 모았다(창 31:45-46). 라반은 이 돌 무더기를 '증거의 무더기'라는 의미의 아람어 방언인 '여갈사하두다'라 불렀고, 야곱은 동일한 의미의 히브리 방언인 '갈르엣'이라 불렀다(창 31:47-48). 또한 미스바라 불렀다(창 31:49-50).[16] 이어서 라반은 돌무더기와 돌기둥이 증거가 되어

15) Wenham, 《창세기 16-50》, 277.

16) '미스바'(מצפה)라는 용어는 '기둥'이라는 히브리어 '마체바'(מצבה, 창 31:45)와 연

상대방이 이 무더기를 넘어서 다른 상대방을 해하지 않을 것을 서약하였다(창 31:51-53a). 이러한 라반의 서약에 야곱도 맹세하였고, 산에서 제사를 드리고 형제들과 함께 식사를 함으로 언약 체결은 마무리되었다(창 31:53b-54). 이것을 통해 속임수로 야기된 야곱과 라반 사이의 갈등은 해결되었다.

II. 갈등의 주제로 읽는 야곱과 라반 이야기

야곱과 라반과의 관계는 야곱이 형 에서의 위협을 피해(창 27:41-45), 그리고 가나안 사람의 딸이 아닌 라반의 딸을 아내로 맞이하기 위해(창 27:46-28:2) 라반의 고향인 하란을 찾아감으로 시작되었다. 야곱은 그곳에서 결혼과 연관하여 삼촌 라반으로부터 속임을 당해 라헬과 레아를 위하여 14년간을 일하게 되었지만(창 29:15-30), 품삯으로 양을 얻는 일에서는 외삼촌이며 장인인 라반을 속여 많은 재산을 얻게 되었다(창 30:25-43). 야곱은 자신과 장인인 라반, 그리고 처남들과의 관계가 깨어진데다가(창 31:1-2), 하나님으로부터 고향으로 돌아가라는 말씀까지 듣고 가나안을 향하게 되었다(창 31:3). 약속의 땅으로 가는 여정에서 하나님의 개입하심으로(창 31:24) 라반과의 깨어진 관계는 해결되고 야곱과 라반은 평화의 언약을 체결하였다(창 31:43-54). 결국 야곱은 아내와 자녀들, 그리고 많은 재물의 축복을 받은 상태로 고향인 가나안을 향하게 되었다.

1. 갈등의 원인

야곱과 라반 이야기에서 야곱과 라반의 관계의 깨어짐은 상대방을 향한 서로의 속임수로 인해 발생했다. 야곱과 라반의 이야기(창 29:1-

---

관되어 설명된다.

31:55) 가운데 라반의 속임수는 크게 네 가지 형태로 표현된다. 첫째, 라반은 라헬을 아내로 얻기 위해 칠 년간 봉사했던 야곱에게 라헬이 아닌 레아를 줌으로 야곱을 속였다(창 29:25). 둘째, 라반은 야곱에게 줄 품삯을 열 번이나 변역하였다(창 31:6-7, 41). 셋째, 라반은 라헬과 레아에게 주어야 할 결혼 지참금을 주지 않고 야곱과 결혼시켰으며, 그들이 받아야 할 돈을 착취하였다(창 31:14-15). 넷째, 라반은 야생 짐승의 공격과 도적질로 인해 생긴 손실에 책임을 요구하지 않은 고대 근동의 법과는 달리, 자신의 양을 치던 야곱에게 짐승에 물려 찢긴 것이나 도둑맞은 것들을 다 보상하도록 하였다(창 31:39).

본문 가운데 야곱의 속임수는 크게 두 가지 형태로 나타난다. 첫째는 야곱이 자신의 품삯으로 점이 있고 아롱진 양과 염소를 취한다고 하여 큰 재산을 취한 것이다(창 30:25-43). 둘째, 라반의 집을 떠날 때 라반 몰래 도망한 사건이다(창 31:17-20).

이러한 라반과 야곱의 속임수로 인해 발생한 갈등은 구체적으로 아래와 같이 세 가지의 양상으로 나타났다. 첫째는 부정직한 태도이고, 둘째는 물질에 대한 탐욕이며, 셋째는 문제를 회피하는 비겁함이다.

1) 상대방에 대한 부정직한 태도는 갈등의 불씨이다

라반과 야곱의 관계는 속고 속이는 대립 가운데 진행되었다. 먼저 남을 속인 사람은 라반이었다. 라반의 속임수는 상대방에 대한 부정직한 모습으로 나타났다. 이러한 부정직함은 야곱의 결혼을 다루는 둘째 대문단(창 29:15-30)과 야곱이 라반을 떠나는 사건을 다루는 다섯째 대문단(창 31:1-55)에 있는 야곱과 라반과의 대화 가운데 잘 표현된다.

라반을 찾아 온 야곱이 라반의 집에서 일을 하자, 라반은 야곱에게 품삯을 어떻게 해 주면 좋을지 의향을 물어 보았다(창 29:15). 야곱은 자신이 라반의 집을 찾아 온 목적이 그의 딸과의 결혼이었기에(참고. 창 28:2), 자신이 사랑하는 외삼촌의 작은 딸 라헬을 위하여 칠 년을 일하겠다고 제안했다(창 29:18). 야곱은 고대 근동의 전통에 따라 일정 기간의 노동으로 신부의 값을 치루겠다고 라반에게 제안했던 것이다. 이러한 제안을 들은 라반은 "그를 네게 주는 것이 타인에게 주는 것보다 나으니 나와 함께 있으라"(창 29:19)고 말함으로 야곱의 제안을 받아들였다.

칠 년 동안의 섬김 후에 야곱은 라헬을 자신의 아내로 달라고 하였다(창 29:21). 그러나 라반이 야곱의 아내로 준 여인은 라헬이 아니라 레아였다(창 29:23-24). 야곱이 라반의 이러한 행동에 대하여 속임수라고 따지자(창 29:25), 라반은 언니보다 아우가 먼저 결혼하는 것은 그 지역의 관습이 아니라고 그 이유를 설명하였다(창 29:26).

만약 라반이 살던 곳의 관습이 그러했다면, 라반은 야곱에게 이전에 이 사실을 알려 주었어야 했다. 야곱이 제안했던 것은 라헬을 위하여 칠 년을 봉사한다는 것이었지, 레아를 위하여 일한다는 것이 아니었다. 만약 그 지역의 관습이 반드시 지켜야 할 것이었다면, 라반은 그 전통을 야곱이 라헬과의 결혼을 위하여 봉사한다고 제안했을 때에 먼저 야곱에게 알려주어야 했다. 그러나 라반은 그 사실을 감추었다. 라반은 그 지역의 전통을 알지 못하던 야곱에게 그 전통에 대하여 침묵함으로 야곱을 속였던 것이다. 그래서 야곱도 라반에게 그것은 자신에 대한 기만이요 속임수라고 말했던 것이다.

> 내가 라헬을 위하여 외삼촌을 섬기지 아니하였나이까 외삼촌이 나를 속이심은 어찌됨이니이까(창 29:25).

침묵을 통한 라반의 부정직한 태도는 야곱과의 갈등을 야기하였다. 어떤 이유로 라반이 레아를 라헬에 끼워서 야곱에게 결혼시키려 했는지는 분명하지 않지만, 라반은 결혼 축제가 마치는 칠일 후에 라헬을 줄 테니 라헬을 위하여 칠 년을 더 섬기라고 요구하였다(창 29:27).

이러한 라반의 속임수는 야곱에게 자신의 이전 모습을 생각나게 만들었을 것이다. 자신이 장남이 아니었음에도 불구하고 아버지 이삭과 형 에서를 속여서 축복을 가로챘던 이전의 사건을 떠오르게 만들었을 것이다. 야곱은 가나안에서 형 에서가 들에서 돌아와 허기졌을 때 팥죽 한 그릇으로 장자의 명분을 샀다(창 25:27-34). 형이 배고프면 음식이 있던 아우가 함께 나누는 것이 형제 사이의 당연한 모습인데, 야곱은 형이 너무 배고파 냉정한 판단이 힘든 상황을 이용하여 형의 장자권을 사서 형과 아우의 질서를 바꾸었던 것이다. 또한 야곱은 눈이 어두워진 아버지 이삭을 속여서 형 에서가 받아야 할 장자의 축복까지도 가로챘다(창 27:1-45). 속임수로 형과 아우의 순서를 바꾸고 형이 받아야 할 축복을 도적질하였던 야곱은 라반에게서는 형과 아우의 순서를 바꿀 수 없다는 이유로 속임을 당하는 신세가 되었던 것이다. 야곱이 형과 아버지를 속여 장자의 축복을 받은 후에 형과의 관계가 깨어졌던 것처럼(참조. 창 27:41-45), 형과 아우의 순서에 대한 전통을 핑계로 야곱을 속였던 라반의 행위를 통하여 야곱과 라반 사이의 갈등은 시작되었다.

라반의 부정직한 태도는 이후에도 있었다. 자기 지역의 전통을 핑계로 하여 레아와 라헬에 대한 신부 값으로 십 사년동안이나 야곱의 노동을 착취했던 라반은 이후에는 그 시대의 법을 무시하였다. 야곱이 라반의 집을 떠나 가나안으로 돌아가는 길에서 자신을 뒤쫓아 온 라반에게 이전에 있었던 사건을 언급하였다. 야곱은 자신이 라반의 양떼를 돌볼 때, 라반의 양 가운데 야생 짐승의 공격과 도적질로 인해 생긴 손실을 자신에게 물게 하였다고 말하였다.

> 물려 찢긴 것은 내가 외삼촌에게로 가져가지 아니하고 낮에 도둑을 맞았든지 밤에 도둑을 맞았든지 외삼촌이 그것을 내 손에서 찾았으므로 내가 스스로 그것을 보충하였으며(창 31:39).

고대 근동의 법에 따르면, 목자는 야생 짐승의 공격과 도적질로 인해 생긴 손실을 보상할 책임이 없었다. 이러한 그 시대의 법을 라반이 모를 리가 없었을 것이다. 그러나 라반은 야곱이 자신의 양 떼를 돌보는 가운데 발생한 손해에 대해서는 그 시대의 법을 따르지 않았다. 그가 이러한 법을 야곱에게 알려주지 않고 야곱에게 손해 배상을 요구했는지는 확실치 않지만, 라반은 그 시대의 법을 야곱에게는 다르게 적용했던 것이다.

라반은 그 시대의 법과 전통을 자신이 편리한 대로 적용하였다. 라반은 언니보다 아우가 먼저 결혼하는 것이 자신의 지방의 관습이 아니라고 말하면서 야곱을 속여 레아와 라헬의 값으로 십 사년 동안의 노동을 착취했다. 그러나 양 떼를 돌보는 가운데 발생한 손해에 대해서는 그 시대의 법을 따르지 않고 야곱에게 손해 배상을 요구했던 것이다. 이렇게 라반은 이중 잣대로 야곱의 노동력과 재산을 착취하였다. 이러한 라반의 부정직한 태도는 장인과 사위 사이였던 라반과 야곱 사이에 갈등을 야기했다.

공평하지 않는 기준은 부모와 자녀와의 관계를 비롯한 모든 인간관계를 깨뜨린다. 이삭과 리브가의 편애로 인하여 그들의 자녀인 에서와 야곱의 관계가 깨어졌다. 야곱의 편애로 인하여 요셉과 형제들과의 관계에 문제가 생겼다. 그래서 하나님께서는 하나님의 백성인 이스라엘이 약속의 땅에서 공평한 기준을 사용하여 신앙공동체를 이룰 것을 요청하셨다.

> 공평한 저울과 공평한 추와 공평한 에바와 공평한 힌을 사용하라 나는 너희를 인도하여 애굽 땅에서 나오게 한 너희의 하나님 여호와이니라(레 19:36).

이러한 공평함이 여호와의 거룩을 닮아가는 것이며(참고. 레 19:2), 온전함으로 나아가는 방법이다. 그러므로 부모와 자녀와의 바른 관계, 다른 사람들과의 온전한 관계를 위하여 정결한 마음과 정직한 영을 사모하길 소망한다.

> 하나님이여 내 속에 정한 마음을 창조하시고 내 안에 정직한 영을 새롭게 하소서(시 51:10).

2) 재물에 대한 지나친 소유욕은 갈등을 심화시킨다

장인인 라반과 사위인 야곱 또는 딸들인 라헬과 레아와의 관계를 깨뜨린 결정적인 원인 중 하나는 소유와 연관된 문제였다. 소유의 문제로 인하여 한 가족이었던 야곱과 라반은 심각한 갈등의 과정을 겪고 결국 헤어질 수밖에 없는 남남이 되었다.

라반이 야곱을 속여서 라헬이 아닌 레아를 먼저 결혼시킨 것도 물질에 대한 탐욕과 연관된다. 라반은 야곱이 원하지 않았던 레아를 야곱과 결혼시킴으로 야곱으로부터 십 사년 동안의 노동을 착취했다. 야곱은 자신의 노동을 통하여 라반이 많은 부를 축척했다고 말했다.

> 야곱이 그(라반)에게 이르되 …내가 오기 전에는 외삼촌의 소유가 적더니 번성하여 떼를 이루었으니 내 발이 이르는 곳마다 여호와께서 외삼촌에게 복을 주셨나이다(창 30:29-30).

그러므로 라반이 야곱에게 라헬뿐만 아니라 레아까지 준 이유는 야곱을 통하여 자신의 소유를 늘리기 원했던 이기심 때문이었다 할 수 있다. 이러한 물질에 대한 지나친 욕심이 라반과 야곱 사이의 관계를 깨뜨렸던 것이다.

라반의 재산 소유욕은 자신을 위하여 일했던 야곱에게 품삯을 변역한 사실에서도 잘 나타난다. 야곱은 가나안으로 돌아가야 하는 상황을 라헬과 레아에게 설명하면서, “그대들의 아버지가 나를 속여 품삯을 열 번이나 변경하였느니라”(창 31:7)고 말했다. 이 사실은 야곱이 가나안으로 돌아가는 여정에서 라반에게 한 책망 가운데에도 나타난다.

> 외삼촌께서 내 품삯을 열 번이나 바꾸셨으며(창 31:41).

라반은 야곱이 받아야 할 품삯을 열 번이나 속여서 그의 급여를 착취했다. 그리고 야곱이 품삯으로 양과 염소 중에 아롱진 것과 점 있는 것과 검은 것을 요구했을 때, 그 요구를 받아들인다고 말하면서 자신의 아들들에게 양과 염소 가운데 아롱진 것을 맡겨서 야곱의 재산 증식을 원천봉쇄하였다(창 30:28-36). 자신이 야곱을 통하여 재산상 큰 축복을 받았음에도 라반은 그 소유욕을 절제하지 못했다. 이러한 탐심은 결국 사위인 야곱과의 갈등을 야기하였다.

야곱이 라반을 피해 도망하는 상황에서 라반이 왜 자신의 딸들과 손자들을 데리고 몰래 도망했느냐는 라반의 질책에 대하여 야곱은 외삼촌 라반이 그의 딸이며 자신의 아내들인 레아와 라헬을 빼앗을까봐 두려워서 그랬다고 대답했다. 여기서 '빼앗다' 라는 히브리 용어는 '가잘' (גזל)로, 이것은 단순한 도적질이 아니라 폭력으로 상대방의 물건을 강탈하는 것을 뜻한다.[17] 야곱이 라반에게 이런 용어를 사용하며 말을 했다는 것은 이전에 라반이 야곱을 '가잘' (גזל)했던 경험이 있었음을 암시한다. 즉 라반은 자신의 힘을 이용하여 야곱의 물건을 빼앗았다는 것이다. 라반이 품삯을 변역한 것이나 목자로 섬기는 야곱에게 짐승의 공격과 도둑질로 인해 본 손실에 대하여 책임을 요구한 것(창 31:39)은 힘으로 야곱에게서 물건을 빼앗은 것이라 이해될 수 있다.

힘을 남용하여 약한 자의 권리와 재산을 빼앗는 것은 예언자 미가 시대 때에도 남유다 사회에 만연했던 모습 가운데 하나였다. 미가는 하나님께서 이러한 권세자들에게 큰 재앙을 내릴 것이고, 통치자의 중심지인 예루살렘까지 심판할 것이라고 경고했다.

> 그들의 우두머리들은 뇌물을 위하여 재판하며 그들의 제사장은 삯을 위하여 교훈하며 그들의 선지자는 돈을 위하여 점을 치면서도

---

17) Harris (eds.), *Theological Wordbook,* 157-58.

여호와를 의뢰하여 이르기를 여호와께서 우리 중에 계시지 아니하냐 재앙이 우리에게 임하지 아니하리라 하는도다 이러므로 너희로 말미암아 시온은 갈아엎은 밭이 되고 예루살렘은 무더기가 되고 성전의 산은 수풀의 높은 곳이 되리라(미 3:11-12).

남의 재산을 훔치는 것은 십계명의 제8계명을 위반한 것으로, 이러한 도둑질은 탐심에서 비롯된다. 지나친 소유욕에 의해 발생되는 것이다. 라반은 비록 그의 사위였지만 고향을 떠나 나그네로 살아가던 야곱의 재산을 힘으로 빼앗았다. 이전에 야곱이 형의 축복을 빼앗았던 것처럼, 야곱은 라반에게서 자신이 받아야 할 재산권을 빼앗겼던 것이다. 이러한 라반의 소유욕은 결국 장인인 자신과 사위였던 야곱 사이의 관계마저도 깨뜨렸던 것이다.

라반의 재물에 대한 욕심은 사위와의 관계뿐만 아니라 자신의 딸들과의 관계도 깨뜨렸다. 야곱이 자신의 고향으로 떠나야 하는 상황을 레아와 라헬에게 설명하자(창 31:1-13), 그녀들은 야곱의 말에 동의하면서 아버지와의 관계를 이렇게 말했다.

우리가 우리 아버지 집에서 무슨 분깃이나 유산이 있으리요 아버지가 우리를 팔고 우리의 돈을 다 먹어 버렸으니 아버지가 우리를 외국인처럼 여기는 것이 아닌가(창 31:14-15).

"아버지가 우리를 팔고 우리의 돈을 다 먹어 버렸으니"라는 표현이 무엇을 의미하는지 정확히는 알 수 없지만, 라반이 라헬과 레아를 결혼시키면서 그들에게 결혼 지참금을 주지 않은 것으로 이해될 수 있다.[18] 즉 결혼할 때에 신랑은 신부의 값을 장인에게 지불하고 장인은 신부에게는 결혼 지참금을 주는 것이 고대 근동의 관습인데, 라반은 신부의 값으로 십 사년간의 노동을 야곱으로부터 받았지만 신부에게 지참금을

18) Bright, 《이스라엘 역사》, 100-101.

주지 않았던 것 같다. 이와 같이 라반은 신부 아버지로서 자신의 책임을 다하지 않았다. 자신의 재산에 대한 애착으로 인해 딸에게 주어야 할 몫을 주지 않았던 것이다. 이러한 재물에 대한 탐욕으로 인해 아버지와 딸과의 관계는 깨어지게 된 것이다. 라반이 딸들을 외국인처럼 취급함으로 딸과 아버지는 한 가족이 아니라 이방인이 되었던 것이다.

재물에 대한 욕심은 라반에게만 있었던 것이 아니었다. 야곱도 소유에 대한 욕심으로 라반을 속였고, 그 결과 장인 라반과 사위 야곱 사이의 관계, 더 나아가 처남들과 매형과의 관계에 갈등을 야기하였다(참조. 창 31:1-2).

야곱이 자신의 고향으로 돌아가게 해 달라고 라반에게 요청하는 문맥에서(창 30:25-43), 라반은 야곱에게 무엇을 줄까 물어보았다(창 30:31). 그러자 야곱은 어떤 것도 줄 필요가 없다고 말하면서, 외삼촌의 양과 염소 가운데 아롱지고 점이 있는 가축들을 자신의 품삯으로 달라고 요청하였다(창 30:31-32). 대부분의 양들이 흰색이고 염소들은 검은색이라는 것을 알고 있었던 라반은 야곱의 제안에 쉽게 동의하였다(창 30:34).

야곱이 라반에게 한 제안은 겉으로 보면 야곱이 손해를 보고 라반이 큰 이익을 얻는 것처럼 보였다. 그러나 야곱의 속셈은 그렇지 않았다. 이전에도 형을 속여 장자권을 사고 아버지를 속여 장자의 축복을 탈취했던 야곱은 독특한 육종 기술을 통하여 자신의 몫이 될 얼룩지고 아롱진, 그러나 건강한 양들을 많이 얻었다(창 30:37-43). 이러한 편법으로 야곱은 많은 양 떼, 노비, 낙타, 그리고 나귀를 소유하게 되었다(창 30:43).

야곱은 편법으로 자신의 소유욕은 채웠지만, 이로 인해 처가댁의 가족들과의 관계는 깨어졌다. 처남들은 야곱이 라반의 소유를 다 빼앗고 재물을 모았다고 생각했고, 장인인 라반도 야곱을 대하는 태도가 이전과 다르게 되었다(창 31:1-2). 한 가족이었던 장인 라반과 처남들과 야곱의 관계는, 결국 야곱이 처가댁 가족들 몰래 도망갈 수밖에 없는 깨어진 관계로 변했다.

재물에 대한 욕심은 사람 사이의 관계를 깨뜨린다. 장인인 라반과 사위인 야곱 또는 딸들인 라헬과 레아와의 관계를 깨뜨린 결정적인 원인 중 하나는 소유와 연관된 문제였다. 재물에 대한 탐욕은 끝이 없으며, 이러한 물질에 대한 욕심은 부모와 자녀와의 관계, 자녀와 자녀 사이의 관계, 그리고 인간의 모든 관계에 큰 갈등을 야기한다.

그래서 에베소서는 좋은 관계를 유지해야 할 성도들이 당연히 버려야 할 것으로 탐욕을 말하고 있다.

> 음행과 온갖 더러운 것과 탐욕은 너희 중에서 그 이름조차도 부르지 말라 이는 성도에게 마땅한 바니라(엡 5:3).

기본적으로 이전의 관계가 아무리 좋았더라도, 소유의 문제가 대두되면 한순간에 무너지기 쉽다. 부모와 자녀의 관계, 자녀와 자녀의 관계, 친구 사이의 관계 등 이 세상에서 가장 신뢰할 수 있고 친밀한 관계라 할지라도 소유의 문제가 개입되면 한 순간에 무너지곤 한다. 그러므로 재물에 대한 지나친 소유욕은 사람 사이의 관계를 깨뜨리고 갈등을 일으키는 주범이다.

소유욕을 넘어서는 방법은 소유에 집착하지 않는 것이다. 소유보다 더욱 귀한 가치를 발견하는 것이다. 그것은 생명이다. 목숨이 음식보다 귀하고, 몸이 의복보다 중요하다(참조. 마 6:25). 생명을 추구하는 하나님의 나라와 하나님의 의를 구함으로 소유의 문제로부터 자유함을 얻길 소망한다.

> 그러므로 염려하여 이르기를 무엇을 먹을까 무엇을 마실까 무엇을 입을까 하지 말라 이는 다 이방인들이 구하는 것이라 너희 하늘 아버지께서 이 모든 것이 너희에게 있어야 할 줄을 아시느니라 그런즉 너희는 먼저 그의 나라와 그의 의를 구하라 그리하면 이 모든

> 것을 너희에게 더하시리라(마 6:31-33).

3) 장애물을 회피하면 갈등을 넘어설 수 없다

인간 사이의 갈등을 일으키는 '속임'이라는 주제는 야곱이 라반을 떠나는 모습 가운데서도 나타난다. 장인과 처남들이 자신을 비난하고 불신하는 상황(창 31:1-2)과 고향으로 돌아가라는 여호와 하나님의 말씀을 들은(창 31:3) 야곱은 아내들을 설득하여 그들의 동의를 얻고 하란을 떠나게 되었다(창 31:4-16). 그런데 야곱은 라반의 집을 떠날 때에 라반이 양털을 깎으러 나간 사이에 몰래 떠났다. 이 장면을 성경은 이렇게 증언한다.

> 그리고 야곱은 그가 달아난다는 것을 그(라반)에게 알리지 않음으로 아람 사람 라반을 속였다(창 31:20, 필자의 번역).

야곱이 라반에게 알리지 않고 도망한 것은 라반을 속인 것이었다. 야곱이 도주했다는 소식을 들은 라반은 그의 형제들을 데리고 칠일 길이나 뒤쫓아 야곱을 추격하였다(창 31:23). 비록 하나님께서 꿈 가운데 나타나셔서 야곱에게 선악 간에 말하지 말라고 하심으로 갈등이 커지지 않았지만, 야곱의 도피는 더 큰 문제를 일으킬뻔한 행동이었다.

야곱의 뒤를 쫓아 그를 만나게 된 라반도 이러한 야곱의 도주 행동에 대하여 다음과 같이 말했다.

> 네가 나를 속이고 내 딸들을 칼에 사로잡힌 자같이 끌고 갔으니 어찌 이같이 하였느냐 내가 즐거움과 노래와 북과 수금으로 너를 보내겠거늘 어찌하여 네가 나를 속이고 가만히 도망하고 내게 알리지 아니하였으며 내가 내 손자들과 딸들에게 입 맞추지 못하게 하였으니 네 행위가 참으로 어리석도다"(창 31:26-28).

라반의 말에는 '속이다'(가나브, גנב)라는 용어가 반복된다(창 31:26, 27). 이 용어는 이후에도 '도적질하다'라는 의미로 반복되어 사용된다(창 31:30, 32, 39x2; 참조. 창 31:19, 20). 야곱이 몰래 도주했던 것은 라반을 속이는 행동이었고, 그러한 행동은 결국 라반이 야곱을 뒤쫓게 되는 더 위험한 갈등을 야기할 뻔 했던 것이다.

자신에 대한 라반의 태도가 달라지고, 처남들이 자신을 비난하는 상황 속에서 야곱은 그들에게 아내들과 많은 소유물을 갖고 고향으로 돌아가겠다는 것을 알리기가 쉽지 않았을 것이다. 그러나 조상의 땅 가나안으로 돌아가는 것은 자신의 뜻이 아니라 하나님의 명령이었고(창 31:3), 이전에 하나님께서 주신 약속이었던 것(창 28:15)을 확신하였더라면, 야곱은 라반과의 갈등의 문제를 회피하지 않고 대담하게 대면했어야 했다. 그러나 야곱은 문제 앞에서 도망하였다. 자신의 아내들을 라반이 힘으로 빼앗을까봐 두려워 문제를 회피했던 것이다(창 31:31).

장애물을 피한다고 없어지는 것이 아니다. 비록 상황이 암담하고 두려울지라도, 약속을 주신 하나님을 신뢰하는 가운데 그 문제를 대면할 때, 갈등이라는 장애물을 넘어설 수 있다. 바벨론의 포로라는 두려운 상황 가운데 있었던 이스라엘 백성들에게 선포된 하나님의 말씀이 장애물 앞에서 주저하는 우리에게 주시는 살아 있는 말씀이 되길 소망한다.

"두려워하지 말라 내가 너와 함께 함이라 놀라지 말라 나는 네 하나님이 됨이라 내가 너를 굳세게 하리라 참으로 너를 도와주리라 참으로 나의 의로운 오른손으로 너를 붙들리라"(사 41:10).

2. 갈등 해결의 원리

야곱과 라반 사이의 갈등은 단지 사위와 장인 사이의 관계뿐만 아니라 야곱과 처가댁과의 관계에 악영향을 미치는 사건이었다. 야곱과 처남들 사이의 갈등, 그리고 야곱과 아내들과의 갈등으로 확산될 소지가 충분히 있는 문제였다. 이러한 갈등의 문제를 야곱은 하나님의 도우심으로 잘 극복하였다.

1) 하나님의 음성에 귀를 기울이고, 이전에 주어진 약속을 기억하라

인간 사이의 갈등은 둘 사이의 문제이기도 하지만, 그러한 문제의 중심에는 하나님이 계신다. 두 당사자가 갈등의 관계에 있다는 것은 서로를 신뢰하지 못함을 의미한다. 서로를 신뢰하지 못하는 상황에서 갈등의 문제를 서로의 힘으로만 해결하려고 하는 것은 매우 위험하다. 오히려 갈등 해결의 노력이 더 큰 갈등으로 번질 수도 있다. 이러한 상황 속에서 갈등을 해결하는 방법은 서로가 인정하는 더 큰 권위 앞에 나아가는 것이다. 갈등의 상황에 개입하시며, 그 갈등을 해결할 수 있는 하나님을 의지하는 것이 갈등 해결의 방법이다.

야곱과 라반 사이의 갈등의 문제도 하나님의 개입하심을 통해서 해결되었다. 하나님의 개입하심이란 인간 편에서 이해할 때 모든 사건 가운데 임재하시는 하나님을 당사자가 경험하는 것이다. 인간이 하나님의 임재하심을 깨닫지 못하면, 하나님의 개입하심을 고백할 수 없기 때문이다. 야곱과 라반은 하나님의 말씀에 귀를 기울임으로 하나님의 개입하심을 발견하였다. 그들은 하나님의 말씀에 순종함으로 갈등을 넘어서기 시작했다.

야곱이 라반의 집을 떠나는 사건은 둘 사이의 갈등을 고조시키는 것이었지만, 하나님께서는 그 과정에서 야곱과 라반의 갈등을 해결해 주셨다. 야곱은 요셉을 낳은 후에 라반에게 "나를 보내어 내 고향 나의 땅으로 가게 하시되"(창 30:25)라고 요청하였다. 그가 고향으로 돌아가려고 하는 것이 자신의 소원이었는지, 아니면 하나님의 말씀에 대한 순종이었는지 이 본문에서는 분명하게 나타나진 않는다. 그러나 마음의 소원을 주시는 분도 하나님이시기에, 고향으로 돌아가려고 하는 것은 하나님의 이끄심에 대한 야곱의 적절한 반응이라 할 수 있다.

> 너희 안에 행하시는 이는 하나님이시니 자기의 기쁘신 뜻을 위하여 너희에게 소원을 두고 행하게 하시나니(빌 2:13).

야곱이 고향으로 돌아가는 것이 하나님의 뜻에 대한 순종이었다는 것은 야곱이 라반을 떠나는 상황에 분명히 언급되고 있다.

> 여호와께서 야곱에게 이르시되 네 조상의 땅 네 족속에게로 돌아가라 내가 너와 함께 있으리라(창 31:3).

야곱이 라반의 집을 떠나 가나안으로 떠나게 되는 것은 라반과 그의 아들들이 야곱에 대한 적대감을 가진 것도 한 이유였지만(창 31:1-2), 더 중요한 이유는 여호와 하나님의 말씀 때문이었다. 야곱은 이러한 하나님의 음성을 들을 수 있었다. 그리고 그 음성에 순종하였다.

야곱의 영적 민감성은 가나안을 떠나야 하는 상황을 그의 아내들에게 설명하는 문맥에도 잘 표현된다(창 31:4-13). 야곱은 그의 아내들에게 이전에 장인인 라반이 자신에게 행했던 것들을 설명하면서, 라반의 위협과 하나님의 도우심을 세 번에 걸쳐서 반복하며 언급하였다(창 31:5-10). 야곱은 이방의 땅에서 라반으로 인해 많은 고난과 착취를 당하였지만, 그 가운데서도 하나님께서 활동하시는 것을 볼 수 있는 눈이 있었다.

야곱과 라반의 이야기(창 29:1-31:55), 즉 야곱이 가나안 밖에 있었던 사건을 다루는 이야기에는 가나안 안에서 있었던 사건과는 달리 하나님의 직접적인 말씀과 행동하심이 잘 나타나지 않는다. 그러나 그 가운데서도 야곱은 하나님의 음성을 들을 수 있었고, 하나님의 행동을 볼 수 있었다. 이러한 영적인 눈과 귀를 소유한 야곱은 하나님의 뜻에 순종하여 20년이나 살던 라반의 집을 떠나 가나안으로 향할 수 있었다.

또한 야곱은 꿈 가운데서 하나님을 만났다(창 31:13). 하나님께서는 자신을 벧엘의 하나님으로 계시하시면서 20년 전에 가나안을 떠날 때 주셨던 약속을 다시 말씀해 주셨다. 야곱은 이 경험을 통하여 20년 전에 하나님께서 주셨던 약속의 말씀을 기억했다. 야곱이 가나안을 떠날 때에 하나님께서는 벧엘에서 다음과 같은 약속을 주셨다.

> 내가 너와 함께 있어 네가 어디로 가든지 너를 지키며 너를 이끌어 이 땅으로 돌아오게 할지라 내가 네게 허락한 것을 다 이루기까지 너를 떠나지 아니하리라(창 28:15).

야곱은 이전에 주셨던 하나님의 약속을 기억했다. 그 약속대로 하나님께서는 야곱에게 고향으로 돌아가라고 명령하셨고, 야곱은 그 명령에 순종하였다.

하나님의 음성을 들을 수 있는 귀, 하나님의 행동하심을 볼 수 있는 눈, 그리고 하나님의 약속을 기억할 수 있는 마음을 소유한 야곱은 하나님의 말씀에 순종하여 약속의 땅으로 향할 수 있었다. 비록 가나안으로 가는 과정에서 라반과의 관계에 더 큰 위기를 맞이하기도 했지만, 야곱은 하나님의 도우심으로 그 갈등을 잘 극복할 수 있었다.

하나님께서는 야곱에게만 나타나셔서 문제를 해결해 주시지 않았다. 적대감을 갖고 야곱을 뒤쫓던 라반에게도 나타나셔서 갈등의 상황에 개입하셨다. 하나님께서는 라반의 꿈 가운데 나타나셔서 "너는 삼가 야곱에게 선악간에 말하지 말라"(창 31:24)고 말씀하셨다. 즉 라반에게 야곱과 잘잘못을 따지지 말라고, 더 이상 갈등을 심화시키지 말라고 말씀하셨다.

이러한 하나님의 말씀은 야곱에 대한 라반의 태도를 바꾸었다. 라반은 야곱을 뒤쫓아 가서 왜 손자와 딸들과 작별인사도 하지 못하게 몰래 도망했는지 야곱을 추궁했지만(창 31:26-28), 그 이상은 나가지 않았다. 라반은 자신이 야곱을 해할 수 있는 힘이 있었지만 하나님의 말씀에 근거하여 야곱에게 어떤 손상을 입히지 않았다(창 31:29). 하나님께서 라반에게 말씀하시고, 라반은 그 말씀에 순종함으로 야곱과의 갈등은 더 이상 발전되지 않았다.

인간 사이의 갈등 해결의 중심에는 하나님께서 계신다. 하나님께서는 인간 사이의 막힌 담을 허시고 둘 사이를 화평케 하시는 분이시다. 바울도 이방인이었던 에베소 교인들에게 하나님께서 예수님의 십자가의 보혈로 유대인들과의 깨어진 관계를 회복시키셨다고 말했다.

> 이제는 전에 멀리 있던 너희가 그리스도 예수 안에서 그리스도의 피로 가까워졌느니라 그는 우리의 화평이신지라 둘로 하나를 만드사 원수된 것 곧 중간에 막힌 담을 자기 육체로 허시고…(엡 2:13-14).

부모와 자녀뿐만 아니라 모든 인간 사이의 문제를 해결함에 있어서 중요한 것은 갈등 해결의 근원자이신 하나님께 집중하는 것이다. 그러므로 하나님의 말씀을 들을 수 있는 열린 귀, 하나님의 역사하심을 볼 수 있는 영적인 눈, 그리고 하나님께서 약속하신 것들을 기억할 수 있는 정결한 마음을 사모하자. 하나님의 뜻에 순종하는 자에게 인간 사이의 갈등은 넘어뜨리는 걸림돌이 아니라, 앞으로 도약하는 디딤돌이 된다.

2) 신뢰하는 가까운 사람과 갈등의 문제를 상의하라

라반과 처남들의 적대적 태도(창 31:1-2), 그리고 여호와 하나님의 명령(창 31:3)으로 인해 처가댁인 라반의 집을 떠나 고향으로 돌아가야 하는 상황에 직면한 야곱은 그 문제를 혼자 품고 있지 않았다. 야곱은 자신이 대면한 문제를 그와 가장 가까운 동료였으며 사랑하는 아내들이었던 레아와 라헬과 함께 나누었다(창 31:4-16).

야곱이 안고 있는 문제는 처가댁과의 관계였다. 이 문제는 아내들과 상의하기 매우 조심스러운 이슈였다. 왜냐하면 장인과 처남들은 모두 야곱의 아내들과 피를 나눈 혈육이었기 때문이다. 라헬과 레아에게 처가댁의 가족들이 자신에 대하여 적대감을 갖고 대한다고 말하는 것은, 그래서 아내들의 고향인 하란을 떠나야 한다고 설명하는 것은 오해의 소지가 많은 문제였다.

깊은 대화를 위해 고려해야 할 사항 가운데 하나는 대화에 집중할 수 있는 환경을 만드는 것이다. 왜냐하면 대화에 집중할 수 없는 상황에서는 마음 속 깊은 대화를 나누기 힘들고, 대화의 내용 자체보다 주변 환경으로 인해 오해가 발생하기 쉽기 때문이다.

야곱은 이 사실을 알았다. 그래서 야곱은 아내들인 라헬과 레아와 깊은 대화를 하기 위하여 한적한 곳을 택했다. 야곱은 사람을 보내어 라헬과 레아를 자신의 양떼가 있는 넓은 들로 불렀다(창 31:4). 양떼가 있는 들판은 대화의 비밀을 유지하기에 최적의 장소였다. 그곳은 사람들이 많이 왕래하는 집과 떨어진 곳이었으며, 누가 가까이 오는지 멀리서도 확인할 수 있는 벌판이었다. 야곱은 자신이 아내에게 할 말의 중요성과 심각성을 알고 이러한 최상의 장소를 선택했던 것이다.

들판으로 아내들을 부른 야곱은 그녀들에게 외삼촌이며 장인인 라반과의 관계에서 발생했었던 갈등들을 설명했다. 야곱은 라반과의 관계에서 발생한 문제와, 그 가운데 하나님께서 자신을 도와주신 것을 세 번에 걸쳐서 매우 상세하게, 그리고 상대방의 동의를 얻기 쉬운 것부터 단계적으로 설명하였다.

첫째, 야곱은 아내들도 이미 짐작하고 있었던 최근의 사건을 언급했다. 야곱은 자신에 대한 장인의 태도가 달라졌다고 말했다(창 31:5; 참조. 창 31:2). 둘째, 야곱은 아내들의 동정을 얻을 수 있는 사건을 언급하였다. 야곱은 자신이 장인을 위하여 열심히 일했으나 라반이 자신을 속여 품삯을 열 번이나 변역하였던 것을 말하였다(창 31:6–7). 셋째, 야곱은 문제의 소지가 있는 내용의 말을 마지막으로 언급했다. 야곱은 자신이 삯이 되는 얼룩무늬 있는 양과 점이 있는 양을 얻게 된 경위를 설명하였다(창 31:8). 야곱은 양을 얻는 과정에 문제의 소지가 있다는 것을 알고, 이것에 대한 부연설명을 덧붙였다. 야곱은 꿈에서 하나님께서 하신 말씀을 아내들에게 전했다. 하나님께서 라반이 야곱에게 행했던 모든 것을 감찰하시고 이러한 얼룩무늬 있고, 점이 있고, 아롱진 것들을 다 야곱에게 주셨다고 설명함으로 이러한 재산 증식이 정당했음을 언급했다(창 31:11-12).

여기서 특이한 것은 야곱이 아내를 얻게 되는 과정에서 라반에게 받았던 갈등의 문제를 언급하지 않았다는 것이다. 라헬을 아내로 얻기 위하여 칠 년을 봉사했지만, 라반이 자신을 속여 라헬이 아닌 레아를 주었던 사건을 말하지 않았다. 아마 그것은 야곱이 아내들의 마음을 얻는데 적합한 내용이 아니었기 때문이었을 것이다. 라반의 잘못을 드러내는 것보다 더 중요했던 야곱의 관심은 아내들의 마음을 얻는 것이었다. 그녀들의 아버지인 라반과 형제들로부터 자신에게로 라헬과 레아의 마음을 돌리는 것이었다.

야곱은 라반과 자신 사이에 발생했던 사건만을 말하지 않았다. 야곱은 그러한 사건들 가운데 역사하셨던 하나님을 드러내었다. 라반과의 갈등 가운데 하나님께서는 야곱과 함께 하셨고(창 31:5), 야곱을 라반으로부터 보호하셨으며(창 31:7), 야곱에게 많은 재물을 주셨다(창 31:9). 야곱은 라반과의 관계에서 발생한 것들을 인간적인 갈등의 문제로만 이해하지 않았다. 야곱은 이전에 있었던 갈등의 사건들을 신앙적인 차원에서 이해했다. 그리고 신앙의 언어로 아내들에게 설명했던 것이다.

야곱은 장인 라반과의 갈등 문제를 라반의 딸들이었던 아내들과 나누어야 했던 곤란한 상황을 지혜롭게 대면하였다. 야곱은 상대방의 마음에 감동을 주는 방법과 언어로 아내와 대화를 나누었다. 야곱은 먼저 대화하기 적합한 장소인 들판을 선택했다. 그리고 아내들의 마음을 얻기 쉬운 것부터 차례대로 설명하였다. 야곱 자신의 눈으로만 해석해서 말하지 않고, 신앙의 눈으로, 그리고 신앙의 언어로 아내들을 설득했다.

그 결과 아내들은 야곱의 말에 동의하였다(창 31:14-16). 아내들은 야곱이 얻은 재물이 야곱과 그의 자녀들의 것이라고 말하면서, 하나님께서 말씀하신 대로 자신들도 순종하겠다고 말하였다. 마침내 야곱이 아내들의 마음을 얻었던 것이다.

갈등의 문제는 혼자서 해결하기 힘들 때가 많이 있다. 그럴 때 신뢰할 수 있는 가까운 사람과 그 문제를 상의해라. 대화를 할 때 중요한 것은 대화의 기술이다. 우리는 야곱에게서 그러한 기술을 배울 수 있다. 대화하기 적합한 장소를 택하고, 상대방의 동의를 얻기 쉬운 것부터 단계적으로 말하며, 인간의 언어를 넘어 신앙의 언어로 대화를 이끌어 나아갈 때, 갈등의 문제로 상처받았던 야곱과 같은 우리는 같은 마음을 품은 위로자를 얻을 수 있을 것이다.

3) 갈등의 대상자와 진실하게 소통하라

야곱은 대화를 통하여 아내들의 마음을 얻었지만, 갈등이 완전히 해결된 것은 아니었다. 야곱의 갈등의 주 대상은 장인인 라반이었다. 야곱이 몰래 도주한 것을 발견한 라반은 야곱을 추격하였다(창 31:22–23). 그리고 야곱과 대면하였다(창 31:25). 비록 하나님께서 라반이 야곱을 추격하는 과정에 꿈으로 개입하셔서 문제의 확산을 막아주셨지만, 라반과 야곱과의 갈등은 둘 사이의 긴장감 있는 대화를 통하여 정리되었다. 야곱과 라반 사이의 대담하면서도 진실한 대화는 둘 사이를 화해의 언약 관계로 바꾸었다(창 31:26–54).

야곱이 라반을 피해 그의 집에서 몰래 도주하였지만, 그것은 라반과의 문제를 근본적으로 해결하는 것이 아니었다. 야곱의 도주는 라반과의 갈등을 더욱 고조시켰다. 야곱의 도주를 발견한 라반은 형제들을 데리고 야곱을 추격하였다(창 31:22–23). 그리고 라반은 야곱과 대면하여 그의 도피 행동에 대하여 책망하였다(창 31:26–30).

라반이 야곱을 책망한 내용은 크게 두 가지였다. 첫째는 야곱이 몰래 도주한 것이었다(창 31:26–28). 이 책망에서 라반은 야곱이 자신의 양떼를 보면서 증식한 재산에 대하여는 언급하지 않았다. 라반은 야곱의 가족들, 즉 자신의 딸들과 자신의 손자들과 헤어짐의 인사를 하지 못한 것에 집중하여 말하였다. 라반과 라반의 아들들이 야곱에 대하여 불만을 가진 것이 야곱의 재산 증식과 연관된 문제라는 것을 고려할 때(창 31:1-2), 라반이 그 이슈를 언급하지 않은 것은 하나님께서 그의 꿈 가운데 나타나셔서 "야곱에게 선악 간에 말하지 말라"(창 31:24)고 하신 말씀 때문이라 이해된다. 라반은 이해관계가 얽힌 재물과 연관된 주제가 아니라, 가족관계에서 당연히 행했어야할 헤어짐의 축복을 할 수 있는 기회를 박탈한 야곱의 행동을 지적하였다.

이러한 라반의 지적에 야곱은 솔직한 자신의 심정을 고백하였다.

> 야곱이 라반에게 대답하여 이르되 내가 생각하기를 외삼촌이 외삼촌의 딸들을 내게서 억지로 빼앗으리라 하여 두려워하였음이니이다(창 31:31).

야곱은 가족관계와 연관하여 책망한 라반에게 가족관계로 대답하였다. 야곱은 외삼촌이 '자신의 아내'를 빼앗을까 걱정하였다고 말하지 않고 외삼촌이 '외삼촌의 딸'을 빼앗을까 두려워하였다고 말했다. 이러한 표현을 통하여 야곱은 라반이 자신의 아내들을 내 딸로 부른 것에 동의함과 동시에, 자신의 아내들이 외삼촌과 격리된 존재가 아니라 외삼촌의 가족임을 분명히 하였다. 즉 야곱은 외삼촌의 마음을 헤아리며 말을 한 것이다.

그리고 야곱은 외삼촌이 그의 딸들을 빼앗을까봐 자신이 두려웠다고 자신의 연약함을 솔직하게 고백하였다. 야곱은 라반 앞에서 자신은 그의 대적자가 아니라 그를 두려워하는 약자임을 인정하였다. 야곱은 라반에 대항하지 않으므로 상대방의 감정을 존중해 주었다.

야곱의 대답은 라반이 책망한 주제에 한정된 것이었다. 아마 야곱에게는 라반에게 할 말이 많이 있었을 것이다. 야곱이 라반의 집에서 20년을 살면서 당했던 아픔과 맺힌 한(참조. 창 31:38-42)이 있었겠지만, 이 순간 야곱은 그러한 주제에 대하여는 언급하지 않았다. 야곱은 대화의 주제를 확대시키지 않았다. 상대방의 말을 존중하면서, 상대방이 끄집어 낸 주제에 대해서만 대답하는 지혜가 야곱에게는 있었다.

라반이 야곱을 책망한 둘째 내용은 그 집의 가신상인 드라빔을 훔친 것에 대한 것이었다(창 31:30). 드라빔을 훔친 것은 분명 잘못된 것이었다. 그러한 잘못에 대하여는 책임을 지는 것이 필요했다. 야곱은 드라빔을 훔친 것과 연관된 문제에 대해서는 단호하게 대답하였다. 만약 드라빔을 훔친 사람이 발견되면 그가 누구든지 죽을 것이라고 말하였다(창 31:32). 야곱은 드라빔을 훔친 것뿐만 아니라 다른 도적질에 대하여도 자신이 책임을 질 것이라고 대답하였다. 즉 자신의 재산 가운데 외삼촌의 것이 발견되면 다 취하라고 말하였다(창 31:32). 비록 이러한 대답을 할 수 있었던 것은 라헬이 드라빔을 훔쳤다는 사실을 야곱이 알지 못했기 때문이긴 했지만(창 31:32), 잘못에 대하여 책임을 지려고 하는 야곱의 태도는 바람직한 것이라 할 수 있다. 자신의 허물은 감추려하고 남의 허물만을 들추려는 라반과는 달리(참조. 창 31:26, 36), 야곱은 자신의 잘못에 대하여 책임 있는 자세를 취했다.

라반은 드라빔을 찾기 위하여 야곱의 장막을 샅샅이 살펴보았지만, 결국 발견하지 못했다(창 31:33-35). 라헬의 지혜와 하나님의 도우심으로 야곱은 위기를 모면할 수 있었다.

이러한 상황에서 야곱은 과감하게 문제의 핵심으로 나아갔다. 야곱과 라반과의 갈등의 핵심은 재물에 대한 것이었다. 재물에 대한 탐욕으로 부정직한 방법으로 재산을 획득한 것이었다.

야곱은 라반과 살던 20년간 자신이 받았던 억울함과 아픔을 털어놓았다. 야곱은 자신이 라반의 양과 염소들을 관리하는 목자로 외삼촌의 재산에 손해를 입히지 않았고, 그 시대의 법에 따르면 책임질 필요가 없는 야생짐승의 공격에 의한 피해와 도둑으로 인한 손실을 다 보충하면서 최선을 다해서 라반을 섬겼으나(창 31:38-40), 라반은 자신에게 줄 품삯을 열 번이나 변역하였다고 지적하였다(창 31:41).

야곱은 문제의 소지가 있던 갈등의 핵심을 언급하면서 신앙의 언어로 마무리하였다. 라반도 인정했던 하나님의 권위(참조. 창 31:29)로 갈등의 대화를 마무리하였다. 야곱은 라반의 속임수로 자신이 일한만큼 받지 못했지만, 하나님께서 자신과 함께 하심으로 공수로 돌아가지 않게 하셨다고 고백하였다. 이를 통하여 자신의 재산 증식이 하나님의 축복으로 정당한 것이었음을 강조하였다. 야곱은 자신에게 축복해주신 그 하나님은 지난밤에 외삼촌의 꿈에 나타나셔서 "야곱에게 선악 간에 말하지 말라"고 하셨던 그분이었음을 언급함으로, 라반을 신앙의 장으로 초대하였다. 이러한 신앙의 언어로 야곱과 라반 사이의 갈등은 해소되었다.

야곱은 자신을 추격해 온 라반과 진지하게 대화하였다. 기본적으로 서로를 존중하는 태도로 대화했지만, 그 가운데 야곱은 자신의 속마음을 다 드러냈다. 라반 아래 살았던 지난 20년간 자신이 당했던 아픔과 억울함을 다 토로했다. 갈등의 대상자와의 이러한 진실한 소통을 통하여 야곱은 갈등을 해결하고 화해의 장으로 나아갈 수 있었다.

3. 갈등의 목표

야곱과 라반과의 갈등은 서로의 진실한 대면과 대화를 통하여 해결되었다. 그러나 갈등 이야기는 여기서 끝나지 않는다. 갈등 해결의 대화 이후에 야곱과 라반이 맺은 언약 사건이 등장한다(창 31:43-54). 이 이야기는 갈등의 목표가 무엇인지 보여준다.

1) 갈등은 상처를 넘어 화해와 신뢰의 관계를 향한다

재물과 연관하여 발생한 야곱과 라반 사이의 갈등은 서로의 진솔한 소통과 하나님의 개입하심으로 극복되었다. 갈등은 단지 문제의 해결 자체를 목표로 하지 않는다. 갈등은 두 당사자 간의 화해와 신뢰 회복을 목표로 한다.

야곱과 라반은 갈등을 해결한 후에 언약을 체결하였다. 언약이란 두 당사자 간의 약속을 의미한다. 이러한 약속은 서로에 대한 신뢰를 전제로 한다. 신뢰하지 않는 대상과 한 약속은 더 이상 약속이 아니다. 왜냐하면 약속한 대상이 믿을만하지 않으면 그가 한 약속도 신뢰할 수 없기 때문이다. 그러므로 야곱과 라반이 언약을 맺었다는 것은 이제 그들이 신뢰의 관계가 되었음을 전제한다.

라반이 언약 체결의 조건 또는 약속의 내용으로 제시한 것은 두 가지였다. 첫째는 자신의 딸을 박대하거나 자신의 딸 외에 다른 아내를 맞이하지 말라는 것이었다(창 31:50). 20년 전에 야곱은 라반에게 라헬과만 혼인하겠다고 제안했었다. 그러나 그녀를 위해 야곱이 7년 봉사한 후에 라반은 라헬이 아닌 다른 여자, 즉 라헬의 언니인 레아를 야곱에게 주어 결혼시켰다. 자신은 야곱이 원하지 않았던 여인을 아내로 주었으면서, 이제는 자신의 딸 외에 다른 사람을 아내로 맞이하지 말라고 요청했던 것이다.

그럼에도 이러한 라반의 요구는 자신의 자녀들에 대한 아버지의 마음으로 이해할 수 있다. 오랫동안 한 지역에서 살았던 자신의 두 딸이 이제는 고향을 떠나 다른 곳에서 객으로 살아야 하는 상황 속에서 라반은 자신의 딸들을 걱정하였다. 그래서 야곱에게 이러한 요구를 했던 것이다.

걱정한다는 것은 사랑하는 것이다. 사랑하기에 걱정하는 것이다. 라반은 야곱의 아내가 되었고, 자신을 버리고 야곱의 말대로 고향을 떠났던 딸들이었지만, 그들을 걱정했고, 그들을 사랑했다. 이전에는 아버지 라반과 딸들과의 관계는 가족이 아니라 이방인이었는데(참고. 창 31:15), 이제는 서로를 깊이 사랑하는 부녀 관계로 변화되었다. 이와 같이 갈등의 목표는 단지 문제 해결이 아니다. 갈등의 목표는 깨어진 관계의 회복이다.

야곱과 라반의 언약에서 라반이 제시한 두 번째 조건 또는 약속의 내용은 서로를 해하지 않겠다는 것이었다(창 31:52). 야곱과 라반의 이전 관계는 서로가 서로를 속이는 관계였다. 라반은 결혼의 과정에서 야곱을 속여 신부의 값으로 14년의 노동력을 착취했으며, 야곱이 자신을 위해 일한 20년 동안 약속한 품삯을 10번이나 변역하였고, 야곱이 책임질 필요가 없었던 손해에 대하여 배상을 요구했었다(참조. 창 31:39-41). 야곱도 편법을 사용하여 라반의 양과 염소 가운데 좋은 것을 자신의 품삯으로 얻어 재산을 증식하였다(창 30:25-43). 그러나 이제는 이러한 적대적 관계가 화평의 관계로 바뀌었다. 서로를 해하지 않는 관계로 변화되었다.

야곱과 라반과의 관계에서만 평화가 형성된 것이 아니었다. 야곱과 처남들 사이에도 화평이 찾아왔다. 야곱은 언약 체결의 준비에 처남들을 동참시켰다(창 31:46).[19] 그리고 언약체결을 마무리하는 식사에도 형제들이 참여하였다(창 31:54). 이전에 야곱이 아버지의 소유를 다 빼앗았다고 적대적으로 말했던 야곱의 처남들은 이제는 야곱과 평화의 파트너가 되었던 것이다.

갈등의 목표는 단지 문제 해결이 아니다. 갈등의 목표는 일이나 소유가 아니라 사람이다. 사람과의 깨어진 관계를 회복하는 것이다. 서로 존중하고 신뢰하는 관계로 회복하는 것이다. 서로를 축복하는 존재가 되는 것이다. 라반은 언약을 통하여 이전에 깨어진 관계들을 회복하였고, 그의 손자와 딸들을 축복하였다(창 31:55). 갈등의 아픔은 회복과 축복의 기쁨으로 온전하게 치유되었다.

2) 갈등은 하나님의 축복으로의 초대이다

갈등을 통하여 야곱과 라반과의 관계만이 회복된 것은 아니었다. 갈등은 야곱에게 하나님의 축복을 이끄는 통로가 되었다. 야곱과 라반의 갈등을 다루는 본문(창 29:1-31:55)은 둘 사이의 갈등에서 화해로 진

19) 여기서 형제들의 정체는 라반의 형제라기보다는 야곱의 형제, 즉 자신의 처남들을 의미하는 것 같다. 참조. Wenham, 《창세기 16-50》, 280.

행되지만, 이러한 흐름의 중심에는 야곱의 자녀들의 출생이 있다(창 29:31-30:24). 본문의 구조와 내용에서 언급했듯이 야곱과 라반의 이야기는 아래와 같이 교차대구구조로 배열된다.

A. 야곱이 라반을 만남: 갈등의 배경	29:1-14
B. 야곱의 결혼: 라반과의 갈등 I (라반이 야곱을 속임)	29:15-30
C. 야곱의 아들들의 출생	29:31-30:24
D(B'). 야곱의 재물: 라반과의 갈등 II (야곱이 라반을 속임)	30:25-43
E(A'). 야곱이 라반을 떠남: 갈등의 해결	31:1-55

이러한 구조에서 중앙에 놓인 야곱의 아들들의 출생 사건은 본문의 핵심이다. 즉 야곱과 라반의 갈등 이야기에서 가장 강조점은 야곱에게 주어진 자녀의 복이다. 하나님께서는 야곱을 라반의 집으로 보내시고 그곳에서 갈등을 겪게 하셨지만, 그에게 라헬과 레아라는 아내들을 주시고 그들을 통하여 이후의 이스라엘 열 두 지파의 족장이 되는 자손들을 주셨다.

야곱이 가나안을 떠난 이유 가운데 하나는 아내를 얻기 위함이었다(창 28:1-2). 아내는 자녀를 낳기 위한 전제이다. 그러므로 야곱이 가나안을 떠나 외삼촌 라반의 집으로 간 목적은 자손과 연관된다. 이삭은 이러한 목적으로 야곱을 라반의 집으로 보내면서 다음과 같은 축복의 기도를 하였다.

> 전능하신 하나님이 네게 복을 주시어 네가 생육하고 번성하게 하여 네가 여러 족속을 이루게 하시고(창 28:3).

이삭이 야곱에게 한 축복의 기도는 가나안 밖에서의 야곱의 삶을 다룬 이야기의 중심 주제이다. 즉 야곱은 가나안 밖 하란에서 열한 명의 아들과 한 명의 딸을 낳았다. 이것은 하나님께서 주신 생육하고 번성하며 여러 족속을 이루시게 하시는 복이었다(참조. 창 32:12).

가나안 밖에서의 야곱과 그의 가족의 삶은 갈등의 연속이었다. 야곱과 라반과의 갈등은 20년 동안의 야곱의 삶에 계속되었고(창 29:15-30; 30:25-43), 두 아내들의 갈등은 자녀를 낳는 사건에서 극명하게 나타났다(창 29:31-30:24). 그러나 이러한 갈등 속에서 하나님께서는 야곱에게 하셨던 약속을 성취하셨다(참조. 창 28:14). 갈등의 과정을 통하여 하나님께서는 야곱을 축복하셨다. 그러므로 갈등은 하나님께서 축복해 주시는 한 방법이라 할 수 있다.

하나님께서 가나안 밖에서 야곱에게 주셨던 축복은 자녀에 대한 것만이 아니었다. 야곱에게 많은 재산의 축복도 주셨다. 지팡이 하나만을 갖고 가나안을 떠나 하란으로 갔던 야곱은 가나안으로 돌아올 때에는 많은 재물을 소유하게 되었다(창 30:43; 32:10-12, 14-15). 하나님께서는 야곱에게 자손들뿐만 아니라 많은 양, 염소, 낙타, 소, 그리고 종들을 허락하셨다. 갈등의 기간이었던 하란에서의 삶은 하나님께서 야곱에게 많은 재물의 축복을 주신 시간이었다.

갈등의 과정은 이와 같은 축복뿐만 아니라, 가족 사이의 믿음과 신뢰의 기간도 되었다. 결혼의 순간부터 자녀를 낳는 과정에까지 경쟁과 갈등 관계에 있었던 야곱의 두 아내 라헬과 레아는 아버지의 집을 떠나야 하는 상황에서는 같은 마음으로 야곱의 말에 순종하는 자가 되었다(창 31:14-16). 야곱과 같은 마음을 품었을 뿐만 아니라, 두 여인들도 한 마음이 되었다. 가족 간에 있었던 갈등이 화해로 변하였고, 가족 구성원 사이에 있었던 장벽이 무너지고 서로 연합되었다.

갈등은 그것에 대하여 어떻게 반응하는가에 따라서 사람 사이의 관계를 깨뜨릴 수 있고, 아니면 더 깊은 연합의 관계로 발전시킬 수도 있다. 갈등 가운데 있는 사람을 파괴할 수도 있고, 그 사람을 더욱 성숙한 인격으로 만들 수도 있다. 하나님과 유리될 수도 있고, 하나님의 임재를 더욱 깊이 경험하는 가운데 하나님의 축복을 경험하는 기회가 될 수도 있다.

야곱은 라반과의 갈등을 통하여 불신하고 적대적이었던 장인과의 관계를 존귀히 여기고 축복하는 관계로 변화시켰다. 갈등을 통하여 가족 구성원(아내들) 사이에 있는 장벽을 허물고 하나의 연합된 가족 공동체를 만들었다. 그리고 그 가운데 하나님의 축복인 많은 자손과 재물을 소유하였다. 갈등은 야곱에게 있어서 하나님의 축복을 경험하는 통로였다. 갈등은 하나님의 축복으로의 초대였다. 주를 사랑하는 모든 독자들에게도 갈등의 경험이 야곱에게 주셨던 하늘의 복을 누리는 성숙의 과정이 되기를 소망한다.

||| 제4장 |||

가족 구성원 사이의 갈등 2: 형제

야곱과 에서

야곱과 라반의 갈등이 가족 구성원 가운데 부모와 자녀 사이의 갈등을 보여주고 있다면, 야곱과 에서의 갈등은 부모 또는 부부 사이의 갈등(이삭과 리브가)이 포함된 형제 사이의 갈등을 잘 드러낸다.

I. 야곱과 에서 이야기(창 25:19-28:22; 32:1-35:29)의 문학적 구조와 내용[1)]

야곱과 에서의 이야기는 창세기서에 있는 10개의 '엘레 톨레도트'(창 2:4; 5:1; 6:9; 10:1; 11:10; 11:27; 25:12, 19; 36:1; 37:2) 가운데 8번째 '엘레 톨레도트'로 시작되는 단락에 포함된다. 8번째 '엘레 톨레도트'는 '엘레 톨레도트 이츠학'(이것들은 이삭의 후예들이다, 창 25:19)

1) 야곱과 에서 이야기의 문학적 구조와 내용의 많은 부분은 저자의 다른 책을 참조하였다. 정석규, 《구조로 읽는 창세기》, 236-67.

라는 표제로 시작되는 단락(창 25:19-35:29)으로, 이 단락은 이삭의 후예들에 대하여 다룬다.

이 단락은 이삭의 아들 가운데 야곱을 중심으로 다룬다. 이 단락은 아래와 같이 야곱과 에서의 관계를 테두리(*inclusio*)로 하여 그 중앙에 야곱과 외삼촌 라반과의 관계를 다루는 소단락들로 구성된다.

I. 야곱과 에서의 관계: 갈등	25:19-28:22
II. 야곱과 라반과의 관계: 갈등과 해결	29:1-31:55
III(I'). 야곱과 에서의 관계: 갈등 해결	32:1-35:29

여기서 야곱과 그의 형 에서와의 관계를 다루는 부분은 첫째와 셋째 소단락들이다(창 25:19-28:22; 32:1-35:29).[2] 첫째 소단락(창 25:19-28:22)은 야곱과 에서 사이의 갈등을 다루는 반면, 셋째 소단락(창 32:1-35:29)은 야곱과 에서의 갈등 해결을 다룬다. 그러므로 야곱과 에서의 관계를 다루는 이 장(chapter)은 8번째 엘레 톨레도트로 시작되는 단락의 첫째와 셋째 소단락을 본문으로 하여 논한다.

야곱과 에서 이야기를 구성하는 두 개의 소단락은 각각 네 개의 대문단들로 짜여진다. 그리고 두 소단락의 각 대문단들은 서로 역으로 대응된다. 비록 두 소단락이 현재의 형태에서는 서로 떨어져 있지만, 이 둘을 연결시켜 구조를 살핀다면, 야곱과 에서의 이야기는 아래와 같은 이해할 수 있다.

1. 서론적 사건: 두 아들의 갈등의 시작	25:19-34
2. 이방민족과의 갈등과 화해: 블레셋	26:1-33
3. 야곱과 에서의 갈등의 절정	26:34-28:9
4. 가나안을 떠나는 야곱과 하나님의 현현	28:10-22

2) 야곱과 라반과의 관계는 본서 제3장에서 다루었다.

5(4'). 가나안으로 들어오는 야곱과 하나님의 사자의 현현	32:1–32
6(3'). 야곱과 에서의 화해	33:1–20
7(2'). 이방민족과의 갈등: 가나안 사람	34:1–31
8(1'). 결론적 이야기	35:1–29

비록 위의 구조도표가 현재 형태의 텍스트에서 야곱과 라반의 이야기(창 29:1–31:55)를 제외한 것이지만, 야곱과 에서의 이야기의 구조만을 생각한다면 이 부분은 8개의 대문단이 위와 같이 교차대구 구조로 정교하게 짜여진다. 야곱과 에서의 이야기는 두 자녀의 갈등을 다루는 서론적 사건(창 25:19–34)에서 시작하여 야곱의 이야기를 마무리하는 결론적 이야기들(창 35:1–29)로 끝맺는다. 이러한 구조의 중앙에는 가나안을 떠났다가 들어오는 야곱과 그 가운데 하나님께서 야곱에게 나타나시는 내용이 다루어진다(창 28:10–22; 32:1–32).

1. 첫째 대문단: 서론적 사건–두 아들의 갈등의 시작(창 25:19–34)

첫째 대문단은 야곱과 에서 이야기의 서론적 사건을 다룬다. 이 대문단은 이삭의 두 아들인 야곱과 에서 사이의 갈등의 시작을 묘사한다. 두 아들의 갈등은 아래와 같이 병행구조로 표현된다.

A. 갈등 1: 출생과 연관된 갈등	25:19–26
1. 출생의 배경에 대한 서론적 묘사	25:19–21
2. 갈등과 연관된 리브가와 하나님의 대화	25:22–23
3(1'). 출생에 대한 결론적 묘사	25:24–26
B(A'). 갈등 2: 장자권과 연관된 갈등	25:27–34
1. 갈등의 배경에 대한 서론적 묘사	25:27–29
2. 장자권과 연관된 야곱과 에서의 대화	25:30–33
3(1'). 장자권을 판 것에 대한 결론적 묘사	25:34

야곱과 에서의 첫 번째 갈등을 다루는 첫째 소문단(창 25:19–26)은 출생과 연관된다. 첫째 소문단은 서술적 형태로 표현된 서론적 배경(창 25:19–21)과 결론적 묘사(창 25:24–26)를 테두리로 하여, 그 중앙에 리브가와 하나님 사이의 대화(창 25:22–23)가 놓인 형태로 배열된다. 테두리에는 이삭의 나이가 언급되는 공통점이 있다(창 25:20, 26). 위의 교차대구 구조에서 리브가와 하나님 사이의 대화는 중앙에 위치함으로 가장 강조된다.

첫째 소문단의 앞 테두리를 이루는 서론적 배경(창 25:19–21)은 이삭의 족보와 그의 아내의 상황에 대하여 언급한다. 이삭은 라반의 누이였던 리브가와 결혼했는데, 그녀는 불임이었다.[3] 이러한 상황에서 이삭은 여호와께 자녀를 간구하였고, 하나님께서 그 기도를 들으셔서 리브가가 임신하도록 해주셨다. 첫째 소문단의 뒤 테두리를 이루는 결론적 묘사(창 25:24–26)에는 리브가의 쌍둥이 아들들인 에서와 야곱의 탄생과 그들의 모습에 대한 설명이 나온다.

이러한 테두리 중앙에 리브가와 하나님의 대화가 배열된다(창 25:22–23). 뱃속에서 두 아들이 서로 싸우자 리브가는 하나님께 "내가 어찌할꼬"라고 물었다(창 25:22). 그러자 하나님께서는 다음과 같은 대답을 주셨다.

> 두 국민이 네 태중에 있구나 두 민족이 네 복중에서부터 나누이리라 이 족속이 저 족속보다 강하겠고 큰 자는 어린 자를 섬기리라(창 25:23).

이 말씀에는 두 가지의 주제가 언급된다. 하나는 자녀에 대한 것으로, 야곱과 에서가 모두 민족을 이루겠다는 것이다. 또 다른 하나는 어

---

3) 불임은 창세기에 나타난 족장의 아내들의 특징이다(사라, 리브가, 라헬). 구약성서에 나타난 불임 여인의 주제에 대하여는 아래의 글을 참조하라. Mary Callaway, *Sing, O Barren One: A Study in Comparative Midrash* (Atlanta: Scholar Press, 1986).

린 자가 큰 자보다 강할 것이라는, 큰 아들과 작은 아들의 역전에 대한 주제이다. 이것들은 이삭의 후예 이야기(창 25:19–35:29) 전체의 핵심 주제이다. 야곱이 이스라엘의 열두 지파의 조상이 되는 열두 아들을 낳게 되는 것과 두 아들 사이의 역전과 연관하여 야곱과 에서가 갈등하고 화해하게 되는 것은 이삭의 후예 이야기의 주요 주제이다.

태 속에서부터의 야곱과 에서의 갈등을 다루는 첫째 소문단은 둘째 소문단(창 25:27–34)에서 또 다른 갈등으로 이어진다. 이 갈등은 장자의 권한에 대한 것이었다. 둘째 소문단도 첫째 소문단처럼 갈등의 서론적 배경(창 25:27–29)과 결론적 언급(창 25:34) 사이에 야곱과 에서의 대화(창 25:30–33)가 나타나는 형태로 배열된다. 이러한 구조에서 야곱과 에서의 대화(창 25:30–33)는 중앙에 위치함으로 가장 강조된다.

둘째 소문단의 앞 테두리를 이루는 서론적 배경(창 25:27–29)에는 아버지 이삭은 에서를, 어머니 리브가는 야곱을 사랑했다는 가족 상황(창 25:27–28), 그리고 야곱이 음식을 만들 때 에서가 사냥하고 돌아와 허기졌다는 상황(창 25:29)이 서술적으로 언급된다. 둘째 소문단의 뒤 테두리를 이루는 결론적 언급(창 25:34)은 에서가 장자의 명분을 가볍게 여겼다고 말함으로 장자의 권한을 팥죽 한 그릇에 판 에서의 행동을 부정적으로 평가한다.

이러한 테두리 중앙에는 야곱과 에서의 대화(창 25:30–33)가 나온다. 사냥하고 돌아와 매우 허기진 에서는 붉은 죽을 만들고 있는 야곱에게 그 죽을 달라고 부탁하였다. 야곱은 형에게 장자의 권한을 팔면 그 대가로 죽을 주겠다고 제안하였고, 에서는 야곱의 제안을 받아들여 장자의 명분을 야곱에게 팔고 떡과 붉은 죽을 먹었다.

'장자권'(בכלה: 베코라)은 고대 이스라엘에서 상속의 두 배를 받는 권한(신 21:17), 또는 그 외의 장자의 특권과 연관하여 사용된다.[4] 장자는 자녀 가운데 특별한 권한을 가진 자로 여겨졌으며(창 43:33), 아버

4) Harris (eds.), *Theological Wordbook*, 244–45.

지의 능력과 기력의 시작으로 여겨졌다(창 49:3). 또한 장자는 유월절과 연관하여 하나님께 소유된 것으로 간주되었다(출 13:2; 22:29[히브리 성경 22:28]). 이스라엘은 하나님의 장자로 불렸다(출 4:22; 참조. 렘 31:9). 에서는 이러한 중요한 권한을 경시 여겼던, 장자에 적합하지 않은 존재였다.

2. 둘째 대문단: 이방민족(블레셋)과의 갈등과 화해(창 26:1–33)

야곱과 에서 사이의 서론적 갈등이 소개된 이후에 또 다른 갈등인 이방민족인 블레셋과의 갈등이 묘사된 둘째 대문단이 등장한다. 이 대문단의 구조는 다음과 같다.

A. 그랄에서 있었던 사건	26:1–22
1. 하나님의 약속	26:1–5
2. 이삭과 아비멜렉	26:6–17
3. 이삭의 우물	26:18–22
B(A'). 브엘세바에서 있었던 사건	26:23–33
1. 하나님의 약속	26:23–25
2. 이삭과 아비멜렉	26:26–31
3. 이삭의 우물	26:32–33

위의 구조에서 보여주듯이 블레셋과의 갈등은 그랄과 브엘세바에서 있었던 두 종류의 사건이 서로 병행된 형태로 짜여진다. 각 소문단은 모두 세 부분으로 구성된다: 1) 하나님의 약속(창 26:1–5, 23–25), 2) 이삭과 아비멜렉(창 26:6–17, 26–31), 3) 이삭의 우물(창 26:18–22, 32–33).

이 두 소문단은 모두 하나님께서 이삭에게 나타나 말씀하신 약속으로 시작된다(창 26:1–5, 23–25). 첫 번째 사건은 흉년이라는 상황 속에서 발생했다(창 26:1). 이전에 아브라함은 흉년이 들었을 때 애굽으로 내려갔으나(참조. 창 12:10–20), 여기서 이삭은 애굽으로 내려가지 말고 내가 네게 지시하는 땅에 거하라는 하나님의 명령을 듣고(창 26:2) 땅과 자손에 대한 축복의 약속을 받았다(창 26:3–4). 이 약속의 근거는 아브라함이 하나님의 말씀에 순종하고 하나님의 율법을 지켰기 때문이었다(창 26:5).

하나님께서 이삭에게 주신 약속의 말씀은 아브라함이 독자 이삭을 아끼지 않고 바치려 했던 사건에서 주어졌던 하나님의 약속을 더욱 구체화한 것이다(참조. 창 22:17–18). 그러므로 약속의 근거로 제시한 아브라함의 순종은 아브라함이 그의 외아들 이삭을 하나님께 바치려고 했던 태도와 연관된다.

브엘세바에서 발생한 두 번째 사건에서도 하나님의 약속이 아브라함과 연관하여 언급된다(창 26:23–25). 그러나 이곳에서는 땅에 대한 약속은 언급되지 않고, 단지 자손에 대한 약속만 주어졌다. 이삭은 이러한 약속에 대하여 아브라함이 이전에 단을 쌓았던 것처럼(참조. 창 22:1–14) 단을 쌓고 여호와의 이름을 불렀다(창 26:25).

하나님의 축복의 약속에 이어 이삭과 아비멜렉 사이에 발생한 사건이 묘사된다(창 26:6–17, 26–31). 첫 번째 사건은 이삭이 그랄에 거하였다는 설명으로 시작하여(창 26:6) 이삭이 그곳을 떠나 그랄 골짜기에 거하였다는 언급으로 마무리된다(창 26:17). 두 번째 사건은 아비멜렉과 그 친구들이 그랄에서부터 이삭을 찾아 왔다는 언급에서 시작하여 (창 26:26), 그들이 떠났다는 언급으로 마무리된다(창 26:31). 이러한 테두리 안에서 첫 번째 사건에서는 흉년으로 그랄에 간 이삭이 자신의 아내 리브가를 누이로 속이는 사건(창 26:7–11)[5]과, 이삭이 그 땅에서

5) 이삭이 자신의 아내 리브가를 누이로 속이는 사건(창 26:1–17)은 아브라함이 사라를 누이로 속이는 사건들(창 12:10–20; 20:1–18)과 아래와 같이 병행된다: 1) 위의 세 기사에서 모두에서 이삭이나 아브라함은 자신의 아내가 아름다운 이유로 상대방이 자신을 죽일까봐 두려워 거짓을 말하는 것으로 설명된다(창 26:7; 12:11–13; 20:11). 2) 이삭의 사건과 아브라함의 첫 번째 사건은 흉년이라는 상황 속에서 발생한 것으로 설명된다(창 26:1; 12:10). 3) 이삭의 사건과 아브라함의 두 번째 사건에서 리브가나

많은 축복을 얻고 아비멜렉이 이삭을 떠나보냈다는 사건(창 26:12-16)이 놓여 있다. 두 번째 사건에서는 이삭과 아비멜렉이 평화의 언약을 맺는 사건을 다룬다(창 26:27-31). 그러므로 그랄에서의 사건(창 26:6-17)에서는 이삭과 아비멜렉이 서로 분리되는 반면, 브엘세바에서의 사건(창 26:26-31)에서는 깨어졌던 이삭과 아비멜렉의 관계가 회복되는 것을 보여준다.[6)]

이삭과 아비멜렉 사이에 발생한 사건 이후에 이삭의 우물 사건이 나타난다(창 26:18-22, 32-33). 첫 번째 사건에서 이삭은 아브라함이 팠던 우물들과 다른 우물들을 판 것에 대하여 묘사한다. 이 사건은 "여호와께서 우리를 위하여 넓게 하셨으니 이 땅에서 우리가 번성하리로다"(창 26:22)라는 이삭의 말로 끝맺음으로 땅에 대한 주제를 강조한다. 이삭의 우물에 대한 주제는 두 번째 사건에서도 언급된다. 이 부분에서는 우물과 연관하여 그곳의 지명이 브엘세바라 하였다는 말로 끝난다(창 26:33).

3. 셋째 대문단: 두 아들의 갈등의 절정 (창 26:34-28:9)

셋째 대문단(창 26:34-28:9)에는 첫째 대문단에서 언급되었던 야곱

사라를 누이라고 속인 대상은 그랄의 아비멜렉이다(창 26:7-8; 20:2-4). 이러한 병행과 함께 위의 기사들 사이에는 차이점도 있다: 1) 아브라함 사건에서는 하나님께서 개입하심으로 문제가 해결되지만(창 12:17-20; 20:3-7), 이삭의 사건에서는 아비멜렉이 우연히 리브가가 이삭의 누이가 아니라 아내라는 것을 발견함으로 문제가 해결된다(창 26:8-11). 2) 아브라함 사건에서는 사라와 연관하여 아브라함이 상대방으로부터 많은 재산을 얻지만(창 12:16; 20:14-16), 이삭 사건에서는 아내와 관계없이 이삭이 땅에서 농사를 지어 하나님의 축복을 받은 것으로 설명된다(창 26:12-14). 이러한 병행과 차이를 통하여 아브라함 사건에서는 하나님의 개입하심으로 문제가 해결됨을 강조한다.

6) 이 언약은 아브라함 단락에서도 병행되어 나타난다(참조. 창 21:22-31). 즉 아브라함과 아비멜렉 일행은 우물과 연관하여 평화의 조약을 맺고, 그곳의 이름을 브엘세바라 한다.

과 에서의 갈등의 주제가 또 다루어진다. 이 대문단은 에서의 결혼을 테두리(창 26:34-35; 28:6-9)로 하여 그 중앙에 장자의 축복과 연관된 야곱과 에서의 갈등을 다루는 소문단(창 27:1-28:5)이 배열된 형태로 구성된다. 이 대문단의 구조는 아래와 같다.

A. 에서의 이방 여인과의 결혼	26:34-35
1. 에서의 결혼	26:34
2. 에서의 결혼에 대한 부모의 반응	26:35
B. 장자의 축복과 연관된 야곱과 에서의 갈등	27:1-28:5
1. 이삭이 축복을 위하여 에서에게 준 지시	27:1-4
2. 리브가가 에서의 축복을 가로채기 위해 야곱에게 준 지시	27:5-17
3. 이삭이 야곱을 축복함	27:18-29
4(3'). 이삭이 에서를 축복함	27:30-40
5(2'). 리브가가 에서의 보복을 피하기 위해 야곱에게 준 지시	27:41-45
6(1'). 이삭이 축복을 위하여 야곱에게 준 지시	27:46-28:5
C(A'). 에서의 또 다른 결혼	28:6-9
1. 야곱은 가나안 사람과 결혼하지 않기 위해 가나안을 떠남	28:6-7
2. 에서는 가나안을 떠나지 않고 가나안 사람과 결혼함	28:8-9

본문의 테두리를 이루는 에서의 결혼에 대한 기사(창 26:34-35; 28:8-9)는 그의 결혼이 부모와 하나님의 인정을 받고 있지 못함을 보여준다. 앞의 테두리(창 26:34-35)는 에서가 헷 족속의 여인과 결혼했으며, 이로 인해 부모가 근심했다고 설명한다. 이 결혼에 대한 어머니 리브가의 반응은 야곱의 결혼과 연관된 부분에서 분명히 보여준다.

> 리브가가 이삭에게 이르되 내가 헷 사람의 딸들을 말미암아 내 삶

> 이 싫어졌거늘 야곱이 만일 이 땅의 딸들 곧 그들과 같은 헷 사람의 딸들 중에서 아내를 맞이하면 내 삶이 내게 무슨 재미가 있으리이까(창 27:46).

이러한 리브가의 말 이후에 야곱은 외삼촌의 딸과의 결혼을 위하여 라반의 집에 보내진다. 이것은 같은 혈통에서의 결혼이 정당하며, 이방인과 결혼하는 에서는 족장의 계보를 계승하는데 부적절한 자임을 보여준다.

뒤의 테두리(창 28:6-9)는 또 다른 에서의 결혼 사건을 다룬다. 에서는 가나안 여인들이 이삭의 마음을 기쁘게 하지 못한다는 것을 알고 이스마엘의 딸인 마할랏을 아내로 취하였다. 에서의 결혼을 다루는 이 부분에는 부모에 대하여 각기 다른 에서의 마음이 암시된다. 에서가 가나안의 여인을 아내로 취하지 않은 이유는 단지 그 아버지를 기쁘게 하기 위함이라고 언급된다(창 28:8). 이삭뿐만 아니라 리브가도 가나안 여인을 며느리로 맞이하는 것을 싫어했음에도(참조. 창 26:35; 27:46), 에서는 단지 그 아버지를 위하여 가나안 여인이 아닌 다른 사람으로 아내를 취하였다.

에서의 결혼에 대한 설명을 테두리로 하여 그 중앙에 장자의 축복과 연관된 야곱과 에서의 갈등이 묘사된 둘째 소문단(창 27:1-28:5)이 놓인다. 이 소문단은 위의 구조 도표가 보여주듯 여섯 개의 미세문단들이 교차대구구조의 형태로 배열된다.

첫째 미세문단(창 27:1-4)은 이삭이 축복을 위하여 에서에게 한 지시를 다룬다. 이 미세문단에서 임종을 앞두고 눈이 어두워진 이삭은 그의 맏아들 에서에게 자신이 언제 죽을지 모르니 들에서 짐승을 사냥하여 그것으로 별미를 만들어 자신에게 가져오면 자신이 그것을 먹고 축복하겠다고 말하였다. 이 단위는 뒤에 이어질 내용을 암시한다. 즉 이삭의 눈이 어두워졌다는 언급은 이후에 야곱이 이삭을 속이는 방법과 연관되어 나타나며, 이삭이 언급한 축복의 주제는 본문 전체를 지배한다

(창 27:4, 7, 10, 19, 23, 25, 27x2, 29x2, 30, 31, 33x2, 34, 38, 41, 28:1, 3). 그러므로 이 미세문단은 둘째 소문단(창 27:1-28:5)의 서론과 같은 역할을 한다.

둘째 미세문단(창 27:5-17)은 리브가가 에서의 축복을 가로채기 위해 야곱에게 준 지시를 다룬다. 이 미세문단은 리브가의 모습을 눈이 어두워진 이삭과는 달리 귀가 밝은 것으로 묘사한다(창 27:5). 귀가 밝은 리브가는 이삭이 에서에게 한 지시를 듣고 야곱에게 축복을 위하여 지시하였다. 리브가의 지시와 행동은 이삭이 에서에게 지시한 것보다 훨씬 구체적이었다(창 27:6-13). 리브가는 야곱에게 자신의 말을 따르라고 명령하면서(창 27:8), 좋은 새끼 염소를 가져오면 자신이 이삭을 위하여 별미를 만들 것이라고 자신의 계획을 말하였다. 그리고 그 별미를 이삭에게 주어 네가 형 대신 축복을 받으라고 지시하였다. 리브가는 야곱이 복을 받게 하기 위하여 이삭을 속이려는 계획을 세울 뿐만 아니라 구체적으로 행동까지 하였다. 그녀는 야곱이 갖고 온 염소로 별미를 만들었고, 야곱에게 에서의 옷을 입혔으며, 털이 많은 에서처럼 보이기 위하여 염소의 가죽으로 야곱의 손과 목을 입혔다(창 27:14-17).

셋째 미세문단(창 27:18-29)은 이삭이 야곱을 축복한 사건을 다룬다. 이 미세문단은 이삭이 야곱의 정체를 확인하는 과정(창 27:18-23)과 이삭이 야곱에게 준 축복의 내용(창 27:24-29)을 다룬다. 이삭은 별미를 들고 온 야곱에게 "네가 누구냐"(창 27:18)고 묻고, 야곱은 자신을 에서라고 속이고 자신에게 축복해 달라고 요청하였다(창 27:19). 이삭은 음식을 갖고 온 자가 에서인지 확인하기 위하여 어떻게 빨리 짐승을 잡았는지 묻기도 하고(창 27:20), 야곱의 몸을 만지기도 하였다(창 27:21-23). 이삭의 의심에 대하여 야곱은 여호와 하나님의 이름까지 이용하여 이삭을 속임으로 위기를 넘겼다(창 27:20).

야곱을 에서라고 생각한 이삭은 야곱이 준비해 온 별미를 먹고(창 27:24-25), 야곱에게 입을 맞춘 후에(창 27:26-27a), 그를 축복하였다(창 27:27b-29). 이삭이 야곱에게 했던 첫 번째 축복은 이 땅에서 풍요로운 삶을 얻을 것이라는 약속이었다(창 27:27b–28). 이삭이 언급했던 두 번째 축복은 열국이 야곱을 섬기고, 야곱이 저주하는 자에게는 저주가, 축복하는 자에게는 축복이 임한다는 것이었다(창 27:29; 참조. 창 25:23). 이 축복은 아브라함에게 주신 약속과 동일하다(참조. 창 12:3). 그러므로 야곱에게 주신 두 번째 축복의 말씀은 야곱이 결국 아브라함에게 주신 축복을 계승하는 자가 될 것임을 보여준다.

넷째 미세문단(창 27:30–40)은 이삭이 에서를 축복하는 내용을 담는다. 이 미세문단은 이삭이 야곱을 축복한 사건을 다루는 셋째 미세문단(창 27:18–29)과 함께, 교차대구구조로 배열된 둘째 소문단(창 27:1–28:5)에서 중앙에 놓임으로 가장 강조된다. 이 미세문단은 세 번에 걸친 에서의 축복에 대한 요청(창 27:30–32, 34–36, 38)과, 그것에 대한 이삭의 반응(창 27:33, 37, 39-40)이라는 병행구조로 구성된다. 여기서 에서는 지속적으로 이삭에게 자신에게 축복할 것을 요청하였고, 이삭은 에서가 아닌 야곱이 축복을 받을 것이라는 대답하였다. 에서는 이삭에게 축복을 재차 요청하면서, 야곱이 이전에는 자신의 '장자권' (ברכה, 베코라)을 빼앗았고 이제는 자신의 '복' (בכרה, 베라카)까지 빼앗았다고 말하였다(창 27:34–36). 여기서 '베코라' 와 '베라카' 의 언어적 유희를 통하여 '장자권' 과 '복' 이라는 주제를 강조한다. 에서의 말 가운데에는 야곱의 이야기의 한 주제인 '속임수' 도 강조된다. 에서는 야곱이 자신을 속인 것이 두 번째라고 말하였다(창 27:36). 에서의 축복에 대한 지속적인 요청에, 이삭은 야곱이 에서의 주(主)가 되고, 다른 형제들은 야곱의 종이 될 것이며, 에서는 땅으로부터 소외될 것을 말하였다(창 27:38–40). 여기서 에서가 아우를 섬길 것이라는 이삭의 말은 야곱과 에서가 태중에 있을 때 주셨던 예언의 말씀에 대한 성취로 이해되며(참조. 창 25:23), 에서가 칼을 믿고 생활한다는 말은 에서의 나라인 에돔이 칼의 나라가 될 것임을 예시한다(참조. 민 20:18; 삼상 14:47; 왕상 11:14–16 등).

다섯째 미세문단(창 27:41–45)은 에서의 보복을 피하기 위해 리브가가 야곱에게 준 지시를 다룬다. 이 미세문단은 리브가가 에서의 축복을 빼앗기 위해 야곱에게 준 지시를 다루는 둘째 미세문단(창 27:5-17)과 대응된다. 다섯째 미세문단에서 리브가는 에서가 야곱을 죽일 것이라는 말을 듣고(창 27:41-42) 야곱에게 외삼촌 라반의 집에 가서 피하라고 지시하였다(창 27:43-45). 리브가의 지시는 둘째 미세문단에서처럼 "내 아들아 내 말을 따라"(창 27:8, 43)로 시작된다. 여기서도 리브가는 야곱을 강하게 주도하는 자로 묘사된다.

여섯째 미세문단(창 27:46-28:5)은 이삭이 축복을 위하여 야곱에게 준 지시를 다룬다. 이 미세문단은 이삭이 축복을 위하여 에서에게 준 지시를 다루는 첫째 미세문단(창 27:1-4)과 대응된다. 여섯째 미세문단에서 이삭은 야곱에게 축복을 위하여 외삼촌 라반의 집으로 가서 아내를 취하라고 지시하였다(창 28:2-4; 참조. 창 28:6). 첫째 미세문단에서 이삭이 에서를 축복하고자 하는 것은 자신의 죽음과 미래를 위한 준비였던 것처럼(참조. 창 27:2), 이 미세문단에서도 이삭이 야곱에게 결혼을 준비시킨 것은 다음 세대를 위한 준비로 이해된다. 이삭은 야곱을 보내면서 하나님께서 야곱에게 자손과 땅에 대한 축복 주시기를 기도하였다(창 28:3-4). 이 축복은 아브라함 이래로 족장들에게 주신 약속의 내용이다. 그러므로 이 축복은 이삭이 야곱을 아브라함과 자신의 뒤를 이어 하나님의 약속을 받는 족장이 될 것임을 인정한 것이라 할 수 있다(참조. 창 13:14-17; 17:6-8 등).

4. 넷째 대문단: 가나안을 떠나는 야곱과 하나님의 현현 (창 28:10-22)

야곱이 장자의 축복을 탈취함으로 발생된 야곱과 에서의 갈등은 결국 둘 사이의 관계를 갈라놓는 사건으로 진행된다. 넷째 대문단(창 28:10-22)은 야곱이 형 에서의 위협을 피해 외삼촌 라반이 사는 하란으로 이동하는 도중 벧엘에서 있었던 사건을 다룬다. 이 대문단은 아래와 같은 구조를 갖는다.

A. 하나님의 현현하심	28:10-15
1. 사건의 배경: 장소와 연관하여	28:10-11
2. 야곱이 꿈에서 하나님을 경험함: 언약과 연관하여	28:12-15
B(A'). 야곱의 반응	28:16-22
1. 야곱의 첫 번째 반응: 장소와 연관하여	28:16-19
2. 야곱의 두 번째 반응: 언약과 연관하여	28:20-22

넷째 대문단은 하나님의 현현하심으로 시작된다(창 28:10-15). 야곱은 하란으로 향하는 도중 한 곳에서 잠을 자게 되었다(창 28:10-11). 야곱은 꿈 가운데서 하나님의 사자가 하늘과 땅을 잇는 사닥다리를 오르락내리락하는 것을 목격하였고(창 28:12), 하나님께서 말씀하시는 음성을 들었다(창 28:13-15). 하나님께서는 꿈 가운데 야곱에게 네 가지의 약속을 주셨다. 첫째는 땅에 대한 약속이고(창 28:13), 둘째는 자손에 대한 약속이며(창 28:14), 셋째는 축복의 통로에 대한 약속이었다(창 28:14). 그리고 넷째는 하나님께서 야곱과 함께 하시고 그를 이 땅으로 돌아오게 하신다는 약속이었다(창 28:15).

이러한 하나님의 현현하심에 대하여 야곱은 응답하였다. 야곱의 첫 번째 반응은 장소와 연관된 것이었다(창 28:16-19). 야곱은 잠에서 깨어나 "여호와께서 과연 여기 계시거늘 내가 알지 못하였도다"(창 28:16)라고 먼저 고백하고, 이어서 "두렵도다 이 곳이여 이것은 다름 아닌 하나님의 집이요 이는 하늘의 문이로다"(창 28:17)라고 말하였다. 이러한 고백 후에 야곱은 그 장소에 돌베개를 세우고 그 위에 기름을 붓고 그곳 이름을 벧엘이라고 불렀다.

야곱의 두 번째 반응은 언약과 연관된 서원이었다(창 28:20-22). 야곱은 먼저 하나님께서 자신과 함께 하시고 자신을 지키시며 자신에게 음식과 옷을 제공하셔서 자신을 아버지의 집에 돌아오게 해 주는 것을 조건으로 제시하였다(창 28:20–21a). 이러한 조건 후에 야곱은 세 가지 약속을 하였다(창 28:21b–22). 첫째는 여호와는 자신의 하나님이 되고, 둘째는 자신이 기둥으로 세운 돌이 하나님의 집이 될 것이며, 셋째는 하나님께서 주신 것 가운데 십일조를 드리겠다고 약속이었다. 이러한 하나님의 약속과 야곱의 서원은 이후에 일어날 사건들을 예시하는 역할을 한다(참조. 창 31:13; 32:9; 35:1–15).

5(4'). 다섯째 대문단: 가나안으로 들어오는 야곱과 하나님의 사자의 현현(창 32:1–32)

다섯째 대문단(창 32:1–32)은 가나안으로 들어오는 야곱과 하나님의 사자의 현현 사건을 다룬다. 이 대문단은 넷째 대문단(창 28:10–22)과 대응을 이룬다. 다섯째 대문단의 구조는 아래와 같다.

A. 야곱과 하나님 사자와의 만남 I	32:1–2
B. 야곱의 에서를 만나기 위한 준비 I	32:3–8
C. 야곱의 기도	32:9–12
D(B'). 야곱의 에서를 만나기 위한 준비 II	32:13–23
E(A'). 야곱과 하나님의 사자의 만남 II	32:24–32

다섯째 대문단은 위와 같이 다섯 개의 소문단들이 교차대구구조로 배열된다. 외부 테두리를 이루는 첫째(창 32:1–2)와 다섯째(창 32:24–32) 소문단에는 모두 하나님의 사자가 등장한다.[7] 내부 테두리를 이루

7) 웬함은 야곱과 하나님의 사자와의 만남을 다루는 창 32:1–2가 라반과 함께 했던 경험을 요약하는 것으로 주장함으로 31장과 연결된 문단으로 이해한다. Wenham, 《창세기 16-50》, 501–02. 그러나 하나님의 사자와의 만남을 다루는 부분은 야곱의 전체 이야기 가운데 가나안에서 일어난 사건을 다루는 단락(창 25:19–28:22)의 가장 마지막 문단(창 28:10–22)과 대응되며, 본문 가운데서는 또 다른 하나님의 사자와의 만남과 대응되는 테두리를 이룬다. 야곱과 하나님의 사자와의 만남을 다루는 문단(창 32:

는 둘째(창 32:2-8)와 넷째(창 32:13-23) 소문단은 야곱이 에서를 만나기 위하여 구체적인 준비를 하는 것을 다룬다. 중앙에 놓여 구조적으로 가장 강조되는 셋째 소문단(창 32:9-12)은 야곱이 하나님께 드린 기도를 다룬다.

첫째 소문단(창 32:1-2)은 야곱과 하나님의 사자와의 첫 번째 만남을 다룬다. 야곱은 가나안으로 돌아오는 여정에서 하나님의 사자를 만났고, 그들을 '하나님의 군대' 라고 불렀다(창 32:1-2a). 야곱은 하나님의 사자를 만난 장소를 '마하나님' (מחנים)이라고 불렀다. 이 지명은 두 군대라는 뜻으로, 이곳은 얍복강의 북쪽 어딘가를 가리키는 것 같다(참조. 수 13:26, 30; 21:38; 삼하 2:8, 12, 29; 17:24, 27).

오경에서 '하나님의 군대' 또는 '하나님의 진' 이라는 것은 하나님의 현존과 연관되어 사용된다.[8] 이스라엘의 진은 하나님의 현존의 상징인 장막 근처에 세워졌다(민 1:47-2:34; 3:14-16; 10:11-28).[9] 그러므로 야곱이 만난 하나님의 사자가 하나님의 군대라는 것은 야곱의 삶 가운데 하나님께서 함께 하시고 그를 보호해 주실 것이라는 것을 암시한다.

첫째 소문단과 대응이 되는 다섯째 소문단(창 32:24-32)은 야곱과 하나님의 사자와의 두 번째 만남을 다룬다.[10] 야곱은 자신이 할 수 있는 모든 준비를 마치고 홀로 있었고, 하나님의 사자가 야곱에게 다가가서 씨름을 하였다(창 32:24). 하나님의 사자는 야곱과 밤이 새도록 씨

1-2)이 31장이 아니라 이어지는 문단과 연결된다는 것은 이 만남 사건의 주제어인 '마하네' (군대, 진, 떼, 무리)라는 용어가 31장에는 나오지 않고 이어지는 문단에 자주 반복된다는 것을 통해서도 알 수 있다(창 32:2, 7, 8x2, 10, 21).

8) '하나님의 군대' 나 '하나님의 진' 은 히브리어에서 모두 '마하네 엘로힘' (מחנה אלהים)으로 사용된다.

9) '하나님의 진' 이라는 용어는 성전에도 적용되어 사용된다. 대하 31:2에서 '여호와의 진' 이라는 단어는 '여호와의 영문' 으로 번역되어 사용되고 있다.

10) 창세기 32:24-32의 구조분석적 해석에 대하여는 아래의 글에 보다 구체적으로 다루고 있다. 정석규, 《구조로 읽는 구약성서: 구조분석 방법과 실제》(서울: 프리칭아카데미, 2006), 120-41.

름을 하였지만, 야곱을 이기지 못하자 야곱의 환도뼈를 때려 위골시켰다(창 32:25). 하나님의 사자는 야곱에게 자신을 보내달라고 요청하였고, 야곱은 자신에게 축복하라고 요구하였다(창 32:26). 하나님의 사자는 야곱의 이름을 이스라엘로 개명시켰고, 야곱에게 축복하였다(창 32:27-29). 이러한 씨름 사건과 연관하여 브니엘이라는 지명과 이스라엘 사람들이 환도뼈의 큰 힘줄을 먹지 않는 이유에 대한 기원론적 설명이 덧붙여진다(창 32:30-32).

둘째 소문단(창 32:3-8)은 야곱이 에서를 만나기 위하여 행했던 첫 번째 준비를 다룬다. 야곱은 에서를 만나기 위하여 자기보다 앞서서 사자들을 보냈다(창 32:3-5). 사자들은 야곱에게 돌아와 에서가 사백 명을 거느리고 야곱을 만나러 오고 있다고 보고하였다(창 32:6). 사자들의 보고를 들은 야곱은 두려워하였고, 예상되는 에서의 공격을 대비하여 자신의 종들과 양과 소와 약대를 두 떼로 나누어 한 떼를 공격할 때 다른 한 떼라도 피하려는 계획을 세웠다(창 32:7-8).

둘째 소문단과 대응되는 넷째 소문단(창 32:13-23)은 에서를 만나기 위해 행했던 야곱의 두 번째 준비를 다룬다. 야곱은 자신의 소유 가운데서 형에게 줄 많은 양의 예물을 택했다(창 32:13-15). 야곱은 에서에게 줄 선물인 짐승의 떼를 각각 나누어 종들에게 맡기면서 그들에게 행동지침을 알려주었다(창 32:16-20). 야곱은 종들에게 짐승의 각 떼들의 간격을 유지하면서 자신보다 앞서 가라고 말했고(창 32:16), 종들이 에서를 만나면 그에게 이 짐승들이 야곱의 것으로 형 에서에게 보내는 예물이라고 말하고 야곱이 뒤에 따라오고 있다고 전하라고 명령하였다(창 32:17-20). 이러한 지시의 이유는 혹시 에서가 야곱에 대하여 갖고 있던 원한이 누그러져 자신을 용납해줄 수 있지 않을까 하는 기대 때문이었다(창 32:20). 형과의 만남을 준비한 야곱은 먼저 형을 위해 선택한 예물을 자기보다 앞서서 보냈고 자신은 그곳에서 머물렀다(창 32:21). 야곱은 종들만 보내지 않고, 자신의 두 아내와 두 여종, 그리고 열한 아들과 그들의 소유까지도 자기 앞에 보냄으로 에서를 만날 준비를 끝마쳤다.

중앙에 배열되어 구조적으로 가장 강조되는 셋째 소문단(창 32:9-12)은 야곱의 기도를 다룬다. 야곱의 기도는 하나님께서 이전에 주셨던 약속의 말씀을 테두리로 하여 구성된다. 즉 앞의 테두리로는 땅과 연관된 말씀으로 고향으로 돌아오면 은혜를 베풀리라는 것이고(창 32:9), 뒤의 테두리는 자손에 대한 말씀으로 많은 자손을 주시겠다는 약속이다(창 32:12). 그 중앙에 과거에 주어진 은혜와 미래에 주어질 은혜가 놓여있다. 즉 외삼촌 라반의 집에서 주셨던 은혜를 고백하고(창 32:10), 형 에서에게서 자신과 가족을 구원해 달라고 간구하였다(창 32:11). 야곱은 하나님께서 이전에 주셨던 땅과 자손에 대한 약속의 말씀에 근거하여, 그리고 이전에 베푸셨던 은혜를 기억하면서 에서로부터 가족을 보호해 달라는 기도를 드렸다.

6(3'). 여섯째 대문단: 야곱과 에서의 화해(창 33:1-20)

여섯째 대문단(창 33:1-20)은 야곱과 에서의 갈등의 절정을 다루는 셋째 대문단(창 26:34-28:9)과 그 내용에 있어서 역대응된다. 여섯째 대문단은 갈등을 넘어서 야곱과 에서가 서로 화해하는 내용을 다룬다.

A. 야곱과 에서의 만남에 대한 서술적 묘사	33:1-4
B. 야곱과 에서의 대화	33:5-15
1. 자녀에 대한 대화	33:5-7
2. 예물에 대한 대화	33:8-11
3. 동행에 대한 대화	33:12-15
C(A'). 야곱과 에서의 헤어짐에 대한 서술적 묘사	33:16-20

가나안으로 들어온 야곱은 결국 형 에서를 만나서 화해하게 되었다. 이 대문단은 야곱과 에서의 만남에 대한 서술적 묘사(창 33:1-4)와 그

들의 헤어짐에 대한 서술적 묘사(창 33:16-20)를 테두리로 하여 그 중앙에 야곱과 에서의 대화(창 33:5-15)가 배열된 형태로 구성된다.

야곱과 에서의 만남에 대한 묘사(창 33:1-4)는 20년 전에 헤어질 때의 모습과는 대조적으로 그려진다. 야곱이 에서를 속이고 도망갈 때 야곱은 에서를 속여 장자의 축복을 탈취하고, 에서는 야곱을 죽이겠다고 결심하였다(창 27장). 그러나 다시 만나는 이 사건에서 야곱은 형에게 몸을 일곱 번 땅에 굽히고, 형 에서는 야곱에게 달려와 포옹하고 입을 맞추고 감격의 눈물을 흘렸다(창 33:3-4).

이어서 둘 사이의 대화가 나온다(창 33:5-15). 에서는 야곱과 함께 한 자들과 야곱보다 앞서 온 짐승의 떼에 대하여 물어보았다(창 33:5, 8). 야곱은 함께 한 자들은 하나님께서 자신에게 은혜로 주신 자녀들이고(창 33:5-7), 앞서 보낸 떼는 형 에서에게 은혜를 입기 위해 보낸 선물이라고 대답하였다(창 33:8). 여기서 야곱은 형을 매우 높이고 있다. 야곱은 하나님께서 자신에게 주신 은혜와 형의 은혜를 비교함으로 형 에서를 하나님처럼 높이고, 형을 "내 주"라고 불렀다(창 33:5, 8). 그리고 형의 얼굴을 본 것을 하나님을 본 것과 같다고 높이며 말하였다(창 33:10). 에서는 야곱에게 함께 고향으로 내려가자고 제안하였고(창 33:12), 야곱은 정중하게 사양하며 형에게 앞서 가라고 요청하였다(창 33:13-15).

이러한 대화 후에 형 에서는 에돔 사람의 고향인 세일로 돌아갔고(참조. 창 36:8), 야곱은 숙곳에 머물다가(창 33:16-17) 세겜으로 내려가 그곳에서 땅을 구입하고 하나님께 제단을 쌓고 그곳에 정착하였다(창 33:18-20). 야곱은 가나안을 떠나 외삼촌 라반의 집에서 열한 명의 아들을 얻고, 가나안에 도착하여 땅을 소유함으로 야곱 자신과 그의 조상들에게 주셨던 땅과 자손에 대한 약속을 부분적으로 성취하였다. 그리고 형 에서와의 갈등도 샬롬의 관계로 변화되었다(참조. 창 33:18).[11]

11) 창세기 33장 18절에서 야곱은 '평안히' 세겜에 도착한다고 표현하고 있는데, 여기서 '평안히' 라는 히브리 용어는 '샬렘' (שלם)이다. 이는 야곱과 에서와의 관계가 샬롬의

7(2'). 일곱째 대문단: 이방민족(가나안 족속)과의 갈등 (창 34:1-31)

일곱째 대문단(창 34:1-31)은 야곱의 가족과 가나안 족속과의 갈등을 다룬다. 이 대문단은 이방민족인 블레셋과의 갈등을 다루는 둘째 대문단(창 26:1-33)과 대응된다.[12] 이 대문단의 구조는 아래와 같다.

A. 사건의 배경: 세겜이 디나를 강간하고 결혼하려 함	34:1-4
B. 사건의 전개: 하몰과 세겜이 야곱 가족에게 결혼 계약을 제의함	34:5-19
C. 사건의 절정: 시므온과 레위가 할례 받은 성읍 사람들을 학살함	34:20-29
D. 사건의 결과: 야곱의 질책과 시므온과 레위의 대답	34:30-31

이 대문단이 다루는 가나안 족속과의 갈등은 야곱의 딸 디나와 연관된 사건으로 묘사된다. 이 사건은 크게 위와 같은 이야기의 흐름으로 진행된다.

첫째 소문단(창 34:1-4)은 사건의 배경으로, 세겜이 디나를 강간하고 그녀를 사랑하게 되어 그의 아버지 하몰에게 디나를 자신의 아내로

관계로 변화되었음을 암시하는 것이라 할 수 있다.

12) 창세기 26장에 나타난 블레셋과의 갈등에서는 블레셋 왕은 리브가를 취할 뻔하지만, 가나안 족속과의 갈등에서 세겜은 디나를 취한다. 여자와의 성(性)적인 문제를 다루는 이러한 갈등은 두 소문단에서 모두 해결된다. 또한 이방민족과의 두 갈등은 모두 족장들이 이러한 상황을 극복하고 큰 재산을 얻는 것으로 마무리된다(참조. 창 26:31, 13; 34:28-29; 35:5). 이 소문단과 블레셋과의 갈등을 다루는 소문단(창 26:1-33) 사이의 유사점에 대하여는 아래의 글들을 참조하라. Michael Fishbane, "Composition and Structure in the Jacob Cycle" (Gen 25:19-35:22), *Journal of Jewish Studies* 26 (1975), 15-38; G. A. Rendsburg, *The Redaction of Genesis* (Winona Lake, Indiana: Eisenbrauns, 1985), 53-70; Jerome T. Walsh, *Style and Structure in Biblical Hebrew Narrative* (Collegeville: The Liturgical Press, 2001), 31.

얻을 수 있도록 요청하는 내용을 다룬다.

둘째 소문단(창 34:5-19)은 사건의 전개부로, 하몰과 세겜이 야곱의 가족에게 결혼 계약을 요청하는 내용을 다룬다. 하몰은 야곱과 그의 아들들에게 세겜이 디나를 사랑하니 둘을 결혼시키고 이 땅에 함께 거주하자고 요청하면서, 신부를 위하여 어떤 예물이라도 주겠다고 제안하였다(창 34:8-12). 그러나 야곱의 아들들은 분개하였고(창 34:7), 하몰과 세겜을 속여 그들에게 할례를 행하면 그들의 요청을 수용할 것이라고 제안하였다(창 34:14-17). 그 제안에 하몰과 세겜은 동의하였다(창 34:18-19).

셋째 소문단(창 34:20-29)은 사건의 절정으로, 시므온과 레위가 하몰의 성읍 사람들을 학살하는 내용을 다룬다. 할례를 받으라는 야곱 가족의 요청에 동의한 하몰은 성읍 사람들을 설득하여 할례를 받게 하였다(창 34:20-24). 그러나 야곱의 두 아들 시므온과 레위는 성읍 사람들이 할례로 인하여 거동이 불편할 때에 그 성읍을 공격하여 성읍의 모든 남자들과 하몰과 세겜을 칼로 죽이고, 그들의 재물들을 탈취하였다(창 34:25-29).[13]

넷째 소문단(창 34:30-31)은 사건의 결과로, 하몰의 성읍 사람들을 전멸한 시므온과 레위에 대하여 야곱이 책망하는 내용을 다룬다. 야곱은 시므온과 레위의 행동을 꾸짖으면서 이 땅의 주민들이 우리를 죽일 것이라고 말하였다(창 34:30). 그러자 시므온과 레위는 그들이 디나를 범한 것이 정당하냐고 반문하였다(창 34:31). 이러한 대화를 통하여 해결되지 않은 가나안 사람과의 갈등 이야기는 마무리된다.[14]

---

13) 야곱이 죽기 전에 한 축복의 유언 가운데에서 시므온과 레위는 세겜 사람들을 대량 학살한 것과 연관하여 사람을 죽인 것으로 정죄 받는다(창 49:5-7).

14) 왕대일 교수는 이방 민족과의 갈등(창 26:1-33; 34:1-31)은 야곱과 에서의 갈등과 화해의 틀에서 역설적으로 표현된다고 주장한다. 즉 야곱과 에서의 갈등이 고조되는 문맥에서 이스라엘과 블레셋의 화해가 소개되고(창 26:1-33), 야곱과 에서가 화해되는 문맥에서 이스라엘과 세겜의 갈등이 고조되는 것을 보여준다는 것이다. 왕대일, "다시 읽는 야곱 이야기(창 25:19-36:43): 그 구조와 의미," 「구약논단」 4집(1998), 18-19.

8(1'). 여덟째 대문단: 결론적 이야기(창 35:1-29)

여덟째 대문단은 이삭의 후예 이야기(창 25:19-35:29)의 마무리 문단이다. 이 대문단은 아래와 같은 구조로 구성된다.

A. 벧엘에서 제단을 쌓음	35:1-15
B. 결론적 보도	35:16-29
1. 라헬의 죽음	35:16-22
2. 야곱의 아들들의 명단	35:23-26
3(1'). 이삭의 죽음	35:27-29

이 대문단은 야곱이 벧엘로 돌아가 그 곳에서 제사를 드리는 사건(창 35:1-15)과 이삭의 후예인 야곱의 아내 라헬의 죽음과 야곱의 열두 아들들의 이름, 그리고 이삭의 죽음에 대한 결론적 보도로 구성된다(창 35:16-29). 여기서 첫째 소문단(창 35:1-15)인 벧엘에서의 제사 사건은 하나님께서 야곱에게 주셨던 축복을 요약 정리하는 역할을 한다. 이 소문단에서 야곱은 하나님의 말씀대로 이전에 가나안을 떠날 때 하나님을 만났던 벧엘에서 하나님께 단을 쌓았다. 그리고 하나님께서는 야곱의 일생 가운데 주셨던 축복의 약속들을 재차 확인하셨다(창 35:9 이하). 하나님께서는 야곱의 이름을 이스라엘이라 부르시겠다고 말씀하심으로 얍복 강가에서 주신 약속을 재확인하셨다(창 35:10; 참조. 창 32:28). 하나님께서는 야곱에게서 많은 국민과 왕들이 나올 것이라는 '자손에 대한 약속'을 다시 말씀하셨다(창 35:11; 참조. 창 28:3). 하나님께서는 아브라함과 이삭에게 주셨던 땅을 야곱과 그의 후손들에게 주겠다는 '땅에 대한 약속'도 재차 주셨다(창 35:12; 참조. 창 28:4, 13). 그러므로 벧엘에서 제사를 드리는 사건은 야곱의 일생 가운데 하나님께서 주신 축복의 말씀을 요약 정리하는 역할을 한다.

둘째 소문단인 결론적 보도(창 35:16-29)는 구체적으로 하나님께서 야곱에게 주셨던 축복이 성취되었음을 보여주는 역할을 한다. 결론적 보도에는 라헬의 죽음이 언급되지만, 이 죽음은 이스라엘의 열두 번째 지파의 족장이 되는 베냐민의 탄생과 연관되어 설명된다.[15] 즉 라헬의 죽음은 야곱과 연관하여 자손에 대한 축복이 마무리되었음을 보여준다(창 35:16-21). 이어서 나오는 야곱의 열두 아들의 목록은 야곱에게 주어진 자손에 대한 약속의 성취로 이해된다(창 35:22-26). 그리고 이삭의 죽음에 대한 보도를 통하여 그의 아들 야곱에게 하나님의 축복이 온전히 계승되었음을 보여준다(창 35:27-29).

II. 갈등의 주제로 읽는 야곱과 에서 이야기

야곱과 에서의 이야기는 그들 사이의 갈등 사건과 함께 시작된다. 그들은 어머니 리브가의 뱃속에서부터 갈등했으며, 태어나는 순간에도 경쟁하였다(창 25:19-26). 그들의 갈등은 장자의 명분과 연관된 사건(창 25:27-34)을 거쳐서 장자의 축복과 연관된 사건(창 27:1-40)에서 절정을 이루었다. 이러한 갈등은 야곱이 에서의 위협을 피해 그의 고향을 떠나 외삼촌 라반의 집으로 이주하게 되는 깨어짐의 결과를 초래하였다(창 27:41-28:5).

이러한 갈등의 해결은 외삼촌 라반의 집에서 고향으로 돌아오는 사건부터 나타난다. 자손의 축복을 받은 야곱은 가나안으로 돌아오는 길에 에서와의 갈등을 해결하기 위해 여호와께 기도하였고(창 32:9-12), 하나님의 사자와 씨름하여 이스라엘로 개명을 하게 되고 축복을 받았다(창 32:24-32). 하나님께서는 에서와 야곱을 화해시켰고(창 33:1-18), 야곱은 가나안에서 땅을 소유하였다(창 33:19). 결국 야곱은 12명의 아들을 얻고, 가나안 땅을 소유하는 약속된 축복을 받게 되었다.

15) 사라의 죽음이 땅에 대한 약속과 연관하여 설명되듯이(창 23:1-20), 여기서 라헬의 죽음은 자손에 대한 약속과 연관하여 언급된다.

1. 갈등의 이유

야곱과 에서 사이의 갈등은 부모의 편애와 형제간 경쟁의식으로 인해 발생했다. 형제의 갈등이 결국 형제를 20년 동안이나 분리시켰다.

1) 부모의 편애는 자녀들의 관계를 단절시킨다

야곱과 에서의 이야기의 서론적 사건을 다루는 첫째 대문단(창 25:19-34)은 둘 사이의 갈등을 두 가지 이야기에서 언급한다. 첫째는 태속에서 야곱과 에서가 다투는 사건이고(창 25:19-26), 둘째는 야곱이 형 에서에게서 장자의 권한을 팥죽으로 사는 사건이다(창 25:27-34). 야곱이 장자의 명분을 빼앗은 사건은 둘 사이의 갈등의 절정인 장자의 축복권을 야곱이 탈취하는 사건(창 27:1-28:5)의 이전 단계라 할 수 있다. 에서도 장자의 축복을 야곱에게 빼앗긴 후에 자신이 장자의 권한도 야곱에게 속아 빼앗겼고, 장자의 축복도 빼앗겼다고 말함으로 이 둘을 연결시켰다.

> 그의 이름을 야곱이라 함이 합당하지 아니하니이까 그가 나를 속임이 이것이 두 번째니이다 전에는 나의 장자의 명분을 빼앗고 이제는 내 복을 빼앗았나이다(창 27:36).

그러므로 야곱과 에서 이야기에서 야곱이 장자의 권한과 장자의 축복을 빼앗은 사건은 둘 사이의 갈등을 명시적으로 보여준다.

야곱이 장자의 권한을 빼앗는 사건과 장자의 축복을 빼앗는 사건에 나타난 형제 사이의 갈등은 그들의 부모인 이삭과 리브가의 자녀들을 향한 태도와 함께 시작된다. 장자의 권한을 빼앗는 사건(창 25:27-34)은 갈등의 배경 설명(창 25:27-28)으로 시작되는데, 그 배경은 야곱과 에서의 모습과 그들에 대한 부모의 태도로 설명된다. 에서는 사냥을 즐

기던 외향적이며 활발한 들사람이었다. 반면에 야곱은 밖에 나가는 것을 좋아하지 않고 장막에 거주하면서 어머니의 일을 돕는 조용한 청년이었다. 아버지 이삭은 에서가 사냥한 고기를 좋아했기에 에서를 더욱 사랑했고, 어머니 리브가는 옆에서 자신을 도와주었던 야곱을 더욱 사랑했다. 이러한 부모의 편애가 장자의 권한을 빼앗는 사건에서는 갈등을 일으키는 원인으로 명시적으로 설명되고 있지는 않지만, 성서가 이러한 부모의 편애를 배경으로 언급하는 것은 이러한 부모의 태도가 야곱과 에서 사이의 갈등에 영향을 주고 있음을 암시하는 것이다.

야곱이 에서의 장자의 축복을 빼앗는 사건(창 27:1–28:5)에서는 자녀들을 향한 부모의 태도가 갈등의 이유로 보다 명확하게 나타난다. 이 사건에서 이삭은 임종을 앞두고 마지막 축복을 하기 위해 그의 맏아들인 에서만을 불렀다(창 27:1). 구약시대에 임종 전에 마지막으로 하는 축복은 모든 가까운 남자 친족 앞에서 공적으로 하는 것이었고, 이러한 축복을 통하여 자신에게 있었던 능력과 축복은 그 다음 세대로 이어졌다(창 48–49장; 50:24–25; 참조. 신 31–34장; 수 23–24장; 왕상 2:1–9). 그러므로 이삭이 모든 가까운 친족 앞에서 공적으로 하지 않고 사적으로 그의 아들 가운데 에서만을 불러서 이러한 지시를 한 것은 그 때의 관습을 어기는 것이었다.

이삭이 왜 야곱에게는 마지막 축복에 대한 지시를 하지 않았는지 본문은 침묵한다. 그러나 이삭이 두 아들 가운데 맏아들인 에서만을 사랑했다는 것은 확실하다(참조. 창 25:28). 그러므로 이삭은 에서에게만 특별히 축복해 주기를 원했던 것 같다. 이삭은 에서에게 이렇게 말했다.

> 나의 영혼(네페쉬)이 너를 축복할 것이다(창 27:4, 필자의 번역).[16)]

눈이 어두워 앞을 잘 보지 못했던 이삭은 에서를 편애하였다. 그래

---

16) 이 표현은 이어지는 야곱과 에서의 축복의 요청에도 반복해서 표현된다(참조. 창 27: 19, 31).

서 맏아들인 에서만을 불러서 그에게 비밀리에 축복하려고 했던 것이다. 이러한 이삭의 편애는 그의 영적인 눈도 어둡게 만들었다. 그래서 야곱과 에서가 태중에 있을 때 하나님께서 리브가에게 주셨던 말씀(창 25:23)을 불순종하는 행동을 계획했던 것이다.

에서를 편애했던 이삭처럼, 리브가는 야곱을 편애했다. 이삭이 에서를 축복하기 위해 지시를 내렸던 내용을 들은 리브가는 그 복을 야곱에게 돌리기 위하여 남편 이삭을 속이려는 계획을 세웠을 뿐만 아니라(창 27:6-13), 그 계획을 구체적인 행동으로 옮겼다(창 27:14-17). 리브가는 야곱에게 염소 새끼를 가져오라고 명하였고, 그것으로 요리를 만들어 야곱에게 주어 이삭에게 들어가도록 하였다.

이러한 부모의 편애의 모습은 부모가 에서와 야곱에게 한 호칭에서도 잘 표현된다. 5절에서 에서는 "그(야곱)의 아들"이라 불리는 반면, 6절에서 야곱은 "그녀(리브가)의 아들"[17]이라고 언급된다.

야곱이 복을 받기를 바랐던 리브가는 야곱에게 지시하면서 이렇게 말했다.

> 지금 나의 아들아 나의 말, 내가 너에게 명령하는 것을 들어라(창 27:8, 필자의 번역).

리브가는 야곱에게 명령했다. 게다가 자신을 뜻하는 일인칭 대명사 또는 접미사를 3번이나 사용하면서 지시했다. 리브가는 야곱의 걱정에 대하여 "내 아들아 너의 저주는 내게로 돌리리니 내 말만 따르고 가서 가져오라"(창 27:13)고 지시함으로 이러한 속임의 책임을 자신이 다 지겠다고 말했다. 리브가는 속임수로 인해 야기될 수 있는 문제를 자신이 짊어지기까지 야곱에게 복을 주기 원했다. 이와 같이 리브가는 자신의

17) 개역개정판에서는 둘 다 "그의 아들"이라고 번역되었지만, 히브리어 성경에는 에서에 대하여는 삼인칭 남성 인칭 접미사를 사용하지만(창 27:5), 야곱에 대하여는 삼인칭 여성 인칭 접미사를 사용한다.

남편을 속이면서까지 야곱만을 사랑했다.

이삭과 리브가의 편애는 서로를 속이고 그들의 두 자녀인 야곱과 에서의 관계를 협력이 아닌 경쟁과 다툼의 관계로 만들었다. 장자의 축복을 빼앗긴 에서는 야곱에 분노하였고 그를 미워했다. 그는 아버지 이삭이 죽으면 야곱에게 복수를 하겠다고 다짐하였다.

> 아버지를 곡할 때가 가까웠은즉 내가 내 아우 야곱을 죽이리라(창 27:41).

쌍둥이 형제였던 야곱과 에서는 원수지간이 되었다. 형이 동생을 죽이려고 마음먹을 정도로 증오하게 되었다.

에서만을 축복하길 원하는 아버지 이삭과 야곱에게 복이 임하기를 바라는 어머니 리브가의 편애는 형제인 에서와 야곱의 관계를 파괴시켰다. 그들의 관계를 단절시켰다. 그들은 결국 헤어질 수밖에 없었다. 야곱은 에서의 위협을 피해 약속의 땅인 가나안을 떠나게 되었다(창 27:42-43).

부모의 자녀에 대한 편애는 부모와 자녀 사이의 관계에서도 문제를 야기한다. 부모 가운데 한 사람에게만 사랑을 받은 자녀는 자신의 자녀됨을 자신에게 사랑을 주는 쪽과의 관계에서만 이해하려 한다. 에서와 야곱은 기질이 달랐다. 에서는 외향적이었고 야곱은 내성적이었다. 그래서 에서는 들사람이 되었고 야곱은 장막에 거주하는 사람이 되었다(창 25:27). 사냥한 고기를 좋아하던 이삭은 당연히 에서의 모습을 좋아했고, 장막에 거주했던 야곱은 음식을 만들 정도로 어머니와 함께 하는 영역과 시간이 많았다(창 25:28-29). 부모인 이삭과 리브가는 성향이 너무나 달랐던 두 아들의 차이를 이해하고 존중했어야 했다. 그러나 그들은 차이를 존중하기보다는, 서로 다른 아들들의 모습 가운데 자신이 좋아하는 것만을 취했다.

부모 가운데 한쪽으로부터만 사랑을 받은 아들들은 사랑을 준 그

대상만의 자녀가 되었다. 아버지의 사랑을 받았던 에서는 "그(이삭)의 아들"(창 27:5)이 되었고, 어머니의 사랑을 받았던 야곱은 "그녀(리브가)의 아들"(창 27:6)이 되었다. 또한 에서는 자신의 아내를 구할 때 가나안 사람의 딸들이 그의 아버지 이삭을 기쁘게 하지 못한다고 생각하여 이스마엘의 딸과 결혼하였다(창 28:8-9). 가나안 사람의 딸들을 기뻐하지 않은 부모는 이삭보다는 어머니 리브가였다(창 27:46-28:2). 그럼에도 에서는 자신에게 사랑을 주지 않은 어머니보다 자신을 사랑하고 인정했던 아버지의 마음만을 헤아렸다. 부모의 편애로 인하여 부모와 자녀 사이의 관계가 기형적이 되었다. 편애를 받았던 야곱은 이후에 자신도 자녀 가운데 요셉만을 편애하는 사람이 되었다(참조. 창 37:3). 부모의 모습은 자신도 모르게 자녀들에게 반영된다. 편애의 이삭과 리브가는 편애의 야곱을 만들었다. 그러므로 부모의 편애는 부모의 자녀 사이에 갈등을 일으킬 뿐만 아니라, 편애를 받은 자녀들 사이의 관계를 깨뜨리는 주된 이유가 된다.

2) 남의 자리를 탐내는 욕심은 형제를 대적으로 만든다

야곱과 에서의 갈등은 어머니 태속에서부터 발생하였다. 그들은 태속에서 서로 다투었다(창 25:22). 이러한 상황에서 리브가는 어떻게 하여야 하는지 하나님께 물었고, 하나님께서는 태 속에서 벌어지는 다툼에 대하여 이렇게 말씀하셨다.

> 두 국민이 네 태중에 있구나 두 민족이 네 복중에서부터 나누이리라 이 족속이 저 족속보다 강하겠고 큰 자가 어린 자를 섬기리라(창 25:23).

야곱과 에서의 싸움은 출산 시에도 이어졌다. 야곱은 먼저 태속에서 나온 에서의 발꿈치를 잡고 이어서 나왔다(창 25:26). 야곱은 태어날 때부터 형 에서에게 지기 싫어했던 것이다. 자신의 모습과 자리를 받아들이지 않고, 형보다 앞서려고 했던 것이다. 이러한 상대방의 자리를 탐내는 욕심은 함께 할 형제 사이를 갈등과 다툼의 관계로 만들었다.

야곱이 형의 자리를 탐내는 욕심은 야곱이 장자의 명분을 빼앗는 사건(창 25:27-34)에서도 잘 나타난다. 어느 날 에서가 들에서 돌아왔는데, 그때 야곱은 장막에서 팥죽을 쑤고 있었다. 들에서 돌아와 피곤하고 허기가 졌던 에서는 동생 야곱에게 팥죽을 달라고 부탁하였다. 그러자 야곱이 이렇게 제안했습니다.

> 형의 장자의 명분을 오늘 내게 팔라(창 25:31).

이러한 야곱의 제안에 형은 '자신이 배고파 죽게 되었는데 장자의 명분이 무슨 소용이 있느냐' 고 대답하면서 야곱에게 장자의 명분을 팔았다.

야곱은 형의 배고픈 상황을 이용하여 장자의 명분을 빼앗았다. 인간은 대체적으로 기본적인 욕구가 해결되지 않으면 판단력이 흐려진다. 식욕이 채워지지 않아도 마찬가지이다. 배가 고프면 판단력이 흐려진다. 판단력이 흐려져 때로는 먹는 것 외의 다른 것들은 보이지 않는다. 다른 것은 중요하게 느껴지지 않는다. 야곱은 이러한 형 에서의 상태를 이용했다. 배가 고파 괴로워하던 형 에서에게 음식과 장자권을 교환하는 '거래' 를 했던 것이다.

형이 들에서 돌아와 배가 고프면, 동생으로서 자신에게 있는 음식을 나누는 것은 당연한 모습이라 할 수 있다. 형제라면 서로의 아픔과 기쁨을 함께 나누는 것이 당연한 모습이요, 바람직한 관계인데 야곱은 그렇지 않았다. 야곱은 형이 갖고 있는 자리를 얻겠다는 욕심에 눈이 어두워져 더 중요한 것, 즉 형제 관계를 깨뜨렸다.

이러한 관계를 깨뜨리는 데 형 에서에게도 문제가 있었다. 에서의 문제는 자신의 자리를 경시여기는 태도였다. 비록 에서가 들에서 돌아와 허기진 상태였지만, 자신의 장자의 명분을 가볍게 여긴 것은 에서의 잘못이었다(창 25:34). '장자권'이란 태어나면서부터 하나님께서 주신 축복의 권리였고, 고대 이스라엘 사회에서 매우 중요한 한 가족의 대표가 되는 권한이었다. 그런데 에서는 그것을 경시여기고 야곱에게 팥죽한 그릇에 팔았다. 장자라는 자신의 자리를 잘 지키지 못하였다. 장자권을 중시여기지 못했던 에서는 사실 장자로서 자격이 없었다. 결국 이러한 그의 모습이 문제가 되어 야곱과의 갈등은 더욱 증폭되었다.

야곱이 장자의 축복을 빼앗는 사건(창 27:1-28:5)에서도 남의 자리를 탐내는 욕심이 잘 나타난다. 이삭은 임종이 얼마 남지 않은 것을 알고 장자였던 에서에게 축복을 해 주려고 했다. 이삭이 주려고 했던 축복은 장자에게 주어져야 할 것이었다. 이삭이 에서에게 몰래 지시한 것이나, 장자가 아니었던 야곱에게는 축복과 연관된 어떤 언급도 하지 않은 것은 문제가 있다할 수 있지만, 아버지 이삭의 의도는 분명 에서에게 축복하고자 하는 것이었다.

이러한 의도를 어머니 리브가가 알았다. 그리고 야곱에게 이삭을 속여서 축복을 가로챌 준비를 시켰다. 그녀는 야곱에게 염소 새끼를 가져오면 자신이 별미를 만들어줄 테니 그것을 가지고 이삭에게 가서 축복을 받으라고 지시했다. 이러한 지시는 옳지 않은 것이었다. 그것이 문제가 있음을 야곱도, 그리고 리브가도 잘 알고 있었다. 그래서 야곱은 이렇게 대답했다.

> 아버지께서 나를 만지실진대 내가 아버지의 눈에 속이는 자로 보일지라 복은 고사하고 저주를 받을까 하나이다(창 27:12).

야곱은 자신의 행동이 아버지를 속이는 것이고 그로부터 저주를 받을 만한 잘못임을 알았다. 그러자 리브가는 이렇게 말했다.

> 내 아들아 너의 저주는 내게로 돌리리니 내 말만 따르고 가서 가져

오라(창 27:13).

리브가는 자신이 계획한 것이 저주를 받을 만한 것이라는 것에 동의하였다. 그러나 그러한 악을 야곱에게 행하라고 지시하였다.

어머니가 지시한 것이 옳지 않은 것임을 알았으면, 야곱은 당연히 어머니의 말씀에 순종하지 않고 하나님의 말씀에 순종해야 했을 것이다. 왜냐하면 부모의 권위는 그 권위를 준 하나님께 종속되기 때문이다. 아버지를 속이고 거짓을 행하는 것은 아버지 이삭의 뜻도, 하나님의 뜻도 아니었다. 비록 하나님께서 태중에서 리브가에게 두 자녀의 인생이 역전될 것임을 예시하셨지만(창 25:23), 그것이 이러한 거짓을 허용하지는 않는다. 이러한 거짓을 행치 않아도 하나님께서는 선하신 방법으로 자신의 계획을 이루셨을 것이다. 그러나 리브가와 야곱은 이삭을 속였다. 그것도 하나님의 이름까지 사용하면서 이삭을 속였다. 어떻게 이같이 빨리 짐승을 잡았느냐는 이삭의 질문에 대하여 야곱은 이렇게 대답하였다.

> 아버지의 하나님 여호와께서 나로 순조롭게 만나게 하셨음이니이다(창 27:20).

야곱은 하나님의 이름까지 망령되이 하면서 아버지 이삭을 속였다. 이러한 야곱과 리브가의 행동은 율법의 근본이 되는 십계명의 3계명, 5계명, 그리고 8계명을 어긴 크나 큰 악행이었다(참조. 출 20:1-17; 신 5:6-21). 야곱은 '여호와께서 나로 순조롭게 만나게 하셨다' 고 말함으로 하나님의 이름을 망령되이 일컫는 죄를 범했다(3계명). 야곱은 이삭의 의중을 알면서도 그를 속이므로 부모를 공경하라는 계명을 어겼다(5계명). 야곱은 형이 받아야 할 장자의 축복을 도적질하는 죄를 범했다(8계명). 이와 같이 야곱은 십계명을 어기면서까지 형이 받아야 할 축복을 가로챘다.

야곱이 있어야 할 자리는 동생의 자리이고, 형 에서가 있어야 할 자리가 장자의 자리인데, 야곱은 형의 자리를 탐냈다. 하나님의 십계명을 어길 정도로 장자의 자리를 탐냈다. 그리고 장자의 명분을 빼앗고, 장자의 축복까지 빼앗았다. 남의 자리에 대한 이러한 욕심은 결국 야곱과 에서 사이를 분리시켰다. 서로를 섬기며 동역해야 할 형제 사이가 다투고 싸우는 원수지간이 되었다. 결국 야곱은 가나안을 떠나 형 에서의 힘이 미치지 않는 외삼촌 라반의 집으로 도피할 수밖에 없었다.

2. 갈등 해결의 원리

야곱과 에서 사이의 갈등은 가나안을 떠나 하란에 20년을 머물던 야곱이 가나안으로 다시 돌아오면서 해결되기 시작하였다. 갈등의 해결은 하나님의 주도적인 은혜와 갈등의 원인자였던 야곱의 적절한 반응을 통하여 이루어졌다.

1) 하나님의 말씀에 온전히 순종하라

에서의 위협을 피해 하란에 거주하였던 야곱은 가나안으로 돌아가라는 하나님의 음성을 들었다.

> 네 조상의 땅 네 족속에게로 돌아가라 내가 너와 함께 있으리라(창 31:3).

비록 야곱이 하란에서도 장인이었던 라반과 갈등을 겪었지만, 가나안으로 돌아가는 것은 그에게 더 큰 갈등을 대면해야만 하는 일이었다. 20년 전에 장자의 축복을 빼앗기고 동생 야곱을 죽이겠다고 마음먹었던 에서가 가나안에서 그를 기다리고 있었다.

그러나 야곱은 불확실한 미래 앞에서 하나님의 말씀에 순종하였다.

그는 자신의 아내들인 라헬과 레아를 설득하였고(창 31:4-16), 자녀들과 많은 재산을 갖고 가나안으로 향했다. 하나님의 말씀에 순종하는 것이 인간적인 눈으로 볼 때는 더 큰 위험을 향해 나아가는 여정이었고 보장할 수 없는 미래를 향한 길이었지만, 야곱은 20년이나 머물렀던, 그리고 아내들의 고향이었던 하란을 떠나 가나안으로 향했다. 그리고 결국 야곱은 깨어졌던 형 에서와의 관계를 회복하였고(참고. 창 33:4) 약속의 땅 가나안에서 땅을 차지하는 복을 누렸다(창 33:19).

형제들과의 갈등뿐만 아니라 사람 사이의 갈등을 해결하는 첫 단계는 하나님의 말씀에 순종하는 것이다. 그러나 보이지 아니하시는 하나님께 순종하는 것은 쉽지 않다. 그리고 그 말씀이 불확실한 미래에 대한 것이면 더더욱 순종하기가 힘들다. 그러므로 하나님의 말씀에 순종하기 위해서는 우리의 눈에 보이는, 우리의 이성과 판단으로 헤아릴 수 있는 우리의 생각과 뜻을 하나님께 복종시켜야만 한다.

예수님께서는 하나님께 순종하심으로 하나님과 인간 사이의 갈등을 해결하시고 우리를 구원해 주셨다.

> 한 사람이 순종하지 아니함으로 많은 사람이 죄인 된 것 같이 한 사람이 순종하심으로 많은 사람이 의인이 되리라(롬 5:19).

순종하기 힘든 상황 속에서 야곱은 하나님의 말씀에 순종했다. 그 순종이 형과의 20년 된 원한과 갈등을 해결하는 시발점이 되었다. 약속의 땅 가나안을 얻는 축복의 문이 되었다. 그러므로 사람 사이에 발생한 갈등을 해결하는 첫 단계는 하나님의 말씀을 듣겠다는 겸손한 자세와 그 말씀을 즉각적이면서 온전하게 순종하는 모습이다.

2) 인간의 지혜를 활용하라

야곱이 장인 라반의 집에서 가나안으로 돌아오는 사건을 다루는 다

셋째 소문단(창 32:1–32)은 갈등 해결의 원리를 잘 보여주는 부분이다. 이 소문단에서 야곱은 자신과 심한 갈등을 일으켰었던 형 에서를 대면하기에 앞서서 형과의 문제를 해결하기 위하여 준비하였다. 이러한 준비 후에 야곱은 형과의 갈등을 해결하였다(창 33장).

야곱이 형과의 갈등을 해결하기 위해 한 준비는 크게 두 가지였다. 첫째는 자신이 할 수 있는 모든 지혜를 동원하여 인간이 할 수 있는 철저한 준비를 한 것이었고, 둘째는 문제를 품고 하나님과 대면하는 것이었다. 이러한 두 가지 준비는 다섯째 소문단의 구조에 잘 표현된다. 다섯째 소문단의 외부 테두리와 핵심부는 야곱과 하나님의 사자 또는 하나님과의 대면을 다루고(창 32:1–2, 9–12, 24–32), 내부 테두리는 야곱이 지혜를 동원하여 자신이 할 수 있는 최대한의 준비를 한 것을 다룬다(창 32:3–8, 13–23). 인간의 책임을 다함과 동시에 하나님의 은혜를 구하는 것이 갈등 해결을 위한 원리이다.

(1) 먼저 화해의 손을 내밀고, 갈등 해결 과정에 발생할 수 있는 위기를 대비하라

야곱이 형 에서와의 갈등을 해결하기 위하여 자신이 할 수 있는 최선의 준비를 한 내용은 다섯째 대문단의 둘째와 넷째 소문단(창 32:3–8, 13–23)에 두 번에 걸쳐서 잘 표현된다. 야곱의 첫 번째 준비(창 32:3–8)는 형에게 화해의 메시지를 보내고, 혹시 이후에 생길지 모르는 문제를 대비하는 것이었다. 야곱은 먼저 형 에서에게 사자를 보내면서 다음과 같은 메시지를 전달할 것을 명하였다(창 32:3–5).

> 주의 종 야곱이 이같이 말하기를 내가 라반과 함께 거류하며 지금까지 머물러 있었사오며 내게 소와 나귀와 양 떼와 노비가 있으므로 사람을 보내어 내 주께 알리고 내 주께 은혜 받기를 원하나이다(창 32:4–5).

이전에 이삭이 야곱을 축복할 때, 이삭은 야곱에게 "네가 형제들의 주가 되고 네 어머니의 아들들이 네게 굴복하며"(창 27:29)라고 기도하였다. 야곱은 형제들의 주가 되는 축복을 받았는데, 여기서 야곱은 자신을 "주의 종"이라고 표현하였다. 즉 형 에서를 주인으로 높이고, 야곱 자신은 종이라고 낮추었다. 그것도 에서를 '주'라고 세 번이나 표현함으로 최대한으로 높였다. 20년 전에 자신의 탐욕과 속임수로 형의 장자의 명분과 장자의 축복을 빼앗은 야곱은 형 에서 앞에서 자신의 자세를 최대한 낮추었다. 형의 배고픔을 이용하여 장자의 축복을 빼앗던 이전과는 달리(창 25:27-34), 지금은 형을 최대한으로 존중하였던 것이다.

상대방을 인정하고 존중할 때 상대방의 마음을 얻을 수 있다. 비록 이전에 야곱처럼 자신이 어떤 큰 잘못을 했을지라도, 그 잘못을 감추고 상대방에게 대항하기보다는 자신의 자세를 낮추고 상대방을 높일 때 맺혔던 원한과 앙금이 사라지기 시작한다. 이전에 형과의 갈등을 일으켰던 야곱은 이것을 알았다. 그래서 형을 최대한으로 높이고 인정하였던 것이다.

그리고 야곱은 자신이 갖고 있는 것을 보여 주었다. 야곱은 자신으로 인하여 소산의 풍성함(창 27:27-28)이라는 장자의 축복을 빼앗겼던 에서에게, 자신이 가용할 수 있는 물질을 보이면서 형에게 은혜 받기를 간구하였다. 즉 야곱은 에서에게 화해의 손길을 먼저 내밀었다.

그러나 이러한 야곱의 다가감에 대하여 에서는 사백 명의 사람을 데리고 야곱에게 다가오고 있었다(창 32:6). 에서가 야곱에게 화해를 위하여 다가오는 것이었다면 그렇게 많은 사람과 함께 올 필요가 없었을 것이다. 이러한 형의 행동은 야곱을 죽이겠다는 이전의 결심(창 27:41)을 실행하려는 것처럼 보였다.

이것을 안 야곱은 자신의 동행자들과 재산을 두 떼로 나누었다. 예상되는 에서의 공격에 대비하여 준비하였다. 에서가 한 떼를 공격하면 다른 한 떼라도 도망할 수 있도록 계획을 세웠던 것이다. 즉 야곱은 형과의 갈등을 해결하는 과정에 생길 수 있는 문제의 소지를 대비하여 준비했던 것이다.

때때로 갈등을 해결하는 과정에 예상했던, 또는 예상하지 못했던 문제가 발생할 수 있다. 그러한 위험성을 충분히 따져보고, 그러한 문제에 대한 준비를 하는 것이 바람직한 모습이다. 갈등을 해결하기 위해 노력한다고 그것이 예상대로 풀려지지 않을 수도 있다. 갈등을 해결하는 과정에 더 큰 갈등이 야기될 수도 있고, 더 큰 문제가 터질 수도 있다. 그러한 가능성을 고려하면서 준비하는 것이 지혜이다. 야곱은 형 에서와의 갈등을 해결하는 과정에 발생할지 모르는 문제를 대비하여 자신과 함께 한 사람과 재산을 두 떼로 나누었던 것이다.

(2) 상대방의 마음을 헤아리고 최대한의 친절을 베풀라

야곱의 두 번째 준비(창 32:13-23)는 형 에서를 위하여 선물을 준비하여 보내는 것이었다. 야곱은 형 에서의 마음을 헤아렸던 것 같다. 자신에게 장자의 명분과 축복을 빼앗겼던 형의 마음을 온전히 이해하지는 못했을지라도, 야곱은 형에게 큰 상처와 손해를 끼친 자신의 죄를 알았다. 그래서 형의 감정을 푸는 것이 화해를 위한 전 단계임을 깨달았다(참조. 창 32:20).

자신을 향한 형의 원한을 조금이나마 누그러뜨리기 위하여 야곱은 자신이 하란에서 얻게 된 소유를 활용하였다. 야곱은 자신의 소유 가운데 많은 부분을 형에게 줄 예물로 택하였고(창 32:13-15), 그 예물을 몇 개의 떼로 구분하여 각각 종들에게 맡기고 그들을 자신보다 앞서서 형 에서에게로 보냈다(창 32:16). 야곱은 종들을 통하여 예물을 보냈을 뿐만 아니라 그 종들에게 에서를 만났을 때 해야 할 말까지 구체적으로 준비시켰다. 야곱은 종들에게 자신보다 앞서서 에서에게 나아가고 각 떼를 어느 정도의 간격을 두고 진행하라고 지시하였다(창 32:16). 그리고 형 에서를 만나면 이 소유가 야곱의 것으로 형에게 보내는 예물이라고 대답하라고 지시하였다(창 32:17-19). 그리고 자신을 제외한 모든 가족과 종들, 그리고 소유를 먼저 보냈다(창 32:21–22).

사람 사이의 갈등은 감정을 상하게 만든다. 상한 감정은 상대방의 모습을 받아들이기 힘들게 한다(참조. 창 32:20). 에서도 야곱의 속임수로 인해 발생한 갈등으로 인해 감정이 상했다. 자신의 동생 야곱을 죽이려고 결심할 정도로 마음에 상처를 입었다(참조. 창 27:41). 야곱은 이러한 형 에서의 마음을 헤아렸다. 그리고 형과의 갈등을 해결하기 위해서는 먼저 이러한 상한 감정을 치유하는 것이 필요함을 알았다.

야곱은 에서의 상한 감정을 치유하기 위하여 자신이 있는 소유를 활용하였다. 갈등 관계에 있는 상대방의 감정을 풀기 위해서는 먼저 자신이 무엇을 갖고 있는지 점검하고, 그것을 어떻게 활용할지 치밀하게 계획하는 것이 필요하다. 어떤 계획을 했을지라도, 그러한 계획을 실행할 수 있는 힘과 재료가 없다면 그것은 쓸모없기 때문이다.

야곱은 형에게 보낼 선물을 한번이 아니라 몇 번에 걸쳐 받도록 계획했다. 그러한 선물을 받는 가운데 형의 맺힌 원한이 조금씩 풀려지기를 기대했다. 선물을 통한 친절로 형의 분노를 그치게 하며 자신과의 관계를 회복하려고 시도하였다.

> 은밀한 선물은 노를 쉬게 하고 품 안의 뇌물은 맹렬한 분을 그치게 하느니라(잠 21:14).

> 사람의 선물은 그의 길을 넓게 하며 또 존귀한 자 앞으로 그를 인도하느니라(잠 18:16).

야곱은 형에게 자신이 할 수 있는 최대한의 친절을 보여주었다. 위의 잠언의 말씀처럼 형에게 선물을 여러 번 보냄으로 형이 품었던 맹렬한 분을 그치도록 시도하였고, 사백 명이나 되는 사람과 함께 다가오는 에서를 향한 사망의 음침한 길을 넓은 대로로 만들었다. 이와 같이 사람과의 갈등을 해결하기 위해서는 상대방의 입장에서 그의 상한 감정을 이해하고, 자신이 할 수 있는 최대한의 친절을 통하여 상대방의 감정을 치유하는 것이 요구된다.

3) 문제를 안고 하나님께 나아가라

인간적인 지혜와 노력을 통하여 모든 갈등이 해결되는 것은 아니다. 어떤 갈등은 우리의 능력 너머에 있다. 야곱도 자신이 할 수 있는 최대한의 노력을 했지만, 형과의 갈등 해결이 자신의 힘 밖에 있음을 알았다. 야곱은 그 모든 계획과 행사 가운데 임하는 여호와의 주권을 인정하였다.

야곱은 자신이 할 수 있는 일을 최대한으로 준비함과 동시에, 그 문제를 안고 하나님과 대면하였다. 야곱은 먼저 가나안으로 가는 여정에서 하나님의 사자들을 만났다(창 32:1). 야곱은 그들을 '하나님의 군대'라 불렀다.

오경에서 '하나님의 군대' 또는 '하나님의 진'이라는 것은 하나님의 현존과 연관되어 사용된다. 이스라엘의 진은 하나님의 현존의 상징인 장막 근처에 세워졌다(민 1:47-2:34; 3:14-16; 10:11-28). 그러므로 야곱이 만난 하나님의 사자가 하나님의 군대라는 것은 야곱의 삶 가운데 하나님께서 함께 하시고 그를 보호해 주실 것이라는 것을 암시한다. 약속의 땅인 가나안으로 들어오는 순간 야곱을 기다리는 것은 20년 전에 자신을 죽이겠다고 계획했던 에서였다(참조. 27:41). 이로 인해 예상되는 위기 상황 가운데 하나님께서는 야곱과 함께 하시고 그를 지켜주실 것임을 하나님의 사자의 현현을 통하여 보여주셨던 것이다.

여호수아서 5:13-15에도 두려움 가운데 하나님께서 여호수아와 함께 하는 모습이 나타난다. 여호수아는 가나안 땅에 들어가 첫 번째로 맞이한 도성인 여리고에 가까이 왔을 때에 여호와의 군대 대장을 만났다. 이러한 만남을 통하여 여호수아는 용기를 얻고 여리고 성을 무너뜨릴 수 있었다(참조. 수 6장). 여호수아가 약속의 땅에 들어갈 때에 여호와의 군대가 여호수아를 만나 그에게 힘을 주었듯이, 야곱이 가나안에 들어갈 때에 하나님의 군대가 야곱과 대면함으로 야곱은 하나님의 보호하심과 도우심을 받게 되었다.

위기 가운데 있는 야곱을 찾아오시는 하나님의 모습은 다섯째 대문단의 마지막 소문단(창 32:24-32)에도 잘 나타난다. 모든 소유와 자신에게 속한 사람들을 에서에게로 먼저 보낸 야곱은 얍복 강가에 홀로 남아 있었다(창 32:24). 에서라는 큰 장애물 앞에 야곱은 혼자였다. 그러나 홀로 있던 야곱에게 어떤 사람, 즉 하나님께서 찾아오셨다. 그분은 야곱을 찾아왔을 뿐만 아니라, 야곱에게 씨름을 거셨다. 하나님의 사자로 현존하신 하나님께서는 에서라는 갈등 앞에 있었던 야곱을 혼자두지 않으시고 그를 찾아와 그의 문제를 부둥켜안고 씨름하셨던 것이다.

하나님께서는 갈등과 고통 가운데 있는 자를 혼자 두시는 분이 아니시다. 하나님은 언제나 우리와 함께 하신다. 축복을 누리는 그 순간뿐만 아니라, 고통의 한 가운데에도 하나님께서는 우리와 함께 하신다. 화해의 과정뿐만 아니라, 갈등의 정점에서도 하나님께서는 우리와 함께 하신다. 기쁠 때뿐만 아니라 아픔과 고통의 순간에서도 하나님께서는 우리와 함께 하신다. 하나님께서는 예수님을 통하여 우리와 함께 하시는 임마누엘의 하나님이 되셨다.

임마누엘의 하나님에 대한 믿음이 고통과 절망, 그리고 갈등의 한 가운데에서도 우리들을 하나님께 나아갈 수 있도록 이끈다. 에서라는 큰 장애물을 향해 나아가는 야곱의 여정에서도 하나님의 사자가 야곱에게 나타나서 자신의 임마누엘 되심을 보여주셨다. 하나님의 함께 하심에 대한 이러한 경험이 야곱으로 하여금 하나님께 나아가도록 이끌었다.

형 에서가 사백 명의 사람들과 함께 자신을 만나기 위해 온다는 것을 안 야곱은 자신이 할 수 있는 최선의 준비를 함(창 32:6-8)과 동시에, 이 문제를 안고 하나님께 나아갔다. 야곱은 하나님께 자신의 두려움을 고하고 하나님의 도우심을 간구하였다(창 32:9-12). 이러한 야곱의 기도는 교차대구구조로 배열된 다섯째 소문단(창 32:1–32)에서 중앙에 놓임으로 가장 강조된다. 야곱은 이전에 하나님께서 주셨던 약속에 근거하여 기도를 시작하고 끝맺었다(창 32:9, 12; 참조. 창 28:15; 31:3). 이러한 기도 중간에 야곱은 이전에 베풀어 주셨던 주의 은혜를 먼저 찬양하고(창 32:10), 이어서 형 에서의 손에서 자신을 구원해 달라고 간구하였다(창 32:11).

야곱은 에서가 사백 명이나 되는 사람과 함께 자신을 향해 다가오는 두려운 상황에서 그 문제를 갖고 하나님께 나아갔다. 그리고 이전에 하나님께서 약속하셨던 것을 언급하면서 하나님을 찬양하고 간구하였다. 하나님만이 자신의 문제를 해결할 수 있는 분임을 믿고 그분께 기도하였던 것이다. 형이라는 갈등의 대상 앞에서 두려워하였던 야곱은(참조. 창 32:7) 자신이 할 수 있는 모든 준비를 철저히 하고, 자신의 문제를 갖고 하나님께 나아가 하나님과 대면함으로 형과의 만남을 기쁨의 사건으로 만들었다(참조. 창 33:10).

갈등은 인간의 노력과 힘으로만 해결되는 것이 아니다. 갈등을 해결하기 위한 인간의 수고와 노력을 무시해서도 안 되지만, 그것이 모든 것은 아니다.

> 사람이 마음으로 자기의 길을 계획할지라도 그의 걸음을 인도하시는 이는 여호와시니라(잠 16:9).

이 말씀처럼 야곱은 에서를 만나는 길을 계획하고 준비했지만, 그의 걸음을 인도하시고 이끄시는 분은 하나님이셨다. 하나님께서는 족장들에게 먼저 약속의 말씀을 주셨고, 그 말씀대로 성취하셨다. 하나님은 자신의 뜻대로 역사를 이루시는 분이시다. 그 말씀을 성취함에 있어서 사람 사이의 갈등이라는 장애물이 발생할지라도, 하나님께서는 자신의 뜻을 변경하지 않으시고 정하신 뜻대로 그 장애물을 극복하신다. 그러므로 우리가 갈등의 문제를 회피하지 않고 그것을 안고 하나님께 나아갈 때, 하나님께서는 우리의 힘으로 극복할 수 없는 갈등이라도 넉넉히 이기게 해 주신다.

3. 갈등의 목표

야곱의 욕심으로 인해 야기된 형 에서와의 갈등은 야곱에게 고향을 떠나 타국에서 이방인으로 20년이나 살 수밖에 없는 아픔을 주었다. 그러나 하나님의 말씀에 순종함으로 해결되기 시작한 갈등은, 야곱의 헌신과 하나님의 도우심으로 온전히 해결되었다. 그러나 이것으로 갈등 사건이 마무리되지 않았다. 하나님께서는 갈등을 통하여 야곱을 하나님과 싸워 이긴 이스라엘로 변화시켰으며, 그에게 약속한 복을 주셨다.

1) 갈등을 통하여 하나님께서는 우리를 새로운 존재로 만드신다

야곱과 에서의 갈등이 해결되는 모습은 창세기 33장에 잘 나타난다. 창세기 33장 이후에는 야곱이 약속의 땅 가나안에 들어간 것뿐만 아니라, 야곱과 에서와의 갈등이 해소되는 것을 보여준다. 하나님의 약속대로 야곱이 가나안에 들어가기 바로 직전, 그리고 에서와의 갈등을 해결하기 바로 직전에 발생한 사건은 얍복 강가에서 야곱이 하나님과 씨름한 것이었다(창 32:24-32). 이러한 하나님과의 대면을 통하여 하나님께서는 야곱을 이전에 형과 라반을 속이던 자에서 약속의 땅에 합당한 존재로 변화시켜 주셨다.

에서의 감정을 달래기 위하여 예물을 먼저 보내고, 그 뒤를 이어서 자신의 사랑하는 두 아내와 두 여종, 그리고 열한 아들을 앞서서 보낸 야곱은 이제 홀로 남게 되었다(창 32:24). 에서라는 장애물 앞에서 야곱 곁에 있어줄 사람은 아무도 없었다. 그 문제를 해결해 줄 사람도 없었다. 그러나 바로 그 순간, 야곱이 홀로 남았던 그 순간 하나님께서는 사람의 모습으로 야곱에게 찾아와 그에게 씨름을 거셨다(창 32:24).

씨름은 계속되었지만 그 분은 야곱을 이기지 못하였다. 그래서 야곱의 허벅지 관절을 쳐서 골절시켰다(창 32:25). 그래도 야곱은 그분을 놓지 않았다. 이러한 상황에서 야곱과 하나님 사이의 대화가 나온다(창 32:26–29). 이 대화는 축복과 연관된 내용(창 32:26, 29b)을 테두리로 하여 그 중앙에 이름과 연관된 대화(창 32:27–29a)가 놓여있는 형태로 구성된다.

중앙에 놓인 이름과 연관된 대화(창 32:27–29a)는 주어의 변화에 따라 다섯 부분으로 구성되는데, 그 부분들은 아래와 같이 교차대구구조로 표현된다.

a. 어떤 사람이 야곱의 이름을 물음	32:27a
b. 야곱이 자신의 이름을 대답함	32:27b
c. 하나님의 사자가 야곱에게 새로운 이름을 줌	32:28
d(b'). 야곱이 어떤 사람의 이름을 물음	32:29aα
e(a'). 어떤 사람이 자신의 이름을 대답하는 것을 회피함	32:29aβ

이러한 구조에서 하나님의 사자가 야곱에게 새로운 이름을 준 것(창 32:28)은 중앙에 배열됨으로 대화 가운데 구조적으로 가장 강조된다. 그러므로 하나님께서 야곱에게 이스라엘이라는 새로운 이름을 주신 말씀은 하나님과 야곱의 씨름을 다루는 문단(창 32:24–32)의 핵심이라 할 수 있다.

사람의 모습을 한 하나님께서는 야곱에게 자신을 가게 해 달라고 요구하였다. 그러자 야곱은 자신에게 축복하지 않으면 가게 하지 않을 것이라고 강하게 대답하였다(창 32:26). 본문은 구체적으로 야곱이 구한 축복이 무엇인지 언급하지는 않는다. 그러나 문맥을 통해 볼 때 야곱이 구한 축복은 에서의 손에서 안전하게 구원받는 것이었을 것이다(참조. 창 32:11).

이러한 요청에 대하여 하나님께서는 야곱을 축복하기(창 32:29) 전에 야곱에게 먼저 새로운 이름을 주셨다(창 32:28). 하나님은 축복해 달라고 야곱이 요청하자 먼저 그의 이름을 물었다.

> 네 이름이 무엇이냐?(창 32:27).

이것은 하나님께서 야곱의 이름을 몰라서 한 질문이라기보다는 야곱 스스로 자신의 정체를 밝히는 기회를 주신 것으로 이해된다. 이 질문에 야곱은 "야곱이니이다"(창 32:27)라고 대답하였다. 즉 야곱은 자기가 스스로 속이는 자라고 고백하였다(참조. 창 27:36). 그러자 하나님께서는 야곱에게 새로운 이름을 주셨다.

> 네 이름을 다시는 야곱이라 부를 것이 아니요 이스라엘이라 부를 것이니(창 32:28).

하나님께서는 야곱에게 이스라엘이란 새로운 이름을 주셨다. 성서에서 새로운 이름을 준다는 것은 새로운 존재가 된다는 것을 의미한다. 이름은 그 존재의 특성과 운명을 말한다. 하나님께서는 야곱을 이스라엘이란 새로운 존재로 만드셨다. 야곱은 하나님에게 에서로부터 보호받는 축복을 요청했지만, 하나님께서는 먼저 야곱 자신을 변화시켰다. 남을 속이는 야곱에서 하나님과 싸워 이긴 이스라엘로 변화시켰다. 축복받기에 합당한 자로 변화시켰다. 그리고 그 후에 그에게 축복해 주셨다(창 32:29).

속이는 자 야곱은 형 에서와의 갈등을 극복하는 과정에서 홀로 되는 상황을 맞이하였다. 그러나 홀로 외로이 두려움에 사로잡힌 야곱에게 하나님께서는 다가오셨다. 그리고 야곱과 씨름을 하셨다. 씨름 가운데 하나님께서는 야곱이 스스로 속이는 자라는 자신의 정체를 고백하게 하셨으며, 그 후 그를 새로운 존재로 변화시키셨다. 약속의 땅 가나안에 들어가기에 합당한 존재로 변화시키셨다.

갈등은 존재의 변화를 목표로 한다. 갈등을 통하여 우리는 온전하고 부족함이 없는 자로 변화된다. 야고보도 우리가 만나는 갈등과 시험의 유익을 다음과 같이 말한다.

> 내 형제들아 너희가 여러 가지 시험을 당하거든 온전히 기쁘게 여기라 이는 너희 믿음의 시련이 인내를 만들어 내는 줄 너희가 앎이라 인내를 온전히 이루라 이는 너희로 온전하고 구비하여 조금도 부족함이 없게 하려 함이라(약 1:2-4).

갈등과 시험은 우리를 변화시키는 과정이다. 하나님께서는 갈등과 시험을 경험하는 자를 찾아오셔서 그를 변화시키신다. 형의 장자권과 축복을 빼앗았던 속이던 자 야곱에서 하나님과 싸워 이긴 이스라엘로 변화시키셨던 것처럼, 하나님께서는 갈등 해결을 위해 몸부림치는 자의 삶에 개입하셔서 그를 갈등의 화해자로 만드신다. 하나님의 땅에 적합한 주의 자녀로 변화시키신다. 형 에서 앞에서 겸손하게 자신의 몸을 굽이고 자신을 형의 종이라고 낮추는 야곱처럼, 상대방을 존중하고 자신은 더욱 낮추는 겸손하고 온전한 자로 우리를 만드신다.

2) 갈등의 과정 속에서 하나님께서는 약속하신 축복을 성취하신다

야곱과 에서의 이야기는 축복의 이야기이다. 비록 야곱의 욕심과 속임수로 인하여 형 에서와 갈등이 야기되었고, 이로 인해 많은 아픔을 경험하지만, 야곱은 형과의 갈등을 극복하고 축복을 얻었다.

야곱에게 임한 축복의 내용은 이삭이 야곱에게 준 장자의 축복(창 27:27-29)과, 야곱이 가나안을 떠나는 과정에 벧엘에서 하나님께서 주신 말씀(창 28:13-15), 그리고 벧엘에서 야곱이 약속한대로 단을 쌓은 사건(창 35:1-15) 가운데 잘 나타난다. 이삭은 야곱을 에서라고 생각해서 그에게 장자의 축복을 해 주었다. 이삭이 한 축복의 내용은 크게 두 가지이다. 첫째는 이 땅에서의 풍요로운 삶에 대한 약속이었다(창 27:27b–28). 둘째는 열국이 야곱을 섬기고, 야곱이 저주하는 자에게는 저주, 야곱이 축복하는 자에게는 축복이 임한다는 것이었다(창 27:29). 여기서 둘째 축복은 이전에 하나님께서 아브라함에게 주신 약속과 동일하다(참조. 창 12:3). 즉 야곱은 아브라함에게 주어진 하나님의 약속을 계승하는 족장이 되었다.

야곱에게 임한 축복은 가나안을 떠나는 중 벧엘에서 받은 하나님의 말씀 가운데서도 나타난다. 하나님께서는 가나안을 떠나는 야곱에게 4가지의 약속을 주셨다. 첫째는 땅에 대한 약속이고(창 28:13), 둘째는 자손에 대한 약속이며(창 28:14), 셋째는 복의 통로에 대한 약속이고(창 28:14), 넷째는 하나님께서 야곱과 함께 하시고 그를 이 땅으로 돌아오게 하신다는 약속이었다(창 28:15).

야곱에게 임한 축복은 가나안에 돌아와서 이전에 한 약속대로 벧엘에서 제단을 쌓는 사건에서도 잘 나타난다. 하나님께서는 벧엘에 제단을 쌓은 야곱에게 3가지 말씀을 주셨다. 첫째는 야곱의 이름을 이스라엘로 바꾸었다는 말씀이다(창 35:10). 둘째는 자손의 번성에 대한 약속이다(창 35:11). 셋째는 땅에 대한 약속이다(창 35:12). 이 말씀은 야곱의 일생 가운데 주셨던 중요한 축복의 약속들을 재차 확인하는 것이었다.

이러한 축복의 약속은 야곱의 인생 가운데 대부분 이루어졌다. 하나님께서는 외삼촌 라반의 집에서 많은 고생과 속임을 당한 야곱과 함께 하셔서 그에게 풍요로운 물질의 축복을 주심으로 이삭이 말한 장자의 축복 가운데 첫 번째 약속을 이루셨다(참조. 창 27:27b–28; 30:43). 야곱은 가나안의 세겜에서 밭을 구입하여 소유함으로 하나님께서 벧엘에서 말씀하신 첫째 약속인 땅에 대한 약속도 성취하였다(창 28:13; 33:19; 35:12). 야곱은 하란에서 라헬과 레아와 결혼하고 그 아내들과 그녀의 몸종들을 통해 열한 명의 아들과 한 명의 딸을 얻고 가나안에 들어와서 한 아들을 얻음으로 벧엘에서 말씀하신 둘째 약속인 자손에 대한 약속도 이루었다(창 28:14; 29:31–30:24; 35:11, 16–18). 하나님께서는 야곱을 통하여 외삼촌 라반의 집을 축복하심으로 벧엘에서의 셋째 약속인 복의 통로가 되는 약속을 성취하셨다(창 28:14; 30:30). 하나님께서는 라반의 집에서 야곱에게 조상의 땅으로 돌아가라고 말씀하셨고(창 31:3), 야곱은 이 말씀에 순종하여 가나안으로 돌아옴으로 벧엘에서 말씀하신 넷째 약속을 이루셨다(창 28:15; 33:18).

이와 같이 야곱의 인생은 하나님의 약속의 성취 과정이었다. 야곱은 형과의 갈등으로 가나안을 떠나 이방에서 20년이란 긴 세월을 보냈지만, 하나님께서는 그곳에서 이전에 약속하셨던 물질의 축복과 자손의 축복을 허락하셨다. 외삼촌 라반의 집에서 20년간이나 살던 야곱은 하나님의 명령에 순종하여 이전에 자신을 죽이겠다고 다짐하였던 형 에서가 있는 가나안으로 돌아오게 되었다. 그것은 형과의 갈등을 회피하는 길이 아니라 오히려 그 갈등을 정면으로 맞부딪히는 길이었지만, 하나님께서는 야곱과 에서를 화해시킴으로 갈등을 해결하셨다. 그리고 야곱에게 가나안 땅의 일부를 소유하는 축복도 주셨다.

갈등은 하나님의 축복의 약속을 성취하는 과정이다. 때로는 그 갈등이 야곱의 경우처럼 자신의 욕심과 부모의 편애와 같은 인간적인 부족함으로 발생할 수도 있지만, 그러한 갈등이라도 그것을 어떻게 대면하느냐에 따라 갈등은 축복으로 바뀔 수 있다. 갈등의 과정에서 하나님의 말씀에 순종하고, 갈등을 겪는 상대방에게 자신이 할 수 있는 최대한의 선을 베풀며, 자신의 한계를 인정하는 가운데 삶의 주권자이신 하나님께 나아가면, 어떠한 갈등이라도 하나님께서는 그것을 선하게 인도해 주신다. 비록 갈등의 과정에 아픔과 외로움, 그리고 내적 갈등이 있을 수 있지만, 그 가운데 하나님께서 함께 하심을 믿고 그분을 의뢰할 때 하나님께서는 인간 사이의 갈등을 화해시키고 이전보다 더 큰 은혜를 베풀어 주신다.

||| 제5장 |||

공동체 안에서의 갈등 1: 지도자와 백성

모세와 이스라엘 백성

구약성서에는 하나님의 백성들 사이의 여러 종류의 갈등들이 나타난다. 지도자들 사이의 갈등, 지도자와 백성 사이의 갈등, 백성들 사이의 갈등 등 많은 종류의 갈등들이 있다. 이러한 갈등 가운데, 본서는 지도자와 백성들 사이의 갈등(모세와 백성), 동역자 사이의 갈등(사무엘과 사울), 그리고 전임자와 후임자 사이의 갈등(사울과 다윗)을 주로 다룰 것이다.[1)]

공동체 안에서의 갈등을 다루는 첫 번째 이야기는 지도자와 백성 사이의 갈등 사건이다. 구약성서에는 지도자와 백성 사이의 많은 갈등 이야기가 존재한다. 예언서의 많은 부분들은 예언자와 백성들, 또는 예언자와 그 시대의 다른 지도자들 사이의 갈등을 다룬다. 즉 하나님의

1) 공동체 안에서의 다른 갈등 이야기들은 이후의 연구 과제로 남겨 놓을 것이다. 친구 사이의 갈등, 백성들 사이의 갈등, 지도자들 사이의 갈등(예언자와 제사장, 예언자와 왕 등) 등, 많은 갈등의 주제들은 지면상의 한계로 인하여 본서에서는 다루지 않을 것이다.

말씀에 순종하지 않는 백성들과 지도자들에 대하여 예언자들은 하나님의 심판의 말씀을 선포함으로 그들 사이의 존재했던 갈등을 드러낸다. 예를 들면, 예언자 말라기는 그 시대의 백성들과 제사장들의 불평과 반론에 대하여 그들의 죄를 지적하고 하나님의 심판의 메시지를 선포함으로 예언자와 백성들 사이의 갈등을 표출시키고 있다.[2)]

지도자와 백성들 사이의 갈등이 잘 표출된 사건은 출애굽의 과정에 있었던 광야생활이라 할 수 있다. 광야생활에는 지도자 모세와 이스라엘 백성들 사이의 갈등이 잘 나타난다. 이스라엘 백성들은 지속적으로 하나님과 지도자인 모세에 대하여 반역하고 불평하였다. 지도자 모세는 원망하는 이스라엘 백성들과의 갈등을 해결하기 위하여 하나님께 중보하며, 백성들에게 필요한 것들을 하나님을 통하여 공급하였다.

구약성서에서 이스라엘의 광야생활은 출애굽기와 민수기에 나타난다. 출애굽기와 민수기의 광야생활을 포함하는 오경 전체의 구조는 아래와 같다.

I. 모세 이전의 시대	창 1:1-50:26
II. 모세의 시대	출 1:1-신 34:12
A. 애굽부터 시내산까지	출 1:1-민 10:10
1. 애굽에서 시내산까지의 여정	출 1:1-18:27
2. 시내산에서 있었던 사건들	출 19:1-민 10:10
B(A'). 시내산부터 모압까지	민 10:11-신 34:12
1. 시내산에서 모압까지의 여정	민 10:11-36:13
2. 모압평지에서 있었던 사건들	신 1:1-34:12

여기서 이스라엘의 광야생활을 다루는 본문은 애굽에서 시내산까지

2) 말라기서는 백성들과 제사장들의 6개의 질문과 그것에 대한 예언자의 대답 형식으로 구성된다. 말라기서의 문학적 구조 및 내용에 대하여는 아래의 글을 참조하라. 정석규, 《구조로 읽는 말라기: 주석과 설교》(서울: 프리칭아카데미, 2008), 14-24.

의 여정을 다루는 문단(출 1:1-18:27)과, 시내산에서 모압까지의 여정을 다루는 문단(민 10:11-36:13)에 포함된다. 애굽에서 시내산까지의 여정 가운데 광야생활에 대한 묘사는 이스라엘이 홍해를 건넌 후부터 시작하여 그들이 시내산에 도착하기 바로 직전의 사건을 다루는 출애굽기 15장 22절-18장 27절에 나타난다.

출애굽기나 민수기에 나타난 광야생활의 특징은 이스라엘의 불평과 원망이다. 이스라엘 백성은 물이 없다고(출 15:22-24; 17:2; 민 20: 2-5), 고기가 없다고(출 16:3; 민 11:4), 그리고 가나안 민족들 앞에서의 두려움(민 14:1-3) 등으로 하나님과 모세에게 불평과 원망을 하였다. 출애굽기의 광야생활에서는 이러한 불평에 대하여 모세가 하나님께 중보기도를 드리고, 이 기도에 하나님께서 응답하셔서 이스라엘 백성들을 도와주시는 모습이 나타난다. 반면에 민수기의 광야생활에서는 이러한 불평에 대하여 하나님께서 징계하신다. 그러한 징계에 대하여 모세가 중재의 기도를 드리고, 하나님께서는 자신의 진노를 진정하신다. 출애굽기와 민수기에 나타난 광야생활의 차이를 통해 볼 때, 출애굽기의 광야생활에는 하나님의 오래 참으심과 은혜가 강조되고, 민수기의 광야생활에는 이스라엘의 죄에 대한 하나님의 심판이 강조된다.

이 장(chapter)은 출애굽기에 나타난 광야생활만을 다룬다. 출애굽기의 광야생활만을 다루는 것은 민수기의 광야생활이 갈등의 주제에 있어서 적합하지 않기 때문이 아니다. 그 이유는 크게 두 가지이다. 첫째, 출애굽기의 광야생활(출 15:22-18:27)은 모세와 백성들과의 관계를 다루는 사건들만을 언급하는 반면, 민수기의 광야생활(민 10:11-36:13)에는 모세와 백성들과의 갈등과 백성들에게 주어진 율법들이 함께 나타나기 때문이다. 즉 출애굽기의 광야생활을 다루는 텍스트는 모세와 백성들 사이의 갈등을 다루는 본문과 그 범위가 일치하지만, 민수기의 광야생활은 모세와 백성들 사이의 갈등뿐만 아니라 율법이 함께 나오기 때문에 갈등의 주제와 연관된 본문의 범위를 정하기 어렵다. 둘째, 민수기의 광야생활을 다루는 본문(민 10:11-36:13)은 그 내용이 방대하여 그 부분을 주석하고 그 주석에 근거하여 갈등의 주제를 다루는 것은 한 장(chapter)에 적합한 분량이 아니기 때문이다.

이 장(chapter)은 이스라엘이 홍해를 건넌 후부터 시작하여 그들이 시내산에 도착하기 바로 직전의 사건을 다루는 출애굽기 15:22-18:27을 광야생활의 본문으로 하여 다룬다.

I. 광야생활(출 15:22-18:27)의 문학적 구조와 내용[3)]

출애굽기의 광야생활은 이스라엘 백성들이 머물렀던 장소적 배경에 따라 아래와 같이 크게 네 개의 대문단으로 구성된다.

I. 수르 광야에서 있었던 사건	15:22-27
II. 신 광야에서 있었던 사건	16:1-36
III. 르비딤에서 있었던 사건	17:1-16
IV. 하나님의 산에서 있었던 사건	18:1-27

1. 첫째 대문단: 수르 광야에서 있었던 사건(출 15:22-27)

첫째 대문단(출 15:22-27)은 수르 광야에서 있었던 사건을 다룬다. 이 대문단은 아래와 같이 구성된다.

A. 마라에 도착함	15:22-23
B. 백성들의 원망과 하나님의 응답	15:24-26
1. 백성들의 원망: 물에 대하여	15:24
2. 모세의 중보와 하나님의 응답	15:25a
3. 하나님의 정하신 법도와 말씀	15:25b-26
C(A’). 엘림에 도착함	15:27

이 대문단은 "그리고 그들이 이르렀다"(וַיָּבֹאוּ, 출 15:23, 27)는 용어가 반복되는 첫째(출 15:22-23)와 셋째 소문단(출 15:27)을 테두리(*inclusio*)로 하여 그 중앙에 백성들의 원망과 하나님의 응답이 묘사된 둘째 소문단(출 15:24-26)이 놓인 형태로 배열된다. 이러한 구조 속에서 중앙에 놓인 둘째 소문단이 가장 강조된다.

첫째 소문단(출 15:22-23)은 이스라엘 백성들이 수르 광야로 들어갔음을 묘사한다. 그곳에서 이스라엘 백성들은 물을 얻지 못했고, 마라에서 얻은 물은 써서 마실 수가 없었다. 이러한 물에 대한 주제는 셋째 소문단(출 15:27)에도 나타난다. 먹을 물이 없었음을 다루는 첫째 소문단과는 달리, 셋째 소문단에서는 이스라엘 백성들이 열 두 개의 물 샘이 있는 엘림에 도착하여 진을 쳤음을 언급한다. 그러므로 이 대문단(출 15:22-27)은 마실 물이 없는 상황(출 15:22-23)에서 물이 풍성한 상황(출 15:27)으로 진행된다.

물과 연관된 주제의 흐름 속에 배열된 이 대문단에서 둘째 소문단(출 15:24-26)은 물의 부족을 풍성함으로 변화시키는 전환점과 같은 역할을 한다. 둘째 소문단은 3개의 미세문단이 선형구조로 배열된 형태로 구성된다. 첫째 미세문단(출 15:24)은 마실 물의 결핍으로 인한 백성들의 원망을 언급한다. 둘째 미세문단(출 15:25a)은 백성들의 불평에 대한 모세의 중보와 하나님의 응답을 다룬다. 모세는 하나님께 기도하였고, 하나님의 지시에 따라 나무를 물에 던져 쓴 물을 달게 만들었다. 셋째 미세문단(출 15:25b-26)은 하나님께서 정하신 법도와 말씀을 다룬다. 쓴 물을 달게 하신 하나님께서는 이스라엘 백성들에게 법도와 율례를 정하시고 시험하시면서 말씀하셨다. 즉 여호와 하나님의 말씀에 순종하면 어떤 질병도 걸리지 않게 하시리라고 약속하시면서, 자신을 치료의 하나님으로 계시하셨다. 3개의 미세문단으로 구성된 둘째 소문

---

3) 출애굽기 16--18장의 더 구체적인 주석에 대하여는 아래의 글을 참조하라. 정석규 외, 《출애굽기: 어떻게 설교할 것인가》(두란노 HOW 주석 02; 서울: 두란노, 2009), 277-322.

단에서 마지막에 위치한 셋째 미세문단인 여호와의 말씀에 순종하라는 요청이 구조적으로 가장 강조된다.

결론적으로 첫째 대문단에서 마실 물의 없는 마라의 상황(출 15:22-23)은 이스라엘 백성들의 원망(출 15:24)과 모세의 중보, 그리고 하나님의 응답과 율법에 순종하라는 요청(출 15:25-26)을 통하여 물이 풍성한 엘림의 상황(출 15:27)으로 진행된다. 이러한 흐름을 통하여 본문은 여호와의 율법에 순종하는 것이 물의 결핍을 풍성함으로 이끄는 통로임을 보여준다.

2. 둘째 대문단: 신 광야에서 있었던 사건(출 16:1-36)

둘째 대문단(출 16:1-36)은 신 광야에서 발생한 사건으로, 이곳에서 하나님께서는 이스라엘 백성들에게 만나와 메추라기를 공급해 주셨다. 이 대문단은 아래와 같은 구조로 짜여진다.

A. 여정형식	16:1
B. 만나와 메추라기 사건	16:2-31
1. 이스라엘의 불평과 하나님의 약속	16:2-5
a. 이스라엘의 불평과 원망	16:2-3
b. 모세에게 주어진 하나님의 약속의 말씀	16:4-5
1) 하늘의 양식	16:4
2) 안식일 규정	16:5
2(1'). 하나님의 불평 들으심과 하나님의 약속의 성취	16:6-30
a. 여호와께서 불평을 들으심	16:6-12
b. 하나님의 약속 성취	16:13-30
1) 하늘의 양식 - 만나와 메추라기	16:13-20
2) 안식일 규정	16:21-30
C. 사건 이후: 만나에 대한 추가적인 언급	16:31-36

둘째 대문단은 만나와 메추라기 사건 자체를 다루는 둘째 소문단(출 16:2–30)을 중심으로 하여, 그 앞에 여정형식으로 사건의 배경을 다루는 첫째 소문단(출 16:1)과 그 뒤에 만나와 메추라기 사건 이후를 다루는 셋째 소문단(출 16:31–36)이 배열된 형태로 구성된다. 이러한 구조에서 이스라엘의 불평을 들으시고 그들의 필요에 따라 만나와 메추라기를 제공하신 하나님의 모습을 다루는 둘째 소문단(출 16:2–30)은 중앙에 놓이는 구조적 특징과 매우 구체적으로 설명되고 있다는 면에서 볼 때 가장 강조된다.

둘째 소문단은 병행구조로 형성된 두 개의 미세문단(출 16:2–5, 6–30)으로 구성되는데, 이러한 병행구조 속에서 이스라엘의 불평(출 16:2–3)은 하나님의 들으심(출 16:6–12)으로, 하늘의 양식을 공급하시겠다는 하나님의 약속(출 16:4–5)은 하나님께서 그 약속을 성취하심(출 16:13–30)으로 진행된다. 이러한 흐름 속에서 이스라엘의 불평을 들으시고 그들의 필요에 따라 만나와 메추라기를 공급하시는 하나님의 모습과 이스라엘 백성들이 준수해야 할 안식일 규정은 구조적으로 강조된다.

1) 첫째 소문단: 여정형식(출 16:1)

둘째 대문단(출 16:1–36)은 광야생활의 과정을 언급하는 여정형식(itinerary formula: 출 12:37; 13:20; 14:1; 15:22; 16:1; 17:1; 19:2; 민 10:12; 20:1, 22; 21:10; 22:1)[4]과 함께 시작된다. 이 여정형식은 본문의 사건이 있었던 시간과 장소를 언급한다. 본문의 사건은 출애굽한 지 두

4) 여정형식은 애굽에서 가나안까지의 출애굽의 여정에 대한 정보를 제공한다. 그러나 이러한 여정형식에 나타난 대부분의 장소들은 현재 어느 위치인지 확인할 수 없다. 여정형식에 대하여는 아래의 글들을 참조하라. Frank M. Cross, *Canaanite Myth and Hebrew Epic: Essays in the History of the Religion of Israel* (Cambridge: Harvard University Press, 1973), 307–21; George W. Coats, "The Wilderness Itinerary," *CBQ* 34 (1972), 135–52; G. I. Davies, "The Wilderness Itineraries and the Composition of the Pentateuch," *VT* 33 (1983), 1–13.

번째 달 십오일, 즉 출애굽한 지 한 달 반이 지난 후에 신 광야에서 발생된 것이다. 신 광야는 홍해와 시내산 중간 지역에 위치한다(참조. 민 33:10-11).[5]

2) 둘째 소문단: 만나와 메추라기 사건(출 16:2-30)

만나와 메추라기 사건을 다루는 둘째 소문단(출 16:2-30)은 병행이 되는 두 개의 미세문단(출 16:2-5, 6-30)으로 구성된다. 여기서 첫째 미세문단은 둘째 미세문단의 내용에 대한 서론과 같은 역할을 한다.

(1) 이스라엘의 불평과 하나님의 약속(출 16:2-5)

첫째 미세문단(출 16:2-5)은 이스라엘의 불평(출 16:2-3)과 하나님께서 모세에게 하신 약속의 말씀(출 16:4-5)으로 구성된다. 여기서 이스라엘의 불평은 음식에 대한 것이었고(출 16:2-3), 하나님의 약속의 말씀은 하늘의 양식에 대한 것(출 16:4)과 안식일에 대한 것(출 16:5)이었다.

신 광야에서 이스라엘 백성들은 모세와 아론을 원망했다(출 16:2). 그들은 광야생활에서 겪는 음식의 결핍에 대하여 불평했다(출 16:3). 그러나 그들의 불평의 말에는 그 이상의 것이 담겨 있다. 이스라엘 백성들은 자신들이 광야에서 굶주려 죽게 되는 상황 가운데 애굽에서의 삶을 고기와 떡을 배불리 먹었던 시기로 이상화하였다(출 16:3; 참조. 민 11:5). 애굽에서 노예로서 살았던 이스라엘 백성들의 삶이 열악했음은 자명한 일이다. 그러나 이스라엘 백성들은 가나안으로 나아가는 여

5) '신 광야'라는 장소는 민수기 13장 21절에도 나타나는데, 이 장소는 본문에 나오는 '신 광야'와 다른 곳이다. 민수기 13장에 나오는 '신(Zin) 광야'는 가데스 북쪽에 위치한 곳으로, 본문에서 언급하고 있는 홍해와 시내산 사이에 위치한 '신(Sin) 광야'와는 다른 장소이다.

정 가운데 음식 문제로 어려움을 겪자, 애굽의 삶을 동경하며 모세와 아론, 더 나아가 여호와 하나님을 원망하기까지 한 것이었다.

이스라엘 백성들의 불평을 듣고 여호와 하나님께서는 모세에게 약속을 주셨다. 하나님께서는 이스라엘 백성들을 위하여 하늘의 양식을 주시고, 백성들은 그 양식을 날마다 거둘 것이라고 말씀하셨다(출 16:4). 하나님께서 하늘의 양식을 주시는 목적은 "그들(이스라엘 백성)이 내 율법을 준행하나 아니하나 내가 시험하리라"(출 16:4)는 것이었다. 사나(Nahum M. Sarna)는 "내가 시험하리라"는 의미를 두 가지로 해석할 수 있다고 말한다.[6] 첫째는 하늘의 양식(만나)은 이스라엘의 순종과 믿음을 시험하는 규정들에 제한을 받아야만 한다는 것이다. 둘째는 하나님께서는 이스라엘 백성들이 그들의 구체적인 삶에 있어서 하나님을 전적으로 의지하라는 교훈을 가르치기 위하여 이스라엘에게 굶주림을 겪게 하신다는 것이다.

하늘의 양식에 대한 말씀에 이어서 하나님께서는 안식일과 연관된 규정을 말씀하셨다(출 16:5). 비록 이 구절에서는 여섯째 날에 갑절의 분량을 거두라는 말씀만 나와 있지만, 이 말씀은 안식일을 전제로 한 규정이다. 즉 제7일째는 안식일로 일을 할 수 없기 때문에 그 전날인 6일째 되는 날에 이틀분의 양식을 거두라는 것이다(참조. 출 16:21-23).

(2) 하나님의 불평 들으심과 하나님의 약속의 성취(출 16:6-30)

둘째 미세문단(출 16:6-30)은 첫째 미세문단(출 16:2-5)에서 소개된 내용에 대한 구체적 설명, 또는 첫째 미세문단에 언급된 약속의 성취로 이해된다. 둘째 미세문단도 첫째 미세문단처럼 여호와께서 이스라엘의 불평을 들으셨음을 언급하는 첫째 큰 단위(출 16:6-12)와 여호와께서 메추라기와 만나를 공급하심으로 약속하신 말씀을 성취하심을 언급하

6) Nahum M. Sarna, *Exodus* (JPS Torah Commentary; Philadelphia/New York/Jerusalem: The Jewish Publication Society, 1991), 86.

는 둘째 큰 단위(출 16:13-30)로 구성된다.

① 여호와께서 이스라엘의 불평을 들으심(출 16:6-12)

첫째 큰 단위는 내용에 따라서 아래와 같이 6개의 작은 단위가 교차대구구조의 형태로 배열된다.

1) 여호와께서 구원자이심을 알리라 (6절) - 모세와 아론의 말
  2) 여호와의 영광을 보리라 (7절) - 모세와 아론의 말
    3) 여호와께서 너희의 원망을 들으셨다 (8절) - 모세의 말
    3') 여호와께서 너희의 원망을 들으셨다 (9절) - 모세의 말
  2') 여호와의 영광이 나타나더라 (10절) - 아론의 말
1') 내가 여호와 너희의 하나님인줄 알리라(11-12절) - 여호와의 말씀

여기서 "너희가 알 것이다"(וידעתם, 비다템)라는 표현은 1)과 1')의 작은 단위에만 나타나고(출 16:6, 12), "여호와의 영광"(כבוד יהוה 케보드 여호와)이라는 구절은 2)와 2')의 작은 단위에만 반복된다(출 16:7, 10). 그리고 중앙에 위치된 3)과 3')의 작은 단위에는 '여호와께서 원망을 들으셨다' 라는 표현이 나온다(출 16:8, 9; 참조. 출 16:7, 12). 이러한 대응을 통하여 이 큰 단위는 교차대구구조로 형성된다. 이러한 교차대구구조에서 여호와 하나님께서 이스라엘의 원망을 들으셨음을 언급하는 3)과 3') 작은 단위가 중앙에 배열됨으로 가장 강조된다.

모세와 아론은 여호와 하나님께서 이스라엘의 원망함을 들으셨기 때문에 저녁이 되면 여호와 하나님께서 그들을 애굽에서 인도하여 내셨음을 알게 될 것이고, 아침이 되면 "여호와의 영광"[7]을 볼 것이라고

7) "하나님의 영광"이 아니라 "여호와의 영광"이라고 언급된 것은 구약 성경에서 이곳이 처음이다. 이러한 표현의 의미는 문맥에 따라 결정되는데, 여기서는 하나님께서 보여주시는 어떤 상징이라기보다는, 하나님께서 그의 백성들의 필요를 채워주시는 속성으

말했다(출 16:6-7). 여기서 이스라엘 백성이 저녁과 아침에 경험하게 될 여호와의 역사하심은 구체적으로 고기(출 16:8, 12)와 떡(출 16:8, 12)인 메추라기와 만나이다(출 16:13-15). 이스라엘 백성은 자신들이 애굽 땅에서 고기와 떡을 배불리 먹었다고 회상하면서 광야의 생활에 대하여 원망하였다(출 16:3). 이러한 원망에 대하여 하나님께서는 고기와 떡을 공급하시겠다고 약속하심으로 백성들의 원망에 대하여 응답하셨던 것이다.

이스라엘의 원망은 모세와 아론을 향한 것이 아니라 하나님을 향한 것이었다(출 16:8). 하나님께서는 이스라엘의 원망을 들으시고 그들이 갈망했던 고기와 떡을 주실 것이라고 말씀하셨다(출 16:11-12). 여호와께서 백성들의 양식을 채워 주시는 목적은 "내가 여호와 너희의 하나님인 줄 알리라"(출 16:12)라는 것이었다.

"너희는 내가 여호와인줄 알리라"는 것은 출애굽 때에 하나님께서 애굽에 기적을 베푸신 목적으로 설명된다(출 10:1-2; 참조. 출 6:2-3; 7:5, 17; 12:12; 14:18). 이러한 표징을 통하여 하나님께서는 이스라엘 백성들과 그들의 자손들에게 자기 자신을 계시하셨다. 그러므로 애굽에서의 기적들, 홍해에서의 구원과 광야에서의 공급하심과 같은 여호와의 역사는 모두 그분이 여호와 하나님이시며 이스라엘의 하나님이시라는 사실을 알게 하는데 그 목적이 있다. 결론적으로 하나님께서 이스라엘의 원망을 들으시고 하늘의 양식을 백성들에게 제공하시는 목적은 여호와께서 살아 역사하시는 이스라엘의 하나님이심을 백성들에게 계시하는 것이다.[8)]

로 이해된다(참조 10절). Sarna, *Exodus,* 87.

8) 더햄은 이스라엘의 불평에 대한 기사와 여호와께서 응답하신다는 기사는 모두 양식을 공급하신다는 사실을 넘어서 구약 전체에서 여호와께서 자신을 계시하신다는 주제로 진행되고 있다고 말한다. John I. Durham, *Exodus* (WBC; Waco, Texas: Word Books, 1987), 221.

② 하나님의 약속 성취(출 16:13-30)

둘째 큰 단위(출 16:13-30)는 여호와 하나님께서 앞에서 언급하셨던 약속의 말씀(출 16:4-5)을 성취하는 사건을 다룬다. 이 큰 단위는 약속이 성취되는 내용에 따라 아래와 같이 두 개의 작은 단위들로 구성된다.

1) 만나와 메추라기를 공급하심	16:13-20
(a) 서술적 배경: 메추라기와 만나가 진을 덮음	16:13-14
(b) 만나에 대한 이스라엘 백성과 모세의 대화	16:15-20
(1) 만나의 정체에 대한 백성의 질문과 모세의 대답	16:15
(2) 만나에 대한 명령과 백성들의 반응	16:16-20
(i) 만나의 수확에 대한 여호와의 명령과 백성들의 순종	16:16-18
(ii-i') 만나 소비에 대한 모세의 명령과 백성들의 불순종	16:19-20
2-1') 안식일 규정	116:21-30
(a) 도입부: 서술	16:21-22
(b) 안식일 규정 자체: 대화	16:23-30
(1) 안식일 전날에 주어진 모세의 말씀과 백성들의 반응	16:23-24
i) 모세의 말: 거룩한 안식일을 준비하라	16:23
ii) 백성들의 순종에 대한 서술적 묘사	16:24
(2) 안식일 날에 주어진 모세의 대언과 백성들의 반응	16:25-27
i) 모세의 말: 안식일에 준비한 것을 먹어라	16:25-26
ii) 백성들의 불순종에 대한 서술적 묘사	16:27
(3) 안식일 미 준수 이후에 주어진 여호와의 말씀과 반응	16:28-30
i) 여호와의 말: 안식일을 지켜라	16:28-29
ii) 백성들의 순종에 대한 서술적 묘사	16:30

첫째 작은 단위(출 16:13-20)는 하늘의 양식으로 하나님께서 만나와 메추라기를 공급하시는 사건을 다룬다. 이 단위는 메추라기와 만나가 내린 장면[9]을 서술적으로 묘사하는 미세단위(출 16:13-14)와 만나에 대한 이스라엘 백성들과 모세의 대화를 다루는 미세단위(출 16:15-20)로 구성된다.

메추라기와 만나가 진을 덮은 것을 본 백성들은 만나를 보고 "이것이 무엇이냐"라고 서로 물었고, 모세는 이것이 하나님께서 주신 양식이라고 대답하였다(출 16:15; 참조. 민 10:7). 여기서 "이것이 무엇이냐"는 히브리 표현은 "마후"(מה הוא)로, 이 용어의 고대 사투리어인 "만후"(מן הוא)에서 '만나' 라는 용어가 생겨난 것이다.

이어서 만나의 수확과 소비에 대한 말씀과 백성들의 반응이 나온다(출 16:16-20). 모세는 백성들에게 만나의 수확량에 대한 하나님의 명령을 전달하였고(출 16:16), 이스라엘 백성들은 그 명령에 순종하였다(출 16:17-18). 반면에 만나를 수확한 당일 다 먹으라고 한 모세의 지시에 대하여(출 16:19) 백성들 가운데 일부는 순종하지 않았다(출 16:20). 본문은 만나의 수확과 소비에 대한 백성들의 순종과 불순종의 모습을 대조적으로 묘사함으로 하나님의 말씀에 대한 이스라엘 백성들의 양면적인 태도를 보여준다.

둘째 작은 단위(출 16:21-30)는 안식일 규정을 다룬다. 첫째 작은 단위에서 이스라엘 백성들에게 육적인 양식으로 메추라기와 만나를 공급하신 하나님께서는 둘째 작은 단위에서 영적인 양식인 안식일의 쉼도 공급해 주셨다. 둘째 작은 단위는 첫째 작은 단위처럼 서술 형태로 표현된 도입부(출 16:21-22)와 대화체로 표현된 모세 또는 여호와의 직접적인 말씀과 그 말씀에 대한 백성들의 반응을 다루는 안식일 규정

9) 메추라기와 만나가 땅에 내린 사건은 자연현상으로 설명될 수도 있다. 이러한 주장에 대하여는 아래의 글들을 참조하라. Durham, *Exodus,* 224-25; Sarna, *Exodus,* 88-89; Terence E. Fretheim, *Exodus* (Interpretation; Louisville: John Knox Press, 1991), 182; 차준희, 《출애굽기 다시보기》(서울 : 프리칭아카데미, 2004), 137-38.

자체(출 16:23-30)로 구성된다.

첫째 미세단위인 도입부(출 16:21-22)는 백성들이 평일에는 각 사람이 먹을 만큼대로 거두었지만(출 16:21, 참조. 출 16:16) 여섯째 날에는 일곱째 날인 안식일에 대한 준비로 갑절의 식물을 거두었다(참조. 출 16:5)는 내용을 서술적으로 언급한다.

둘째 미세단위(출 16:23-30)는 안식일 규정 자체를 다룬다. 이 미세단위는 병행되는 3개의 초미세단위로 구성된다. 각 초미세단위들은 모세 또는 여호와의 직접적인 말씀(출 16:23, 25-26, 28-29)과 서술적으로 묘사된 백성들의 반응(출 16:24, 27, 30)으로 짜여진다. 모세 또는 여호와의 직접적인 말씀에는 '여호와'라는 용어가 사용된 문장 안에 '안식일'(שבת)이라는 용어가 명사형으로 나타나는 문학적 특징이 있으며(출 16:23, 25, 26, 29), 백성들의 반응(출 16:24, 27, 30)은 순종과 불순종의 모습으로 서술적으로 묘사되는 공통점이 있다.

첫째 초미세단위(출 16:23-24)에서 모세는 안식일 전날에 백성들에게 여호와의 말씀을 대언했다. 모세가 대언한 말씀은 '내일은 쉼의 날이고 거룩한 안식일이다'라는 것이었다(출 16:23). 모세는 이 거룩한 안식일을 위하여 전날에 수확한 만나로 요리할 것은 요리하라고 명령했다(출 16:23). 이러한 모세의 명령에는 "나머지는 다 너희를 위하여 아침까지 간수하라"는 규정이 있다. 이 규정은 "아침까지 그것(만나)을 남겨두지 말라"(출 16:19)는 이전의 명령과 대치되는 것이다. 즉 이전 명령은 안식일을 거룩하게 지켜야 한다는 더 큰 명령에 종속된다.[10] 모세를 통해 전달된 이러한 여호와의 명령에 대하여 백성들은 순종하였다(출 16:24). 그들은 안식일 아침까지 만나를 보관하였으나 그 만나에는 다른 날처럼 벌레가 생기거나 냄새가 나지도 않았다.

둘째 초미세단위(출 16:25-27)는 안식일 당일에 주어진 모세의 명

10) 더햄은 '여호와 앞에 안식일을 거룩하게 지켜야 하는 필요성 때문에 매일 한 오멜씩 거두라는 명령과 만나를 그 다음날까지 남겨두지 말라는 명령은 기적적으로 제거될 수 있다'고 말한다. Durham, *Exodus,* 225.

령(출 16:25-26)과 그것에 대한 백성들의 반응(출 16:27)을 다룬다. 모세는 안식일 당일에는 전날에 만나로 준비한 음식을 먹으라고 명령했다(출 16:25a) 준비한 음식을 먹어야 하는 이유는 "오늘은 여호와의 안식일"이기 때문이다. 이어서 모세는 안식일 규정에 대해 더욱 구체적으로 언급했다(출 16:25b-26). 여기서 '그것이(만나) 없을 것이다' 라는 내용이 반복된다(출 16:25, 26).[11] 이러한 반복을 통하여 모세는 안식일에는 들에 만나가 없을 것이라는 사실을 강조하였다. 그러나 백성 중 일부는 그 말씀에 순종하지 않았다. 어떤 백성은 일곱째 날에 들로 나갔으나 그들은 만나를 거두지 못하였다(출 16:27). 이와 같이 이스라엘 백성 가운데 일부는 하나님의 말씀에 불순종함으로 안식일을 더럽히는 죄를 범했다(참조. 겔 20:12-13).

셋째 초미세단위(출 16:28-30)에는 여호와 하나님의 결론적인 말씀과 백성들의 반응이 나타난다. 이 초미세단위는 안식일 규정 자체를 다루는 둘째 미세단위(출 16:23-30)에서 병행되는 3개의 초미세단위들 가운데 가장 뒤에 놓임으로 구조적으로 강조된다. 여호와 하나님께서는 모세에게 이스라엘 백성들이 안식일 규정을 지키지 않고 안식일에도 들에 나가는 모습을 보시고 그것은 여호와의 계명과 율법을 지키지 않는 것이라고 크게 책망하셨다(출 16:28). 이어서 여호와께서는 일곱째 날에는 처소에서 나오지 말고 쉼으로 안식일을 지킬 것을 말씀하셨다(출 16:29). 이러한 여호와의 책망과 거듭되는 말씀에 순종하여 이스라엘 백성들은 일곱째 날에 안식하였다(출 16:30).

3) 셋째 소문단: 만나에 대한 추가적인 언급(출 16:31-36)

셋째 소문단(출 16:31-36)은 만나에 대한 추가적인 언급을 다룬다. 이 소문단에는 만나와 연관된 네 가지 정보가 아래와 같은 선형구조로

11) 25절에서는 "들에서 그것을 얻지 못할 것이다"라고 표현되며, 26절에서는 "그날에는 없으리라"고 묘사된다.

배열된다.

1. 만나의 모습	16:31
2. 만나를 보관하는 방법	16:32-34
3. 만나를 먹었던 기간	16:35
4. 오멜 단위의 양	16:36

이 소문단은 만나에 대한 네 가지 정보를 제시한다. 첫째는 만나의 모습에 대한 정보로(출 16:31), 만나는 깟씨와 같은 모양을 하고 있으며 꿀 섞은 과자와 같은 맛을 지녔다. 둘째는 만나를 보관하는 방법이다(출 16:32-34). 이 정보는 교육적인 차원으로 설명된다. 즉 광야생활을 경험하지 못한 후손들에게 광야 기간 동안 하나님께서 이스라엘 백성들을 돌보시고 양식으로 먹여주신 것을 생생하게 가르치기 위함이었다(출 16:32). 이를 위해 모세는 아론에게 항아리에 한 오멜의 만나를 담아 여호와 앞에 두고 보존하라고 지시하였고(출 16:33), 아론은 만나가 담긴 항아리를 증거판 앞에 두어 간수하였다(출 16:34). 셋째는 만나를 먹었던 기간에 대한 것이다(출 16:35). 이스라엘 백성들은 가나안 땅에 들어가기 바로 전까지 사십 년 동안 만나를 먹었다(참조. 수 5:11-12). 넷째는 오멜이라는 단위의 양에 대한 것이다(출 16:36). 오멜은 십분의 일 에바의 분량이다.

만나에 대한 네 가지의 추가적인 정보는 모두 광야생활을 경험하지 못한 세대들에게 만나의 사건을 가르치기 위하여 기록된 것이다. 광야의 배고픔 가운데 고통 받던 이스라엘 백성들의 원망을 들으시고 그들의 필요에 따라 하늘의 양식을 공급해 주신 하나님의 모습을 가나안에 살았던 세대와 지금 그 말씀을 읽는 독자들, 그리고 우리 후손들에게까지 알려 주기 위함이다. 이러한 가르침을 통하여 과거의 경험은 그것을 읽는 독자들의 경험이 되고, 과거에 쓰인 말씀은 지금도 살아 있는 하나님의 말씀된다.

3. 셋째 대문단: 르비딤에서 있었던 사건 (출 17:1-16)

르비딤에서 있었던 사건을 다루는 셋째 대문단(출 17:1-16)은 아래와 같이 여정형식을 다루는 첫째 소문단(출 17:1a-bα)과 르비딤에서 있었던 두 가지 사건을 다루는 둘째 소문단(출 17:1bβ-16)으로 구성된다.

A. 여정형식	17:1a-bα
B. 르비딤에서 있었던 사건들	17:1bβ-16
1. 맛사 또는 므리바 사건	17:1bβ-7
2. 아말렉과의 싸움 사건	17:8-16

1) 첫째 소문단: 여정형식(출 17:1a-bα)

첫째 소문단(출 17:1a-bα)인 여정형식은 이스라엘 백성들이 출애굽기 16장의 배경이 되는 신 광야에서 새로운 지역인 르비딤이라는 곳으로 이동했음을 보여준다. 이 여정형식에는 이전의 여정형식(출 16:1)과는 달리 "여호와의 명령대로"라는 표현이 첨가된다. 이것은 이스라엘 백성들의 광야의 여정이 모두 하나님의 인도하심 하에 있음을 강조하는 것이다.[12)]

2) 둘째 소문단: 르비딤에서 있었던 사건들(출 17:1bβ-16)

둘째 소문단(출 17:1bβ-16)은 르비딤에서 있었던 두 가지 사건을 다룬다. 첫째는 므라바 사건을 다루고(출 17:1bβ-7), 둘째는 아말렉과

12) 프레다임은 광야생활에서 언급된 여정형식들은 역사적인 정확성이나 이야기를 연결하는 문학적 도구가 아니라 다음과 같은 목적으로 사용된 것이라고 주장한다. 첫째는 이스라엘 백성들이 하나님의 구원을 경험한 과거의 한 시점에서 하나님께서 약속하신 목적지를 향해 가고 있음을 보여주는 것이며, 둘째는 하나님의 인도하심을 받고 있음을 보여주고 있다는 것이다. Fretheim, *Exodus,* 187-88.

의 싸움을 다룬다(출 17:8-16). 이 두 기사에는 몇 가지 공통점이 있다: 1) 두 사건은 모두 르비딤에서 일어났다(1, 8절). 2) 각 기사에는 한 번씩 '지팡이'라는 용어가 사용된다(5, 9절). 3) 각 기사에 몇 개의 유음어들이 사용된다('나사'[נסה, 2, 7절], '내스'[נס, 15절]). 4) 각 기사는 이스라엘 백성들이 어려움을 만났을 때에 여호와께서 그들 가운데 임재 하셔서 자신의 백성들을 돌보셨음을 보여준다. 이러한 연결고리를 통하여 이 두 사건은 둘째 소문단 안에 포함된다.

(1) 맛사 또는 므리바 사건(출 17:1bβ-7)

a. 사건 자체	17:1bβ-6
1) 백성들과 모세의 대화	17:1bβ-3
a) 백성들의 행동과 말 1	17:1bβ-2a
b) 모세의 대답	17:2b
c-a'). 백성의 행동과 말 2	17:3
2-1'). 모세와 여호와의 대화	17:4-6
a) 모세의 말	17:4
b) 여호와의 대답	17:5-6a
c-a'). 모세의 행동	17:6b
b. 사건에 대한 기원론적(etiological) 설명	17:7

므리바 사건을 다루는 첫째 미세문단(출 17:1bβ-7)은 사건 자체를 다루는 첫째 큰 단위(출 17:1bβ-6)와 사건 이후에 주어진 장소에 대한 기원론적 설명을 다루는 둘째 큰 단위(출 17:7)로 짜여진다. 첫째 큰 단위는 백성들과 모세의 대화를 다루는 첫째 작은 단위(출 17:1bβ-3)와 모세와 여호와의 대화를 다루는 둘째 작은 단위(출 17:4-6)로 구성된다. 그리고 이 두 대화는 위의 구조도표에서 보여주듯이 서로 병행된다. 이러한 병행을 통하여 백성들의 모세에 대한 불신앙의 태도와 모세의 여호와에 대한 믿음의 태도는 서로 대비된다.

첫째 작은 단위(출 17:1bβ-3)는 백성들의 행동과 말을 다루는 미세 단위들(출 17:1bβ-2a, 3)을 테두리로 하여 그 중앙에 모세의 대답(출 17:2b)이 놓여있는 형태를 지닌다. 이러한 구조에서 중앙에 놓인 모세의 대답(출 17:2b)이 강조된다.

르비딤에 도착한 이스라엘 백성은 마실 물이 없자 모세와 다투며 물을 달라고 요청하였다(출 17:1bβ-2a). 백성들의 원망은 모세의 대답 후에 또 반복되었다(출 17:3). 백성들은 다시 물을 찾으며 모세를 원망하였다. 백성들은 모세를 원망하며 '왜 자신들을 출애굽 시켜 광야에서 목말라 죽게 하였느냐' 고 따졌다. 여기서 백성들의 원망의 이유는 물의 결핍에서 더 근본적인 문제인 출애굽 자체로 확장되고 있다.[13)]

이러한 원망에 대하여 모세는 의문사 '마' (מה, what)와 함께 시작되는 두 번의 수사학적 질문으로 대답하였다(출 17:2b): "너희가 어찌하여 나와 다투느냐, 너희가 어찌하여 여호와를 시험하느냐." 이러한 병행되는 두 번의 질문을 통하여 모세는 자신과 여호와를, 그리고 '다툼' 과 '시험' 이라는 주제를 대응시킨다. 모세는 백성들의 다툼의 대상은 자신이 아니라 여호와 하나님이라고 이해하였다. 이어서 모세는 백성들의 다툼이 여호와를 시험하는 것이라고 직접적으로 언급하였다.

둘째 작은 단위(출 17:4-6)는 모세의 말과 행동을 다루는 미세 단위들(출 17:4, 6b)을 테두리로 하여 그 중앙에 여호와의 대답(출 17:5-6a)이 배열된 구조를 지닌다. 이러한 구조 속에서 첫째 작은 단위에는 중앙에 놓인 모세의 대답(출 17:2b)이, 둘째 작은 단위에는 중앙에 위치한 여호와의 대답(출 17:5-6a), 즉 여호와께서 모세에게 하신 말씀인 '지팡이로 반석을 치라' 는 명령(출 17:5-6a)이 강조된다.

모세는 백성들의 원망이라는 문제를 갖고 여호와 앞에 나아가 기도

13) 코우츠(Coats)는 여기서 백성들이 제기하는 진정한 문제는 물의 결핍이 아니라 출애굽 자체라고 말하면서, 물의 결핍은 출애굽 자체에 대한 항의의 배경에 불과하다고 주장한다. G. W. Coats, *Rebellion in the Wilderness* (Nashville: Abingdon Press, 1968), 89-90.

했다(출 17:4). 모세는 백성들의 불만이 자신을 돌을 칠 정도로 극에 달했다고 하나님께 아뢰었다. 이러한 모세의 부르짖음에 하나님께서는 응답하셨다. 하나님께서는 모세에게 '장로들을 데리고 지팡이를 손에 잡고 호렙산에 있는 반석에 나아가 반석을 치면 물이 나와 백성들이 마실 것이다' 라고 말씀하셨다(출 17:5-6a). 모세는 장로들 앞에서 여호와의 지시에 따랐다(출 17:6b).

므리바 사건 이후에 이 사건에 대한 기원론적 설명을 다루는 둘째 큰 단위(출 17:7)가 등장한다. 이 설명에는 첫째 큰 단위(출 17:1bβ-6)에서 강조되는 두 부분, 즉 모세의 대답(2b절)에 등장하는 다툼과 시험의 주제, 그리고 여호와의 대답(5-6a절)에 나타나는 반석을 치는 사건을 통하여 하나님께서 백성들과 함께 하신다는 주제가 반복된다. 이러한 이유들로 그 장소의 이름을 맛사 또는 므리바라 불렀다.

결론적으로, 백성들은 물의 결핍으로 인하여 모세와 다투고 여호와께서 우리 중에 계신지 시험했으나, 여호와 하나님께서는 모세와 장로들 앞에서 반석에서 물을 내심으로 백성들의 갈증을 해소해 주셨다. 이 사건 가운데 백성들의 다툼(출 17:2)과 여호와의 해결(출 17:6), 백성들의 물 결핍(출 17:1-3)과 여호와의 물 공급(출 17:6), 그리고 백성들의 여호와 임재에 대한 시험(출 17:2, 7)과 여호와의 임재(출 17:6)라는 주제는 대조를 이루며 극적으로 전개다.

(2) 아말렉과의 싸움(출 17:8-16)

a. 서언	17:8
b. 싸움에 대한 묘사	17:9-13
1) 싸움에 대한 모세의 지시	17:9
2) 싸움 자체	17:10-13
a) 여호수아가 싸움	17:10a
b) 모세, 아론, 훌의 행동	17:10b-12
c-a') 여호수아가 싸움	17:13

c. 싸움 이후	17:14–16
1) 싸움을 기념하라는 여호와의 지시	17:14
2) 싸움의 기념: 여호와 닛시	17:15–16

둘째 큰 단위(출 17:8–16)는 아말렉과의 싸움을 다룬다. 이 큰 단위는 아말렉이 이스라엘을 공격했다는 싸움의 서언인 첫째 작은 단위(출 17:8)와 싸움 자체를 다루는 둘째 작은 단위(출 17:9–13), 그리고 싸움 이후를 다루는 셋째 작은 단위(출 17:14–16)로 구성된다.

첫째 작은 단위(출 17:8)는 아말렉이 이스라엘을 공격했다고 묘사함으로 이 전쟁이 이스라엘 입장에서 광야생활 가운데 첫 번째로 맞이했던 생존을 위한 방어전이었음을 보여준다.[14] 아말렉이 역사적으로 어떤 민족이었는지는 분명하지 않지만, 구약성경에 따르면, 아말렉은 에서의 13번째 자손으로(창 36:12), 시내반도와 네게브 지역에서 거주하면서 유목생활을 했었던 매우 호전적인 민족이었다(참조. 창 36:15–16; 민 13:29; 신 25:17–19; 삿 6:3–4; 삼상 27:8).

둘째 작은 단위(출 17:9–13)에는 이 전쟁에 대한 구체적인 묘사가 나타난다. 이 작은 단위는 모세가 여호수아에게 군대를 모집하여 직접 싸우라고 지시하면서 자신은 하나님의 지팡이를 손에 잡고 산꼭대기에 설 것이라는 말씀을 다루는 첫째 미세단위(출 17:9)와 싸움 자체를 언급하는 둘째 미세단위(출 17:10–13)로 구성된다.

둘째 미세단위(출 17:10–13)는 첫째 미세단위에서 모세가 말한 대로 행동한 내용을 다룬다. 둘째 미세단위는 여호수아가 전쟁터에 나아가 직접 싸웠다는 언급을 테두리(출 17:10a, 13)로 하여, 그 중앙에 모세가 산꼭대기에 올라가 아론과 훌과 함께 손을 드는 행동에 대한 묘사가 배열된다(출 17:10b–12). 여호수아의 싸움에 대한 언급은 여호수

14) 이 전쟁이 반석에서 물을 얻었던 므리바 사건과 연결되어 나타나는 것은, 아말렉의 공격이 물을 얻기 위한 것이었음을 짐작하게 하는 것이라 할 수 있다. Durham, *Exodus,* 235.

아가 모세의 지시대로 아말렉과 싸웠다는 묘사(출 17:10a)에서 여호수아가 아말렉과의 싸움에서 승리를 거두었다는 묘사(출 17:13)로 진행된다. 이러한 흐름 속에서 그 중앙에 모세의 행동(출 17:10b-12)이 설명된다. 그러므로 이러한 구조에서 모세의 행동(출 17:10b-12)은 여호수아가 싸움터에 나아가서 승리를 이끄는 역할을 한다.

모세는 아론과 훌과 함께 산꼭대기에 올라가서(출 17:10b) 손을 들었다. 모세가 손을 들면 이스라엘이 이기고 손을 내리면 아말렉이 이겼다(출 17:11). 그래서 아론과 훌이 모세의 양팔을 하나씩 붙잡고 해가 질 때까지 모세의 팔이 내려오지 않도록 하였다(출 17:12). 아론과 훌의 조력과 함께 하나님을 의지하는 모세, 그리고 전쟁터에서 직접 싸우는 여호수아를 통하여 하나님께서는 이스라엘에게 승리를 주셨다.

셋째 작은 단위(출 17:14-16)는 아말렉과의 전쟁 이후를 다룬다. 이 작은 단위는 싸움을 기념하라는 여호와의 지시를 언급하는 첫째 미세단위(출 17:14)와 여호와의 지시에 모세가 순종하는 모습을 다루는 둘째 미세단위(출 17:15-16)로 구성된다. 여호와께서는 모세에게 아말렉과의 싸움을 책에 기록하고, 여호수아의 귀에 외워 들리게 하며, 자신이 아말렉을 제거하여 그들에 대한 기억도 지우시겠다고 말씀하셨다(출 17:14). 이러한 말씀에 순종하여 모세는 제단을 쌓고 그 이름을 '여호와 닛시'라 하였다(출 17:15-16). 이러한 여호와 닛시의 제단은 "여호와가 아말렉과 더불어 대대로 싸우리라"(출 17:16)라는 의미로 설명된다. 이러한 결론적 언급을 통하여 여호수아가 아말렉을 쳐서 승리했듯이, 이후에 여호와께서도 계속 싸움에서 승리할 것임을 예시한다.

여기서 모세가 '손을 드는 행동'을 어떻게 이해해야 할까? 이 모습에 대한 이해는 크게 3가지로 정리될 수 있다.[15] 첫째, 모세의 손을 드는 태도를 기도와 연관시켜 이해하는 것이다. 모세는 므리바 사건에서처럼(출 17:4) 광야생활에서 백성들이 문제를 만날 때마다 그 문제를

15) 프레다임과 차준희는 그의 책에서 이러한 상이한 3가지 의견을 잘 정리하고 있다. Fretheim, *Exodus,* 193; 차준희, 《출애굽기 다시보기》, 151.

품고 여호와께 중보의 기도를 드렸다(출 15:25; 17:4; 민 11:2, 11-15; 12:13; 14:13-19; 12:7 등). 그러므로 아말렉이라는 문제 앞에서 모세가 한 행동도 이러한 문맥에서 이해될 수 있다.

둘째, 모세가 손을 드는 행동은 이스라엘에 초월적인 능력이 임하도록 하는 신비적인 행동이라는 견해이다.[16] 손은 종종 행동과 능력의 상징이며, 중재의 도구이다. 그러므로 손을 든다는 것은 하나님의 능력을 구하는 행동이고, 능력의 하나님께서 전쟁 가운데 임재하는 것을 보여주는 가시적 상징이다.

셋째, 유대의 랍비들은 모세가 손에 전쟁의 깃발을 들고 있었다고 이해한다. 모세가 해가 질 때까지 산꼭대기에서 손을 들고 있었다는 묘사(출 17:12)는 전쟁에 참여했던 이스라엘 병사들이 모세를 보았다는 것을 암시한다. 또한 전쟁 후에 쌓은 단의 이름이 여호와의 깃발을 의미하 '여호와 닛시'(출 17:15)라는 것도 모세의 행동을 짐작케 한다. 모세는 병사들에게 보이는 위치에서 전쟁의 깃발을 들고 있음으로 병사들에게 용기를 불어넣어 주었다는 것이다.

그러나 현재의 본문은 모세가 하나님의 지팡이를 쥐고 그의 팔을 올렸다는 사실 외에는 어떤 것도 말하지 않는다. 그리고 본문의 구조는 모세의 그 행동이 이스라엘을 승리로 이끈 것으로 보여준다. 본문 16절도 "여호와가 아말렉과 더불어 대대로 싸우리라"고 언급함으로 아말렉과 싸우신 분이 여호와이심을 분명히 한다. 그러므로 모세의 손을 든 행동은 여호와께서 이 전쟁에 직접적으로 개입하고 계심을 보여주는 것이라 할 수 있다.

4. 넷째 대문단: 하나님의 산에서 있었던 사건(출 18:1-27)

출애굽기 18장은 모세의 장인 이드로가 하나님의 산에서 모세를 만나는 사건을 묘사한다. 이 사건은 아래와 같이 이드로의 방문(출 18:1-

16) Durham, *Exodus,* 236; Sarna, *Exodus,* 95-96.

7)과 떠남(출 18:27)이라는 테두리 안에서 하나님의 구원 사건과 이드로의 하나님 찬양(출 18:8-12)과 새로운 법 제도(출 18:13-26)에 대한 언급이 배열된다.

A. 서론적 설명: 이드로가 모세를 방문함	18:1-7
B. 하나님의 구속 행위와 이드로의 하나님 찬양	18:8-12
C(B'). 새로운 법 제도	18:13-26
D(A'). 맺는 말: 이드로가 모세를 떠남	18:27

1) 첫째 소문단: 이드로의 모세 방문(출 18:1-7)

1. 이드로가 들은 구원의 소식	18:1
2. 하나님의 구원에 대한 소식을 들은 이드로의 반응	18:2-7
a. 이드로와 동행한 모세의 가족: 십보라, 게르솜, 엘리에셀	18:2-4
b. 이드로와 모세의 만남	18:5-7

이드로가 모세를 방문하는 사건을 다루는 첫째 소문단(출 18:1-7)은 이드로가 하나님께서 이스라엘을 구원하셨다는 소식을 들은 것을 다루는 첫째 미세문단(출 18:1)과, 그것에 대한 이드로의 반응을 다루는 둘째 미세문단(출 18:2-7)으로 짜여진다.

첫째 미세문단(출 18:1)에서 모세의 장인인 이드로[17]가 들은 소식은 두 개의 문장으로 표현된다. 첫째 문장은 "하나님이 모세에게와 자기 백성 이스라엘에게 하신 일"이라고 일반적으로 표현하는 반면, 둘째 문장은 "여호와께서 이스라엘을 애굽에서 인도하여 내신 모든 일"이라고 구체적으로 설명한다. 이러한 점층적 종합 병행법을 통하여 하나님의

17) 모세의 장인의 이름은 이드로(출 3:1; 4:18; 18:1, 2, 5, 6, 9, 10, 12), 르우엘(출 2:18; 민 10:29), 그리고 호밥(삿 4:11; 참조. 민 10:29)으로 표현된다. 출애굽기 18장은 이드로를 "모세의 장인"(1, 2, 5, 6, 7, 8, 12x2, 14, 15, 17, 24, 27절)으로 반복적으로 언급함으로 모세와 이드로의 가족관계를 강조한다.

구원에 대한 소식은 강조된다.

둘째 미세문단(출 18:2-7)에서 이스라엘의 구원 소식을 들은 이드로의 반응은 두 가지로 표현된다. 첫째는 자신과 함께 있는 모세의 가족을 데리고 가는 것이었다(출 18:2-4). 여기서 모세의 두 아들인 게르솜과 엘리에셀의 이름은 설명된다(출 18:3-4). 즉 게르솜(גֵּרְשֹׁם)이란 '게르'(גֵּר, 나그네)와 '샴'(שָׁם, 거기)의 합성어로, '거기서 나그네가 되었다'는 뜻이고(출 18:3; 참조. 출 2:22), 엘리에셀(אֱלִיעֶזֶר)은 '엘리'(אֵלִי, 나의 하나님)와 '에쩨르'(עֵזֶר, 도움)의 합성어로, '나의 하나님은 도움이시다'라는 뜻이다(출 18:4). 그러므로 모세의 두 아들의 이름은 여호와의 구원에 대한 주제를 더욱 명확하게 설명한다.

이드로의 둘째 반응은 모세가 있는 곳으로 그를 방문하는 것이었다(출 18:5-7). 이드로가 모세를 찾아간 곳은 "하나님의 산"(출 18:5)으로 표현된다.[18] "하나님의 산"이란 구약성경에서 시내산, 또는 호렙산을 지칭한다(참조. 출 3:1; 4:27; 24:13; 왕상 19:8). 헤어졌던 모세의 가족들이 다시 해후하는 곳은 하나님의 산이었다. 하나님의 산에서 사람들 사이의 화평과 연합이 이루어진 것이다. 이드로가 모세를 방문하는 것을 언급하는 이 부분(출 18:5-7) 안에는 '가다'라는 뜻의 히브리어인 '보'(בּוֹא)가 각 절에 한 번씩 세 번 나온다. 이러한 반복을 통하여 이드로가 모세를 방문하는 것을 강조한다.

2) 둘째 소문단: 하나님의 구속 행위와 이드로의 하나님 찬양(출 18:8-12)

1. 하나님의 구원역사에 대한 모세의 간증	18:8
2. 모세의 간증에 대한 이드로의 반응	18:9-12
a. 마음의 반응: 기쁨	18:9

18) 노트(Noth)는 '하나님의 산'이라는 용어는 구체적인 장소를 지적하는 것이라기보다는 이스라엘의 상황을 묘사하는 것으로 이해한다. Martin Noth, *Exodus* (OTL; Philadelphia: Westminster Press, 1962), 147.

b. 입술의 반응: 찬양	18:10–11
c. 행동의 반응: 제사	18:12

둘째 소문단(출 18:8–12)은 이드로가 하나님을 찬양하는 내용을 담고 있다. 첫째 소문단이 이드로가 하나님의 구원역사를 듣는 것으로 시작된 것처럼(출 18:1), 둘째 소문단도 이드로가 하나님께서 이스라엘을 구원하셨다는 모세의 간증을 듣는 데서 시작된다(출 18:8). 모세가 증거한 것은 먼저 "여호와께서 이스라엘을 위하여 바로와 애굽 사람에게 행하신 모든 일"이라고 일반적으로 표현되고, 나중에는 "길에서 그들이 당한 모든 고난과 여호와께서 그들을 구원하신 일"이라고 구체적으로 설명된다. 이러한 병행법을 통하여 모세는 여호와의 구원을 더욱 강조하면서 말하였다.

둘째 소문단은 이러한 모세의 간증에 대하여 이드로가 어떻게 반응했는지를 구체적으로 설명한다(출 18:9–12). 이드로의 반응은 크게 세 가지로 언급된다. 첫째는 마음의 반응이었다(출 18:9). 이드로는 모세의 간증을 듣고 여호와께서 이스라엘을 구원해 주신 사건으로 인해 기뻐했다. 둘째는 입술의 반응이었다(출 18:10–11). 이드로는 여호와를 찬양했고(출 18:10), 여호와 하나님에 대하여 신앙고백을 하였다(출 18:11). 이드로의 신앙고백은 "이제 내가 알았도다."(עתה ידעתי, 아타 야다티)라는 문구로 시작된다(참조. 창 22:12; 삿 17:13; 왕상 17:24; 시 20:7 등). 이 표현은 새롭게 발견된 어떤 것을 소개하거나 지금까지 받아들여진 것을 다시 확인할 때 사용되는 형식이다.[19] 이드로가 이 표현을 했다고 해서, 이 순간이 여호와 신앙으로 개종했던 때라고 말할 수는 없을지 모르지만, 이드로가 여호와의 신앙 안에 들어온 것은 확실하다(참조. 시 135:5). 셋째는 행동의 반응이었다(출 18:12). 이드로는 모세의 간증을 듣고 하나님께 번제와 희생제를 드렸다. 번제란 제단에서 다 태워서 드리는 제사이고(참조. 레 1:2–17), 희생제는 한 부분은 제사로

19) Sarna, *Exodus,* 99.

드리고 나머지는 제의식사에서 먹는 제사이다(참조. 레 7:11ff.). 희생제가 제사 후에 제의식사를 하는 것을 포함하기에, 이드로는 희생제를 드린 후에 하나님 앞에서 식사를 하였다. 여기서 제의식사에 참여한 사람은 이스라엘 백성의 대표인 아론과 장로, 그리고 미디안의 제사장인 이드로였다. 제사, 즉 예배를 통하여 이스라엘 백성들과 미디안의 백성이 한 공동체 안에 들어오게 되었다.

첫째와 둘째 소문단(출 18:1-12)에서 강조되는 주제는 '여호와의 구원'이다. 여기서 '구원'과 연관된 히브리 용어는 '나짤'(נצל)인데, 이 단어의 히필형 동사의 뜻이 '구원하다'이다. '구원하다'라는 뜻의 이 형태의 단어는 출애굽기 18장 1-12절에 5회나 반복된다(4, 8, 9, 10x2절). 이 용어는 출애굽기 전체에 10회 사용되는데, 그 가운데 5회는 18장 이전에(출 2:19; 3:8; 5:23; 6:6; 12:27), 그리고 5회는 18장 1-12절에 사용된다. 이러한 특징은 출애굽기 19장 이후에 나오는 시내산 사건 이전의 텍스트(출 1-18장)의 핵심 주제가 '여호와의 구원'인데, 이 주제가 18장 1-12절에서 마무리되고 있음을 보여주는 것이다. 즉 출애굽기 18장 1-12절은 시내산에 도착하기까지의 이스라엘의 여정을 '하나님의 구원'이라는 주제로 마무리하고 있다.

3) 셋째 소문단: 새로운 법 제도(출 18:13-26)

1. 모세의 재판에 대한 묘사: 서론적 서술	18:13
2. 이드로의 문제제기: 재판의 독점에 대하여	18:14
3. 모세의 설명: 재판에 대하여	18:15-16
4(2'). 이드로의 가르침: 재판 제도에 대하여	18:17-23
a. 이전 법 제도에 대한 평가	18:17-18
b. 새로운 법 제도에 대한 가르침	18:19-23
1) 가르침에 대한 서론	18:19a
2) 가르침의 내용	18:19b-22
a) 모세의 역할에 대한 가르침	18:19b-20

b) 재판관에 대한 가르침	18:21-22
3-1') 가르침에 대한 결론	18:23
5(1'). 새로운 법 제도에 대한 모세의 실행: 결론적 서술	18:24-26

셋째 소문단(출 18:13-26)은 이스라엘의 새로운 법 제도에 대해서 말해 준다. 이 소문단은 주어의 변화에 따라 5개의 미세문단들로 구성된다. 모세를 주어로 하는 첫째 미세문단(출 18:13)은 모세의 재판을 다루며, 이드로를 주어로 하는 둘째 미세문단(출 18:14)은 이러한 모세의 재판에 대한 이드로의 문제제기를 다룬다. 모세를 주어로 하는 셋째 미세문단(출 18:15-16)은 재판에 대한 모세의 말을 언급하고, 이드로를 주어로 하는 넷째 미세문단(출 18:17-23)은 재판과 연관된 이드로의 조언을 다루며, 모세를 주어로 하는 다섯째 미세문단(출 18:24-26)은 모세가 이드로의 조언대로 실행하는 모습을 묘사한다.

여기서 모세의 비효율적인 재판에 대한 서술적 언급(출 18:13)은 모세가 효율적인 재판을 위해 새로운 법 제도를 실행했다는 서술적 언급(출 18:24-26)과 '외부 테두리'를 이룬다. 이드로의 재판에 대한 문제제기(출 18:14)는 그 문제제기에 근거한 이드로의 재판에 대한 조언(출 18:17-23)과 '내부 테두리'를 형성한다. 이드로가 제시한 문제 제기(출 18:14)는 재판을 모세가 독점하는 것이었다. 이드로는 먼저 모세가 하는 '일'[20]이 무엇인지 개괄적으로 질문하고, 이어서 구체적으로 모세가 재판을 독점하는 문제를 언급하였다. 이러한 모세의 재판 독점의 문제를 해결하기 위하여 이드로는 모세를 도울 재판관들을 임명할 것을 조언하였다(출 18:17-23). 이드로는 백성들 가운데 능력 있는 사람으로 천부장, 백부장, 오십부장, 십부장을 삼으라고 조언하였다. 여기서 능력

20) 여기서 '일'이라는 용어는 문자적인 의미가 '말씀'인 '다바르'(דבר)이다. 이 용어는 새로운 법 제도를 다루는 셋째 소문단(18:13-26)에서 10회 반복된다(14, 16, 17, 18, 19, 22x2, 23, 26x2절). 즉 열 개의 '다바르'(말씀)라는 용어가 사용된다. 이것은 본문 뒤에 나오는 시내산 사건에서 이스라엘 백성들에게 주어진 열 개의 말씀(다바르), 즉 십계명을 암시한다.

있는 사람이란, 첫째는 하나님과의 관계에서 하나님을 두려워하는 사람이고, 둘째는 사람과의 관계에서 진실한 사람이며, 셋째는 물질과의 관계에서 불의한 이익을 미워하는 사람이다(출 18:21).

이러한 내부 테두리 안에는 모세 자신의 재판에 대한 설명(출 18:15–16)이 배열된다. 이 미세문단은 교차대구구조(*chiasmus*)로 배열된 셋째 소문단(출 18:13–26)에서 가장 중앙에 위치함으로 구조적으로 강조된다. 여기서 모세는 재판이란 하나님께 물어보는 것이고(출 18:15), 하나님의 뜻대로 판단하여 각 소송 대상자들에게 하나님의 율례와 법도를 가르쳐 주는 것(출 18:16)이라고 설명한다.

4) 넷째 소문단: 이드로의 떠남(출 18:27)

새로운 사법 제도가 세워진 후에 모세는 이드로를 보냈고, 이드로는 자기 고향으로 돌아갔다(출 18:27). 모세가 이드로를 보냈다는 묘사와 함께 이드로와 모세와의 만남은 마무리된다.

II. 갈등의 주제로 읽는 광야생활

모세와 백성들의 갈등은 출애굽의 여정인 광야생활에 잘 나타난다. 특히 이스라엘 백성이 홍해를 건넌 후부터 시내산에 도착할 때까지의 여정을 묘사한 출애굽기 15장 22절부터 18장 27절까지의 텍스트는 갈등의 모습을 잘 드러낸다. 이스라엘 백성은 홍해를 건넌 후 광야에 들어가서부터 지속적으로 그들의 지도자인 모세와 갈등을 겪었다. 백성들은 먹을 물과 양식의 결핍으로 인해 모세에게 대항함으로 지도자인 모세에 대하여 직접적인 갈등을 유발하였다(출 15:22–17:7). 또한 아말렉의 공격으로 인한 위기(출 17:8–16)와 모세가 백성들의 모든 재판을 홀로 감당하는 상황(출 18:13–26) 등으로 인한 잠재적 갈등을 경험하였다. 모세는 이러한 갈등을 하나님 안에서 잘 극복하였고, 마침내 백성들을 하나님의 산인 시내산으로 인도하였다(출 19장).

1. 갈등의 이유

본문 가운데에는 '백성이 모세를 원망하거나(출 15:24; 16:2, 7; 17:3) 다툰다(출 17:2)' 는 표현이 반복된다. 이러한 묘사는 백성과 모세 사이에 갈등이 존재함을 분명하게 보여준다.

1) 물질적 결핍은 공동체의 위기를 초래할 수 있다

이스라엘 백성들이 모세를 원망함으로 모세와 갈등을 일으켰던 직접적인 이유는 물질적인 결핍 때문이었다. 광야생활이라는 상황 속에서 먹고 마시는 문제는 생존을 위한 것이었다. 생존의 위협을 받는 상황 속에서 이스라엘 백성들은 모세를 원망하였다. 마라에서 물이 써서 마시지 못하자 백성들은 모세를 원망하며 자신들에게 먹을 물이 없음을 불평하였다(출 15:22-23). 르비딤에서도 이스라엘 백성들은 마실 물이 없자 자신들을 애굽에서 인도해 내어 자신들과 자녀들, 그리고 가축들을 목말라 죽게 하였다고 모세를 원망하며 다투기까지 하였다(출 17: 1-3).

물 부족 문제뿐만 아니라 양식의 결핍도 백성들이 모세를 원망하는 이유였다. 이스라엘 백성들은 신 광야에서 떡과 고기가 부족하여 배고파 죽겠다고 모세와 아론을 원망하였다(출 16:1-3). 이러한 물과 양식의 결핍으로 인해 발생한 불평은 광야를 경험하던 이스라엘 백성들에게 당연한 것이었다고 할 수 있다. 한 곳에 정착하지 못하고 떠돌아 다니며 생활하던 광야에서 물과 양식은 생존을 위한 필수적인 것들이었다.

백성의 지도자는 백성들의 생존을 위한 기본적 필요들을 충족시켜야 할 책임이 있다. 그러므로 이러한 기본적 필요를 채움 받지 못했던 백성들이 지도자인 모세와 아론을 향하여 불평을 한 것은 생존을 위한 당연한 요구라 할 수 있다.

문제는 생존을 위한 기본적 필요에 대한 요구 자체가 아니었다. 문제는 그러한 요구가 불평과 원망의 형태로 표현되었고, 불평의 주체가 확대되어 이스라엘 온 백성들에게 전염된 것이었다. 광야라는 특수한 상황 속에서 백성들의 불평은 공동체의 평화(*shalom*)에 위협을 주는 전염성이 있는 행동이었다. 이스라엘의 첫 번째 불평인 마라에서 있었던 물 결핍과 연관된 사건에서 불평의 주체는 "백성"(출 15:24)이었다. 그러나 두 번째 불평인 신 광야에서 떡과 고기의 부족과 연관된 사건에서 불평의 주체는 "이스라엘 자손 온 회중"(출 16:2)이었다. 즉 지도자에게 불평한 대상이 단순한 백성에서 온 회중으로 확대되었다. 세 번째 불평인 르비딤에서 있었던 사건에서는 이스라엘 온 회중이 지도자인 모세에게 원망만 한 것이 아니라 그를 돌로 칠 정도로 그와 다투었다(출 17:2-4). 불평의 정도가 더욱 심해진 것이다. 이와 같이 특정인의 불평은 다른 사람들에게 전염되어 온 회중의 불평으로 이어졌고, 단순한 원망은 더욱 심화되어 지도자에 대한 다툼으로 확대되었다.

불평과 연관된 전염성은 그 내용에 있어서도 나타났다. 처음에는 백성들이 생존을 위한 기본적 이슈로 지도자인 모세와 아론에게 불평과 원망을 하였다. 그러나 이러한 불평은 단지 지도자를 향한 것만이 아니었다. 그 불평은 모세를 이스라엘의 지도자로 세우신 하나님을 향한 것이었고, 그 지도자를 통하여 이스라엘을 출애굽하신 하나님의 구원 행동에 대한 부정이었다.

하나님의 대한 반역으로써 이스라엘의 불평은 그들이 애굽에서의 삶을 이상화하는 모습에 잘 나타난다. 이스라엘 백성들은 애굽에서의 삶을 "우리가 애굽 땅에서 고기 가마 곁에 앉아 있던 때와 떡을 배불리 먹던 때"(출 16:3; 참조. 민 11:5)라고 말했다. 이스라엘이 애굽에서 종살이하던 삶은 매우 열악했을 것이다. 그러나 이스라엘 백성들은 음식 문제로 어려움을 겪자 애굽의 종살이를 동경하였다. 애굽의 종살이를 동경하였다는 것은 출애굽을 부정하는 행동이었다. 출애굽은 여호와 하나님께서 이스라엘에게 베푸신 은혜의 행동이었다(출 16:6). 즉 이스라엘 백성들은 여호와 하나님께서 그들을 구원해 준 사건을 부정하면서 애굽의 노예 생활을 동경하였다. 이러한 행동은 하나님에 대한 원망이었고(참조. 출 16:7-9), 하나님에 대한 반역이었다. 그러므로 이스라엘 백성은 그들의 지도자인 모세에 대하여만 원망하였던 것이 아니라, 이전 생활에 대한 동경을 통하여 애굽에서 구원해 주신 하나님에 대하여 원망하였다.

이러한 백성들의 모습은 르비딤에서도 나타났다. 이스라엘 백성들은 물이 없는 상황에서 출애굽 사건을 불평하며 여호와 하나님을 시험하였다(출 17:2-3). 여호와에 대한 이스라엘 백성들의 시험은 이렇게 나타났다.

> 당신이 어찌하여 우리를 애굽에서 인도해 내어서 우리와 우리 자녀와 우리 가축이 목말라 죽게 하느냐(출 17:3).

백성들은 출애굽을 광야에서 목말라 죽게 만들 사건으로 이해했다. 즉 백성들은 출애굽이 종 되었던 애굽에서의 구원 사건이 아니라, 광야에서 목말라 죽게 만들 사건으로 보았다. 이러한 이해는 출애굽을 인도하신 하나님을 부정하는 것이었다.

물질적 결핍이 때때로 영적인 결핍으로 이어질 수 있다. 물질적 결핍 가운데 하나님을 더욱 의지함으로 영적인 풍요함을 경험할 수도 있으나, 이스라엘 백성들에게는 물과 음식의 결핍이 하나님과의 갈등이라는 영적인 결핍으로 이어졌다. 백성들은 지도자 모세와 갈등하였고, 더 나아가 지도자 모세를 세워 애굽의 종살이에서 구원하신 하나님과 갈등하였다. 이와 같이 불평은 전염성이 있다. 불평의 주체는 이스라엘 백성(출 15:24)에서 온 회중(출 16:2)으로 확장되었으며, 지도자 모세를 향한 원망(출 16:2)에서 다툼(출 17:2-4)으로까지 심화되었다. 더 나아가 이스라엘의 물질적 결핍은 지도자 모세와 그 지도자를 세우신 하나님을 향한 갈등의 이유가 되었다.

2) 외부의 적으로부터의 공격은 공동체의 생존을 위협한다

공동체 내에서 지도자와 백성들의 갈등의 이유가 될 수 있는 한 요인은 외부로부터의 적의 공격이다. 왜냐하면 외부적인 침입은 공동체의 평화를 파괴할 수 있는 잠재된 위험이기 때문이다. 지도자는 이러한 외부적인 공격을 잘 방어해야 할 책임이 있다. 지도자가 이러한 문제를 어떻게 대면하느냐에 따라 외부적인 공격은 지도자와 백성들 사이를 더 큰 갈등으로 이끌 수도 있고, 아니면 백성들이 지도자를 더욱 신뢰하는 만드는 계기가 될 수도 있다.

광야의 이스라엘에게도 지도자와 백성들 사이의 갈등을 야기할 수 있는 외부적인 공격이 있었다. 그것은 르비딤에서 아말렉이 이스라엘을 공격한 사건이었다(출 17:8-16). 이 사건은 아말렉이 이스라엘을 공격한 것으로, 이스라엘의 입장에서는 광야에서 겪은 최초의 방어전이었다. 이 싸움은 출애굽기 본문에서 반석에서 물을 얻었던 므리바 사건(출 17:1-7)과 연결하여 나타난다. 이것은 아말렉의 공격이 물을 얻는 것과 연관되었음을 추측케 한다.[21]

광야생활의 여정 가운데 이스라엘 백성들은 그 공동체를 유지하고 보호하는데 필요한 어떤 조직도 갖고 있지 못했을 것이다. 단지 지도자인 모세와 백성들의 관계로 이스라엘 공동체가 움직여지고 있었다고 할 수 있다. 현재의 텍스트 형태에서 이해하면, 최초의 사법조직은 하나님의 산, 즉 시내산에서 만들어졌고(참조. 출 18:5, 13-26), 광야생활을 위하여 인구조사나 진의 형성, 그리고 제사와 연관된 여러 조직이 형성된 것도 시내산이었다(참조. 출 19:1-민 10:10). 그러므로 이스라엘이 아말렉의 공격을 받았던 시점은 다른 민족의 침입과 같은 공동체를 위협하는 사건에 대처할 수 있는 구체적인 시스템이 형성되기 이전이었다.

---

21) Durham, *Exodus,* 235.

아말렉은 시내반도와 네게브 지역에서 거주하면서 유목생활을 했었던 매우 호전적인 민족이었다(참조. 창 36:15-16; 민 13:29; 신 25:17-19; 삿 6:3-4; 삼상 27:8). 이렇게 전쟁을 좋아하고 싸움의 경험이 있던 민족이 아무런 대처 능력이 없었던 광야의 이스라엘을 공격했던 것이다. 이러한 아말렉의 공격은 이스라엘에게 있어서 너무나 큰 위기였을 것이다.

비록 본문에서는 아말렉의 공격이 이스라엘 공동체의 지도자인 모세와 백성들 사이에 갈등을 초래했다고 명시적으로 언급하지는 않는다. 그러나 이 사건은 모세와 백성들의 갈등을 일으켰던 므리바 사건(출 17:1-7)과 같은 장소인 르비딤에서 발생했다. 또한 두 사건은 위기에 대한 이스라엘 백성들의 태도를 대조적으로 표현한다. 그러므로 아말렉의 공격 사건은 므리바 사건과 연결시켜 이해하는 것이 타당하다.

물의 결핍으로 인해 발생한 므리바 사건이나 아말렉과의 공격으로 인해 발생한 사건은 모두 지도자인 모세와 백성들 사이에 갈등이 내재된 상황들이었다. 므리바 사건에서는 모세와 백성들 사이의 내재된 갈등이 표출된 것이었고, 반면에 아말렉과의 싸움 사건에서는 내재된 갈등이 드러나지 않았던 것이다. 아말렉과의 싸움 사건에서는 지도자와 백성들 사이의 갈등이 문제되지 않았을 뿐, 전혀 갈등이 없었다고 말할 수는 없다. 아말렉과의 공격이라는 위기는, 양식의 결핍이라는 위기처럼 당연히 이스라엘 공동체의 지도자였던 모세와 백성들 사이에 갈등을 야기했을 것이다.

공동체의 지도자와 백성들 사이에는 그들이 처한 환경뿐만 아니라, 적의 공격과도 같은 외부적인 압력도 갈등의 소지가 있는 요소라 할 수 있다. 이러한 문제는 공동체의 의지와는 관계없이 일어날 수 있다. 또한 지도자나 백성들의 부족함으로 인해 발생되는 것도 아니다. 그러나 이러한 외부로부터 들어오는 위기는 공동체가 자주 직면하는 문제 가운데 하나이다. 이러한 위기는 지도자와 백성들 사이의 갈등을 야기할 수 있는 잠재적 원인이다. 이러한 위기를 어떻게 대면하느냐에 따라

이 위기는 지도자와 백성들 사이에 잠재된 갈등이 표출되어 공동체를 위협에 빠뜨릴 수도 있고, 오히려 지도자와 백성들 사이에 더 큰 신뢰를 형성할 수도 있는 것이다.

3) 지도자가 모든 일을 독점하는 것은 공동체를 와해시킨다

공동체의 지도자와 백성들의 갈등은 지도자로 인해서 발생될 수도 있다. 지도자의 자질과 욕심 등 많은 요인들로 인해 갈등이 일어날 수도 있지만, 지도자가 백성들의 많은 일들을 다른 사람들에게 나누어주지 않고 그 일을 독점함으로 발생될 수도 있다.

모세가 장인 이드로의 제안에 따라 재판관을 세우는 기사(출 18:13-26) 가운데에는 지도자의 업무 독점으로 인해 생길 수 있는 문제와 갈등을 보여준다. 모세의 장인 이드로는 모세가 백성들의 모든 송사를 혼자 감당하는 것을 보고 그것의 문제에 대하여 이렇게 말했다.

> 네가 하는 것이 옳지 못하도다 너와 또 너와 함께 한 이 백성이 필경 기력이 쇠하리니 이 일이 네게 너무 중함이라 네가 혼자 할 수 없으리라(출 18:17-18).

이드로는 모세가 재판을 독점하는 것을 옳지 못하다고 평가하면서(출 18:17), 이로 인해 야기되는 문제로 백성들이 지치는 결과를 언급하였다(출 18:18a). 그리고 이러한 결과를 초래하는 이유는 재판을 독점하는 것이 모세 혼자서 감당하기에는 너무 과중하기 때문이었다(출 18:18b). 즉 모세가 혼자서 모든 재판을 감당하는 것은 너무 과중하며, 그로 인해 백성들은 기력이 쇠해질 것이다. 이러한 문제는 결국 지도자와 백성들 사이의 갈등의 이유가 되었다.

재판이 적절하게 이루어지지 않음으로 인해 발생한 지도자와 백성들 사이의 갈등은 압살롬의 반역의 배경 가운데 잘 묘사된다(삼하 15:

1-6). 이 부분에서 압살롬은 성문 길 곁에서 송사를 갖고 왕에게 재판을 청하러 오는 백성들에게 이렇게 말했다.

> 보라 네 일이 옳고 바르다마는 네 송사를 들을 사람을 왕께서 세우지 아니하셨다…내가 이 땅에서 재판관이 되고 누구든지 송사나 재판할 일이 있어 내게로 오는 자에게 내가 정의 베풀기를 원하노라(삼하 15:3-4).

압살롬은 송사를 갖고 왕을 찾아가는 백성들에게 왕이 백성들의 문제를 들을 재판관을 세우지 않아서 그들의 송사가 정의롭게 해결되지 않을 것이라고 말했다. 즉 다윗이 백성들의 소송을 들을 재판관을 세워서 백성들의 문제를 효과적으로 다루어야했는데, 재판관을 세우지 않아 백성들의 문제가 해결되지 않음을 언급했다. 압살롬은 재판과 연관된 이러한 문제를 지적함으로 백성들의 마음을 지도자인 다윗에게서 이간질시켰다(삼하 15:6). 백성들의 소송이 해결되지 못하는 상황은 결국 백성들이 그들의 지도자인 다윗을 신뢰하지 못하게 만들었고, 이러한 지도자와 백성들 사이의 갈등은 압살롬 반란의 배경이 된 것이다.

재판(미쉬파트)은 이 땅 가운데 하나님의 정의(미쉬파트)를 이루는 방법이다. 인간이 살아가는 사회 안에는 갈등과 문제가 일어나기 마련이다. 중요한 것은 이러한 문제를 어떻게 해결하느냐 하는 것이다. 문제를 잘 해결하기 위한 하나의 방법은 문제 해결을 위한 효과적인 시스템을 만드는 것이다. 지도자가 모든 문제를 독점하기보다는, 함께 일할 동역자를 세워 함께 문제를 해결하는 것이다. 지도자가 소송과 같은 백성들의 문제를 자기 혼자서 다 해결하려고 하는 것은 욕심이요, 지혜 없는 행동이다. 이러한 지도자의 욕심은 백성들의 불만을 일으키고, 이러한 불만은 지도자와 백성들 사이에 더 큰 갈등을 야기한다.

2. 갈등 해결의 원리

지도자 모세와 백성들 사이의 갈등은 갈등에서 머무르지 않았다. 모세는 적극적으로 이러한 갈등을 해결하기 위하여 노력하였다. 모세는 갈등의 문제를 안고 하나님께 나아가 간구함으로 갈등을 해결하였다. 모세는 다른 동역자들과 힘을 합하여 갈등의 문제를 해결하였다. 모세는 다른 사람의 조언을 존중하고 받아들임으로 갈등의 문제를 해결하였다.

1) 지도자는 백성들의 문제를 품고 하나님께 나아가라

지도자 모세와 백성들 사이의 갈등이 분명하게 나타난 것은 물질적 결핍 때문이었다. 백성들은 수르 광야에서 물이 없다고 모세를 원망하였다(출 15:22-27). 백성들은 신 광야에서 고기와 떡의 부족으로 모세와 아론을 원망하고 하나님을 시험하였다(출 16:1-36). 백성들은 르비딤에서 마실 물이 없다고 모세와 다투고 하나님을 시험하였다(출 17:1-7).

이러한 문제에 대하여 모세는 침묵하지 않았다. 그는 그 문제를 안고 하나님께 나아가 백성들을 위하여 중보의 기도를 드렸다. 마라에서 백성들이 물의 결핍으로 모세를 원망하자, 모세는 여호와께 부르짖었다(출 15:24-25). 여기서 '부르짖다'는 히브리어 '짜악'(צעק)은 큰 고통 하에서 도움을 요청하는 것을 의미한다.[22] 즉 모세는 백성들의 아픔을 보고, 지도자로서 그들을 위해 하나님께 도움을 요청하였다. 이러한 중보를 통하여 모세는 하나님의 응답을 얻었으며, 하나님의 말씀대로 순종하여 물의 결핍으로 야기된 백성과의 갈등을 해결할 수 있었다.

모세의 중재자로서의 역할은 신 광야의 사건에서도 잘 나타난다. 신 광야에 도착한 백성들은 애굽의 삶을 동경하면서 고기와 떡이 없어서

22) Harris (eds.), *Theological Wordbook of the Old Testament*, 772.

굶주려 죽게 되었다고 모세와 아론을 원망하였다(출 16:2–3). 이러한 백성들에 대하여 하나님께서는 모세에게 하늘의 양식으로 백성들을 채워줄 것이라고 약속하셨다(출 16:4–5). 모세와 아론은 이 약속의 말씀을 온 이스라엘 자손들에게 전달하였다(출 16:6–12). 모세와 아론이 하나님의 말씀을 전달하는 부분(출 16:6–12)에는 여호와께서 백성들의 원망을 들으셨다는 언급이 네 번이나 반복되고(출 16:7, 8, 9, 12), '이스라엘 백성들이 여호와를 알리라'(출 16:6, 12)는 표현이 두 번 반복된다. 이것을 통하여 모세는 이스라엘 백성들의 원망을 여호와 하나님께서 들으시고 그들의 필요를 채우심으로, 하나님이 어떤 분이심을 백성들에게 계시할 것임을 보여주었다. 먹을 것의 부족으로 인해 백성들은 불평했지만, 모세는 필요한 양식을 공급하실 것이라는 여호와 하나님의 말씀을 대언했고, 이러한 모세의 대언은 백성들로 하여금 여호와가 이스라엘의 하나님이시며 이스라엘을 애굽에서 구원한 자이심을 알게 하였다. 모세의 대언으로 이스라엘의 불평은 하나님에 대한 바른 이해와 신뢰로 변화되었다.

이스라엘 백성과 하나님 사이의 중재자로서의 모세의 모습은 르비딤 사건에서도 잘 나타난다. 르비딤에서 백성들은 마실 물이 없다고 모세를 원망할 뿐만 아니라 모세와 다투었다. 백성들은 모세가 자신들을 애굽에서 인도해 자신의 자녀와 가축까지도 목말라 죽게 만들었다고 원망하였다(출 17:1–3). 이러한 문제에 대하여 모세는 여호와께 부르짖었다(출 17:4). 모세는 이 백성이 자신에게 돌을 던질 것이라고 말하면서 하나님의 도우심을 구했다. 이러한 모세의 중보 기도를 통하여 여호와 하나님께서는 모세에게 반석을 치라는 명령을 하셨고, 모세는 그 명령대로 행함으로 반석에서 물을 얻어 백성들에게 물을 공급하였다(출 17:5–6). 모세의 중재를 통하여 이스라엘 백성들과 모세의 갈등, 더 나아가 백성들과 하나님과의 갈등은 해결되었다.

지도자에게는 백성들의 소리를 들을 수 있는 귀와 하나님의 말씀을 전달할 수 있는 입이 필요하다. 백성들의 필요가 무엇인지, 그들의 문제가 무엇인지, 그들의 외침이 무엇인지를 들을 수 있어야 한다. 백성들의 문제를 외면해서는 안 된다. 그러나 진정한 지도자는 백성들의 소리를 들을 뿐만 아니라, 그들의 소리를 듣고 그들의 필요를 채울 수 있어야 한다. 사실 지도자가 모든 백성의 필요를 채울 수는 없다. 지혜로운 지도자는 자신이 모든 백성의 모든 필요를 채울 수 없음을 인정해야 한다. 지도자는 백성들의 문제를 하나님께 아뢰는 중보자가 되어야 한다. 왜냐하면 백성들의 모든 문제를 해결하실 수 있는 유일하신 분은 여호와 하나님이시기 때문이다.

또한 지도자는 백성들의 소리를 듣고 하나님께 아뢸 뿐만 아니라, 하나님의 말씀을 백성들에게 대언할 수 있는 자가 되어야 한다. 모세가 하나님의 말씀을 백성들에게 전달했듯이, 지도자는 자신의 생각보다는 하나님의 음성을 백성들에게 깨닫게 해 주어야 한다. 그러므로 바람직한 지도자는 백성들의 문제를 하나님께 아뢰는 중보자임과 동시에, 하나님의 말씀을 백성들에게 전하는 대언자가 되어야 한다.

2) 지도자는 백성들의 문제를 동역자들과 함께 나누어라

이스라엘 백성들이 르비딤에 진을 쳤을 때에, 아말렉이라는 민족으로부터 공격이 있었다(출 17:8). 이 전쟁은 애굽에서 탈출하여 광야 생활 가운데 맞이한 이스라엘의 첫 번째 방어전이었다.

광야라는 상황에서 이스라엘 백성들에게는 정규 군대가 없었다. 이스라엘 백성들은 지도자 모세의 인도에 따라 가나안을 향하여 나아가면서 하루하루 살고 있었다. 그들의 관심은 하루하루 목마르지 않고 배고프지 않게 살아가는 것이었다(참조. 출 15:24; 16:3; 17:1-2 등). 이러한 이스라엘 백성들에게 외부로부터 적이 발생한 것은 크나큰 문제였을 것이다.

이 상황에서 지도자 모세는 그의 동역자들과 함께, 그리고 하나님의 도우심으로 적들을 물리쳤다. 모세는 먼저 여호수아에게 전쟁터에 나갈 사람들을 택하고 아말렉과 직접 싸우라고 지시하였다(출 17:9). 모세는 이러한 지시만 하지 않고, 자신은 하나님의 지팡이를 손에 잡고 산꼭대기에 설 것이라고 말했다(출 17:9). '하나님의 지팡이'란 구약성경에서 인간의 역사에 대한 하나님의 개입하심에 있어서 특별한 역할을 하는 물건으로 이해된다.[23] 그러므로 모세가 하나님의 지팡이를 들었다는 것은 모세가 인간사에 임재하시는 하나님을 전적으로 의지하고 있음을 의미한다.

여호수아는 모세의 지시에 순종하였다. 그는 군대를 모아서 아말렉과 싸웠다(출 17:10). 그리고 모세는 아론과 훌과 함께 산꼭대기에 올라가서(출 17:10) 손을 들었다. 모세가 손을 들면 이스라엘이 이기고 손을 내리면 아말렉이 이겼다(출 17:11). 그래서 아론과 훌이 모세의 양팔을 하나씩 붙잡고 해가 질 때까지 모세의 팔이 내려오지 않도록 하였다(출 17:12). 결국 이스라엘은 아말렉과의 싸움에서 승리를 거두었다(출 17:13).

아말렉과의 싸움에서 승리를 주신 분은 여호와이셨지만, 이 싸움에는 그 외의 여러 조력자들이 함께 했다. 모세는 지도자로 여호수아에게 할 일을 맡기고(출 17:9), 자신은 아론과 훌과 함께 산꼭대기에 올라가 해가 질 때까지 하나님의 도우심을 구했다(출 17:10–12). 여호수아는 군대를 소집하고(출 17:9) 직접 싸움을 진두지휘하며 아말렉과 싸웠다(출 17:10, 13). 아론과 훌은 모세의 팔이 아래로 내려오지 않도록 좌우에서 모세의 팔을 붙잡았다(출 17:12). 하나님의 절대적 개입, 모세의 순종 및 간구, 여호수아의 전투, 그리고 아론과 훌의 조력이 합하여 전투에서 승리를 얻은 것이다.

모세는 아말렉의 공격이라는 문제 앞에서 혼자 그 문제를 대면하지 않았다. 그는 동역자들과 함께 문제를 해결하였다. 이와 같이 하나님의 일에는 동역이 필요하다. 혼자 모든 것을 다 할 수 있다고 생각하는 것

---

23) Sarna, *Exodus,* 23.

은 교만이다. 하나님께서는 성도들에게 각각의 은사를 주셨다. 이러한 은사들은 교회를 섬기기 위하여 주어진 것이다. 여러 은사를 가진 각각의 성도들이 힘을 합할 때 그리스도의 몸이 세워지는 것이다.

> 그가 어떤 사람은 사도로, 어떤 사람은 선지자로, 어떤 사람은 복음 전하는 자로, 어떤 사람은 목사와 교사로 삼으셨으니 이는 성도를 온전하게 하여 봉사의 일을 하게 하며 그리스도의 몸을 세우려 하심이라(엡 4:11-12).

여호수아, 아론, 그리고 훌과 동역했던 모세의 모습은 잠재된 갈등의 문제를 해결하기 위해 필요한 지도자의 자세가 무엇인지 가르쳐준다. 그것은 문제를 홀로 대면하지 않고, 하나님의 도우심을 구하는 가운데 동역자와 함께 나누는 것이다.

3) 조언을 수용할 수 있는 넓은 마음을 갖고 더 효과적인 시스템을 만들어라

광야 생활 가운데 이스라엘 백성들이 직면한 또 다른 문제는 '사람들 사이에 발생하는 갈등과 충돌을 어떻게 효과적으로 해결할 수 있는가' 하는 것이었다. 이스라엘 공동체에서도 백성들 사이에 이해 충돌과 범죄와 같은 일들이 있었고, 이러한 문제를 해결해야 할 필요성이 있었다. 이러한 문제가 발생했을 때 백성들은 공동체의 지도자인 모세에게 나아왔고, 모세는 혼자서 그 모든 사건을 재판하였다(출 18:13). 이러한 행동을 보고 모세의 장인 이드로는 모세에게 "네가 하는 것이 옳지 못하도다"(출 18:17)라고 평가하였다. 이드로는 모세가 재판을 독점하는 것에 대하여, 모세가 홀로 이 모든 사건을 감당할 수 없다고 말하면서, 소송을 갖고 온 백성들도 문제의 해결함을 받지 못하고 기력이 쇠하는 결과를 가져 올 것이라고 진단하였다(출 18:18).

이러한 진단 후에 이드로는 모세에게 다음과 같은 조언을 하였다.

> 너는 하나님 앞에서 그 백성을 위하여 그 사건들을 하나님께 가져오며 그들에게 율례와 법도를 가르쳐서 마땅히 갈 길과 할 일을 그들에게 보이고 너는 또 온 백성 가운데서 능력 있는 사람들 곧 하나님을 두려워하며 진실하며 불의한 이익을 미워하는 자를 살펴서 백성 위에 세워 천부장과 백부장과 오십부장과 십부장을 삼아 그들이 때를 따라 백성을 재판하게 하라 큰 일은 모두 네게 가져갈 것이요 작은 일은 모두 그들이 스스로 재판할 것이니…(출 18:19-22).

이드로는 모세에게 새로운 사법제도를 조언하였다. 이드로는 모세 외에도 모세를 도와 소송을 담당할 재판관들을 세우라고 충고하였다. 이드로는 천부장, 백부장, 오십부장, 십부장을 세워 그들로 하여금 재판을 하게 하라고 제안하였다. 이드로는 재판사건에서 임명될 재판관들과 임명관인 모세의 영역을 구별하였다. 즉 모세는 중요한 사건을 재판하고, 모세가 임명한 재판관들은 중요성이 떨어지는 사건들을 재판하도록 조언하였다.

자신이 하는 일에 대하여 비판하는 소리를 듣는 것은 쉽지 않다. 특히 자신이 지도자인 경우에는 더욱 그렇다. 지도자는 스스로 판단하여 결정하는 위치에 있기에 자기가 모든 일을 책임지고 주도적으로 하려는 경향이 있다. 이러한 경향은 다른 사람들의 의견을 경청하기보다는 자기의 판단대로 행동하게끔 이끈다. 최종 결정과 판단이 지도자의 몫이라는 것은 부정할 수 없다. 그러나 이러한 결정과 판단의 과정에는 자신의 생각뿐만 아니라 다른 사람의 의견을 듣고 존중하는 열린 태도가 필요하다. 상대방의 의견이 자신의 생각과 다르더라도 각 의견의 장단점을 잘 판단하여 취할 것은 취하고, 버릴 것은 버리는 태도가 요청된다.

모세는 이드로의 조언을 존중했다. "듣기는 속히 하고 말하기는 더

디하라"(약 1:19)는 말씀처럼, 모세는 자신보다 인생의 경험이 풍부했던 장인 이드로의 말을 속히 들었다. 재판을 독점하는 자신의 부족함을 인정하고, 이드로의 조언대로 새로운 사법제도를 만들었다(출 18:24). 모세는 이스라엘 백성 가운데 능력 있는 사람들을 택하여 천부장, 백부장, 오십부장, 그리고 십부장으로 삼았고, 그들에게 백성들의 작은 송사를 재판하도록 하였다. 그리고 모세 자신은 어려운 일들을 재판하였다(출 18:25-26).

백성들 사이의 문제는 지도자의 연약함으로 야기될 수 있다. 모세가 자신 혼자서 모든 재판을 독점함으로 백성들의 송사가 잘 해결되지 않았듯이, 지도자가 모든 것을 혼자서 다 하려고 하는 욕심도 백성들 사이의 갈등을 악화시킬 수 있다. 이러한 갈등을 해결하는 방법은 지혜로운 사람의 조언을 통하여 자신의 고정관념을 깨는 것이다. 모세는 이드로의 조언을 수용하였다, 그래서 백성들이 송사를 자신에게 갖고 오기 때문에 자신이 그 모든 송사를 다 감당해야 한다는 고정관념을 깼다. 모세는 이드로의 조언을 수용하여 자신을 돕는 재판관들을 세우고 그들이 직접 작은 송사를 담당하게 하는 새로운 사법제도를 만들었다.

야기된 갈등을 해결하기 위하여 지도자에게 필요한 것은 '듣는 마음'이다. 솔로몬 왕도 하나님께 효과적인 재판을 위하여 '듣는 마음'을 구했다.

> 누가 주의 이 많은 백성을 재판할 수 있사오리이까 듣는 마음을 종에게 주사 주의 백성을 재판하여 선악을 분별하게 하옵소서(왕상 3:9).

이와 같이 '듣는 마음'은 재판을 효과적으로 감당하기 위하여 재판관에게 필요한 자질일 뿐만 아니라 지도자와 백성들 사이에 발생한 갈등을 효과적으로 해결하기 위하여 지도자에게 필요한 덕목이다. 백성들의 아픔을 나의 아픔으로 생각하고, 그 아픔을 해결하기 위하여 지혜로운 조언을 수용하여 효과적인 시스템을 만드는 것은 공동체의 화평을 위해 지도자가 감당해야 할 몫이다.

3. 갈등의 목표

지도자와 백성들 사이의 갈등은 해결되는 것 자체만이 목표가 아니다. 이러한 갈등은 더 큰 목표를 향하여 움직인다. 지도자와 백성들 사이의 갈등을 통하여 하나님께서는 자기 자신을 계시할 뿐만 아니라, 백성들로 하여금 하나님의 뜻을 알고 순종하도록 이끄신다. 또한 공동체가 하나님의 율법과 명령에 순종함으로 온전한 하나님의 백성의 모임이 되도록 인도하신다.

1) 갈등은 하나님 자신의 뜻과 모습을 계시하시는 통로이다

이스라엘 백성들은 신 광야에 이르렀을 때에 지도자인 모세와 아론에게 그들이 자신들을 광야로 인도하여 굶주려 죽게 되었다고 원망하였다(출 16:2-3). 이러한 원망으로 인해 발생한 지도자와 백성들 사이의 갈등은 만나와 메추라기를 공급하심으로 해결하시겠다는 하나님의 약속을 이끌었다(출 16:8–9). 이러한 약속의 말씀을 통하여 이스라엘의 필요를 채우시는 하나님의 목적은 약속의 내용을 에워싸는 테두리(출 16: 6, 12)에 잘 나타난다.

> …저녁이 되면 너희가 여호와께서 너희를 애굽 땅에서 인도하여 내셨음을 알 것이요(출 16:6).
>
> 너희가 해 질 때에는 고기를 먹고 아침에는 떡으로 배부르리니 내가 여호와 너희의 하나님인 줄 알리라…(출 16:12).

하나님께서 양식의 결핍으로 인해 발생한 백성들과 지도자 사이의 갈등을 만나와 메추라기의 공급을 통하여 해결하신 목적은 그것을 통하여 여호와 하나님께서 이스라엘 백성들을 애굽에서 구원하셨음을 백성들에게 가르치시기 위해서였다(출 16:6). 또한 이스라엘 백성을 구원하신 그 하나님께서 바로 이스라엘의 하나님이신 여호와이심을 알게 하는 것이었다(출 16:12).

'너희는 내가 여호와인줄 알리라'는 것은 출애굽 때에 하나님께서 애굽에 기적을 베푸신 목적으로 설명된다(출 10:1-2; 참조. 6:2-3; 7:5, 17; 12:12; 14:18 등). 이러한 표징을 통하여 하나님께서는 이스라엘 백성들과 그들의 자손들에게 자기 자신을 계시하셨다. 그러므로 애굽에서의 기적들, 홍해에서의 구원과 광야에서의 공급하심과 같은 여호와의 역사는 모두 그분이 여호와 하나님이시며 이스라엘의 하나님이시라는 사실을 알게 하는데 그 목적이 있다.

하나님께서는 자기 자신을 그의 백성들에게 드러내기를 원하신다. 구약성경에서 하나님께서는 여러 가지를 통하여 자신을 세상과 그의 백성들에게 알리신다. 차일즈(B. S. Childs)는 크게 네 가지로 하나님의 계시의 방법을 언급한다.[24] 첫째, 하나님은 피조물을 통하여 계시하신다(참조. 욥 38:4-9; 시 8:1-9; 19:1; 33:6-7; 136:1-9; 사 45: 5-7 등). 둘째, 하나님은 지혜를 통하여 계시하신다(참조. 욥 28:13-23; 시 104:24). 셋째, 하나님은 역사를 통하여 계시하신다(시 136:10-24; 사 14:24-27; 43:14-19; 단 4:34-37; 암 9:7 등). 넷째, 하나님은 자신의 이름을 통하여 계시하신다(출 3:13-15; 6:2-3; 겔 6:14; 7:27; 12:16; 20: 38 등).

역사 가운데 일어나는 하나님의 백성과 지도자들 사이의 갈등의 목적 가운데 하나도 하나님께서 자기 자신을 그의 백성들에게 계시하시는 것이다. 하나님께서는 지도자와 백성들 사이의 갈등을 통하여 자신이 어떤 존재이신지, 자신의 성격은 어떠하신지, 자신의 뜻이 무엇인지를 그의 택하신 백성들에게 보여주신다.

24) Brevard S. Childs, *Old Testament Theology in a Canonical Context* (Philadelphia: Fortress Press, 1985), 28-42.

현재의 신앙공동체에서도 마찬가지이다. 지도자와 그의 백성 또는 성도들 사이의 갈등의 한 목적은 그 갈등을 통하여 하나님께서 자기 자신을 드러내시는 것이다. 우리는 갈등을 통하여 하나님의 인도하심을 경험할 수 있다. 그리고 그 인도하심 가운데 하나님께서 어떤 분이신지 더욱 깊이 발견하게 된다. 그러므로 지도자와 백성들 사이의 갈등은 그것이 극복되지 않을 때는 둘 사이의 관계를 더욱 단절시키는 결과를 초래하지만, 그 갈등을 지혜롭게 대면할 때에는 갈등을 통하여 하나님을 더욱 깊이 경험하게 된다.

2) 갈등은 하나님의 뜻을 그의 백성들에게 가르치는 과정이다

하나님께서는 갈등을 통하여 자신을 계시할 뿐만 아니라 자신의 뜻이 무엇인지 그의 백성들과 이후의 세대들에게 가르치신다.

수르 광야에서 있었던 사건을 다루는 문단(출 15:22-27)에서 모세에 대한 백성들의 불평(15:24)은 모세의 중보를 통한 하나님의 응답으로 이어졌다(출 15:25a). 이 사건은 물을 달게 하시는 하나님의 응답에서 끝나지 않고 여호와 하나님께서 백성들을 위하여 법도와 율례를 정하시고 그들을 시험한 내용에서 마무리되었다(출 15:25b-26). 하나님께서는 이스라엘 백성들이 하나님의 말씀에 순종하고 하나님의 계명과 규례를 지키면 백성들에게 질병을 내리지 않겠다고 약속하셨다(출 15:26). 그러므로 마라의 사건에서 하나님께서는 백성과 지도자 사이의 갈등을 통하여 백성들에게 자신의 뜻을 가르치고, 그 뜻대로 백성들이 순종하도록 요청하셨다.

신 광야에서 만나와 메추라기의 공급한 사건에서도 하나님께서는 백성들에게 율례와 법도를 지킬 것을 요청하셨다(출 16:1-36). 떡과 고기의 결핍으로 인한 백성들의 불평에 대하여 지도자인 모세는 하나님께 중보의 기도를 드렸고, 하나님께서는 이스라엘 백성들에게 만나와 메추라기를 제공하셨다. 하나님께서는 하늘의 양식을 공급하시면서 여섯째 날에는 갑절의 식물을 거두고 일곱째 날에는 들에 나가지 말라고 명령했으나 백성 가운데 일부는 만나를 거두기 위해 들로 나갔다(출 16:27). 이러한 불신앙의 모습에 대하여 하나님께서는 백성들이 하나님의 계명과 율법을 지키지 않는다고 책망하셨다(출 16:28). 즉 양식의 결핍으로 인해 발생한 백성과 지도자 사이의 갈등은 하나님의 공급하심으로 해결되었지만, 이러한 공급하심 가운데에는 백성들이 하나님의 계명과 율법을 지키는지 그들의 신앙을 확인하는 목적이 담겨 있었다. 하나님께서는 갈등의 과정 가운데 세워진 안식일 규정을 통하여 백성들의 신앙을 확인하셨으며(출 16:28; 참조. 출 15:25-26), 백성들이 하나님의 계명과 율법을 지키도록 요청하셨던 것이다.

하나님의 계명과 율법을 가르치는 교육적 목적은 만나에 대한 추가적인 언급(출 16:31-36) 가운데에도 분명하게 드러난다. 이 부분은 만나의 모습(출 16:31), 만나를 보관하는 방법(출 16:32-34), 만나를 먹었던 기간(출 16:35), 그리고 오멜 단위의 양(출 16:36)에 대하여 다룬다. 이러한 추가적인 정보는 모두 광야의 생활을 경험하지 못한 세대들에게 만나의 사건을 가르치기 위하여 기록된 것이다. 즉 이 정보들은 광야 생활을 경험하지 못한 미래의 세대들에게 만나를 보임으로(출 16:32), 광야의 배고픔 가운데 고통 받던 이스라엘 백성들의 원망을 들으시고 그들의 필요에 따라 하늘의 양식을 공급해 주신 하나님의 모습을 미래의 세대들에게 알려 주시기 위해 기록되었다. 또한 만나가 담긴 항아리를 증거판 앞에 두어 간수하였다는 것(출 16:34)은 만나 사건이 하나님의 율법을 지키는 것과 긴밀하게 연결되어 있음을 간접적으로 보여주는 것이라 할 수 있다.

하나님의 뜻을 백성들에게 가르치는 목적은 아말렉과의 싸움을 다루는 사건(출 17:8-16) 가운데서도 나타난다. 아말렉의 공격으로 인해 발생한 백성들과 지도자 사이의 갈등은 지도자인 모세가 여호수아, 아론, 그리고 훌과 동역하는 가운데 하나님께서 승리를 주심으로 해결되었다. 그러나 이러한 승리 사건은 "책에 기록하여 기념하게 하고 여호수아의 귀에 외워 들리라"(출 17:14)는 여호와 하나님의 지시로 이어졌다. 책에 기록하여 기념하는 것이나, 모세의 후계자가 될 여호수아에게 말하라는 것은 모두 교육적인 차원과 연관된다. 즉 하나님께서는 모세의 후계자와 미래의 세대들에게 하나님께서 아말렉과의 싸움에서 승리를 주신 사건을 가르치고 기억하라고 말씀하셨던 것이다.

하나님께서는 양식의 결핍으로 인해 발생한 백성들과 지도자 사이의 갈등을 물, 그리고 만나와 메추라기를 공급하심으로 해결하셨다. 그리고 외부적인 적인 아말렉의 공격으로 인해 발생한 갈등도 모세와 그의 동역자들을 통하여 승리를 주심으로 해결하셨다. 이러한 하나님의 공급하심과 승리는 그 자체만으로도 의미가 있지만, 이스라엘 백성들의 믿음을 확인하며 그들로 하여금 하나님의 명령과 율법을 지키도록 이끄는 교육적인 목적도 갖고 있다. 그러므로 갈등은 하나님께서 그의 백성들에게 자신의 뜻과 명령을 지키도록 가르치는 목적을 지닌다.

3) 갈등은 건강한 공동체를 만드는 자양분이다

하나님께서는 갈등을 통하여 이스라엘 백성들에게 자신을 계시하시고 그의 뜻과 마음을 가르치셨을 뿐만 아니라, 이러한 율법과 명령을 가르치심으로 백성들 가운데 '샬롬'을 추구하셨다. 하나님께서는 양식의 결핍으로 인해 발생한 갈등(출 15:22-16:36)과 아말렉의 침입으로 인한 갈등(출 17:8-16)을 통하여 그의 백성들에게 그의 계명과 율법을 지키도록 요청하셨다. 즉 갈등은 하나님의 율법과 계명을 지키는 것을 목적으로 한다.

하나님의 율법과 계명을 지키는 것은 재판과 연관된 사건 가운데서도 나타난다(출 18:13-26). 모세가 모든 소송을 독점하는 것으로 인해 발생한 백성들과 지도자 사이의 갈등은 모세가 이드로의 조언을 듣고 효과적인 재판 시스템을 세움으로 해결되었다. 이 기사에서 모세는 재판의 목적을 하나님의 율례와 법도를 백성들에게 알게 하는 것이라고 말했다(출 18:16). 백성들은 자신들의 문제를 갖고 최고의 재판관인 하나님께 물으러 오고(출 18:15), 모세는 백성들에게 최고의 재판관이신 하나님의 뜻과 결정이 담긴 율례와 법도를 가르침으로 백성들의 문제를 해결했던 것이다. 그리고 이드로가 제안하여 새롭게 세워진 재판 시스템은 이러한 목적을 더욱 효과적으로 실현할 수 있는 제도였다.

이드로는 자신이 제안한 재판 시스템을 만들면, 지도자인 모세는 재판의 일을 충분히 감당할 수 있게 되고 백성들은 자신들의 삶의 처소로 평안히(샬롬) 돌아갈 수 있게 될 것이라 예상했다(출 18:23). 즉 하나님의 율례와 법도는 이스라엘 백성들이 하나님의 백성답게 사는 것이 무엇인지 가르쳐주는 규정이며, 율례와 법도를 실현하면 백성들의 삶에 샬롬을 이룰 수 있다. 샬롬(שָׁלוֹם)이라는 용어는 '평화'라는 의미도 있지만 더 근본적인 뜻은 '온전함'이다. 그러므로 하나님께서 효과적인 재판 시스템을 통하여 율법과 법도를 이스라엘 공동체 가운데 실행하시려는 목적은 하나님의 뜻이 온전히 이루어지는 건강한 공동체를 만들기 위함이라 할 수 있다.

갈등을 통하여 하나님께서는 자신을 그의 백성들에게 계시하신다. 또한 자신의 뜻과 마음이 담긴 율법과 명령을 현 백성들뿐만 아니라 후세들에게도 가르치신다. 이러한 율법과 명령은 이스라엘 공동체를 하나님의 온전한 백성으로 만드는 것을 목적한다. 하나님의 약속의 땅인 가나안에 들어가기에 합당한 건강한 백성으로 만들고, 약속의 땅에서 하나님의 거룩한 백성으로 온전하게 살게 하시기 위해 율법과 명령을 주신 것이다. 갈등은 이러한 율법과 명령을 가르치는 과정이다. 이 과정을 통하여 하나님께서는 그의 백성을 건강한 공동체로 만드신다.

||| 제6장 |||

공동체 안에서의 갈등 2: 동역자

사무엘과 사울

공동체 안에 있는 많은 관계 중, 두 번째로 다룰 갈등은 동역자 사이의 갈등이다. 동역자 사이의 갈등은 신약성서에서는 바울과 바나바의 관계(참조. 행 15:36-41)에, 구약성서에서는 사무엘과 사울의 관계에 잘 나타난다.

사무엘은 이스라엘의 마지막 사사였고 사울은 이스라엘의 첫 번째 왕이었지만, 그들은 동시대를 살았던 이스라엘의 지도자들이었다. 복음 전도자로서 같은 영역에서 활동했던 바울과 바나바와는 달리, 사무엘과 사울은 다른 영역에서 활동한 지도자라 할 수 있다. 마지막 사사였던 사무엘은 이전의 사사들과는 달리 사사의 직분을 계승하는 왕과 같은 요소를 지닌 사사였고(참조. 삼상 8:1-3), 최초의 왕이었던 사울은 이후의 왕들과는 달리 종교적인 영역에서는 권한이 없었던 제한된 권력을 지닌 과도기적인 왕이었다(참조. 삼상 13:1-14). 사무엘과 사울이 함께 살던 시대에 군사, 정치적인 영역에서는 사울이 통치하였고, 종교적인 영역에서는 사무엘이 통치하였다. 이 두 사람은 이스라엘 공동체의 중요한 두 축을 각각 이끌었던 지도자로, 구별된 통치의 영역을 갖고 있었던 동역자들이었다.

동역의 지도자였던 사무엘과 사울의 관계가 잘 나타나는 본문은 사무엘상 8-15장이다. 사무엘서 전체는 주요 통치자들(사무엘, 사울, 다윗)에 따라 선형구조로 배열된 세 개의 페리코프로 구성되며, 각각의 페리코프는 아래와 같이 병행구조를 지닌다.

I. 사무엘의 통치	삼상 1:1-7:17
A. 엘리의 쇠퇴와 사무엘의 등장	삼상 1:1-4:1a
B. 사무엘의 통치: 실패→성공	삼상 4:1b-7:17
II. 사울의 통치	삼상 8:1-15:35
A. 사무엘의 쇠퇴와 사울의 등장	삼상 8:1-12:25
B. 사울의 통치: 성공→실패	삼상 13:1-15:35
III. 다윗의 통치	삼상 16:1-삼하 24:25
A. 사울의 쇠퇴와 다윗의 등장	삼상 16:1-31:13
B. 다윗의 통치: 성공(회개)+실패(가족의 불행)	삼하 1:1-24:25

위의 구조도표에서와 같이 사무엘서 전체는 이전 통치자의 쇠퇴와 새로운 통치자의 등장을 다루는 첫째 단락(삼상 1:1-4:1a; 8:1-12:25; 16:1-31:13)과 각 통치자의 통치에 대하여 다루는 둘째 단락(삼상 4:1b-7:17; 13:1-15:35; 삼하 1:1-24:25)으로 짜인 세 개 페리코프로 구성된다. 이러한 구조에서 사무엘과 사울의 관계가 잘 나타난 것은 이 두 인물이 모두 등장하는 둘째 페리코프(삼상 8:1-15:35)이다.

I. 사울 통치 이야기(삼상 8:1-15:35)의 문학적 구조와 내용

사울의 통치를 다루는 페리코프(삼상 8:1-15:35)는 앞뒤의 페리코프처럼 이전 통치자인 사무엘의 쇠퇴와 새로운 통치자인 사울의 등장을 다루는 첫째 대문단(삼상 8:1–12:25)과 새로운 통치자인 사울의 통치를 다루는 둘째 대문단(삼상 13:1–15:35)으로 구성된다.

1. 첫째 대문단: 사무엘의 쇠퇴와 사울의 등장(삼상 8:1–12:25)

첫째 대문단은 이전 지도자였던 사무엘의 쇠퇴와 새로운 지도자인 사울의 등장을 다룬다. 이 대문단은 사무엘의 통치를 다루는 앞의 문단(삼상 4:1b–7:17)과 그 내용에 있어서 구분된다. 앞의 문단에서 백성들은 지도자 사무엘을 따르는 모습으로 묘사되나, 이 문단에서 백성들은 사무엘을 따르지 않는 모습으로 설명된다. 또한 이 문단은 앞 문단과는 달리 사무엘이 늙었을 때를 배경으로 한다(삼상 8:1). 이 단락은 왕정에 대한 견해에 따라 아래와 같이 다섯 개의 소문단으로 나누어진다.

A. 백성들의 왕 요구와 여호와의 허락	8:1–22
B. 사울과 사무엘의 만남과 사울의 기름부음	9:1–10:16
C. 여호와께서 사울을 왕으로 선택하심	10:17–27
D(B’). 사울의 승리와 백성들의 사울 왕 추대	11:1–15
E(A’). 사무엘의 마지막 연설: 왕정의 경고	12:1–25

왕에 대한 부정적 시각을 갖고 있는 첫째 소문단(삼상 8:1–22)은 백성들의 왕 요구와 여호와의 허락을 다룬다. 왕에 대한 긍정적 견해를 취하는 둘째 소문단(삼상 9:1–10:16)은 사울과 사무엘의 만남, 그리고 사울의 기름부음을 다룬다. 왕에 대한 부정적 시각 안에서 셋째 소문단(삼상 10:17–27)은 여호와께서 사울을 왕으로 선택한 사건을 다룬다. 왕에 대한 긍정적 견해를 보여주는 넷째 소문단(삼상 11:1–15)은 사울이 승리를 거둔 첫 번째 전쟁과 그 결과 백성들이 사울을 왕으로 추대한 사건을 다룬다. 왕에 대한 부정적 시각을 갖고 있는 다섯째 소문단

(삼상 12:1-25)은 왕정에 대한 경고를 담고 있는 사무엘의 마지막 연설을 다룬다. 이와 같이 이 대문단은 왕정을 부정적으로 간주하는 소문단을 바깥 테두리(A, E)로 하고, 그 안에 왕정을 긍정적으로 묘사한 소문단을 내부 테두리(B, D)로 하며, 그 중앙에 왕에 대한 부정적인 시각이 담긴 소문단(C)이 배열된 형태로 구성된다. 이와 같이 왕에 대한 대조적인 시각이 함께 나타나는 것은, 기본적으로 왕정이 하나님께서 원하지 않는 제도였지만 그럼에도 하나님께서 이 제도에 깊이 관여하고 계심을 보여주려는 신학적 의도를 드러내는 것이라 할 수 있다.[1]

1) 첫째 소문단: 백성들의 왕 요구와 여호와의 허락(삼상 8:1–22)

첫째 소문단은 백성들의 왕 요구와 여호와의 허락을 다룬다. 첫째 소문단은 그것의 장소적 배경에 따라 크게 두 개의 미세문단으로 구분된다. 첫째 미세문단(삼상 8:1–3)은 브엘세바에서 있었던 사건을 다룬다(삼상 8:2). 이 미세문단은 왕정에 대한 배경으로 사무엘의 아들들의 모습을 서술 형태로 설명한다. 둘째 미세문단(삼상 8:4–22)은 라마에서 있었던 사건이다(삼상 8:4). 이 미세문단은 왕정에 대한 백성들의 요구를 대부분 대화 형태로 묘사한다.

1. 배경: 사무엘의 아들들의 죄	8:1–3
a. 사무엘이 그의 아들들을 사사로 삼음	8:1
b. 사무엘의 아들들에 대한 묘사	8:2–3
1) 아들들의 이름	8:2a
2) 아들들의 역할	8:2b
3) 아들들의 모습	8:3
a) 일반적인 설명: 아버지의 길을 따르지 않음	8:3aα
b) 구체적인 설명: 불의한 재판관	8:3aβ–b

1) Childs, *Introduction to the Old Testament as Scripture*, 277–78.

2. 백성들의 왕 요구와 여호와의 허락	8:4-22
a. 이스라엘 장로들이 사무엘에게 나아감	8:4
b. 이스라엘의 왕정 요구와 여호와의 대답	8:5-9
c. 왕 제도의 폐단에 대한 사무엘의 설명	8:10-18
d(b'). 이스라엘의 왕정 요구와 여호와의 대답	8:19-22a
e(a'). 사무엘이 장로들에게 돌아가라 말함	8:22b

첫째 미세문단(삼상 8:1-3)은 왕정 요구의 배경으로 사무엘의 아들들의 악한 모습에 대하여 다룬다. 이 미세문단은 사무엘을 주어로 하는 첫째 큰 단위(삼상 8:1)와 사무엘의 아들들을 주어로 하는 둘째 큰 단위(삼상 8:2-3)로 구성된다. 첫째 큰 단위는 이 사건의 배경으로, 사무엘이 늙었을 때 그의 아들들을 이스라엘의 사사로 삼았다고 언급한다.

둘째 큰 단위(삼상 8:2-3)는 사무엘의 아들들에 대하여 묘사한다. 이 큰 단위는 아들들의 이름, 역할, 그리고 모습이 선형구조로 배열된다. 그 가운데 가장 뒤에 위치한 아들들의 모습이 가장 강조된다(삼상 8:3). '여호와는 하나님이다' 라는 뜻의 '요엘' 과 '여호와는 나의 아버지이다' 라는 뜻의 '아비야' 라는 이름과는 대조적으로, 사무엘의 아들들의 모습은 아버지의 행위를 따르지 않는 모습으로 표현된다.[2] 사무엘의 아들들의 죄된 모습은 구체적으로 이익을 탈취하는 것, 뇌물을 취하는 것, 그리고 판결을 굽게 하는 것이었다. 이 모습은 신명기 16:18-20에 나타난 재판관의 모습과 정반대로 그려진다(참조. 출 18:21; 23:2, 6, 8 등). 즉 사무엘의 아들들은 사사였음에도 불구하고 사사에 적합한 모습을 지니지 않았다.

둘째 미세문단(삼상 8:4-22)은 백성들의 왕 요구 및 여호와의 승낙을 다룬다. 이 미세문단은 다섯 개의 큰 단위들이 위와 같이 교차대구구조(*chiasmus*)로 배열된다. 이 미세문단은 이스라엘 장로들이 라마에

---

2) Ralph W. Klein, *1 Samuel* (WBC; Texas, Waco: Word Books, 1983), 74-75.

서 사무엘에게 나아갔다는 첫째 큰 단위(삼상 8:4)에서 시작하여 사무엘이 장로들을 각기 그들의 성읍으로 돌아가라는 말을 했다는 다섯째 큰 단위(삼상 8:22)를 테두리(*inclusio*)로 하여 짜여진다.

이러한 외부 테두리 안에 이스라엘의 왕정 요구와 여호와의 대답을 다루는 둘째 큰 단위(삼상 8:5–9)와 넷째 큰 단위(삼상 8:19–22a)가 내부 테두리를 구성한다. 둘째 큰 단위와 넷째 큰 단위는 주어의 변화에 따라 아래와 같이 동일한 구조를 지닌 형태로 대응된다: 1) 장로들의 왕정 요구(삼상 8:5, 19–20), 2) 백성들의 요구에 대한 사무엘의 반응(삼상 8:6, 21), 3) 사무엘의 기도에 대한 여호와의 응답(삼상 8:7–9, 22a). 왕정 요구는 "모든 나라와 같이"(삼상 8:5, 20)로 묘사된다. 신명기적 역사에서 '모든 나라' 또는 '이방 민족'은 하나님께서 이스라엘을 다른 민족과 구분되는 하나님의 백성으로 시험하시는 문맥 가운데 나타난다(수 13:1–6; 23:12–13; 삿 1:1–2:5; 2:20–23). 그러므로 이스라엘이 모든 나라와 같이 왕을 요구하는 것은 언약 백성의 구별성을 포기하고 주변 문화에 순응함을 보여준다.[3]

이러한 두 겹의 테두리 안에 셋째 큰 단위(삼상 8:10–18)가 중앙에 배치됨으로 구조적으로 가장 강조된다. 셋째 큰 단위는 여호와께서 사무엘을 통하여 이스라엘 백성들에게 왕 제도의 폐단에 대하여 말씀하신 내용을 다룬다. 이 단위는 둘째 큰 단위(삼상 8:5–9)의 마지막 부분에서 여호와께서 왕 제도의 폐단을 백성들에게 가르치라는 명령을 언급함으로 서로 연결된다(삼상 8:9b). 이 부분(삼상 8:9b)은 강조 부사인 '아크'(אַךְ, surely)와 함께 시작됨으로 강조된다. 또한 '경고하다'라는 동사의 절대형 부정사를 동사 앞에 사용함으로 경고할 것을 강조하고, '그들에게 경고하다'와 '그들에게 말하다'라는 문장의 병행을 통하여 말할 것을 강조한다. 이러한 수사학적 기법들을 통하여 이 부분은 경고

3) W. Brueggemann, and others, *Theological Introduction to the Old Testament,* 차준희 역, 《구약신학과의 만남: 신학으로 본 구약 입문》(서울: 프리칭아카데미, 2007), 325.

의 내용을 다루는 셋째 큰 단위를 형성한다.

셋째 큰 단위는 사무엘이 “왕을 요구하는 백성”(삼상 8:10)에게 주어진 말로 설명된다. 여기서 ‘요구하다’라는 히브리어의 원형은 ‘샤알(שׁאל)’로, 이 단어는 이스라엘의 초대 왕 ‘사울’(שׁאול)이라는 용어와 기본형이 같다. 이러한 말의 재치를 통하여 백성들이 요구하는 대로 왕이 될 인물이 사울임을 암시한다. 그리고 이 단위에서 언급되는 왕의 문제들이 사울 왕에 의해 드러날 것임을 간접적으로 보여준다. 여기에는 왕 제도의 폐단과 연관하여 두 가지 면을 강조한다. 첫째는 왕 제도의 모습(삼상 8:11b–17a)이고, 둘째는 왕 제도의 결과(삼상 8:17b–18)이다. “왕의 제도는 이러하니라”(삼상 8:11a)라는 표제 후에 왕 제도의 모습이 ‘취하다’(לקח)라는 용어의 네 번의 반복과 함께 네 가지로 언급된다. 왕은 아들을 취하여 그들을 군사로 삼으며(삼상 8:11b–12), 딸을 취하여 왕궁의 시녀들로 삼고(삼상 8:13), 밭의 소산 가운데 십일조를 취하여 자신의 신하들에게 주며(삼상 8:14–15), 노비와 짐승, 그리고 양의 십일조를 취하여 왕의 소유로 만들 것이다(삼상 8:16–17a). 왕 제도의 모습 이후에 왕 제도의 결과가 2인칭 복수 주어 형태로 언급된다(삼상 8:17b–18). 왕 제도의 결과로 백성들은 왕의 종이 될 것이며(삼상 8:17b), 백성들이 왕으로 인하여 부르짖지만 여호와 하나님께서는 들어주시지 않을 것이다(삼상 8:18).

결론적으로 첫째 소문단(삼상 8:1–22)은 왕정의 배경으로 사무엘의 아들들의 죄를 언급하는 첫째 미세문단(삼상 8:1–3)에서 왕정에 대한 백성들의 요구와 여호와의 허락을 다루는 둘째 미세문단(삼상 8:4–22)으로 진행된다. 이러한 흐름 속에서 둘째 미세문단은 외부(삼상 8:4, 22b)와 내부(삼상 8:5–9, 19–22a) 테두리 안에 여호와께서 사무엘을 통하여 이스라엘 백성들에게 가르치신 왕 제도의 폐단(삼상 8:10–18)이 배열됨으로 이 부분이 구조적으로 가장 강조된다. 왕 제도의 폐단을 다루는 부분은 ‘취하다’(לקח)라는 용어의 네 번의 반복을 통하여 왕이 백성들의 자녀들과 소유물들을 취할 것임을 강하게 경고한다(삼상 8:

11–17a). 이러한 문제점들은 결국 백성들이 왕의 종이 되며, 백성들이 하나님께 부르짖어도 하나님께서 응답하지 않는 결과를 초래할 것이다(삼상 8:17b–18).

2) 둘째 소문단: 사무엘과의 만남과 사울의 기름부음(삼상 9:1–10:16)

둘째 소문단은 사울과 사무엘의 만남에 대하여 다룬다. 이 소문단은 왕정에 대한 긍정적인 시각을 내포한다. 이 소문단은 사건의 배경으로 사울의 족보와 모습을 묘사하는 첫째 미세문단(삼상 9:1-2)과 사울의 아버지의 암나귀를 찾는 과정 가운데 있었던 사울과 사무엘의 만남을 다루는 둘째 미세문단(삼상 9:3–10:16)으로 구성된다. 둘째 미세문단은 잃어버린 암나귀를 찾기 위하여 사울이 나아가는 사건(삼상 9:3–4)에서 시작하여 암나귀를 찾았다고 사울이 말한 것(삼상 10:16)에서 마무리되는 테두리를 형성한다.

1. 배경: 사울의 족보와 모습	9:1–2
2. 사울과 사무엘의 만남과 사울의 기름부음	9:3–10:16
a. 사울이 암나귀를 찾으러 떠나나 찾지 못함	9:3–4
b. 사울이 사무엘을 만나기 위해 나아감	9:5–14
c. 사울과 사무엘의 만남	9:15–10:8
d(b’). 사울이 사무엘을 떠나기 위해 나아감	10:9–13
e(a’). 사울이 암나귀를 찾았다고 숙부에게 말함	10:14–16

둘째 소문단의 첫째 미세문단(삼상 9:1–2)은 베냐민 지파의 기스에 대한 족보(삼상 9:1)와 기스와 사울과의 관계, 그리고 사울은 왕으로 기름부음을 받기에 합당하게 준수하고 키가 큰 모습으로 묘사한다(삼상 9:2).

둘째 미세문단(삼상 9:3–10:16)은 사울이 암나귀를 찾는 여정 가운데 사무엘을 만나고, 사무엘로부터 기름부음을 받는 사건을 다룬다. 이 미세문단은 위와 같이 5개의 큰 단위들이 교차대구구조로 배열된 형태로 구성된다. 첫째 큰 단위(삼상 9:3-4)는 사울이 아버지의 지시에 따라 잃어버린 암나귀를 찾으러 갔으나 실패한 사건을 다룬다. 이 단위와 대응이 되는 다섯째 큰 단위(삼상 10:14-16)는 사울이 암나귀를 찾았다고 숙부에게 말하는 사건을 다룬다. 여기서 사울은 그의 숙부에게 사무엘이 전한 나라의 일은 말하지 않았다(삼상 10:16). 이것을 통하여 암나귀를 찾는 사건은 사무엘과의 만남을 통하여 이스라엘 나라와 연관된 주제로 흘러간다.

둘째 큰 단위(삼상 9:5-14)는 사울이 사무엘을 만나기 위해 나아가는 과정을 다루며, 이 단위와 대응이 되는 넷째 큰 단위(삼상 10:9-13)는 사울이 사무엘을 떠나기 위해 나아가는 사건을 다룬다. 둘째 큰 단위(삼상 9:5-14)에서 사울은 사환과 소녀들의 도움으로 사무엘에게 나아갔다. 즉 사환은 사울에게 하나님의 사람에게 가서 잃어버린 암나귀에 대하여 물어보자고 제안하였고(삼상 9:6), 하나님의 사람을 만나러 가는 도중 만났던 물을 길으러 나온 소녀들은 선견자의 위치를 알려줌으로(삼상 9:12-13)[4] 사울을 사무엘에게 이끄는 역할을 감당했다. 넷째 큰 단위(삼상 10:9-13)에서 사울은 사무엘을 떠나려 할 때 하나님께서 주신 새 마음을 받고 이전에 주어졌던 징조들(참조. 삼상 10:2-7)도 다 성취했다. 즉 선지자 무리는 사울을 영접하였고 하나님의 영이 사울에게 임하여[5] 그가 예언을 하였고, 이 모습을 지켜 본 사람들은 사울도

4) 소녀들은 백성들이 오늘 산당에서 제사를 드리기에 사무엘이 성읍에 들어왔다고 말한다. 산당(במות)이란 원래 이스라엘에서 합법적인 여호와의 성소로 이해되었지만(참조. 왕상 3:4-5), 신명기적 역사의 시각에서는 야여호와 외의 다른 우상을 함께 섬긴 혼합신앙의 중심지로 부정적으로 이해된다(참조. 왕하 18:4; 21:3; 23:5, 15 등). 알스트림(Ahlström)은 산당이 왕실의 정치적이며 종교적인 중심지의 역할뿐만 아니라, 세금을 거두는 경제적 역할까지도 수행한 중심지로 이해한다. G. W. Ahlström, *Royal Administration and National Religion in Ancient Palestine* (Leiden: E. J. Brill, 1982), 57-90.

선지자 가운데 있음을 인정하였다. 그러므로 둘째와 넷째 큰 단위들은 그 내용에 있어서 사울이 사무엘을 만나기 위해, 그리고 떠나기 위해 나아가는 사건을 다룬다는 면에서 서로 대응된다.

이러한 짜임새 속에서 중앙에 셋째 큰 단위(삼상 9:15–10:8)인 사울과 사무엘과의 만남이 나온다. 이러한 구조에서 사울과 사무엘과의 만남을 다루는 셋째 큰 단위는 구조적으로 가장 강조된다. 이 큰 단위는 만나는 장소에 따라 세 개의 작은 단위로 구성된다. 첫째 작은 단위(삼상 9:15–21)는 성읍에서의 사울과 사무엘을 다룬다. 여기서 여호와께서는 사무엘에게 사울을 지도자로 삼으라고 말씀하셨다.[6] 여호와의 말씀 가운데에는 사무엘과 사울의 만남이 여호와의 주권 하에 있으며, 사울을 지도자로 삼는 것이 백성들의 부르짖음에 대한 하나님의 응답임을 보여준다.

> 그가 내 백성을 블레셋 사람들의 손에서 구원하리라 내 백성의 부르짖음이 내게 상달되었으므로 내가 그들을 돌보았노라(삼상 9:16).

둘째 작은 단위(삼상 9:22–24)는 산당에서 있었던 사울과 사무엘의 만남을 묘사한다. 산당에서 그들은 함께 식사를 하였다. 이 사건은 사무엘의 이전의 말(참조. 삼상 9:19)에 대한 성취로 이해된다. 셋째 작은 단위(삼상 9:25–10:8)는 성읍 끝에서 사울과 사무엘의 만남을 언급한다. 이 작은 단위는 첫째 작은 단위(삼상 9:15–21)에서 언급된, 사울에

---

5) 하나님의 영이 임하는 것은 사사들이 선택받는 사건과 연관된다. 기드온(삿 6:34), 입다(삿 11:29), 삼손(삿 14:6, 19; 15:14)에게도 하나님의 영이 임했다. 이것은 사울이 왕이었지만 사사와 같이 군사적 구원자의 역할을 지닌 지도자임을 암시한다.

6) 여기서 사울은 이스라엘의 '지도자(נגיד, 나기드)'로 삼으라고 말한다(삼상 9:16). 즉 처음에 사울은 이스라엘의 '왕(מלך, 멜렉)'이 아닌 지도자로 삼으셨다(삼상 10:1). 이 용어의 정확한 의미는 아직 불확실하나, 아마 아직 왕좌에 오르지 않은 임명된 왕을 지칭하는 것 같다. 이 용어에 대한 학자들의 의견에 대하여는 아래의 글에 잘 요약되어 있다. Klein, *1 Samuel,* 88–89.

게 기름 부으라는 여호와의 말씀이 성취됨을 묘사한다. 사무엘은 사울을 지도자로 삼으라는 여호와의 말씀에 순종하여 사울에게 기름을 부었다. 그러므로 셋째 큰 단위(삼상 9:15-10:8)는 여호와의 지시와 사무엘의 순종, 또는 여호와의 말씀과 그것의 성취라는 흐름 속에서 사울이 여호와의 말씀에 따라 기름부음을 받아 지도자가 되었음을 강조한다.

3) 셋째 소문단: 여호와께서 사울을 왕으로 선택하심(삼상 10:17-27)

셋째 소문단은 여호와께서 사울을 왕으로 선택하는 사건을 다루지만, 그 내용에 있어서는 왕에 대하여 부정적으로 묘사한다. 이 소문단은 아래와 같이 4개의 미세문단이 교차대구구조로 배열된다. 첫째와 넷째 미세문단은 서술 형태로 묘사된 반면, 둘째와 셋째 미세문단은 사무엘의 말과 그 말에 대한 백성들의 반응의 형태로 표현된다.

1. 사무엘이 백성들을 모음	10:17
2. 사무엘의 말/행동과 백성들의 반응 I	10:18-23
3(2'). 사무엘의 말과 백성들의 반응 II	10:24
4(1'). 사무엘이 백성들을 돌려보냄	10:25-27

첫째 미세문단(삼상 10:17)에서 사무엘은 백성들을 미스바로 불러 여호와 앞에 모았다. 이 미세문단과 대응되는 넷째 미세문단(삼상 10:25-27)에서 사무엘은 나라의 제도를 백성들에게 말하고 기록하였다. 그리고 모든 백성들을 각기 집으로 돌려보냈다. 왕이 된 사울도 마음이 감동된 자와 함께 자신의 집으로 돌아갔지만, 어떤 불량배는 사울이 어떻게 우리를 구원하겠냐고 비웃으며 예물을 바치지 않았다.

둘째와 셋째 미세문단(삼상 10:18-23, 24)은 사무엘의 말과 행동을 언급하는 부분과 그것에 대한 이스라엘 백성들의 반응을 다루는 부분으로 구성된다. 둘째 미세문단(삼상 10:18-23)에서, 사무엘은 먼저 백성들에게 하나님께서 출애굽을 통해 백성들을 구원하셨지만 백성들이 하나님을 버리고 왕을 세워달라는 요청을 했다고 말했다. 그 요청에 따라 제비뽑기를 통하여 사울이 선택되지만, 백성들은 그를 찾지 못했다. 이러한 상황에서 백성들은 마침내 숨어 있는 사울을 찾았고, 사울을 사람들 앞으로 데려왔다. 셋째 미세문단(삼상 10:24)에서 사무엘은 백성들에게 여호와께서 택한 자 사울이 모든 백성 중에 대응될 자가 없을 정도로 특출하다고 말했다. 이에 대하여 백성들은 "왕 만세"를 외쳐 부름으로 응답하였다.

결론적으로, 셋째 소문단(삼상 10:17-27)은 교차대구구조로 배열된다. 이 배열에서 사무엘의 말과 백성들의 반응을 다루는 둘째와 셋째 미세문단은 중앙에 놓임으로 강조된다. 사무엘의 말에서, 이스라엘 백성들은 이전에 구원을 베푸셨던 여호와 하나님을 버리고 왕을 세우라고 요청한 사람으로 부정적으로 묘사되고(삼상 10:18-19), 왕으로 선택된 사울을 찾지 못하는 무지한 자로 묘사된다(삼상 10:21-22). 반면에 하나님께서 선택한 사울은 다른 백성들 중에 짝할 사람이 없을 정도로 뛰어난 외모를 지닌 자로 긍정적으로 묘사된다. 이 둘의 대조를 통하여 백성들의 죄와 하나님의 선택받은 사울의 뛰어남이 두드러지게 나타난다.

4) 넷째 소문단: 사울의 승리와 백성들의 사울 왕 추대(삼상 11:1-15)

넷째 소문단(삼상 11:1-15)은 이스라엘과 암몬과의 전쟁을 다룬다. 이 소문단은 암몬과의 전쟁 자체를 다루는 첫째 미세문단(삼상 11:1-11)과 전쟁의 결과를 다루는 둘째 미세문단(삼상 11:12-15)으로 구성된다.

1. 암몬과의 전쟁	11:1–11
a. 서론적 배경: 암몬의 침입	11:1a
b. 야베스 사람이 암몬에게 언약에 대해 말함	11:1b–3
c. 전령이 이스라엘에게 전하고 사울도 들음	11:4–5
d. 사울이 군사를 모음	11:6–8
e(c'). 백성이 전령에게 전하고 야베스 사람도 들음	11:9
f(b'). 야베스 사람이 이스라엘 백성들에게 말함	11:10
g(a'). 결론적 언급: 사울이 암몬을 물리침	11:11
2. 전쟁의 결과	11:12–15
a. 사울의 여호와의 구원 고백	11:12–13
b. 사무엘이 사울을 왕으로 추대함	11:14–15

암몬과의 전쟁을 다루는 첫째 미세문단(삼상 11:1–11)은 위와 같이 일곱 개의 큰 단위들이 교차대구구조로 배열된 형태로 구성된다. 첫째 큰 단위(삼상 11:1a)는 이 사건의 서론적 배경으로 암몬의 침입에 대한 서술적 묘사를 다룬다. 이 큰 단위와 대응되는 일곱째 큰 단위(삼상 11:11)는 사울이 암몬과의 싸움에서 승리를 거두었다는 서술적 묘사를 다룬다. 즉 이 미세문단은 암몬의 침입(삼상 11:1a)에서 시작하여 사울의 승리(삼상 11:11)로의 흐름 가운데서 구성된다.

둘째 큰 단위(삼상 11:1b–3)는 야베스 사람과 암몬의 나하스와의 대화를 다룬다. 야베스 사람은 자신들을 공격해 온 암몬의 나하스에게 언약을 맺자고 제안하였다. 이러한 제안에 나하스는 오른 눈을 빼면 언약을 맺겠다고 역 제안하였다. 오른 눈을 뺀다는 것은 전적인 항복과 파괴를 의미한다.[7] 나하스의 역 제안을 받은 야베스의 장로들은 7일 동안의 시간을 달라고 요청하였다. 야베스의 장로들은 온 지역에 전령을 보내어 이스라엘 가운데 구원자가 없으면 나하스의 제안을 받아들이겠다

---

7) Klein, *1 Samuel,* 105–106.

고 말하였다.

셋째 큰 단위(삼상 11:4–5)는 야베스의 전령들이 암몬의 나하스가 제안한 것을 백성들에게 말하고 결국 사울도 듣게 되는 내용을 다룬다. 전령들은 사울이 사는 기브아에 이르렀고, 나하스가 제안한 것을 백성들에게 전했다. 이 말을 들은 백성들은 울었고, 이 울음 소리를 사울이 듣고 그 이유가 암몬의 나하스가 제안한 것 때문이라는 것을 알게 되었다.

넷째 큰 단위(삼상 11:6-8)는 교차대구구조로 배열된 이 미세문단에서 중앙에 놓임으로 가장 핵심적인 위치를 차지한다. 이 큰 단위는 사울이 암몬과의 싸움을 위하여 군사를 모은 사건을 기록한다. 나하스가 전한 말을 사울이 들었을 때에 하나님의 영이 그에게 임했고, 그 결과 사울은 진노하고 한 겨리의 소를 잡아 각을 뜨고 그 소의 각을 이스라엘 각 지역에 보냈으며 이스라엘 백성들에게 자신과 사무엘을 따르지 않으면 각을 뜬 소처럼 될 것이라고 경고하였다. 각을 뜬다는 것은 자신에 대한 조건적인 저주의 한 형태이다.[8] 사울이 자신을 따르지 않는 자에게 임할 저주를 상징적으로 보여주자 여호와의 두려움이 백성들에게도 임했고, 백성들은 사울 앞에 나아왔다.

셋째 큰 단위와 대응을 이루는 다섯째 큰 단위(삼상 11:9)는 이스라엘 백성들이 전령에게 야베스 사람들이 구원받을 것이라 전하고, 전령이 야베스 사람들에게 그 소식을 전하는 내용을 다룬다. 야베스 사람들은 사울의 무리가 전한 구원에 대한 소식을 듣고 기뻐했다.

둘째 큰 단위와 대응을 다루는 여섯째 큰 단위(삼상 11:10)는 야베스 사람이 이스라엘 사람들에게 말하는 내용을 다룬다. 야베스 사람들은 이스라엘 백성들이 도와주기 위해 내일 올 때에 자신들도 함께 갈 것이라고 말했다. 이러한 움직임 속에서 일곱째 큰 단위(삼상 11:11)에서 사울의 무리는 암몬 사람과 싸워서 승리를 거두었다.

---

8) P. K. McCarter, Jr., *I Samuel: A New Translation with Introduction, Notes and Commentary* (AB 8; Garden City, N. Y.: Doubleday, 1980), 203.

둘째 미세문단(삼상 11:12-15)은 암몬과의 싸움에서 사울이 승리를 거둔 결과에 대하여 다룬다. 이 미세문단은 사울을 주도적인 인물로 그리는 첫째 큰 단위(삼상 11:12-13)와, 사무엘을 주도적인 인물로 그리는 둘째 큰 단위(삼상 11:14-15)로 구성된다. 첫째 큰 단위(삼상 11:12-13)에서 백성들은 사무엘에게 사울을 반대한 사람을 숙청할 것을 제안했지만, 사울은 자신의 반대자를 죽이지 못하게 하였고, 이 전쟁에서의 승리가 여호와께서 이스라엘 가운데 구원을 베푸신 것이라고 고백했다. 둘째 큰 단위(삼상 11:14-15)에서 사무엘은 백성들에게 길갈로 가서 나라를 새롭게 할 것을 제안하였고, 백성들은 길갈로 가서 여호와 앞에서 사울을 왕으로 삼았다.

결론적으로, 넷째 소문단은 암몬과의 전쟁에서 사울의 승리를 주로 다루는데, 이 승리의 사건 가운데 하나님께서 사울에게 영으로 임한 사건(삼상 11:6)이 구조적으로 가장 강조된다. 그리고 이 승리 사건 이후에 사울의 입을 통하여 이 승리가 여호와의 구원 사건임을 고백하며(삼상 11:13), 사무엘과 백성들은 사울을 이스라엘의 왕으로 추대함으로 나라를 새롭게 하였다(삼상 11:15).

5) 다섯째 소문단: 사무엘의 마지막 연설-왕정에 대한 경고(삼상 12:1-25)

다섯째 소문단은 사무엘의 마지막 연설을 다룬다. 이 소문단은 사무엘의 말과 백성들의 응답이 반복되는 형태로 배열된다. 그런데 백성들의 대답은 모두 앞서 주어진 사무엘의 구체적인 말에 대한 간단한 대답으로 표현된다. 그러므로 다섯째 소문단은 사무엘의 말과 그것에 대한 백성들의 간단한 대답으로 구성된 4개의 미세문단으로 짜여진다(삼상 12:1-4, 5, 6-19, 20-25). 그러나 마지막 미세문단(삼상 12:20-25)에서는 사무엘의 말만 나오고 백성들의 대답은 나오지 않는다. 이러한 구조적인 독특성을 통하여 이 넷째 미세문단은 이 소문단 가운데 가장 강조되며, 그것을 읽는 독자들에게 백성들이 앞에서 대답한 것과 같은 순종의 응답을 요청한다.

1. 사무엘의 말과 백성들의 대답 I	12:1-4
a. 사무엘의 말: 사무엘 통치의 정당성에 대하여	12:1-3
b. 백성들의 대답	12:4
2. 사무엘의 말과 백성들의 대답 II	12:5
a. 사무엘의 말: 사무엘의 무죄에 대한 증인	12:5a
b. 백성들의 대답	12:5b
3. 사무엘의 말과 백성들의 대답 III	12:6-19
a. 사무엘의 말: 여호와의 은혜와 백성들의 죄에 대한 심판	12:6-18
b. 백성들의 대답: 죄의 고백	12:19
4. 사무엘의 결론적인 말	12:20-25

첫째 미세문단(삼상 12:1-4)은 사무엘의 첫 번째 말(삼상 12:1-3)과 백성들의 대답(삼상 12:4)을 언급한다. 사무엘은 자신이 백성들의 말을 듣고 왕을 세웠고, 자신이 이전에 백성들과 함께 걸었던 것처럼 이제는 왕이 백성들과 함께 걸을 것이라고 말했다. 그리고 백성들에게 자신이 누구의 짐승을 빼앗고 그들을 압제했으며 뇌물을 받은 경우가 있는지 말하면 스스로 갚겠다고 고백했다. 이 고백 가운데에는 취하다'(לקח)라는 동사가 3회 사용됨으로 강조된다. 이 동사는 사무엘상 8장 10-18절에서 왕 제도의 문제점을 드러내는 주요 용어로 사용된 것이다. 즉 왕은 취하지만, 자신은 취하지 않았다는 것이다. 왕과 자신을 비교함으로 왕정의 문제점과 자신의 통치의 정당성을 드러낸다. 이러한 사무엘의 말에 대하여 백성들은 사무엘이 자신들을 속이지도, 압제하지도, 빼앗지도 않았다고 증언했다. 백성들의 대답에는 부정어 '로'(לא)가 3회 사용됨으로 사무엘이 어떤 잘못을 행하지 않았음을 강조한다.

둘째 미세문단(삼상 12:5)에서 사무엘은 여호와와 기름부음 받은 왕이 자신의 무죄에 대하여 백성들이 증언한 것에 대한 증인이라고 말하였고, 그 말에 대하여 백성들은 동의하였다.

셋째 미세문단(삼상 12:6-19)에서 사무엘은 과거로부터 보여주신 하나님의 은혜와 그것에 반하는 이스라엘의 범죄를 언급하면서 백성들의 죄로 인한 여호와의 진노를 표현하였다(삼상 12:6-18). 이에 대해 백성들은 자신들이 죄를 지었다고 고백하면서 사무엘에게 중보 기도를 요청하였다(삼상 12:19). 셋째 미세문단에서 사무엘의 말은 크게 세 부분으로 구성된다. 첫째 부분(삼상 12:6b)은 여호와에 대한 소개로, 이 부분에서 사무엘은 여호와께서 지도자였던 모세와 아론을 임명하셨고 이스라엘의 선조들을 애굽 땅에서 인도하셨다고 소개하였다. 둘째 부분(삼상 12:7-15)은 여호와께서 과거에 행하신 은혜와 이스라엘 백성들의 죄에 근거하여 재판할 것에 대한 요청이다. 여호와의 과거에 행하신 은혜는 신명기적 역사가의 신학적 틀(백성들의 부르짖음[1]-여호와의 구원[2]-백성들의 죄[3]-여호와의 심판[4])로 설명된다(삼상 12:8-12). 이러한 틀에서 이스라엘 백성이 왕을 요청한 것은 셋째 단계인 백성들의 죄에 해당되는 부분으로 설명된다(삼상 12:12). 이것을 통하여 왕에 대한 요구가 죄임을 분명히 한다(참조. 삼상 12:17). 과거의 역사를 통해 드러난 하나님의 은혜와 백성들의 죄에 대한 언급 후에 여호와의 명령을 지키라는 현재적 요청이 나온다(삼상 12:13-15). 여기서 여호와의 명령에 대한 불순종은 그것의 결과까지 언급됨으로 강조된다(삼상 12:15). 셋째 부분(삼상 12:16-18)은 현재의 행동에 근거한 심판을 묘사한다. 사무엘은 백성들에게 오늘은 밀 베는 때로 비가 오는 계절이 아니지만 백성들이 왕을 구한 죄를 알게 하시기 위해 여호와께 우레와 비를 내릴 것을 요청할 것이라고 말하였고, 그 기도대로 우레와 비가 오자 백성들은 두려워 하였다.[9] 이러한 사무엘의 말과 여호와의 심판에 대하여 백성들은 사무엘에게 자신들을 위해 기도하라고 요청하였고, 자신들이 왕을 구하는 죄를 범했다고 고백하였다. 이러한 죄의 고백을 통하여 셋째 미세문단은 백성들이 왕을 구했던 것이 악행임을 분명히 보

9) 밀 수확기인 3-6월에는 거의 비가 오지 않는다. 고대 이스라엘에서 이 계절에 비가 오는 것은 농작물에 큰 피해를 주는 불길한 것으로 이해되었다(참조. 잠 26:1).

여주는 동시에, 백성들 자신이 왕을 구한 악행의 단계(3단계)에서 회개와 부르짖음의 단계(1단계)로 옮겨갔음을 보여준다.

넷째 미세문단(삼상 12:20–25)은 사무엘의 결론적인 말을 다룬다. 이 미세문단은 앞의 미세문단들과는 달리 백성들의 대답 없이 사무엘의 말만을 다루는 구조적 독특성을 통하여 이 소문단(삼상 12:1–25)에서 가장 강조된다. 이 미세문단은 병행되는 두 개의 큰 단위들로 구성되는데(삼상 12:20–22, 23–25), 각 단위들은 여호와만을 섬기라는 명령(삼상 12:20–21, 23–24)과 그것의 근거 또는 경고(삼상 12:22, 25)로 짜여진다. 사무엘은 먼저 백성들에게 마음을 다하여 오직 여호와만을 섬기라고 명령하였다(삼상 12:20–21). 이러한 명령의 이유는 원인사 '키'(כִּי, 왜냐하면)와 함께 시작되는데, 그 내용은 여호와께서 자신의 이름을 위하여 백성들을 버리지 않을 것이고 그의 백성 삼기를 결정하셨기 때문이다(삼상 12:22). 이어서 사무엘은 자신은 기도하기를 쉬는 죄를 범하지 아니하고 선하고 의로운 길을 가르칠 테니 백성들은 여호와만을 섬기라고 다시 명령하였다(삼상 12:23–24). 이어서 사무엘은 접속사 '임'(אִם, 만약에)과 함께 시작되는 경고를 언급한다(삼상 12:25). 즉 사무엘은 여호와께서 백성들이 악을 행하면 백성들과 왕 모두를 멸망시킬 것이라고 경고했다.

그러므로 사무엘의 마지막 연설을 다루는 다섯째 소문단(삼상 12:1–25)은 백성들이 왕을 세운 것은 여호와 앞에서 악을 행한 것임을 강조하면서(삼상 12:12, 17–19), 오직 여호와만을 섬길 것을 요청한다(삼상 12:20–21, 24). 그러나 이 요청은 백성들이 죄악을 행하면 여호와께서 이스라엘 백성뿐만 아니라 그들이 요청한 왕까지 멸망시킬 것이라는 경고와 함께 마무리됨으로, 이후에 왕정으로 인해 이러한 문제가 발생할 것임을 예시한다.

2. 둘째 대문단: 사울의 통치(삼상 13:1–15:35)

둘째 대문단은 "사울이 왕이 될 때에 사십 세라"(삼상 13:1)[10]는 문구와 함께 시작되며 이스라엘의 초대 왕인 사울의 통치에 대하여 다룬다. 첫째 대문단(삼상 8–12장)은 사무엘이 사사로 있는 동안에 이스라엘 백성들이 왕을 요구하고 결국 사울이 왕으로 등극하는 사건을 다룬다면, 둘째 대문단(삼상 13–15장)은 왕으로 등극한 사울에 의한 통치를 주로 다룬다. 이 대문단은 사무엘이 고향으로 돌아갔다는 언급(삼상 13:15a; 15:34–35)으로 마무리되는, 병행구조를 가진 두 개의 소문단으로 구성된다(삼상 13:1–15a; 13:15b–15:35).[11] 각 소문단은 요나단의 공격을 다루는 첫째 미세문단(삼상 13:1–7; 13:15–14:32)과 사울의 버림받음을 다루는 둘째 미세문단(삼상 13:8–15a; 15:1–35)으로 구성된다. 이 대문단의 대략적인 구조는 다음과 같다.

A. 요나단의 블레셋 공격과 사울의 버림받음 I	13:1–15a
1. 요나단의 공격과 이스라엘의 두려움	13:1–7
2. 사울의 제사와 그 결과: 하나님께서 버리심	13:8–15a
B(A'). 요나단의 블레셋 공격과 사울의 버림받음 II	13:15b–15:35
1. 요나단의 공격과 블레셋의 두려움	13:15b–14:52
2. 사울의 전쟁(아말렉)과 그 결과: 하나님께서 버리심	15:1–35

10) 맛소라 텍스트에는 나이가 빠져있다. 몇몇 70인역 필사본들은 30이라 기록한다(참조 삼하 5:4). 삼상 13:2에서 사울의 아들인 요나단이 자기 휘하에 천 명의 군사를 두었다는 것을 고려할 때 40세 정도로 이해하는 것이 적절하다.

11) 이 대문단은 사울의 통치를 전쟁과 연관하여 주로 다루기에, 전쟁에 따라서 구분할 수도 있다. 즉 첫째 소문단(삼상 13:1–14:52)은 블레셋과의 전쟁을 다루고, 둘째 소문단(삼상 15:1–35)은 아말렉과의 전쟁을 다루는 것으로 이해할 수 있다. 그러나 이 대문단을 자세히 살펴보면 위에서 언급했듯이, 병행되는 두 개의 미세문단으로 구성된 것으로 보는 것이 더욱 타당해 보인다.

1) 첫째 소문단: 요나단의 블레셋 공격과 사울의 버림받음 I(삼상 13:1-15a)

첫째 소문단은 요나단의 블레셋 공격과 사울이 버림받는 사건을 다룬다. 이 소문단은 위의 도표에서 보여주듯이 요나단의 공격과 블레셋에 대한 이스라엘의 두려움을 다루는 첫째 미세문단(삼상 13:1-7)과 사울의 제사와 그로인해 하나님께로부터 버림을 받는 사건을 다루는 둘째 미세문단(삼상 13:8-15a)으로 구성된다. 첫째 미세문단에서는 사울과 요나단이 주요 인물로 등장하는 반면, 둘째 미세문단에서는 사무엘과 사울이 주요 인물로 등장한다. 이 소문단의 구조는 아래와 같다.

1. 요나단의 공격과 이스라엘의 두려움	13:1-7
a. 왕 통치 공식(Regnal Formula)	13:1
b. 사울의 군대와 블레셋의 군대의 대치	13:2-7
1) 사울의 군대에 대한 설명	13:2-4
a) 사울이 군대를 모집함 I (사울-2천, 요나단-1천)	13:2
b) 요나단이 블레셋 수비대를 공격함	13:3a
c-a') 사울이 군대를 모집함 II	13:3b-4
2) 블레셋 군대에 대한 설명: 많음	13:5
3) 블레셋 군대에 대한 이스라엘의 반응: 두려워 함	13:6-7
2. 사울의 제사와 버림받음	13:8-15a
a. 사울의 행동: 서술적	13:8-10
1) 사울이 사무엘을 기다림	13:8
2) 사울이 번제를 드림	13:9
3-1'). 사울이 사무엘을 맞이함	13:10
b. 사무엘과 사울의 대화	13:11-14
1) 사무엘의 질문: 왕이 무엇을 행함?	13:11a
2) 사울의 설명적 대답: 첫째 미세문단의 상황 묘사	13:11b-12
3) 사무엘의 사울 평가: 여호와의 버리심	13:13-14
c-a'). 사무엘의 떠남: 서술적	13:15a

첫째 미세문단(삼상 13:1-7)은 요나단이 블레셋을 공격하는 것과 블레셋의 전쟁 준비, 그리고 블레셋 앞에서 두려움에 떠는 이스라엘 백성의 모습을 다룬다. 이 미세문단은 왕 통치 공식을 언급하는 첫째 큰 단위(삼상 13:1)로 시작된다. 이어서 사울의 군대와 블레셋의 군대가 대치하는 상황을 설명하는 둘째 큰 단위(삼상 13:2-7)가 나온다. 사울은 군사 2천명과 함께 믹마스에, 요나단은 군사 1천명과 함께 기브아에 있었고(삼상 13:2), 블레셋은 많은 군대를 데리고 믹마스에 진을 쳤다(삼상 13:5). 이스라엘의 군대에 비해 수적으로 월등히 우세한 블레셋의 군대로 인하여 이스라엘 백성들은 두려워했다(삼상 13:7). 이러한 이스라엘의 두려움과는 대조적으로 요나단은 용맹스럽게 블레셋 수비대를 공격하였다(삼상 13:3a). 요나단의 공격은 위의 구조도표에서 보여주듯이 사울의 군대를 모집하는 내용을 테두리(삼상 13:2, 3b-4)로 하여 그 중앙에 놓임으로(삼상 13:3a) 구조적으로 더욱 강조된다. 그러므로 둘째 큰 단위(삼상 13:2-7)는 블레셋에 대한 이스라엘 백성들의 반응과 요나단의 반응을 대조적으로 묘사하며, 이러한 대조를 통하여 요나단의 용맹스런 모습을 강조한다.

둘째 미세문단(삼상 13:8-15a)은 사울의 제사와 그 결과, 즉 사울이 여호와로부터 버림받는 사건을 그린다. 이 미세문단은 사울의 행동을 서술적으로 그리는 첫째(삼상 13:8-10)와 셋째(삼상 13:15a) 큰 단위들 사이에 사무엘과 사울의 대화를 다루는 둘째 큰 단위(삼상 13:11-14)가 놓인 형태로 배열된다. 이러한 구조에서 둘째 큰 단위인 사무엘과 사울의 대화는 구조적으로 강조된다. 첫째 큰 단위(삼상 13:8-10)에서 사울은 사무엘을 기다리고 맞이했다. 이러한 사울의 행동들 중앙에 사울이 번제를 드리는 사건(삼상 13:9)이 놓임으로 이 사건이 구조적으로 강조된다. 둘째 큰 단위(삼상 13:11-14)에서 사무엘과 사울의 대화가 언급된다. 사무엘은 왕에게 번제를 드린 것에 대하여 물었고(삼상 13:11a), 사울은 자신의 행동에 대하여 변호하였다(삼상 13:11b-12). 그러나 사무엘은 사울이 번제를 드린 것 때문에 여호와 하나님으로부터 버림 받았다고 선언하였다(삼상 13:13-14). 여호와의 버리심에 대한 사무엘의 평가는 아래와 같은 교차대구구조로 배열된다: 사울의 불순종(삼상 13:13a[a])-여호와의 버리심(삼상 13:13b[b])-여호와의 버리심(삼상 13:14a[b'])-사울의 불순종(삼상 13:14b[a']). 이러한 구조를 통하여 사울의 불순종과 여호와의 버리심이 강조된다. 이러한 사무엘의 선언 후에 사무엘은 사울을 떠났다(삼상 13:15a).

2) 둘째 소문단: 요나단의 블레셋 공격과 사울의 버림받음 II(삼상 13:15b-15:35)

둘째 소문단은 첫째 소문단처럼 요나단의 블레셋 공격과 사울의 버림받는 사건을 다룬다. 첫째 소문단에서는 요나단의 블레셋 공격으로 인해 이스라엘 백성들이 두려움에 쌓였지만(삼상 13:7, חרד), 둘째 소문단에서는 요나단의 공격으로 인해 블레셋이 두려움에 쌓이게 된다(삼상 14:15, חרד). 첫째 소문단에서는 사울이 하나님으로부터 버림받게 되는 것이 그가 제사를 집도한 것과 연관하여 언급되는 반면, 둘째 소문단에서는 사울이 아말렉과의 싸움에서 얻은 전리품을 취한 것과 연관하여 설명된다. 이러한 차이에도 불구하고, 둘째 소문단은 첫째 소문단처럼 요나단의 블레셋 공격을 다루는 첫째 미세문단(삼상 13:15b-14:52)과 사울의 버림받음에 대한 둘째 미세문단(삼상 15:1-35)으로 구성된다.

1. 요나단의 공격과 블레셋의 두려움	13:15b-14:52
a. 사울의 군대와 블레셋 군대의 대치	13:15b-23
1) 사울의 군대에 대한 설명 I	13:15b-16a
2) 블레셋 군대에 대한 설명 I	13:16b-18
3-1'). 사울의 군대에 대한 설명 II: 철기 무기가 없음	13:19-22
4-2'). 블레셋 군대에 대한 설명 II: 진을 친 장소	13:23
b. 요나단의 블레셋 공격: 요나단을 통한 백성 구원	14:1-23

1) 블레셋 공격 이전의 요나단의 준비	14:1-5
2) 요나단의 블레셋 공격	14:6-15
3-1') 요나단의 공격 이후의 사울의 공격	14:16-23
c(b'). 사울의 블레셋 공격: 백성들을 통한 요나단 구원	14:24-46
1) 음식을 취한 죄: 요나단 모름	14:24-35
a) 꿀을 먹은 요나단의 죄	14:24-30
b) 짐승을 피 채 먹은 백성의 죄	14:31-35
2) 죄에 대한 재판의 과정	14:36-42
a) 블레셋 추격에 대하여 사울이 여호와께 물어봄	14:36-37
b) 죄를 조사하자고 사울이 백성에게 말함	14:38-40
c) 여호와께서 범죄자로 요나단을 뽑음	14:41-42
3) 재판: 요나단의 구원	14:43-46
d(a'). 사울의 업적에 대한 요약	14:47-52
2. 사울의 전쟁(아말렉)과 그 결과: 하나님께서 버리심	15:1-35
a. 사울의 아말렉과의 전쟁	15:1-9
1) 사무엘이 사울에게 여호와의 말씀을 전함: 아말렉 공격	15:1-3
2) 사울이 아말렉을 공격하여 승리를 거둠	15:4-9
b. 전쟁의 결과: 여호와께서 사울을 버림	15:10-35
1) 여호와께서 사무엘에게 말씀함: 왕을 세운 것 후회함	15:10-11
2) 사무엘과 사울의 만남	15:12-35
a) 사무엘이 사울을 만나려고 나아감	15:12
b) 사무엘과 사울의 대화 및 행동	15:13-33
(1) 사울의 행동에 대한 자신의 평가	15:13-15
(2) 사울의 행동에 대한 여호와의 평가: 심판	15:16-23
(3) 사울의 행동에 대한 자신과 여호와의 재평가	15:24-31
(4) 사무엘의 행동: 아각을 처형함	15:32-33
c-a') 사무엘과 사울이 서로 헤어짐	15:34-35

요나단의 공격과 블레셋의 두려움을 다루는 첫째 미세문단(삼상 13:15b-14:52)은 사울의 군대와 사울의 업적에 대하여 서술적으로 언급하는 첫째(삼상 13:15b-23)와 넷째(삼상 14:47-52) 큰 단위들을 테두리

(*inclusio*)로 하여 형성된다. 여기서 첫째 큰 단위와 넷째 큰 단위는 사울 왕 시대의 역사적 모습을 설명하는 형태로 묘사된다. 즉 첫째 큰 단위에서는 그 때에 이스라엘에 철공이 없었다는 역사적 사실을 언급하고(삼상 13:19-22), 넷째 큰 단위에서는 사울 왕이 다스릴 때에 그가 행했던 싸움에 대하여 언급한다(삼상 14:47-52). 이러한 테두리 중앙에 요나단을 통하여 백성들이 구원을 얻는 사건인 둘째 큰 단위(삼상 14:1-23)와 백성들을 통해 요나단이 구원을 받게 되는 사건인 셋째 큰 단위(삼상 14:24-46)가 배열된다. 이러한 짜임새에서 중앙에 위치한 둘째와 셋째 큰 단위들은 구조적으로 강조된다.

첫째 큰 단위(삼상 13:15b-23)는 사울의 군대와 블레셋 군대의 대치에 대하여 다룬다. 이 큰 단위는 사울의 군대에 대한 설명과 블레셋 군대에 대한 설명이 병행구조로 배열됨으로 강조한다. 첫째 작은 단위(삼상 13:15b-16a)는 사울의 군대의 수와 군대가 진 친 곳으로 게바를 언급하고, 첫째 작은 단위와 대응되는 셋째 작은 단위(삼상 13:19-22)는 사울의 군대와 연관하여 그때에 사울과 요나단을 제외한 이스라엘 백성들에게 철기 무기가 없었다고 말한다. 둘째 작은 단위(삼상 13:16b-18)와 넷째 작은 단위(삼상 13:23)는 블레셋 군대가 믹마스에 진을 쳤음을 언급한다. 이러한 병행구조를 통하여 사울의 군대와 블레셋 군대가 대치하는 상황이 비교되어 설명된다.

둘째 큰 단위(삼상 14:1-23)는 요나단을 통해 이스라엘 백성들이 구원받은 사건을 다룬다. 이 큰 단위는 요나단이 블레셋을 공격하는 것을 다루는 둘째 작은 단위(삼상 14:6-15)를 중심으로 하여 앞뒤에 첫째(삼상 14:1-5)와 셋째 작은 단위(삼상 14:16-23)가 놓여있는 형태로 배열된다. 첫째 작은 단위(삼상 14:1-5)는 요나단의 블레셋 공격 이전의 사건으로, 요나단이 아버지 사울과 백성들도 모르게 블레셋 진영으로 침입한 사실과 블레셋 진영의 상황을 구체적으로 묘사한다. 둘째 작은 단위(삼상 14:6-15)는 요나단의 블레셋 공격을 묘사한다. 이 작은 단위는 세 개의 미세단위들이 선형구조로 배열된 형태로 짜여진다. 첫째 미세단위(삼상 14:6-10)에서 요나단과 소년은 블레셋 진영으로 진격하는 작전을 세우는데, 이 작전 가운데에는 여호와의 일하심이 강조된다(삼상 14:6, 10). 둘째 미세단위(삼상 14:11-12)는 블레셋과 요나단의 대화를 다루는데, 이 단위에서 요나단은 여호와께서 블레셋을 이스라엘 손에 넘기셨다고 다시 언급함으로 '여호와의 구원'을 강조한다(삼상 14:6, 10, 12). 여기서 블레셋은 "할례 받지 않은 자"(삼상 14:6)로 표현된다. 이것은 일종의 인종적 모욕이라 할 수 있으며, 조롱을 통하여 승리의 확신을 표현하는 것이라 할 수 있다(참조. 삼상 17:26, 36).[12] 셋째 미세단위(삼상 14:13-15)는 요나단이 블레셋의 군인들을 죽이고, 이로 인해 블레셋 백성들이 공포에 떨었음을 묘사한다. 여기서 '떨다'(חרד)라는 용어가 명사 또는 동사 형태로 3회 사용됨으로 강조된다. 셋째 작은 단위(삼상 14:16-23)는 요나단의 블레셋 공격에 이어 사울도 블레셋을 공격했음을 언급한다. 이 작은 단위에서 사울은 블레셋 진영의 혼란을 보고 주변에 있는 많은 백성들과 함께 블레셋을 공격하여 승리를 얻었다. 이 사건은 여호와께서 이스라엘에게 구원을 주셨다는 결론적 평가로 마무리됨으로(삼상 14:23), 여호와의 구원을 강조한다.

셋째 큰 단위(삼상 14:24-46)는 사울의 범죄와의 싸움을 다룬다. 둘째 큰 단위에서 요나단이 블레셋을 공격한 것을 사울이 알지 못했다고 설명된 것처럼(삼상 14:1, 3, 17), 셋째 큰 단위는 요나단이 블레셋과의 싸움이 완전히 끝날 때까지 음식을 취하지 말라는 사울의 맹세를 알지 못했다고 언급한다(삼상 14:27). 또한 여호와께서 요나단을 통해 이스라엘 백성에게 구원을 주셨다고 언급하는 둘째 큰 단위처럼(삼상 14:23), 셋째 큰 단위는 백성들을 통해 요나단이 구원받았다고 언급한다(삼상 14:45). 이러한 대응을 통하여 셋째 큰 단위는 둘째 큰 단위와 연결된다.

---

12) Klein, *1 Samuel,* 136.

셋째 큰 단위(삼상 14:24-46)는 꿀을 먹은 요나단의 죄(삼상 14:24-30)와 짐승을 피 채 먹은 백성들의 죄(삼상 14:31-35)에 대한 언급으로 시작된다. 이러한 죄는 모두 '백성들이 피곤하였다'[13]라는 표현과 함께 시작된다(삼상 14:24, 31). 사울은 백성들에게 원수의 보복이 끝날 때까지 음식을 취하지 말라고 명령하였지만(삼상 14:24, 28), 요나단은 꿀을 먹었다(삼상 14:25-27, 29-30). 이러한 사울의 지시와 요나단의 대조적 반응과는 달리, 사울은 짐승을 피 채 먹은 백성들의 죄에 대해서는 관용을 베푼다. 사울은 큰 돌을 갖고 와서 그 곳에서 짐승을 잡아 먹을 수 있도록 허락하였다(삼상 14:31-35). 그리고 사울은 그곳에서 여호와를 위하여 제단을 쌓았다. 이러한 범죄 후에 사울은 죄를 조사하였다(삼상 14:36-42). 사울은 블레셋 추격에 대하여 여호와께 가부를 물었지만 여호와께서 대답하지 않자(삼상 14:36-37), 백성들 가운데 누가 죄를 지었는지 조사하라고 지시하였다. 이러한 죄의 조사 결과 요나단이 범법자로 뽑혔다(삼상 14:41-42). 요나단의 범죄에 대하여 사울은 요나단에게 사형을 언도하였다(삼상 14:43-44). 그러나 백성들은 요나단이 이스라엘을 구원한 자라고 변호하였고, 결국 요나단은 구원을 받았다(삼상 14:45). 이러한 판결 이후 사울은 블레셋 추격을 끝마쳤고(삼상 14:46), 결국 블레셋과의 전쟁 사건은 마무리되었다.

넷째 큰 단위(삼상 14:47-52)는 사울의 업적에 대한 정보를 제공한다. 여기에는 사울이 승리한 전쟁들(삼상 14:47-48), 사울의 가족 명단(삼상 14:49-51), 그리고 사울의 시대에 블레셋과의 전쟁이 계속 있었다는 역사적 정보(삼상 14:52)가 제공된다.

둘째 미세문단(삼상 15:1-35)은 사울의 전쟁과 연관하여 그가 하나님으로부터 버림받는 사건을 다룬다. 이 미세문단은 크게 사울의 아말렉과의 전쟁 자체를 다루는 첫째 큰 단위(삼상 15:1-9)와 그 전쟁과 연관하여 여호와로부터 사울이 버림받게 되는 사건을 다루는 둘째 큰 단

---

13) 이 표현은 24절에서는 '니가스'(נגשׂ)로 31절에서는 '이프'(עיף)라는 용어로 나타난다. 이러한 유사어를 통하여 이 두 절은 서로 대응된다.

위(삼상 15:10-35)로 구성된다. 사울이 버림받게 되는 사건은 첫째 소문단에서도 언급되는 주제의 반복(삼상 13:8-15a)과 전쟁 자체보다 훨씬 구체적으로 묘사된다는 측면에서 강조된다.

아말렉과의 전쟁을 다루는 첫째 큰 단위(삼상 15:1-9)에서 사무엘은 사울에게 아말렉을 공격하라는 여호와의 말씀을 전했다(삼상 15:1-3). 이 말씀에 순종해야 하는 근거는 여호와께서 사울을 이스라엘 왕으로 삼으셨기 때문이었다(삼상 15:1). 사울은 이러한 여호와의 명령에 따라 아말렉을 공격하여 승리를 거두었다(삼상 15:4-9). 그러나 사울은 그 전쟁에서 백성들을 진멸하였으나 아말렉의 왕인 아각과 그의 좋은 짐승들을 진멸하지 않고 남겨두었다(삼상 15:8-9). 여기서 사울이 진멸한 것과 진멸하지 않은 것은 병행되는 두 문장을 통하여 강조된다: 진멸하지 않은 아각(a)-진멸한 백성(b)-진멸하지 않은 아각과 그의 귀한 것들(a')-진멸한 가치 없는 것들(b').

둘째 큰 단위(삼상 15:10-35)는 전쟁의 결과로 사울이 여호와로부터 버림받는 사건을 다룬다. 이 큰 단위는 여호와와 사무엘이 등장하는 첫째 작은 단위(삼상 15:10-11)와 사무엘과 사울이 등장하는 둘째 작은 단위(삼상 15:12-35)로 구성된다. 첫째 작은 단위(삼상 15:10-11)에서 여호와께서는 사무엘에게 사울이 여호와의 명령을 지키지 않은 것으로 인해 자신이 그를 왕으로 세운 것을 후회하신다고 말씀하셨다. 이러한 여호와의 말씀에 대하여 사무엘은 중보자로 여호와께 온 밤을 기도하였다.

둘째 작은 단위(삼상 15:12-35)는 사무엘이 사울에게 나아가는 행동(삼상 15:12)과 그들이 서로 헤어지는 행동(삼상 15:34-35)을 테두리(*inclusio*)로 하여 둘 사이의 대화 및 행동을 구체적으로 다룬다. 사무엘과 사울의 대화는 크게 3가지의 내용으로 표현된다. 첫째(삼상 15:13-15)는 아말렉과의 싸움에서 한 행동에 대한 사울 자신의 평가이다. 사울은 자신의 행동이 여호와의 명령을 행한 것이라고 말하였으며, 아말렉과의 전쟁에서 진멸하지 않은 것은 여호와께 제사를 드리기 위해 구별한 것이라고 스스로를 정당화하였다.

둘째(삼상 15:16–23)는 사울의 행동에 대한 여호와의 평가를 다룬다. 사무엘은 사울에게 여호와의 말씀을 전했다. 사무엘은 사울이 여호와의 말씀을 청종하지 않았고 전리품을 취한 악을 행했다고 고소하였다(삼상 15:17–19). 그러자 사울은 사무엘의 말을 부정하면서 자신이 여호와의 명령을 청종했고, 아각과 좋은 짐승을 취한 것은 여호와께 제사를 드리기 위한 것이라고 다시 변호하였다(삼상 15:20–21). 이러한 사울의 변호에도 불구하고 여호와께서는 사울이 왕이 되는 것을 버리셨다는 심판을 선언하셨다(삼상 15:22–23). 이러한 심판 선언에는 여호와께서 진정 원하시는 것이 제사보다 순종임을 수사학적 의문문의 형태와 '청종하는 것'(שמע), '순종'(שמע), 그리고 '듣는 것'(קשב)이라는 유사어의 반복을 통하여 강조한다(참조. 사 1:10–11, 13; 렘 7:21–26; 호 6:6; 암 5:21–24; 미 6:6-8; 막 12:28–34 등).

셋째(삼상 15:24–31)는 사울의 행동에 대한 자신과 여호와의 재평가를 다룬다. 여호와의 심판 선언에 대하여 사울은 자신이 여호와의 명령을 듣지 않았음을 인정하면서 죄사함을 요청하였다(삼상 15:24–25). 이러한 요청에 대하여 사무엘은 다시 한번 더 사울이 여호와의 말씀을 버렸기 때문에 여호와도 사울을 버렸다는 심판을 선언하였고(삼상 15:26), 사울은 사무엘이 가지 못하도록 옷을 붙잡으나 옷이 찢어졌다. 옷이 찢어졌다는 것은 사울에게 언급된 여호와의 징계가 확정적임을 암시한다(참조. 왕상 11:29–31).[14] 사무엘은 결론적으로 사울에게 여호와께서 사울보다 더 뛰어난 사람을 이스라엘에게 주셨다고 선언하면서, 여호와 하나님은 "거짓이나 변개함이 없으시니 그는 사람이 아니시므로 결코 변개하지 않으심이니이다"라고 고백하였다(삼상 15:28–29). 여기서 '변개하다'라는 단어는 '후회하다'라고 번역된 용어인 '나함'(נחם)과 같은 것이다. 즉 여호와께서는 사울을 왕으로 세우신 것을 후회했지

14) 왕상 11:30–31에서 아히야는 자신의 외투를 12 조각으로 찢어서 그 중 10 조각을 여로보암에게 줌으로 다윗의 왕국이 둘로 분열될 것을 예언하였다.

만(참조. 삼상 15:11), 그는 사울을 심판한 것에 대하여는 후회하지 않으셨다.

사울에 대한 여호와의 심판 선언 후에 사무엘은 아말렉의 왕 아각을 죽임으로 아말렉을 진멸하라는 여호와의 명령을 준행하였다(삼상 15:32-33). 여호와의 명령을 성취한 후에 사무엘과 사울은 서로 헤어졌다(삼상 15:34-35). 이러한 헤어짐은 단순한 공간적 분리를 의미하는 것을 넘어, 그 둘 사이의 관계가 깨어졌음을 보여준다.

결론적으로, 사무엘이 사울을 왕으로 선택하고 임명하는 과정을 통하여 이스라엘 지도자들로 형성되었던 둘 사이의 동역자 관계는, 사울이 하나님의 명령에 순종하지 않고 제사를 집도하며 아말렉과의 싸움에서 얻은 전리품을 취하는 죄로 인하여 깨어지고 서로 다른 길을 걷게 되는 분리된 관계로 변화되었다.

II. 갈등의 주제로 읽는 사무엘과 사울의 이야기

사무엘과 사울의 이야기는 동역자의 관계가 어떻게 파괴되는지를 보여주는 중요한 예이다. 특히 사울의 통치를 다루는 단락인 사무엘상 8장 1절부터 15장 35절까지의 말씀은 사무엘과 사울의 관계가 건설적으로 형성되는 것부터 시작하여 파괴적으로 단절되기까지의 온 과정을 상세히 보여준다. 비록 현재 형태의 텍스트에서는 사무엘과 사울의 관계가 긍정적인 면에서 부정적인 면으로 흐르고 있지만, 이 장(chapter)에서는 갈등의 시각으로 재해석하여 사무엘과 사울 사이의 갈등에서부터 다루고자 한다. 비록 사무엘과 사울의 관계가 해결되지 않은 갈등의 상태로 마감되지만(참조. 삼상 15:34-35), 둘 사이의 이상적인 관계가 나타나는 모습(삼상 9-11장)을 역으로 추적하여 갈등이 어떤 방향으로 해결되어져야 하고, 무엇을 목표로 하는지 살펴보겠다.

1. 갈등의 이유

이스라엘의 마지막 사사였던 사무엘과 이스라엘의 초대 왕이었던 사울은 동시대를 살았던 이스라엘 지도자들이었다. 백성들이 왕을 요구하는 상황 속에서 사무엘은 여호와 하나님께서 택하신 인물인 사울을 이스라엘 왕으로 기름 부었고(삼상 10:1), 암몬과의 전쟁에서 승리를 거둔 사울을 길갈에서 많은 백성들 앞에서 왕으로 추대하였다(삼상 11:14-15). 이와 같이 사무엘과 사울은 서로가 서로를 세워주는 관계였다. 그 시대 사무엘은 종교적인 영역에서 이스라엘의 지도자였고(참조. 삼상 3:19-21), 사울은 군사와 정치적인 영역에서 이스라엘의 지도자였다(참조. 삼상 13:1-15). 이 두 사람은 이스라엘 공동체의 중요한 두 축을 이끌었던 지도자요 동역자였다. 그러나 이러한 동역자의 관계는 사울의 통치 시대에 깨어진다(삼상 13-15장). 동역자 관계의 깨어짐은 사무엘이 사울을 떠나는 내용의 반복(삼상 13:15; 15:34-35) 속에서 분명히 나타난다.

1. 타인의 자리를 침범할 때 동역자의 관계에 위기가 온다

사무엘과 사울의 갈등이 주로 나타나는 부분은 사울의 통치를 다루는 대문단인 삼상 13-15장이다. 이 대문단은 사무엘이 사울과의 만남을 정리하고 고향으로 돌아갔다는 언급(삼상 13:15a; 15:34-35)으로 마무리되는, 병행구조를 가진 두 개의 소문단으로 구성된다(삼상 13:1-15a; 13:15b-15:35). 각 소문단은 요나단의 공격을 다루는 첫째 미세문단(삼상 13:1-7; 13:15-14:32)과 사울이 하나님과 사무엘로부터 버림 받는 것을 다루는 둘째 미세문단(삼상 13:8-15a; 15:1-35)으로 구성된다. 여기서 둘째 미세문단들은 사무엘과 사울의 갈등을 구체적으로 묘사한다.

사무엘과 사울의 헤어짐을 언급하는 삼상 13장 15절 전반부는 사울의 제사와 그 결과, 즉 사울이 여호와와 사무엘로부터 버림받는 사건을 다루는 미세문단(삼상 13:8-15a)의 결론부이다. 이 미세문단은 왜 사무엘과 사울이 헤어지게 되었는지, 즉 그들의 갈등의 이유가 무엇인지 보여준다.

사울이 제사를 집도하는 사건은 이스라엘과 블레셋의 전쟁이라는 상황에서 발생했다(삼상 13:2-7). 싸움을 시작하기 전에 제사를 드림으로 하나님께서 이 전쟁 가운데 함께 하신다는 것을 백성들에게 확인시켜야 하는데, 제사를 집도할 사무엘이 정한 칠 일의 기간 내에 전쟁터인 길갈에 오지 않았고(참조. 삼상 10:8), 이로 인해 이스라엘 군대들이 흩어지기 시작하였다(삼상 13:8). 이러한 상황에서 사울은 번제와 화목제물을 갖고 오라고 지시하였고, 자신이 번제를 집도하였다(삼상 13:9). 사울이 제사를 인도한 후에 사무엘이 길갈에 도착하였다(삼상 13:10). 사울이 번제를 드리는 사건(삼상 13:9)은 사울이 사무엘을 기다리고(삼상 13:8) 맞이하는(삼상 13:10) 테두리(*inclusio*) 안에 놓임으로 구조적으로 강조된다. 왜 본문은 사울이 번제를 드리는 사건을 강조할까? 그것은 그 뒤에 나오는 사무엘과 사울의 대화(삼상 13:11-14)를 통해 분명해진다.

길갈에 등장한 사무엘은 사울에게 번제를 드린 것에 대하여 물었고(삼상 13:11a), 사울은 자신의 행동에 대하여 구체적으로 변호하였다(삼상 13:11b-12). 사울은 먼저 자신이 처했던 상황을 설명하였다. 사울은 백성들이 흩어지는 것을 보았고, 번제를 인도할 사무엘은 오지 않았고, 블레셋의 군대들은 싸움을 위해 믹마스에 모였던 급박한 상황을 설명하였다(삼상 13:11). 이러한 상황 속에서 블레셋의 군대들이 이스라엘을 치러 길갈에 내려오려고 하는데 이스라엘이 여호와께 은혜를 구하지 못하여 제사를 드렸다고 변호하였다(삼상 13:12). 이러한 변호 가운데, 사울은 사무엘을 지칭하는 '당신'(אתה, 아타)이라는 대명사를 사용함으로 제사를 드린 행동의 책임이 사무엘에게도 있음을 분명히 하였다. 즉 사울은 자신의 잘못을 사무엘에게 전가하였다.

사울의 변호와는 달리, 사무엘은 사울의 행동을 부정적으로 평가하였다(삼상 13:13-14). 사무엘의 평가는 아래와 같이 교차대구구조의 형태로 표현된다.

a. 사울이 하나님의 명령을 불순종함 (13:13a)
  b. 여호와께서 왕의 나라를 지속시키지 않으심 (13:13b)
  b'. 왕의 나라가 길지 못함 (13:14a)
a'. 사울이 여호와의 명령을 불순종함 (13:14b).

이러한 구조를 속에서 여호와의 버리심과 사울의 불순종 사이의 관계가 드러나고, 여호와께서 사울을 버리신다는 말씀이 중앙에 배열됨으로 강조된다. 즉 사무엘은 사울의 행동이 하나님의 명령을 따르지 않고 망령되이 행한 것이라고 평가하였다. 그리고 그 불순종으로 인해 여호와 하나님께서 사울의 왕권을 폐하고 사울 대신 하나님의 마음에 합한 자를 왕으로 세우실 것이라고 말했다(참조. 행 13:22). 이러한 심판의 선언 후에 사무엘은 사울을 떠났다(삼상 13:15a). 이러한 사무엘의 떠남은 명시적으로는 사울과의 공간적 이별을 의미하지만, 암시적으로는 사울과의 관계 단절을 뜻한다.

사무엘과 사울의 관계가 단절된 이유는 사울이 제사를 집도했기 때문이었다. 그 시대에 제사권은 사울의 권한이 아니라 사무엘의 권한이었다. 사울이 제사를 인도한 것은 그가 사무엘의 영역을 침범한 것이었다. 동역의 관계에서 중요한 것은 남의 영역을 존중해 주는 것이다. 그러나 사울은 적과 대면하고 제사를 집도할 사무엘이 오지 않는 특수한 상황 속에서 사무엘의 자리를 침범하였다. 사울은 자신이 사무엘의 영역을 침범한 것은 어쩔 수 없는 선택이었다고 변호했지만, 다른 관점에서 볼 때 그것은 사울이 자신의 권한을 확장하려는 시도로 이해될 수 있다.

고대 이스라엘과 고대 근동에서 왕들은 정치, 사법, 종교 등 모든 영역에서 최고의 통치자였다. 다윗과 솔로몬 시대에 종교 영역의 지도자인 제사장은 왕 아래에 있던 관리였다(삼하 8:15-18; 20:23-26; 왕상 4:2-6). 그러나 사울 시대에 제사권은 왕의 영역이 아니라 사무엘의 영역이었다. 비록 예외적인 상황이었지만, 사울은 그것을 핑계로 하여 사무엘의 영역까지 자신의 권한을 확대하려 했던 것이다. 이것이 결국 사무엘과의 단절을 야기한 것이다.

사울과 사무엘의 또 다른 단절 사건은 아말렉과의 전투와 그 결과를 다루는 삼상 15장에 잘 묘사된다. 아말렉과의 싸움에서의 승리는 여호와의 말씀에 순종한 결과로 설명된다(삼상 15:1-3). 그러나 승리를 거둔 사울은 아말렉의 왕인 아각과 그의 귀한 짐승들은 진멸하지 않고 남겨두었다(삼상 15:8-9). 여호와 하나님께서는 사무엘에게 이 사건을 사울이 자신의 명령을 따르지 않은 것이라고 말씀하셨다(삼상 15:10-11). 사무엘은 이 말씀을 받고 사울에게 나아갔다. 사울은 사무엘에게 자신이 여호와의 명령을 행하여 승리를 얻었고, 전리품을 진멸하지 않은 것은 여호와께 제사를 드리기 위해 구별한 것이라고 정당화하였다(삼상 15:13-15, 20-21). 그러나 사무엘은 사울이 전리품을 다 진멸하지 않은 것은 여호와의 말씀을 청종하지 않은 것이고 여호와께 악을 행한 것이라고 말하고(삼상 15:17-19), 이러한 죄로 인하여 여호와께서 사울의 왕권을 폐하실 것이라고 선언하였다(삼상 15:22-23, 26). 사무엘은 "이스라엘의 지존자는 거짓이나 변개함이 없으시니 그는 사람이 아니시므로 결코 변개하지 않으심이니이다"(삼상 15:29)라고 고백함으로, 여호와께서 사울을 버리신 결정이 확정적임을 드러냈다. 사무엘은 사울이 진멸하지 않은 아말렉의 왕 아각을 처형함으로 하나님의 명령을 실행 한 후, 사울의 떠나 자신의 고향 라마로 돌아갔고 그 후로 죽는 날까지 사울을 다시 만나지 않음으로 결국 둘 사이의 관계는 완전히 단절되었다.

사무엘과 사울의 관계를 완전히 단절시킨 것은 사울이 아말렉과의 전쟁에서 얻은 전리품을 진멸하지 않은 사건 때문이었다. 고대 이스라엘 시대에 여호와께서 이끄시는 전쟁에서는 상대방의 모든 생명을 죽이고, 얻은 전리품은 여호와 하나님께 드리는 것이 법이었다. 이것을 '헤렘(חרם)법' 이라고 한다(참조. 신 13:15-17; 수 6:17).[15] 그러나 사울은 이 법을 어기고 아말렉의 왕 아각을 살려두고, 그 왕의 재산 가운데 귀한 것을 취했다. 비록 사울이 귀한 짐승들을 살려둔 것은 사무엘의 하나님께 제사를 드리기 위한 것이라고 핑계를 댔지만, 어쨌든 그것은 하나님의 법을 불순종한 것이었다.

이러한 사울의 행동도 사무엘과의 관계에서 사무엘의 영역을 침범한 행동으로 이해될 수 있다. 싸움에서 얻은 전리품은 손을 대지 않고 다 여호와 하나님께 드리는 것이 '전멸법(헤렘법)' 이다(신 13:16). 여호와 하나님께 드린다는 것은 구체적으로 성소 또는 성전에 드리는 것이라 할 수 있다. 사울 왕 시대에 성소는 사울의 권한 하에 있었던 영역이 아니라, 사무엘의 권한 하에 있었던 영역이었다(참조. 삼상 3:19-21). 사울이 전리품 중 귀한 것을 취했다는 것은 사무엘의 영역 하에 있었던 성소의 권한까지 자기 수하에 두려는 행동으로 이해할 수 있다. 사울은 전쟁의 승리를 통하여 힘이 점점 커지자, 자신의 자리를 넘어 남의 자리, 즉 사무엘의 영역까지 침범했던 것이다. 이러한 행동으로 인해 사울과 사무엘의 동역자 관계는 깨어졌고, 서로는 죽을 때까지 대면하지 않는 분리된 관계가 되었다.

자신의 자리를 지키는 것은 하나님께서 보시기에 좋은 창조의 질서이다. 창세기 1장을 보면 6일 동안의 창조 사건이 나온다. 1-3일의 창조는 혼돈 가운데 질서를 만드시는 것이었고, 4-6일의 창조는 공허 가운데 충만케 하는 것이었다.[16] 즉 첫째 날에 하나님께서는 빛을 만드시고, 빛과 어두움을 나누셨다. 둘째 날에 하나님께서는 윗 궁창과 아래 궁창

---

15) 고대 문서에 따르면, 모압 왕 메사는 이스라엘과의 싸움에서 이스라엘 사람들과 종들을 취해서 그들의 신에게 진멸하여 바쳤다. 참조. *ANET*, 320.

16) 창세기 1장에 나타난 창조의 정신에 대하여는 아래의 글을 참조하라. 정석규, 《구조로 읽는 창세기》, 12-29.

을 나누셨으며, 셋째 날에는 땅과 물을 구분하셨다. 그리고 넷째 날에는 첫째 날에 만든 빛을 해, 달, 별로 충만케 하셨다. 다섯째 날에는 둘째 날에 구분한 윗궁창을 새들로, 아래 궁창을 물고기로 채우셨다. 여섯째 날에는 셋째 날에 구분한 땅을 짐승들과 사람으로 충만케 하셨다. 여기서 첫째 날부터 셋째 날까지의 창조는 혼돈 가운데 질서를 만드신 것, 즉 혼돈 가운데 자신의 자리를 찾게 하신 행동이라 할 수 있다. 하나님께서는 서로 뒤섞여 있었던 빛과 어두움, 궁창 위와 아래, 땅과 물을 구분하여 자신의 자리에 있게 하셨다. 그것이 하나님께서 보시기에 좋은 모습이었다(창 1:4, 10, 12).

하나님께서 정하신 자신의 자리를 지키는 것이 창조의 질서요, 하나님께서 보시기에 좋은 모습이다. 동역자의 관계에서도 마찬가지다. 서로가 자신의 자리를 지키고 남의 자리를 존중하는 것이 하나님께서 보시기에 좋은 동역자의 모습이다. 하나님께서는 사무엘의 자리와 사울의 자리를 구분하셨다. 그러나 사울은 사무엘의 자리를 침범하였다. 남의 영역을 침범한 결과 갈등이 발생하였고 결국 동역자의 관계가 깨어지게 된 것이다.

자신의 자리를 벗어나 남의 자리를 침범하는 것은 죄이다. 창세기 3장을 보면 뱀이 여자를 죄의 자리로 유혹하면서 이렇게 말했다.

> 너희가 그것을 먹는 날에는 너희 눈이 밝아져 하나님과 같이 되어…(창 3:5).

실제로 아담과 하와는 선악을 알게 하는 실과를 먹고 마치 자신이 하나님인 것처럼 하나님의 말씀에 따르지 않는 존재가 되었다. 하나님을 의지하지 않고 스스로 판단하고 행동하는 자가 되었다. 그들은 피조물로서의 자신의 자리를 지키지 않고 창조주이신 하나님의 자리를 침범한 것이었다. 자신의 자리를 벗어남으로 하나님과의 관계가 단절되었다. 그러므로 자신의 자리를 지키지 않고 남의 자리를 침범하는 것은 사람과의 관계를 단절시킬 뿐만 아니라 하나님과의 관계까지도 깨뜨리는 근본적인 이유이다.

2) 하나님의 말씀보다 사람들의 말을 더 청종할 때 동역자 사이에 갈등이 발생한다

사무엘과 사울 사이의 갈등은 기본적으로 사울로 인해 발생되었다(삼상 13, 15장). 성서는 이 갈등을 사무엘과 사울 사이의 문제라기보다는 사울과 하나님 사이의 문제로 묘사한다. 하나님과 사울의 갈등은 사울의 왕위를 폐하신다는 여호와의 말씀(삼상 13:13-14), 사울을 왕으로 세운 것에 대한 여호와의 후회(삼상 15:11), 그리고 사울을 버리신다는 여호와의 말씀(삼상 15:23, 26) 등에 분명히 나타난다.

하나님과의 관계를 깨뜨린 사울의 행동은 구체적으로 두 가지로 설명된다. 첫째는 그가 제사를 인도한 것(삼상 13:8-15a)이고, 둘째는 아말렉과의 전투에서 얻은 전리품을 진멸하지 않은 것(삼상 15:8-9)이다. 제사를 인도한 것과 연관하여, 사울은 왜 자신의 영역이 아니었던 제사권을 침범하였을까? 사울 자신의 말에 따르면, 그것은 블레셋이 진격할 것과 같은 급박한 상황 속에서 제사를 인도할 사무엘은 오지 않고 백성들은 흩어지기 시작했기 때문이었다(삼상 13:11-12). 이러한 상황 속에서 여호와의 은혜를 구하지 않고는 전쟁터에 나갈 수 없기에 부득불 제사를 인도했다는 것이다.

사울의 입장에서 보면, 그의 선택은 어쩔 수 없는 것이라 할 수 있다. 그러나 사무엘은 사울의 행동을 망령되이 행한 것으로, 그리고 여호와께서 왕에게 내린 명령을 지키지 않은 것으로 평가하였다(삼상 13:13-14). 사무엘은 사울의 행동이 여호와의 명령을 지키지 않은 것이라고 반복하여 강조하면서, 그 행동을 여호와 하나님께서 사울의 위를 폐할 정도의 치명적인 죄로 말하였다.

우리는 사무엘서를 통하여 사울의 행동이 구체적으로 여호와의 어떤 명령을 위반한 것인지 알지는 못한다. 그러나 삼상 13:13-14는 사울의 행동이 여호와의 명령을 어긴 것임을 거듭 강조한다. 사울의 행동은 여호와께 순종하지 않은 것이었고, 여호와를 온전히 의지하지 않은 것이었다. 백성들이 흩어지고 적군들이 공격할 것과 같은 위기즉발의 상황에서, 사울은 하나님보다는 사람들이 눈에 들어왔다. 비록 사울은 제사를 드린 것이 여호와의 은혜를 구하는 행동이었다고 설명했지만 (삼상 13:12), 그것은 백성들의 동요를 안정시키기 위한 인간적인 행동이었다. 여호와 하나님께서 진정으로 원하시는 것이 아니었다. 백성들의 흩어짐과 블레셋의 진격이라는 상황에서 사울은 그 상황을 주관하시며 전쟁의 주인이신 여호와 하나님을 신뢰하지 못했던 것이다.

이러한 사울의 태도는 아말렉과의 전투에서 전리품을 취한 사건에 보다 분명하게 나타난다. 아말렉과의 전쟁에서 전리품을 취한 사울에게 사무엘은 다음과 같이 하나님의 심판의 말씀을 선포했다.

> 여호와께서 번제와 다른 제사를 그의 목소리를 청종하는 것을 좋아하심 같이 좋아하시겠나이까 순종이 제사보다 낫고 듣는 것이 숫양의 기름보다 나으니 이는 거역하는 것은 점치는 죄와 같고 완고한 것은 사신 우상에게 절하는 죄와 같음이라 왕이 여호와의 말씀을 버렸으므로 여호와께서도 왕을 버려 왕이 되지 못하게 하셨나이다 (삼상 15: 22-23).

심판의 말씀을 들은 사울은 자신의 죄를 인정하면서 이렇게 고백했다.

> 내가 범죄하였나이다 내가 여호와의 명령과 당신의 말씀을 어긴 것은 내가 백성을 두려워하여 그들의 말을 청종하였음이니이다(삼상 15:24).

사울은 하나님보다 사람을 의식하였다. 하나님의 말씀을 청종하기보다는 사람들의 말을 청종하였다. 그것이 자신이 여호와의 명령과 말씀을 어긴 이유라고 고백하였다.

사울이 하나님으로부터 버림받고, 왕위가 계승되지 못하고, 하나님께서 그를 왕으로 세운 것을 후회하게 만든 것 등, 사울과 하나님과의 관계를 깨뜨린 근본적인 이유는 사울이 여호와 하나님의 명령을 따르지 않았기 때문이다. 그런데 사울이 여호와 하나님의 명령을 따르지 않은 이유는 그가 하나님의 말씀보다 사람의 말에 더욱 청종하였기 때문이었다.

본문은 하나님께 청종하는 것과 사람의 말에 청종하는 것을 대비함으로 하나님께서 원하시는 것이 무엇인지 강조한다. 삼상 15:22는 하나님께서 순종을 원하신다는 것을 수사학적 의문문의 형태와 '청종하는 것' (שׁמע), '순종' (שׁמע), 그리고 '듣는 것' (קשׁב)이라는 유사어의 반복을 통하여 강조한다. 비록 사울이 전리품을 남겨 놓은 것이 하나님께 드릴 제사를 위한 것이라고 했지만, 하나님께서는 번제, 제사, 숫양의 기름보다 더욱 중요한 것이 하나님의 말씀을 청종하는 것이라고 말씀하셨다. 하나님의 말씀에 순종하지 않는 것은 우상을 섬기는 죄와 마찬가지라고까지 말씀하셨다(삼상 15:23). 하나님 말씀을 청종하지 않고 사람들의 말을 청종함으로 우상숭배와 같은 치명적인 죄를 범했던 것이다. 이 죄로 사울과 하나님 사이에 갈등이 야기되었고, 동역자였던 사무엘과의 관계도 단절되었다.

사무엘과 사울은 모두 하나님께서 이스라엘의 지도자로 세운 사람들이었다(참조. 삼상 3:19-21; 9:15-17). 그들을 이스라엘의 통치자로 세우신 분이 하나님이시기에, 그들은 모두 여호와 통치의 대리인이었다. 이스라엘의 진정한 통치자요 최고의 지도자는 그들이 아니라 여호와 자신이기에, 여호와 통치의 대리인들의 역할은 여호와의 뜻을 이 땅 가운데 실현하는 것이었다. 여호와의 온전한 통치를 이 땅 가운데 이루기 위해서는 먼저 하나님의 말씀을 청종하고, 그 명령에 따라야 했다. 그래야 유일한 통치자이신 하나님 안에서 지도자들 사이에 조화와 동역이 이루어질 수 있었을 것이다. 그러나 사울은 이스라엘의 진정한 통치자이신 여호와 하나님의 말씀보다 백성들의 말을 청종했다. 그 결과 사무엘과의 동역자 관계는 깨어졌다.

> 이스라엘의 지존자는 거짓이나 변개함이 없으시니 그는 사람이 아니시므로 결코 변개하지 않으심이니이다(삼상 15:29).

사람은 변한다. 그러나 하나님은 변치 않으시는 분이시다. 사람은 상황에 따라 거짓을 행하지만, 그러나 하나님은 거짓이 없는 분이시다. 비록 같은 마음을 품었던 동역자라 할지라도 사람은 변할 수 있다. 비록 진리 안에서 만나 함께 사역을 하는 사람이라 할지라도 사람은 상황에 따라 거짓을 행할 수 있다. 그러므로 사람만을 의지하고 의식할 때, 동역자의 신뢰 관계는 깨어질 수 있다. 동역자 사이에도 갈등이 발생될 수 있다. 동역자의 관계가 지속되기 위해서는 그 관계를 만드신 분, 거짓이 없으시고 변치 않으시는 여호와 하나님을 의지하고 그 분의 말씀과 명령을 동역자들 모두가 청종해야 한다.

2. 갈등 해결의 원리

사무엘과 사울의 갈등은 해결되지 않는 상태로 마감된다(삼상 15:34-35). 그러나 사무엘과 사울 사이의 관계가 시작되는 것을 다루는 삼상 9-11장은 그들 사이의 바람직한 관계를 보여준다. 이러한 처음 관계로 돌아가는 것, 그것이 관계의 회복이요, 갈등의 해결 원리라 할 수 있다. 그러므로 갈등 해결의 원리는 위에서 언급한 갈등의 이유를 극복하고 갈등 이전의 상태로 돌아가는 것에서 발견될 수 있다.

1) 자신의 뜻보다 하나님의 뜻을 청종하라

사무엘과 사울의 관계는 사무엘이 사울을 왕으로 기름을 붓는 사건

(삼상 9:1-10:16)으로 시작되었다. 이 사건 이전에 이스라엘 백성들은 사무엘에게 왕을 요청하였다(삼상 8장). 그 시대 이스라엘의 지도자였던 사무엘은 백성들이 자신 외의 또 다른 지도자인 왕을 요구하는 것에 대하여 마음이 불쾌했지만(삼상 8:4-6), 백성들의 말을 들으라는 하나님의 말씀을 청종하였다(삼상 8:7, 22).

사울과 사무엘의 첫 번째 만남은 삼상 9:1-10:16에 구체적으로 나타난다. 이 본문은 아래와 같은 교차대구구조로 배열된다. 여기서 중앙에 배열된 사울과 사무엘의 만남(삼상 9:15-10:8)은 구조적으로 가장 강조된다.

a. 사울이 암나귀를 찾으러 떠나나 찾지 못함 (9:1-4)
 b. 사울이 사무엘을 만나기 위해 나아감 (9:5-14)
  c. 사울과 사무엘의 만남 (9:15-10:8)
 b'. 사울이 사무엘을 떠나기 위해 나아감 (10:9-13)
a'. 사울이 암나귀를 찾았다고 숙부에게 말함 (10:14-16).

사무엘과 사울의 만남에는 사울의 사환과 소녀들의 도움이 있었다. 사울의 사환은 잃어버린 암나귀의 행방을 하나님의 사람에게 물어보자고 제안하였고(삼상 9:6), 하나님의 사람을 만나러 가는 도중에 만났던 소녀들은 선견자의 위치를 알려주었다(삼상 9:12-13). 이러한 주변 사람의 도움으로 사울은 사무엘에게 나아갈 수 있었다. 이와 같이 하나님께서는 사람과 사람을 엮어줄 때 주변의 사람을 사용하신다. 여러 사람들이 여러 모양으로 하나님의 뜻을 이루는데 사용되었던 것이다.

사울은 암나귀로 인해 사무엘에게 나아갔지만, 사무엘은 하나님의 음성을 듣고 사울에게 나아갔다. 사울이 사무엘에게 나아오는 상황 속에서 하나님께서는 사무엘에게 다음과 같이 말씀하셨다.

> 내일 이맘 때에 내가 베냐민 땅에서 한 사람을 네게로 보내리니 너

는 그에게 기름을 부어 내 백성 이스라엘의 지도자로 삼으라 그가 내 백성을 블레셋 사람들의 손에서 구원하리라 내 백성의 부르짖음이 내게 상달되었으므로 내가 그들을 돌보았노라(삼상 9:16).

이 말씀은 사무엘과 사울의 만남이 여호와의 주권 하에 있음을 분명히 보여준다. 사울이 사무엘에게 나아간 것은 외형적으로는 잃어버린 암나귀를 찾기 위한 자신의 선택이었지만, 실제로는 하나님께서 사울을 사무엘에게 이끄신 것이었다. 하나님께서는 사울을 사무엘에게 보내면서 사무엘에게 할 일과 그 이유를 상세하게 말씀하셨다. 사무엘이 할 일은 사울에게 기름을 부어 이스라엘의 지도자로 임명하는 것이었다. 하나님께서 사울을 지도자로 삼으신 이유는 블레셋의 위협 앞에서 왕을 요구했던 백성들의 부르짖음을 들으시고, 사울을 통해 백성들을 블레셋으로부터 구원받게 하기 위함이었다.

삼상 7장을 보면, 블레셋의 위협에서 이스라엘을 구원하였던 지도자는 사무엘이었다. 그러나 백성들은 블레셋의 위협 앞에서 사무엘이 아닌 다른 지도자를 요구하였다. 게다가 하나님까지도 기름 부음을 받을 사울이 이스라엘 백성들을 블레셋의 손에서 구원할 자로 말씀하셨다. 블레셋으로부터 구원할 지도자로 자신이 아닌 다른 사람을 언급한 백성들과 하나님의 말씀은 사무엘에게 있어서 받아들이기 힘든, 매우 불쾌하고 모욕적인 것으로 이해될 수도 있었을 것이다. 그러나 사무엘은 사울에게 기름 부으라는 하나님의 말씀에 어떤 대꾸도 없이 순종하였다. 사무엘은 사울을 이스라엘의 지도자로 삼으라는 여호와의 말씀을 사울에게 전하였고, 여호와께서 자신에게 명령하신 대로 기름을 부었다(삼상 9:27-10:1). 하나님의 명령을 사무엘이 청종함으로 사울은 사무엘과 다른 영역에서 이스라엘의 지도자로 세움을 받게 되었다.

사울이 지도자로 세워지는 과정에는 사울의 순종도 나타난다. 사울은 사무엘이 자신에 대하여 "온 이스라엘이 사모하는 자"(삼상 9:20)라고 말하자, 이렇게 대답했다.

> 나는 이스라엘 지파의 가장 작은 지파 베냐민 사람이 아니니이까 또 나의 가족은 베냐민 지파 모든 가족 중에 가장 미약하지 아니하니이까 당신이 어찌하여 내게 이같이 말씀하시나이까(삼상 9:21).

사울은 자신이 이스라엘이 사모하던 지도자가 될 자격이 없다고 고백하였다. 그러나 사무엘이 하나님의 말씀을 전하고 그에게 기름을 붓자, 사울은 그것을 거절하지 않았다. 사울도 하나님의 명령을 청종하였던 것이다.

히브리서 기자는 순종의 본을 보인 예수님의 모습에 대하여 이렇게 말씀한다.

> 그가 아들이시면서도 받으신 고난으로 순종함을 배워서 온전하게 되셨은즉… (히 5:8).

순종은 온전함으로 이끄는 지름길이다. 예수님께서도 하나님의 아들이시면서도 죽기까지 순종하심으로 구원의 온전함을 이루셨다. 사무엘도 그 시대의 지도자였으면서도 자신의 뜻과 생각을 포기하고 하나님의 말씀에 순종함으로 사울을 지도자로 임명하였다. 사울은 자신이 지도자가 되기에 미약한 존재라는 자신의 생각을 버리고 여호와의 명령에 따라 기름 부음을 받았다. 하나님 말씀에 대한 사무엘과 사울의 청종함을 통해 둘 사이의 새로운 동역자의 관계가 형성되었다.

아모스 선지자는 동역과 동행에 있어서 중요한 것이 같은 뜻을 품는 것이라고 말한다.

> 두 사람이 뜻이 같지 않은데 어찌 동행하겠느며(암 3:3).

어떻게 서로 다른 두 사람이 한 뜻을 품은 동역자가 될 수 있을까? 그것은 한 뜻과 한 마음을 주신 하나님께 각자가 복종하는 것이다. 한 분이신 하나님의 말씀을 서로가 청종하는 것이다. 동역자 사이의 올바른 관계는 그 관계를 주도하시는 하나님의 말씀에 순종할 때 유지된다. 깨어진 관계나 갈등 관계의 회복도 하나님의 말씀과 명령을 청종함으로 가능하다. 갈등 관계에 있는 서로가 자신의 판단과 뜻을 포기하고 그 관계를 시작하시고 인도하시는 하나님의 뜻에 굴복할 때, 서로는 한 뜻과 한 마음을 품을 수 있게 된다. 그러므로 하나님의 말씀을 청종하는 것은 깨어진 관계를 화목과 동역의 관계로 회복시키는 지름길이다.

2) 자신의 자리를 지키면서 그 자리를 충만케 하라

사무엘과 사울이 하나님의 명령에 청종함으로 이루어진 둘 사이의 동역자 관계는 그들이 각각 자신의 자리에서 하나님께서 맡기신 역할을 충실하게 감당함으로 성숙되어 갔다.

사울은 이스라엘의 왕이 된 후, 처음에는 왕으로서의 자신의 역할을 잘 감당했다. 삼상 11:1-11에는 군사적 지도자로서의 사울을 모습이 잘 나타난다. 사울은 암몬의 나하스의 위협으로 곤경에 처해 있는 길르앗 야베스의 백성들을 위하여 군사를 모집하고 암몬을 공격하여 승리를 거두었다. 이민족의 위협에서 이스라엘 백성들을 구원하기 위하여 왕으로 세워진 사울은(참조. 삼상 9:16), 암몬과의 싸움에서 승리하여 길르앗 야베스의 백성들을 구원함으로 구원자로서의 자신의 역할을 온전히 감당했다. 그 이후에도 사울은 블레셋과의 전쟁에서 승리를 거두어 백성들을 구원하였다(참조. 삼상 14장).

자신의 자리에서 충성을 다한 사람은 사울만이 아니었다. 사울이 승리를 하고 돌아오자 사무엘은 사울을 모든 백성들 앞에서 왕으로 옹립하였다(삼상 11:14-15). 암몬과의 싸움에서 승리한 후에 사무엘은 백성들에게 길갈로 가서 나라를 새롭게 하자고 제안했고, 길갈에서 여호와 하나님과 백성들 앞에서 사울을 높이고 그를 왕으로 삼았다.

사울이 승리를 거둔 후에 백성들은 사울을 따르고, 그를 지도자로 온전히 인정했다. 이전까지 사무엘을 이스라엘의 지도자로 인정하며 따랐던 백성들이(참조. 삼상 7장) 자신이 아닌 사울을 지도자로 인정하며 따르는 것을 보는 것은 사무엘 자신에게 쉬운 일이 아니었을 것이다. 그러나 사무엘은 자신과 사울을 비교하지 않았다. 사무엘은 하나님께서 사울을 자신과 다른 역할을 감당하는 지도자로 세우셨음을 인정하였다. 사무엘은 사울과의 차이를 인정하는 가운데 그를 존중했다. 그래서 사무엘은 사울이 자신의 역할을 잘 감당했던 그 순간에 그도 자신의 역할을 온전히 감당할 수 있었던 것이다. 사무엘은 사울을 여호와 앞에서 왕으로 삼고 여호와 앞에서 화목제를 드림으로 기쁨을 나누었다.

어떻게 사울과 사무엘은 상대방이 사람들로부터 인정을 받는 상황 속에서도 상대방과 비교하지 않고 자신의 자리를 성실하게 지킬 수 있었을까? 그것은 이스라엘을 암몬으로부터 구원한 것이 사울 자신에게서 온 것이 아니라 여호와 하나님으로부터 온 것임일 알았기 때문이다. 사울이 암몬과의 전쟁에 나갈 수 있었던 것은 하나님 때문이었다. 삼상 11:1-11은 이 사실을 강조한다. 삼상 11:1-11은 아래와 같은 교차대구 구조로 배열된다.

a. 서론적 배경: 암몬의 침입 (11:1a)
　　b. 야베스 사람이 암몬에게 말함 (11:1b-3)
　　　　c. 전령이 이스라엘에게 전하고 사울도 들음 (11:4-5)
　　　　　　d. 사울이 군사를 모음 (11:6-8)
　　　　c'. 백성이 전령에게 전하고 야베스 사람도 들음 (11:9)
　　b'. 야베스 사람이 이스라엘 백성들에게 말함 (11:10)
a'. 결론적 언급: 사울이 암몬을 물리침(11:11).

이러한 구조에서 사울이 군사를 모으는 사건(삼상 11:6-8)은 중앙에 배열됨으로 가장 강조된다. 사울은 암몬의 나하스가 전한 말을 들었을 때에 하나님의 영에 의해 크게 감동을 받았다(삼상 11:6). 이러한 하나님의 영에 의한 감동으로 사울은 백성들을 모았고, 백성들은 여호와에 대한 두려움을 갖고 전쟁터에 나갔다(삼상 11:7). 여호와의 영이 사울과 백성들을 움직여 싸움의 현장으로 이끌었던 것이다. 그러므로 전쟁의 주도권은 사울이 아니라 여호와 하나님에게 있었던 것이다.

여호와 하나님께서 전쟁을 이끄시고 이스라엘에게 승리를 주셨다는 것은 승리 후에 사울이 고백한 말 가운데에도 잘 표현된다.

> 여호와께서 오늘 이스라엘 중에 구원을 베푸셨음이니라(삼상 11:13).

사울은 많은 백성들이 자신을 따랐을 때에 자신을 높이지 않았다. 그는 자신이 승리를 준 것이 아니라, 여호와 하나님께서 이스라엘에게 구원을 베푸셨다고 인정했다. 여호와의 통치하심에 대한 이 믿음이 백성들로부터 칭송을 받는 순간에도 사울을 겸손하게 만들었다. 사울을 자신의 자리를 벗어나지 않도록 이끌었다.

자신의 자리를 지키면서 그 자리에서 자신의 역할에 충성을 다하는 모습은 사무엘에게도 있었다. 삼상 15:1-9에서 사울은 아말렉과의 싸움에서 승리를 거둔 후에 적과 전리품을 진멸하지 않는 죄를 범했다. 이러한 상황 속에서 여호와 하나님께서는 사무엘에게 사울을 왕으로 세운 것을 후회하신다고 말씀하셨다(삼상 15:11). 하나님께서 사울을 버리신 것이었다(삼상 15:23, 26). 사무엘의 입장에서 보면 이것은 자신의 경쟁자가 사라지는 것이고, 사울이 왕이 되기 이전에 백성들이 자신을 전적으로 따랐던 그 시절로 돌아갈 수 있는 절호의 기회였을 것이다. 그러나 사무엘은 사울이 하나님으로부터 버림받는 것을 기뻐하지 않았다. 사무엘은 그 가운데서도 자신의 역할을 충실하게 감당하였다. 선지자인 사무엘은 죄인인 사울을 위하여 중보하였다. 그는 밤을 새워가면서까지 사울을 위하여 여호와께 울부짖었다. 비록 그의 부르짖음이 여호와의 마음을 돌이키지는 못했지만(참조. 삼상 15:29), 사무엘은 선지자라는 자신의 자리에서 충성을 다하였다.

동역의 관계를 포함하여 사람들 사이의 관계를 회복하는데 있어서 중요한 것은 자신의 자리를 지키면서 그 자리에서 충성을 다하는 것이다. 하나님께서는 사람마다 다르게 창조하셨고, 각자에게 다른 은사를 주셨다. 그렇기에 자신이 하지 못하는 것을 다른 사람이 할 수도 있고, 다른 사람이 할 수 없는 것을 자신이 할 수도 있다. 이러한 차이를 인정하는 가운데 상대방을 존중하고, 자신의 영역에서 자신에게 맡겨진 것에 충성을 다할 때 갈등은 해결되고, 갈등의 관계는 화평의 관계로 변화된다.

암몬과의 싸움에서 승리를 거둔 후에 사울을 따랐던 백성들은 이전에 사울을 따르지 않고 비난했던 자들을 죽이려고 하였다(삼상 11:12; 참조. 삼상 10:27). 이스라엘 안에 사울을 따르던 백성과 그를 따르지 않았던 백성들 사이에 갈등이 발생한 것이다. 그러한 상황 속에서 사울은 자신이 암몬과의 싸움에서 승리를 준 것이 아니라 여호와가 이스라엘을 구원했다고 인정함으로 자신의 자리를 지켰고, 사무엘은 사울을 왕으로 세우고 화목제를 인도함으로 선지자로서 자신의 책임을 다하였다. 이러한 동역이 백성들 사이의 갈등을 해결하여 백성 모두를 하나님 앞에서 기뻐하게 만들었다(삼상 11:15). 이와 같이 지도자들이 자신의 자리를 지키고 각자의 자리에서 충성을 다할 때, 지도자 사이의 깨어진 관계뿐만 아니라 백성들 사이의 왜곡된 관계도 온전히 회복되고 화평과 조화의 관계로 나아갈 수 있다.

3. 갈등의 목표

동역자의 관계로 시작된 사울과 사무엘의 관계는 갈등으로 마무리된다. 이렇게 깨어질 관계임에도 그 관계를 형성하신 하나님께서는 이러한 관계와 갈등을 통하여 이스라엘 백성들뿐만 아니라, 그 이야기를 읽는 독자들에게 말씀하신다. 그 메시지가 바로 갈등의 목표라 할 수 있다.

1) 갈등은 하나님만이 이 세상의 주권자이심을 알린다

사무엘과 사울의 갈등의 최고조를 보여주는 사건은 삼상 15장에 묘사된 사울과 아말렉과의 전쟁과 연관된 이야기이다. 이 사건 후에 사무엘은 죽는 날까지 사울을 다시 보지 않을 정도로 그들의 관계는 악화되었다(삼상 15:35). 이 사건은 사울이 하나님과 사무엘로부터 버림받는 내용을 주로 다루지만, 이 사건의 근저에는 하나님이 어떤 분이시라는 것이 명확하게 드러난다.

사무엘은 사울에게 아말렉을 공격하라는 하나님의 말씀을 전하면서 하나님에 대하여 이렇게 말한다.

> 여호와께서 나를 보내어 왕에게 기름을 부어 그의 백성 이스라엘 위에 왕으로 삼으셨은즉 이제 왕은 여호와의 말씀을 들으소서(삼상 15:1).

사무엘은 사울을 왕으로 세운 분이 여호와 하나님이시기에 사울은 통치의 대리인으로 여호와의 명령에 순종해야 한다고 말했다. 여호와가 사울을 왕으로 세운 분이라는 사실은 사울이 아말렉을 진멸하지 않은 죄를 지은 후에도 다시 언급된다.

> 왕이 스스로 작게 여길 그 때에 이스라엘 지파의 머리가 되지 아니하셨나이까 여호와께서 왕에게 기름을 부어 이스라엘 왕을 삼으시고 또 여호와께서 왕을 길로 보내시며…(삼상 15:17-18).

여호와 하나님은 부족한 사울을 왕으로 세우신 분이시다. 그러므로 여호와 하나님은 또한 그를 왕위에서 내리실 수 있는 분이시다. 사울이 블레셋과의 전쟁에서 제사를 인도하는 죄를 범하자 하나님께서는 사울의 왕위가 길지 않을 것이라고 말씀하셨다(삼상 13:13-14). 또한 아말렉과의 전투에서 진멸하지 않는 죄를 범하자 그를 버려 왕이 되지 못하게 하셨다(삼상 15:23, 26). 이와 같이 하나님은 이 세상의 왕을 세우시기도 하시고, 왕을 폐하시기도 하시는 이 세상의 참 주권자이시다(참조. 삼상 2:6-8, 12:12). 사울과 사무엘의 갈등, 또는 사울과 하나님의 갈등을 통하여 하나님은 자신이 이 세상의 진정한 통치자이심을 드러내셨다.

하나님께서는 이 세상의 통치자이실 뿐만 아니라 그의 백성을 고난 가운데서 인도하시는 구원자이시다. 사울이 암몬 사람의 위협으로부터 길르앗 야베스 사람들을 구원한 후에, 그는 자신이 이스라엘을 구원한 것이 아니라 여호와 하나님께서 이스라엘을 구원하셨다고 고백하였다(삼상 11:13). 여호와의 구원자 되심은 요나단이 블레셋을 습격하는 장면에서도 분명히 드러난다. 요나단은 자기를 따르는 자들에게 이렇게 말했다.

> 우리가 이 할례 받지 않은 자들에게로 건너가자 여호와께서 우리를 위하여 일하실까 하노라 여호와의 구원은 사람이 많고 적음에 달리지 아니하였느니라(삼상 14:6).

여호와께서는 이스라엘을 위하여 일하셔서 이스라엘을 블레셋의 손에서 구원해 주셨다(삼상 14:23). 구원은 여호와 하나님으로부터 오는 것이지 군사력의 크기에 달려있지 않다(참조. 삼상 17:47).

사울이 이스라엘의 왕으로 세워지고, 선지자 사무엘과 동역하다가 그 관계가 깨어지는 과정 가운데 하나님께서는 자신을 드러내셨다. 하나님께서는 자신을 이 세상의 왕을 세우시기도 하시고 폐하시기도 하시는 통치자로, 이스라엘에게 승리를 주시는 구원자로 계시하셨다. 그러므로 갈등은 하나님께서 어떤 분이신지 자신을 계시하시는 수단이라 할 수 있다.

2. 갈등은 하나님께서 그의 백성들을 옳은 길로 인도하고 축복으로 초대하는 통로이다

사무엘과 사울의 동역 관계가 형성되는 시발점은 백성들이 사무엘에게 왕을 요구한 사건이었다. 백성들은 블레셋의 위협 하에서(참조. 삼상 4-7장), 그 시대의 지도자였던 선지자 사무엘에게 왕을 요구하였고, 하나님께서는 백성들의 요청을 기뻐하지 않았지만(삼상 8:5-8) 그 부르짖음을 듣고 왕을 세워주셨다(삼상 9:16). 하나님께서는 왕을 세우셨지만, 백성들에게 왕정의 폐단(삼상 8:10-18)과 왕정 시대에 야기될 수 있는 백성들의 문제점(삼상 12장)을 알려주셨다. 이를 통하여 백성들로 하여금 왕의 통치 하에서도 하나님 앞에서 옳은 길을 가도록 인도하셨다. 비록 왕이 다스리던 이스라엘 역사 가운데에 백성들은 하나님의 말씀을 경시여기고 죄의 길로 갔지만, 여호와 하나님께서는 사무엘을 통하여 백성들에게 경고하심으로 백성들을 옳은 길로 인도하시고자 하는 자신의 의지를 보여주셨다.

왕 제도의 폐단을 언급하는 삼상 8:10-18에서 왕 제도의 모습은 '취하다'(לקח)라는 용어의 네 번의 반복과 함께 네 가지로 언급된다. 왕은 아들을 취하여 군사로 삼으며(삼상 8:11-12), 딸을 취하여 왕궁의 시녀들로 삼고(삼상 8:13), 밭의 소산 가운데 십일조를 취하여 자신의 신하들에게 주며(삼상 8:14-15), 노비와 짐승, 그리고 양의 십일조를 취하여 왕의 소유로 만들 것이다(삼상 8:16-17). 즉 왕은 백성들로부터 착취하는 자로 그려진다. 이러한 왕 제도로 인하여 백성들은 왕의 종이 되고(삼상 8:17), 백성들이 왕으로 인하여 부르짖지만 여호와 하나님께서는 들어주시지 않을 것이다(삼상 8:18). 즉 왕 제도는 백성들이 부르짖어도 여호와 하나님께서 들어주지 않는, 백성들과 하나님 사이를 막는 장애물과 같은 것이었다.

이러한 왕이었지만, 하나님께서는 백성들의 요청으로 사울을 이스라엘의 초대 왕으로 세워주셨다. 사울과 사무엘의 갈등, 사울과 하나님과의 갈등은 왕의 폐단에 대한 하나님의 말씀이 현실로 나타난 것이라 할 수 있다. 왕을 세우기 이전에 하나님께서는 이러한 왕 제도의 폐단을 말씀함으로 백성들에게 경고를 하셨다. 하나님께서는 백성들에게 왕정으로 인해 예상되는 문제를 언급함으로 백성들을 준비시키셨던 것이다.

하나님께서 백성들에게 경고를 통하여 준비시킨 것은 삼상 12장에도 언급된다. 삼상 12장은 사무엘의 마지막 연설을 다룬다. 삼상 12장은 사무엘의 말과 백성들의 응답이 반복되는 세 부분(삼상 12:1-4, 5, 6-19)과 사무엘의 말만 나오는 넷째 부분(삼상 12:20-25)으로 구성된다. 첫째 부분에서 사무엘은 자신이 백성들의 요청에 따라 왕을 세웠고, 그 왕이 이후로는 자신을 대신하여 백성들을 이끌 것이라고 말했다. 그리고 백성들에게 자신이 남의 것을 빼앗거나 뇌물을 받은 것이 있으면 갚겠다고 말했다. 둘째 부분(삼상 12:5)에서 사무엘은 여호와 하나님과 세워진 왕이 자신의 무죄에 대한 증인이라고 말했다. 셋째 부분(삼상 12:6-19)에서 사무엘은 과거로부터 보여주신 하나님의 은혜와 그것에 반하는 이스라엘의 죄의 역사를 언급하면서, 여호와의 명령을 지키지 않으면 하나님께서 심판하실 것임을 경고했다(삼상 12:14-15). 이러한 사무엘의 경고에 대하여 백성들은 자신들의 죄를 인정했다(삼상 12:19). 넷째 부분(삼상 12:20-25)에서 사무엘은 여호와만을 섬기라고 거듭 명령하면서(삼상 12:20-21, 23-24), 여호와께서 이스라엘을 자신의 백성으로 삼았으나(삼상 12:22) 만일 백성들이 악을 행하면 백성들과 왕을 다 멸하실 것이라고 경고하였다(삼상 12:25).

넷째 부분(삼상 12:20-25)은 앞의 부분들과는 달리 백성들의 대답 없이 마무리는 구조적 특징을 갖는다. 이러한 문학적 장치를 통하여 텍스트는 앞에서 백성들이 대답했던 순종의 응답을 이 말씀을 읽는 이후의 세대들, 그리고 지금의 독자들도 동일하게 할 것을 요청한다. 즉 하나님께서는 사무엘을 통해 그 시대의 백성들에게 뿐만 아니라 이후의 이스라엘 백성들, 그리고 지금의 독자들에게 여호와만을 섬길 것을 요청하신다. 여호와를 경외하는 것만이 이스라엘이 멸망당하지 않고 하나님의 백성으로 살 수 있는 길임을 보여주신다.

삼상 12장에서 하나님께서는 사울을 왕으로 세움으로 야기될 문제들을 예상하시면서, 이후의 왕정 시대에 백성들이 과거와 같은 죄를 범치 않고 오직 여호와 하나님만을 섬기는 것이 하나님이 기뻐하시는 백성이 되는 길임을 말씀하셨다. 사울 왕으로 인해 발생될 사무엘과의 갈등, 그리고 하나님과의 갈등을 예상하면서 백성들이 심판의 길이 아닌 축복의 길을 선택하도록 미리 준비시키셨던 것이다. 그러므로 갈등은 백성들을 옳은 길로 인도하기 위한 하나님의 계획이라 할 수 있다.

사울의 등장으로 사무엘과 사울 사이, 그리고 사울과 하나님 사이에 갈등이 발생했지만, 그 가운데 하나님께서는 사울을 통하여 그의 백성들을 구원해 주셨다. 사울은 암몬(삼상 11장), 블레셋(삼상 13-14장), 아말렉(삼상 15장) 등과 같은 이민족으로부터 이스라엘을 구원했다. 비록 그 구원이 궁극적으로는 여호와 하나님에 의해 성취된 것이지만, 하나님께서는 사울을 사용하셔서 이러한 구원을 베푸셨다(참조. 삼상 9:16). 그 가운데 사울과 사무엘의 갈등, 그리고 사울과 하나님과의 갈등이 더욱 고조되지만, 하나님께서는 예상되는 갈등을 미리 준비시킴으로 백성들을 의의 길로 인도하시려는 자신의 마음과 의지를 보이셨다. 지도자들의 갈등 속에서도 백성들을 승리와 구원으로 이끌어주셨다. 그러므로 하나님께서는 갈등까지 선하게 사용하셔서 그의 백성들을 옳은 길로 이끌고 축복의 자리로 초대하신다.

3) 갈등은 새로운 동역의 관계를 형성하는 과정이다

사무엘과 사울의 갈등이 나타나는 본문 가운데 드러나는 또 다른 동역의 관계가 있다. 그것은 요나단과 백성들의 동역이다. 사울과 사무엘, 또는 사울과 하나님의 갈등이 가장 고조되어 나타나는 삼상 15장 바로 이전 문단(삼상 13:15b-14:52)은 요나단이 블레셋을 공격하고 이로 인해 블레셋이 두려워 떠는 내용을 다룬다. 이 문단은 아래와 같이 네 개의 소문단이 교차대구구조로 배열된다. 여기서 요나단의 블레셋 공격과 사울의 블레셋 공격을 다루는 둘째와 셋째 소문단은 중앙에 배열됨으로 강조된다.

a. 사울의 군대와 블레셋 군대의 대치(13:15b–23)
  b. 요나단의 블레셋 공격(14:1–23)
  b'. 사울의 블레셋 공격(14:24–46)
a'. 사울의 업적에 대한 요약(14:47–52)

요나단의 블레셋 공격을 다루는 둘째 소문단(삼상 14:1–23)은 요나단을 통해 백성들이 구원받는 사건을 언급한다. 즉 하나님께서는 요나단과 그의 부하들을 통하여 이스라엘을 구원하셨다(삼상 14:6, 10, 12, 23). 사울의 블레셋 공격을 다루는 셋째 소문단(삼상 14:24–46)은 요나단이 사울의 명령을 부지불식간에 어기고 음식을 취해 사형을 받게 되었으나 백성들에 의해 구원받는 사건을 다룬다(삼상 14:45). 즉 백성들은 요나단을 위해 변호하였고, 결국 요나단은 처형되지 않았다. 백성들의 변호 가운데 요나단은 이스라엘을 구원한 자로, 그리고 하나님과 동역한 자로 설명된다(삼상 14:45). 그러므로 하나님과의 동역 안에서 요나단과 백성들은 서로가 서로를 구원해 주는 동역자가 되었다.

요나단과 백성들의 동역(삼상 14장)은 사울과 사무엘의 동역이 깨어지는 것을 다루는 텍스트(삼상 13, 15장) 중앙에 배열되어 대비되어 나타난다. 즉 사울과 사무엘의 동역 관계는 위기를 맞이하지만, 그 가운데 새로운 동역의 관계가 형성되었다. 새로운 동역의 관계는 하나님과의 동역 가운데 이루어졌고, 서로가 서로를 구원해 주는 이상적인 관계였다. 그러므로 본문은 두 종류의 관계를 대비함으로, 갈등을 넘어서(사울과 사무엘) 새롭게 형성될 이상적인 동역의 모습(요나단과 백성)으로 나아갈 것을 독자들에게 요청한다.

이러한 새로운 동역의 관계는 사울이 하나님으로부터 버림받는 사건 가운데서도 드러난다. 사울은 아말렉과의 싸움에서 전리품을 진멸하지 않고 남겨 놓은 이유에 대하여 사무엘에게 설명하면서 "당신의 하나님 여호와께 제사하려고"(삼상 15:15, 21; 참조 삼상 15:30)라고 표현한다. 즉 사울은 여호와 하나님을 자신 또는 우리의 하나님이라 말하지 않고 사무엘의 하나님이라고 말했다. 요나단은 하나님과 동역하였는데, 사울은 하나님을 자신의 하나님이 아닌 타인의 하나님으로만 이해하였다. 하나님과 동역하지 않는 사람은 다른 사람과 동역할 수 없다. 왜냐하면 하나님께서는 사람들 사이의 동역 관계를 형성하시는 주권자이시기 때문이다.

사울은 하나님을 자신의 하나님이라 여기지 않고 하나님을 버렸다(삼상 15:23). 사울이 하나님을 버려 그의 말씀을 청종하지 않음으로 하나님께서도 사울을 버리셨다(삼상 15:23, 26). 사울과 하나님의 관계는 서로가 버림으로 단절되었지만, 그 과정 가운데 하나님께서는 새로운 인물을 선택하시어 새로운 관계를 시작하셨다.

> 여호와께서 오늘 이스라엘 나라를 왕에게서 떼어 왕보다 나은 왕의 이웃에게 주셨나이다(삼상 15:28).

새로운 인물은 다윗이었다. 그는 하나님의 마음에 합한 사람이었다(참조. 삼상 13:14; 행 13:22). 다윗과 하나님과의 관계에 대하여 하나님께서는 나단을 통하여 이렇게 말씀하셨다.

> 나는 그에게 아버지가 되고 그는 내게 아들이 되리니…네 집과 네 나라가 내 앞에서 영원히 보전되고 네 왕위가 영원히 견고하리라(삼하 7:14-16).

하나님과 다윗은 아버지와 아들의 관계였다. 왕과 왕을 세운 자의 관계였던 사울과 하나님은 나중에 서로가 서로를 버리는 관계가 되었다. 그러나 이러한 갈등을 넘어서 하나님께서는 새로운 관계를 형성하셨다. 그것은 다윗과 맺은 아버지와 아들의 관계였다.

갈등을 통하여 동역자의 관계가 깨어질 수도 있고, 더 깊은 관계, 더욱 신뢰하는 관계로 나아갈 수도 있다. 갈등을 통하여 사울과 사무엘, 사울과 하나님과의 관계는 단절되었다. 그러나 하나님께서는 그 가운데 새로운 관계를 제시해 주셨다. 그것은 하나님과 동역하는 가운데 이루어지는 요나단과 백성들의 관계요, 이후에 이루어질 다윗과 하나님의 부자 관계였다.

비록 사울과 사무엘의 관계가 요나단과 백성의 관계나 다윗과 하나님의 관계와는 다른 것이었지만, 본문은 이러한 관계들을 비교함으로, 사울과 사무엘의 깨어진 관계가 나아가야 할 바람직한 모습을 제시하고 있다. 즉 깨어진 갈등의 관계는 요나단과 백성들의 관계처럼 서로가 서로를 구원해주는 관계로, 하나님과 다윗의 관계처럼 서로를 더 깊이 신뢰하는 관계로 나아가야 한다. 때로는 지도자들의 부족함으로 인해 그들의 동역 관계가 깨어질 수 있다. 그러나 하나님께서는 그 가운데서도 그의 백성들을 버리시지 않는다. 하나님께서는 새로운 인물을 택하셔서 또 다른 동역의 관계를 형성하시고, 새로운 지도자를 통해 그의 백성들과의 관계를 회복하신다.

||| 제7장 |||

공동체 안에서의 갈등 3: 전임자와 후임자

사울과 다윗

공동체 안에 있는 많은 관계 중, 세 번째로 다룰 갈등은 전임자와 후임자 사이의 갈등이다. 전임자와 후임자의 관계는 신약성서에서는 세례요한과 예수님의 관계[1]에(참조. 마 3장; 눅 3장 이하), 그리고 구약성서에서는 사울과 다윗의 관계에 잘 나타난다.

사울과 다윗이 함께 등장하는 단락은 삼상 16-31장이다. 삼상 16장에서 다윗은 사무엘을 통해 기름부음을 받음으로 역사에 등장하고, 삼상 31장에서 사울은 블레셋과의 싸움에서 전사함으로 역사에서 사라진다. 이 단락에서 다윗은 수금으로 사울의 번뇌를 치유하는 자로(삼상 16:14-23), 그리고 골리앗과의 싸움에서 승리를 거둔 후 사울의 군대의 장으로(삼상 17:55-18:5) 사울을 섬긴다. 그러나 다윗이 백성들에게 인정받기 시작하자 사울과 다윗의 관계는 깨어진다(삼상 18:6-30). 사

1) 세례 요한과 예수님의 관계를 조연과 주연의 관계로 이해하는 것이 더욱 타당하지만, 예수님 당시 유대의 영적인 지도자라는 측면에서 보면 세례요한과 예수님은 전임자와 후임자의 관계로 이해할 수도 있다.

울은 다윗을 시기하여 그를 죽이려고 하고(삼상 19-26장), 이러한 위협 속에서 다윗은 사울을 피해 도망하다가 결국 사울의 힘이 미치지 않는 블레셋 지경으로 피신한다(삼상 27-30장). 사울은 블레셋과의 싸움에서 전사함으로 사울과 다윗의 관계는 종결된다(삼상 31장).

I. 사울의 쇠퇴와 다윗의 등장 이야기(삼상 16:1-31:13)의 문학적 구조와 내용

이 단락은 사울의 몰락과 다윗의 등장을 다룬다. 이 단락은 사울의 통치에 대하여 다루는 앞의 단락(삼상 13:1-15:35)과 그 내용에 있어서 구분된다. 앞의 단락은 사울을 사무엘과의 관계 속에서 언급하면서 그가 결국 하나님으로부터 버림받게 되었음을 묘사하는 반면, 이 단락은 사울을 다윗과의 관계 속에서 언급하면서, 결국 이스라엘의 리더십이 사울에게서 다윗에게로 흘러감을 보여준다. 그리고 이 단락의 다음 단락(삼하 1-24장)은 유다와 온 이스라엘의 왕으로 다윗의 통치를 다룬다. 비록 이 단락에서 다윗은 사무엘로부터 기름부음을 받고 여호와의 영이 임함으로 여호와로부터 인정받은 이스라엘의 지도자로 묘사되지만(삼상 16장), 이스라엘 백성들에 의해서 추대되어 실제적인 통치자로 그려지는 것은 다음 단락에 나타난다(삼하 2:1-4; 5:1-5). 그러므로 이 단락은 전후 단락과 구분되는 정당한 문학적 단위라 할 수 있다.

이 단락은 주요 인물인 사울과 다윗의 관계를 근거로 두 개의 대문단으로 구성된다. 첫째 대문단(삼상 16:1-18:5)은 협조자로서의 사울과 다윗을 묘사하는 반면, 둘째 대문단(삼상 18:6-31:13)은 대적자로서의 사울과 다윗을 설명한다.

1. 첫째 대문단: 협조자로서의 사울과 다윗(삼상 16:1-18:5)

협조자로서의 사울과 다윗을 다루는 첫째 대문단(삼상 16:1-18:5)은 아래와 같이 다윗이 등장하는 내용과 다윗이 사울의 궁에 들어가는 내용이 두 번에 걸쳐서 병행구조로 나타난다.

A. 기름부음을 통한 다윗의 등장: 여호와의 인정	16:1-13
B. 다윗이 사울의 악령을 제거하는 자로 궁에 들어감	16:14-23
C(A'). 골리앗과의 승리를 통한 다윗의 등장: 백성들의 인정	17:1-54
D(B'). 다윗이 사울의 대적을 제거한 자로 궁에 들어감	17:55-18:5

첫째 소문단(삼상 16:1-13)은 사무엘의 기름부음을 통하여 여호와로부터 인정받는 가운데 다윗이 등장하는 내용을 다루며, 셋째 소문단(삼상 17:1-54)은 다윗이 골리앗과의 싸움에서 승리함으로 백성들로부터 인정받는 인물로 등장하는 내용을 다룬다. 둘째 소문단(삼상 16:14-23)은 다윗이 사울에게 임한 악령을 제거하는 자로 궁에 들어가는 내용을 다루는 반면, 넷째 소문단(삼상 17:55-18:5)은 다윗이 사울의 대적자인 골리앗을 제거한 자로 궁으로 들어가는 내용을 언급한다.

1) 첫째 소문단: 기름부음을 통한 다윗의 등장: 여호와의 인정(삼상 16:1-13)

첫째 소문단(삼상 16:1-13)은 다윗이 사무엘을 통하여 기름부음을 받음으로 여호와로부터 인정받는 사건을 묘사한다. 이 소문단은 아래와 같이 여호와와 사무엘의 대화를 다루는 첫째 미세문단(삼상 16:1-3)과, 이 대화를 통해 언급된 여호와의 지시대로 사무엘이 순종하여 다윗에게 기름을 붓는 행동을 다루는 둘째 미세문단(삼상 16:4-13)으로 구성된다. 여기서 첫째 미세문단의 장소적 배경은 사무엘의 고향인 라마이고, 둘째 미세문단의 장소적 배경은 이새(또는 다윗)의 고향인 베들레헴이다.

1. 여호와와 사무엘의 대화: 이새의 집에 가서 기름을 부어라	16:1-3
a. 여호와의 지시(일반적): 기름을 채우고 이새에게 가라	16:1
b. 사무엘의 대답: 사울이 자신을 해할까?	16:2a
c. 여호와의 지시(구체적): 제사에 이새를 청해 기름을 부어라	16:2b-3
2. 사무엘의 순종: 다윗에게 기름부음	16:4-13
a. 사무엘이 베들레헴에 들어감	16:4-5
b. 사무엘이 다윗에게 기름을 부음	16:6-13a
1) 엘리압에 대한 사무엘의 평가	16:6
2) 선택에 대한 여호와의 기준: 외모가 아닌 중심을 보라	16:7
3-1') 아비나답, 삼마, 다른 아들에 대한 사무엘의 평가	16:8-10
4-2') 다윗을 택하여 기름 부음	16:11-13a
c(a'). 사무엘이 라마로 돌아감	16:13b

첫째 미세문단(삼상 16:1-3)에서 하나님께서는 사무엘에게 버림받은 사울을 대신하여 이새의 아들 가운데 한 사람을 왕으로 선택했으니 뿔에 기름을 채우고 이새의 집으로 가라고 명령하셨다(삼상 16:1). 이러한 지시에 대하여 사무엘은 자신이 다른 사람을 왕으로 기름 붓기 위하여 이새의 집에 가면 사울이 자신을 죽일 것이라고 대답하였다(삼상 16:2a). 사무엘의 대답 후에 하나님께서는 구체적으로 이새의 집으로 가는 방법을 제시하셨다(삼상 16:2b-3). 하나님께서는 암송아지를 끌고 가서 여호와께 제사를 드리러 왔다고 말하고 이새에게 제사를 청하라고 지시하셨다. 그리고 여호와께서는 사무엘에게 자신이 정하는 사람에게 기름을 부으라고 명령하셨다. 즉 기름 부음을 받을 사람은 하나님께서 선택하는 사람이요, 기름 부음은 사무엘이 여호와를 대신하여 하는 것이었다.

둘째 미세문단(삼상 16:4–13)에서 사무엘은 여호와의 지시에 순종하였다. 이 미세문단은 사무엘이 베들레헴에 들어가는 사건을 다루는 첫째 큰 단위(삼상 16:4–5)와 사무엘이 베들레헴에서 그의 고향 라마로 돌아갔다고 언급하는 셋째 큰 단위(삼상 16:13b)를 테두리(*inclusio*)로 하여 그 중앙에 사무엘이 다윗에게 기름을 붓는 사건인 둘째 큰 단위(삼상 16:6–13a)가 놓인 형태로 배열된다. 이러한 짜임새에서 둘째 큰 단위는 중앙에 위치함으로 강조된다.

둘째 큰 단위(삼상 16:6–13a)는 사무엘이 다윗에게 기름을 붓는 사건을 구체적으로 묘사한다. 이 큰 단위는 네 개의 작은 단위들이 병행 구조로 배열된 형태로 구성된다. 첫째 작은 단위(삼상 16:6)는 엘리압에 대한 사무엘의 평가를 다룬다. 사무엘은 엘리압이 여호와께서 기름 부을 자라고 여겼다. 첫째 작은 단위와 대응이 되는 셋째 작은 단위(삼상 16:8–10)는 아비나답, 삼마, 그리고 그 외의 다른 아들들에 대한 사무엘의 평가를 다룬다. 첫째 작은 단위와는 반대로, 셋째 작은 단위에서 사무엘은 다른 아들들이 여호와께서 택하지 않았다고 평가하였다. 둘째 작은 단위(삼상 16:7)는 기름 부음을 받을 자에 대한 여호와의 기준을 언급한다. 여호와께서는 외모가 아닌 중심을 보신다고 말씀하셨다. 둘째 작은 단위와 대응이 되는 넷째 작은 단위(삼상 16:11–13a)는 하나님께서 다윗을 택하시고 기름 붓는 사건이 나온다. 사무엘은 이새에게 아직 남은 아들이 있는지 묻고, 이새는 아직 막내가 남아있다고 대답하였다(삼상 16:11a). 그러자 사무엘은 막내아들을 데려오라고 요청하였다(삼상 16:11b). 여기서 막내라는 용어는 히브리어로 '하카톤'(הקטן)인데, 이 단어는 '어리다'라는 뜻과 '작다'라는 뜻을 모두 갖고 있다. 본문은 이 단어를 통하여 다윗의 작은 모습을 사울의 큰 신장과 대조한다. 이러한 대비를 통하여 둘 사이의 갈등을 암시한다(참조. 삼상 9:2; 10:23).[2] 이새는 사람을 보내 다윗을 데려왔고, 다윗은 빛이 붉고 눈이

2) Klein, *1 Samuel*, 161.

빼어나고 얼굴이 아름다운 모습이었다(삼상 16:12a). 여호와께서는 사무엘에게 다윗에게 기름을 부으라는 말씀하셨다(삼상 16:12b). 여호와의 지시에 순종하여 사무엘은 다윗에게 기름을 부었고, 기름 부음의 결과 여호와의 영이 다윗에게 임했다(삼상 16:13a). 여기서 둘째 작은 단위는 넷째 작은 단위와 대응을 이룸으로, 기름부음 받은 다윗이 바로 여호와께서 중심을 보시고 선택하신 자임을 강조한다.

2) 둘째 소문단 : 다윗이 악령을 제거하는 자로 사울의 궁에 들어감 (삼상 16:14-23)

둘째 소문단(삼상 16:14-23)은 다윗이 사울에게 임한 악령을 제거하는 자로 사울의 궁에 들어가는 사건을 다룬다. 이 소문단은 악령이 사울에게 임했다는 서론적 언급(삼상 16:14)과 악령이 다윗의 수금을 통해 사울에게서 떠나가게 되었다는 결론적 언급(삼상 16:23)을 테두리(*inclusio*)로 하여 아래와 같이 네 개의 미세문단들로 구성된다.

1. 여호와의 영이 떠나고 악령이 사울에게 임함	16:14
2. 악령을 제거하기 위한 사울의 신하와 사울의 대화	16:15-18
a. 신하들의 조언: 수금을 잘 타는 자를 구하소서	16:15-16
b. 사울의 대답: 수금 타는 자를 데려오라	16:17
c. 한 소년이 다윗을 추천함	16:18
3. 사울이 다윗을 궁으로 데려옴	16:19-22
a. 사울의 메신저를 통하여 이새에게 명령함	16:19
b. 이새의 반응: 다윗을 보냄	16:20
c(b’). 사울의 반응: 다윗을 무기 드는 자로 삼음	16:21
d(a’). 사울이 메신저를 통하여 이새에게 요청함	16:22
4(1’). 악령이 사울을 떠남	16:23

다윗에게는 여호와의 영이 임했지만(삼상 16:13), 사울에게는 악령이 임했다(삼상 16:14). 악령이 임하자 사울의 신하들은 악령을 제거하기 위해 수금 타는 자를 구하도록 조언하였다(삼상 16:15-16). 신하들의 조언에 따라 사울은 신하들에게 자신을 위하여 수금을 잘 타는 자를 데려오라고 명령하였다(삼상 16:17). 이에 한 소년이 베들레헴 이새의 아들이 수금을 잘 타며 용기와 무용과 구변이 있는 자이고 여호와께서 그와 함께 하신다고 추천하였다(삼상 16:18). 다윗의 모습에 대한 이러한 소개는 이후의 다윗의 행적인 사울을 위한 수금 연주(삼상 16:23; 19:9), 블레셋과의 용기 있는 싸움(삼상 17:41-54; 18:30; 19:8 등), 그리고 요나단이나 놉의 제사장과의 지혜로운 대화(삼상 20:1-16; 21:1-9) 등에 나타나는 모습을 예시한다.[3]

사울과 신하의 대화에 이어서 사울이 다윗을 궁으로 데려오는 사건이 언급된다(삼상 16:19-22). 이 부분은 네 개의 큰 단위들이 위와 같이 교차대구구조로 배열된 형태로 구성된다. 첫째 큰 단위(삼상 16:19)에서 사울은 자신의 메신저(전령)를 통하여 이새에게 다윗을 자신에게로 보내라고 명령하였다. 이 단위와 대응이 되는 넷째 큰 단위(삼상 16:22)에서 사울은 전령을 통해 이새에게 다윗을 자기 앞에 있게 하라는 명령을 하달했다. 둘째 큰 단위(삼상 16:20)에서 이새는 사울의 명령을 받고 떡과 포도주, 염소 새끼를 다윗과 함께 사울에게 보냈다. 둘째 큰 단위와 대응이 되는 셋째 큰 단위(삼상 16:21)에서 사울은 다윗을 보고 그를 크게 사랑하여 자기의 무기를 드는 자로 삼았다. 이러한 교차대구구조 속에서 다윗이 사울의 궁에 들어갔음이 표현된다.

사울의 궁에 들어간 다윗은 사울에게 악령이 임할 때 수금을 타서 사울을 치유하고 악령이 떠나가게 하였다(삼상 16:23). 이와 같이 둘째 소문단에서 다윗은 사울의 고통을 해결하는 자로 등장한다.

---

3) 참조. J. T. Willis, "The Function of Comprehensive Anticipatory Redactional Joints in 2 Samuel 16-18," *ZAW* 85 (1973), 294-314.

3) 셋째 소문단: 골리앗과의 승리를 통한 다윗의 등장: 백성들의 인정 (삼상 17:1-54)

셋째 소문단(삼상 17:1-54)은 골리앗과의 승리를 통해 다윗이 등장하는 사건을 다룬다. 이 사건을 통하여 백성들은 다윗을 인정하게 된다. 이 소문단은 아래와 같이 교차대구구조로 배열된 네 개의 미세문단으로 구성된다.

1. 이스라엘과 골리앗의 싸움: 이스라엘의 두려움	17:1-11
2. 전쟁터에서 다윗과 형들의 만남: 형들이 무시	17:12-30
3(2'). 전쟁터에서 다윗과 사울의 만남: 사울이 인정	17:31-40
4(1'). 다윗과 골리앗의 싸움: 다윗의 담대함	17:41-54

첫째 미세문단(삼상 17:1-11)은 이스라엘과 골리앗의 싸움을 다루며, 이 미세문단과 대응이 되는 넷째 미세문단(삼상 17:41-54)은 다윗과 골리앗의 싸움을 다룬다. 첫째 미세문단에서 이스라엘은 골리앗 앞에서 두려워 떨었지만(삼상 17:11; 참조. 삼상 17:24), 넷째 미세문단에서 다윗은 골리앗을 향하여 담대히 나아갔다(삼상 17:45-47). 다윗의 승리 후에는 블레셋 사람들이 두려워 도망하였고(삼상 17:51), 이전에 골리앗 앞에서 두려워 떨었던 이스라엘 백성들은 사기가 충천하여 블레셋 사람들을 죽였다(삼상 17:52).

둘째 미세문단(삼상 17:12-30)은 전쟁터에서 다윗과 형들의 만남을 다룬다. 둘째 미세문단과 대응이 되는 셋째 미세문단(삼상 17:31-40)은 전쟁터에서 다윗과 사울과의 만남을 다룬다. 둘째 미세문단에서 다윗이 골리앗에 대하여 담대하게 말하자(삼상 17:26), 다윗의 형들은 다윗을 교만하고 완악하다고 비난하면서 다윗과 골리앗과의 싸움을 방해하였다(삼상 17:28). 셋째 미세문단에서 사울은 여호와께서 다윗과 함께 하시길 원한다고 말하면서 그에게 싸움을 준비시켰다(삼상 17:37-38). 이와 같이 이스라엘과 골리앗의 싸움은 다윗과 골리앗의 싸움과 대조되며, 다윗을 무시하는 형들의 모습은 다윗을 인정하는 사울의 모습과 대비된다. 이러한 대조를 통하여 셋째 소문단은 다윗의 믿음과 승리를 강조한다(삼상 17:45-47).

4) 넷째 소문단: 다윗이 사울의 대적을 제거한 자로 궁에 들어감(삼상 17:55-18:5)

넷째 소문단(삼상 17:55-18:5)은 다윗이 사울의 대적인 골리앗을 죽인 자로 사울의 궁에 들어가는 사건을 다룬다. 이 소문단은 다윗이 악령을 제거하는 자로 사울의 궁에 들어가는 둘째 소문단(삼상 16:14-23)과 그 주제에 있어서 대응된다. 이 소문단은 다윗이 사울에게 나아가는 사건을 다루는 첫째 미세문단(삼상 17:55-58)과, 다윗에 대한 사울과 요나단의 행동을 다루는 둘째 미세문단(삼상 18:1-5)으로 구성된다.

1. 사울이 다윗의 정체를 확인함	17:55-58
a. 다윗의 정체에 대한 사울과 아브넬의 대화	17:55-56
b. 아브넬이 다윗을 사울에게 데려옴: 다윗과 사울의 만남	17:57
c(a'). 다윗의 정체에 대한 사울과 다윗의 대화	17:58
2. 다윗에 대한 사울과 요나단의 반응	18:1-5
a. 요나단이 다윗을 사랑함	18:1
b. 사울이 다윗을 돌려보내지 않음: 궁에 있게 함	18:2
c(a'). 요나단이 다윗과 언약을 맺음: 군복과 칼을 줌	18:3-4
d(b'). 사울이 다윗을 군대의 장으로 삼음	18:5

첫째 미세문단(삼상 17:55-58)은 다윗의 정체에 대한 사울과 아브넬의 대화(삼상 17:55-56), 그리고 사울과 다윗의 대화(삼상 17:58)를 테두리(*inclusio*)로 하여 그 중앙에 다윗과 사울의 만남이 놓인 형태로

짜여진다. 이러한 구조에서 다윗과 사울의 만남이 강조된다.

둘째 미세문단(삼상 18:1–5)은 다윗에 대한 사울과 요나단의 반응을 다룬다. 이 미세문단은 병행구조로 배열된 네 개의 큰 단위로 구성된다. 첫째(삼상 18:1)와 셋째(삼상 18:3-4) 단위에서 요나단은 다윗을 자신의 생명과 같이 사랑하였고, 그와 언약을 맺고 자신의 군복과 칼을 주었다. 자신의 옷을 주는 것은 왕자였던 요나단이 다윗에게 왕위 계승권을 양도함을 의미한다(참조. 민 20:28; 왕상 19:19-21; 사 22:21 등).[4] 둘째(삼상 18:2)와 넷째(삼상 18:5) 단위에서 사울은 다윗을 궁에 있게 하였고, 그를 군대의 장으로 삼았다. 다윗에 대한 요나단과 사울의 반응이 병행되어 나타남으로, 요나단과 다윗의 관계는 생명처럼 사랑하는 인격적인 관계이지만, 사울과 다윗은 관계는 왕과 신하의 종속 관계임을 대비하여 보여준다.

2. 둘째 대문단: 대적자로서의 사울과 다윗(삼상 18:6–31:13)

둘째 대문단(삼상 18:6–31:13)은 협조자로서의 사울과 다윗의 관계를 다루는 첫째 대문단(삼상 16:1–18:5)과는 달리, 대적자로서의 사울과 다윗의 관계를 다룬다. 이 대문단은 아래와 같이 교차대구구조로 배열된 네 개의 소문단으로 구성된다.

A) 다윗을 죽이려하는 사울과 다윗을 살리려하는 요나단	18:6–20:42
B. 다윗이 사울에게서 도망함 I: 이스라엘에서의 다윗	21:1–26:25
C(B'). 다윗이 사울에게서 도망함 II: 블레셋에서의 다윗	27:1–30:31
D(A'). 사울과 요나단의 죽음: 궁전 밖에서의 사울	31:1–13

4) D. Jobling, *The Sense of Biblical Narrative: Three Structural Analyses in the Old Testament* (*I Samuel 13–31, Numbers 11–12, I Kings 17–18*) (JSOTSup 7; Sheffield: JSOT Press, 1978), 12.

첫째 소문단(삼상 18:6-20:42)은 다윗에 대한 사울과 요나단의 대조적인 모습을 그린다. 즉 다윗을 죽이려하는 사울과 다윗을 살리려하는 요나단을 다룬다. 이 소문단은 주로 궁전 안에서의 사건을 다룬다. 첫째 소문단과 대응을 이루는 넷째 소문단(삼상 31:1-13)은 궁전 밖에서의 사울과 요나단의 죽음을 다룬다. 첫째 소문단에서 다윗을 죽이려하던 사울과, 다윗을 살리려하던 요나단은 모두 넷째 소문단에서 죽음을 맞이한다. 둘째 소문단(삼상 21:1-26:25)과 셋째 소문단(삼상 27:1-30:31)은 모두 다윗이 사울에게서 도망하는 내용을 담는다. 그러나 둘째 소문단은 주로 이스라엘 지경 안에서의 피신을 다루는 반면, 셋째 소문단은 블레셋 지경에서의 도피를 다룬다. 그러므로 이 대문단은 다윗을 죽이려 시도한 사울이 결국 죽게 된다는 내용의 흐름 가운데에, 다윗이 사울로부터 부당하게 공격을 받는 내용을 중앙에 다룬다. 이러한 이야기의 흐름을 통해 사울의 모습은 왕으로서 적합하지 않으며, 다윗은 그의 뒤를 잇는 정당한 왕이 될 것임을 보여준다.

1) 첫째 소문단: 다윗을 죽이려는 사울과 다윗을 살리려는 요나단 (삼상 18:6-20:42)

첫째 소문단(삼상 18:6-20:42)은 다윗을 죽이려는 사울과 다윗을 살리려는 요나단의 모습을 다룬다. 이 소문단은 아래와 같이 네 개의 미세문단이 병행구조로 배열된다.

1. 사울의 다윗을 죽이려는 시도 I	18:6-30
a. 사울의 직접적인 시도	18:6-16
1) 배경: 여인들의 노래와 사울의 반응	18:6-9
2) 구체적인 시도: 사울이 다윗에게 창을 던짐	18:10-11
3) 사울의 시도 이후: 사울이 두려워함	18:12-16
b. 사울의 간접적인 시도	18:17-30

1) 첫 번째 시도: 딸 메랍과의 결혼을 이용	18:17-19
2) 두 번째 시도: 딸 미갈과의 결혼을 이용	18:20-27
3) 사울의 시도 이후: 사울이 두려워함	18:28-30
2. 요나단의 다윗을 살리려는 시도 I	19:1-7
a. 사울이 다윗을 죽이라고 명령함	19:1a
b. 요나단이 다윗을 살리려고 시도함	19:1b-5
c(a'). 사울이 다윗을 죽이지 않겠다고 맹세함	19:6
d(b'). 요나단이 다윗을 사울에게 인도함	19:7
3(1'). 사울의 다윗을 죽이려는 시도 II	19:8-24
a. 사울의 직접적인 시도	19:8-10
1) 배경: 다윗의 공헌-블레셋과의 싸움에서 승리	19:8
2) 구체적인 시도: 사울이 다윗에게 창을 던짐	19:9-10
b. 사울의 간접적인 시도	19:11-24
1) 첫 번째 시도: 미갈을 통한 구원	19:11-17
2) 두 번째 시도: 사무엘과 하나님의 영을 통한 구원	19:18-24
4(2'). 요나단의 다윗을 살리려는 시도 II	20:1-42
a. 다윗과 요나단을 만남 I	20:1-24a
1) 사울의 의향을 알기 위한 다윗과 요나단의 대화	20:1-11
2) 다윗을 보호하기 위한 요나단의 제안과 언약 체결	20:12-24a
b. 요나단과 사울의 만남: 요나단과 사울이 대조적	20:24b-34
c. 다윗과 요나단의 만남 II	20:35-42
1) 요나단이 자신이 제안한 대로 행함 (20:18-24a)	20:35-40
2) 요나단과 다윗의 헤어짐	20:41-42

첫째(삼상 18:6-30)와 셋째(삼상 19:8-24) 미세문단은 사울이 다윗을 죽이려고 했던 시도를 다룬다. 이 두 미세문단은 모두 사울이 다윗에게 칼을 던져 죽이려고 했던 직접적인 시도(삼상 18:6-16; 19:8-17)와 다른 사람을 통하여 죽이려고 했던 간접적인 시도(삼상 18:17-30; 19:18-24)로 구성된다. 둘째(삼상 19:1-7)와 넷째(삼상 20:1-42) 미세

문단은 다윗을 살리려는 요나단의 노력을 다룬다.

첫째 미세문단(삼상 18:6–30)에서 다윗이 골리앗을 죽이고 돌아올 때에 여인들은 "사울이 죽인 자는 천천이요 다윗은 만만이로다"(삼상 18:7)라고 노래하였다. '천천'과 '만만'은 시편(91:7; 144:13 등)과 우가릿 텍스트들에서 큰 수를 의미하는 동의적 표현으로 사용된다.[5] 그러나 사울은 이 말을 비교의 의미로 받아들여 매우 불쾌히 여겼으며, 다윗이 자신의 왕위를 위협한다고 생각하여 그를 주시하였다(삼상 18: 8–9). 다음 날 사울에게 악령이 임했고, 사울은 수금을 타는 다윗을 죽이기 위해 창을 던졌으나 다윗은 피하였다(삼상 18:10–11). 여호와께서 다윗과 함께 하심으로 사울은 다윗을 두려워하였다. 사울은 다윗을 위험에 노출된 천부장으로 삼음으로 그가 전쟁터에서 죽기를 기대했으나, 다윗은 싸울 때마다 승리하였고 백성들은 다윗을 더욱 사랑하였다(삼상 18:12–16). 그 후에 사울은 다윗을 죽이기 위하여 딸들을 이용하였다(삼상 18:17–30). 사울은 메랍과의 결혼을 전제로 다윗에게 자신을 위해 싸우라고 하나 다윗은 거절하였고, 사울은 메랍을 아드리엘에게 주었다(삼상 18:17–19). 사울은 다윗에게 또 다른 딸인 미갈과의 결혼을 전제로 블레셋 사람의 포피 백 개를 요구하였다(삼상 18:25). 고대 근동에서 신랑이 신부의 값을 장인에게 지불하는 것이 풍습이었다(참조. 창 29:15-30; 34:12; 출 22:16).[6] 사울은 신부의 값으로 돈이 아닌 블레셋 사람의 포피를 요구함으로 다윗을 위험에 빠뜨리려고 했다. 사울의 요구에 다윗은 블레셋 사람을 죽이고 포피 이백 개를 갖고 와 사울에게 주었고, 그 결과 다윗은 미갈과 결혼할 수 있었다(삼상 10:27). 여호와께서 다윗과 함께 하심으로 사울이 더욱 다윗을 두려워하였고 평생 다윗의 대적이 되었으나, 다윗은 백성들에게 더욱 유명해졌다(삼상 10:28-30). 첫째 미세문단은 사울이 다윗을 죽이려고 시도하나 실패

---

5) M. Dahood, "Ugaritic–Hebrew Parallel Pairs," in *Ras Shamra Parallels,* vol. 1. (Rome: Pontifical Biblical Institute, 1972), 114.

6) Bright, 《이스라엘 역사》, 100–02.

하였다는 것(삼상 18:10-11; 17-27), 그리고 여호와께서 다윗과 함께 하시어 사울이 다윗을 두려워하였고 다윗이 많은 사람들에게 인정받게 되었다는 사실(삼상 18:14-16, 28-30)을 반복함으로 강조한다.

둘째 미세문단(삼상 19:1-7)에서 사울은 다윗을 죽이라고 명령하였으나(삼상 19:1a), 요나단은 다윗을 살리게 하기 위하여 그를 숨겨주었고, 사울에게는 다윗이 왕의 충성스런 부하라고 변호하였다(삼상 19:1b-5). 요나단의 말을 듣고 사울은 다윗을 죽이지 않겠다고 맹세하였고(삼상 19:6), 요나단은 다윗을 사울에게 인도하여 사울과 이전과 같은 관계로 이끌었다(삼상 19:7).

셋째 미세문단(삼상 19:8-24)에서 사울은 다윗을 다시 죽이려고 하였다. 사울은 블레셋과의 싸움에서 승리하여 돌아온 다윗이 사울 앞에서 수금을 탈 때에 그에게 단창을 던져 죽이려고 하였으나 다윗은 그것을 피해 자신의 집으로 도망하였다(삼상 19:8-10). 그 이후에도 사울은 다윗을 죽이기 위하여 다윗의 집에 전령을 보냈으나, 미갈이 지혜롭게 일을 꾸며 다윗을 도망하게 도와주어 죽임을 면하게 하였다(삼상 19:11-17). 다윗은 라마에 있는 사무엘에게 피신하였는데, 다윗을 잡으려고 라마로 온 사울의 전령들과 사울에게 하나님의 영이 임해 다윗 죽이기를 막았다(삼상 19:18-24).

넷째 미세문단(삼상 20:1-42)에서 요나단은 또 다시 다윗을 살리려고 노력하였다. 다윗과 요나단은 다윗을 죽이려는 사울의 의향을 알기 위해 초하루 절기 행사에 사위인 다윗이 참석하지 않기로 했다(민 20:1-11). 고대 이스라엘에서 새로운 달의 시작인 초하루(월삭) 절기는 백성들이 번제를 드리는 기쁨의 날이었다(민 10:10; 28:11).[7] 다윗은 사울이 가족의 책임자로 인도하는 이 절기 행사에 자신이 참석하지 않고 고향인 베들레헴으로 갔다고 말하고, 그것에 대한 사울의 반응을 살피

---

7) 고대 이스라엘의 초하루 절기에 대하여는 아래의 글을 참조하라. O. Keel, *Goddesses and Trees, New Moon and Yahweh: Ancient near Eastern Art and the Hebrew Bible* (JSOTSup 262; Sheffield: Sheffield Academic Press, 1998).

자고 요나단에게 제안하였다. 이 대화 후에 요나단은 자신이 다윗을 보호하겠다고 증언하면서 서로에 대하여 인자를 베풀자고 언약을 맺었다(삼상 20:12–17). 요나단은 사울의 마음이 어떠한지 알리는 방법을 제안했다. 즉 요나단은 자신이 화살을 쏜 후에 부하에게 '화살이 네 앞에 있다' 라고 말하면 사울이 다윗을 죽이려고 하는 것이니 피하라고 말했다(삼상 20:18–24a). 다윗과 요나단의 예상대로 사울은 초하루 절기에 요나단에게 다윗의 행방에 대하여 질문하였고, 요나단은 다윗이 고향 베들레헴으로 갔다고 대답하였다. 그러자 사울은 분노하며 다윗을 죽이겠다고 말하였다(삼상 20:24b–31). 요나단이 다윗을 변호하자 사울은 요나단까지 죽이려고 단창을 던졌다(삼상 20:32–34). 결국 요나단은 자신이 제안한 대로 화살을 쏘고 신하에게 '화살이 네 앞쪽에 있다' 라고 말하였다(삼상 20:35–40). 요나단과 다윗은 서로 헤어질 수밖에 없는 상황을 슬퍼하였다. 요나단은 다윗에게 '여호와께서 영원히 나와 너 사이에 계신다' 고 말하면서 결국 둘은 서로 헤어졌다(삼상 20:41–42). 결론적으로, 첫째 소문단(삼상 18:6–20:42)은 다윗을 죽이려는 사울의 모습과 그를 살리려는 요나단의 모습을 반복하여 대조적으로 비교함으로 사울의 죄악과 요나단의 의로움을 강조한다.

2) 둘째 소문단: 다윗이 사울에게서 도망함 I – 이스라엘에서의 다윗 (삼상 21:1–26:25)

둘째 소문단(삼상 21:1–26:25)은 다윗이 사울을 피해 도망가는 내용을 다룬다. 여기서 다윗의 피신은 이스라엘 지경 가운데 발생하였고, 셋째 소문단에서는 이스라엘 지경 넘어서 일어났다. 둘째 소문단은 아래와 같이 병행구조로 배열된 네 개의 미세문단으로 구성된다. 여기서 첫째(삼상 21:1–23:29)와 셋째(삼상 25:2–44) 미세문단은 다윗이 사울을 피신하는 가운데 일어난 사건들을 다루는데, 이 문단들에는 다윗을 환대하는 사람들과 적대하는 사람들이 대비되어 나타난다. 둘째(삼상 24:

1-25:1)와 넷째(삼상 26:1-25) 미세문단은 다윗이 사울을 죽일 수 있었으나 그를 살려주는 모습이 같은 구조 속에서 나타난다.

1. 다윗을 죽이려는 사울	21:1-23:29
a. 다윗의 피신	21:1-22:5
1) 다윗이 놉(유다 땅)으로 피신함	21:1-9
2) 다윗이 가드(블레셋 지경)로 피신함	21:10-15
3-1') 다윗이 아둘람 굴(유다 땅)로 피신함	22:1-2
4-2') 다윗이 모압으로 피신함	22:3-5
b. 사울이 다윗을 도운 놉의 제사장들을 죽임	22:6-23
1) 사울이 도엑을 통해 놉의 제사장을 죽임	22:6-19
2-1') 아비아달이 사울을 피해 다윗에게 피신함	22:20-23
c(b'). 다윗이 그일라를 구원함	23:1-14
1) 다윗이 그일라를 구원함	23:1-5
2-1') 다윗이 그일라에서 도망감	23:6-14
d(a'). 십 광야로의 피신	23:15-29
1) 요나단이 다윗을 보호하고 위로함	23:15-18
2-1') 십 사람이 다윗을 위협함: 사울에게 알려줌	23:19-29
2. 사울을 살려주는 다윗 I	24:1-25:1
a. 사울이 다윗을 쫓아 엔게디 광야에 들어감	24:1-3
b. 다윗의 사울에 대한 행동: 겉옷 자락만 벰	24:4-7
c(b'). 다윗과 사울의 대화: 다윗의 무죄에 대하여	24:8-21
1) 다윗이 자신의 무죄를 변호함: 사울을 해할 마음이 없음	24:8-15
2) 사울의 대답: 다윗이 의롭다	24:16-21
d(a'). 사울이 다윗 쫓기를 그치고 돌아감	24:22-25:1
3(1'). 다윗에 대한 나발과 아비가일의 태도	25:2-44
a. 다윗에 대해 적대적인 나발	25:2-13
b(a'). 다윗을 환대하는 아비가일	25:14-44
4(2'). 사울을 살려주는 다윗 II	26:1-25
a. 사울이 다윗을 죽이려고 다가감	26:1-3a
b. 다윗과 아비새가 사울에게 다가가나 죽이지 않음	26:3b-12

1) 다윗이 사울의 진영에 다가감	26:3b-5
a) 다윗이 사울이 광야로 온 것을 발견함	26:3b
b) 다윗이 정탐꾼을 보내 사울이 온 것을 확인함	26:4
c) 다윗이 사울이 진 친 곳에서 사울을 확인함	26:5
2) 다윗의 사울에 대한 행동: 창과 물병만 취함	26:6-12
c(b'). 다윗과 사울의 대화	26:13-25
1) 다윗의 행동: 건너편으로 감	26:13
2) 다윗과 아브넬의 대화	26:14-16
3) 다윗과 사울의 대화	26:17-25a
a) 첫 번째 대화: 사울이 다윗을 부름 (사울-다윗)	26:17
b) 두 번째 대화: 다윗의 무죄에 대해 (다윗-사울)	26:18-21
c) 세 번째 대화: 여호와의 구원을 소원함 (다윗-사울)	26:22-25a
d(a'). 사울과 다윗이 헤어짐	26:25b

첫째 미세문단(삼상 21:1-23:29)은 다윗을 죽이려는 사울의 모습을 그린다. 이 미세문단은 위와 같이 교차대구구조로 배열된 네 개의 큰 단위들로 구성된다. 첫째 큰 단위(삼상 21:1-22:5)에서 다윗은 여러 지역으로 피신하였는데, 첫째는 유다 땅 놉이고(삼상 21:1-9), 둘째는 블레셋 땅인 가드이며(삼상 21:10-15), 셋째는 유다 땅 아둘람 굴이고(삼상 22:1-2), 넷째는 모압 땅(삼상 22:3-5)이었다. 이 문단은 다윗의 피신을 유다지경 안과 밖을 오가는 것으로 묘사함으로 다윗의 피신이 고된 것이었음을 드러낸다. 이러한 피신에서 다윗은 놉의 제사장의 도움을 받기도 하고(삼상 21:1-9), 생존을 위하여 가드에서는 미친 척 행동을 하였으며(삼상 21:10-15), 아픔이 있는 자를 포용하여 자신의 부하로 삼기도 했고(삼상 22:1-2), 다른 나라 사람의 보호를 받기도 하였다(삼상 22:3-5). 첫째 큰 단위와 대응되는 넷째 큰 단위(삼상 23:15-29)에서 다윗은 십 광야로 피신하였다. 다윗은 십 광야에서 요나단의 보호와 위로를 받는 반면(삼상 23:15-18), 십 사람들의 위협을 받았다(삼상 23:19-29). 둘째 큰 단위(삼상 22:6-23)에서 다윗을 도운 아히멜렉 등

놉의 제사장들은 사울에 의해 죽임을 당하나(삼상 22:6–19), 아히멜렉의 아들 아비아달은 사울을 피해 다윗에게 피신하였다(삼상 22:20–23). 둘째 큰 단위와 대응이 되는 셋째 큰 단위(삼상 23:1–14)에서 다윗은 그일라를 구원하였으나(삼상 23:1–5), 그곳에서 피신하지 못하고 도망하였다(삼상 23:6–14).

첫째 미세문단과 대응이 되는 셋째 미세문단(삼상 25:2–44)도 다윗이 피신하는 가운데 발생한 사건을 다룬다. 이 미세문단에서도 다윗에 대한 상반되는 태도가 나타난다. 나발은 다윗과 그의 부하에 대하여 적대적으로 행동했지만(삼상 25:2–13), 그의 아내 아비가일은 다윗과 그의 부하를 환대하였고 결국 나발이 죽은 후 그녀는 다윗의 아내가 되었다(삼상 25:14–44). 여기서 나발이라는 이름의 뜻은 '어리석음'인데, 이 의미처럼 나발은 다윗에게 어리석은 행동을 하였고 결국 여호와의 심판을 받았다.

둘째 미세문단(삼상 24:1–25:1)과 넷째 미세문단(삼상 26:1–25)은 모두 다윗이 사울을 살려주는 내용을 다룬다. 이 두 미세문단은 모두 사울이 다윗을 쫓기 시작하는 사건(삼상 24:1–3; 26:1–3a)에서 시작하여 사울이 쫓기를 그치고 다윗과 헤어지는 사건(삼상 24:22–25:1; 26:25b)으로 마무리되는 테두리(*inclusio*) 안에서 표현된다. 이러한 테두리 안에 다윗이 사울을 죽일 수 있었으나 죽이지 않은 사건(삼상 24:4–7; 26:3b–12)과 사울을 해하지 않은 것과 연관된 다윗과 사울의 대화(삼상 24:8–21; 26:13–25)가 배열된다.

둘째 미세문단에서 다윗은 동굴에서 뒤를 보던 사울을 죽이라는 신하들의 말을 듣지 않고, 여호와의 기름 부음을 받은 자를 죽이는 것이 여호와께서 금하는 일이기에 사울의 옷자락만 베었다(삼상 24:4–7). 고대 근동에서 옷자락이란 일종의 신분증이었고, 권위를 상징했다.[8] 다윗은 사울의 권위와 그의 정체를 보여주는 옷자락을 자름으로 그를 죽이

8) A. Malamat, "Intuitive Prophecy–A General Survey," in *Mari and the Bible* (Leiden: E. J. Brill, 1998), 78.

지 않은 것이 자신의 선택임을 드러내었다. 셋째 미세문단에서 다윗은 진영에서 잠을 자고 있던 사울을 죽이겠다는 아비새의 말을 듣지 않고, 여호와의 기름 부음을 받은 자를 죽이는 것이 여호와께서 금하는 일이기에 사울의 창과 물병만 가지고 갔다(삼상 26:3b–12).

둘째 미세문단에서 다윗은 자신의 무죄에 대하여 다윗과 대화를 하였다(삼상 24:8–21). 다윗은 자신이 사울을 죽일 수 있었으나 죽이지 않은 것은 왕이 여호와의 기름 부음을 받은 자이기 때문이라고 말하였고, 자신은 왕에게 죄를 지은 적이 없다고 스스로 변호하였다(삼상 24:8–15). 이러한 다윗의 변호에 사울은 자신보다 다윗이 의롭고, 여호와께서 다윗에게 선으로 갚아 주길 소원하면서, 다윗이 자신의 뒤를 이어 왕이 될 것을 자신이 안다고 축복하였다(삼상 24:16–21). 셋째 미세문단에서도 다윗은 사울에게 자신의 무죄에 대하여 변호하였다(삼상 26:13–25). 먼저 다윗은 사울의 진영 건너편으로 가서 사울의 장군 아브넬에게 사울을 보호하지 않은 것에 대하여 책망하였고(삼상 26:13–16), 이어서 사울과 세 번에 걸쳐서 대화를 하였다. 다윗과 사울이 떨어져 대화하는 것은 단지 그들이 물리적으로 분리되었음을 의미할 뿐만 아니라 미래의 운명과 전망에 있어서도 단절되었음을 암시하는 것이다.[9] 첫 번째 대화(삼상 26:17)에서 사울은 다윗을 부르고 다윗은 자신이 다윗이라 대답하였다. 두 번째 대화(삼상 26:18–21)에서 다윗은 자신이 악을 행치 않았다고 변호하였고, 사울은 자신의 잘못을 인정하면서 다시는 다윗을 해하지 않겠다고 약속하였다. 세 번째 대화(삼상 26:22–25a)에서 다윗은 자신이 왕의 생명을 귀히 여긴 것같이 여호와께서 자신의 생명을 귀히 여겨 환난에서 구원하시기를 소원하였고, 사울은 다윗을 축복하면서 다윗이 승리를 얻을 것이라고 말하였다. 다윗이 사울을 죽이지 않는 사건에서 다윗은 자신의 이익을 포기하면서까지 여호와의 명령을 준행하고, 사울은 자신의 잘못을 고백하면서 다윗을 자신

9) R. P. Gordon, "David's Rise and Saul's Demise: Narrative Analogy in 1 Samuel 24–26," *TynBul* 32 (1980), 60.

의 뒤를 잇는 왕으로 인정하고 있다.

이러한 둘째 소문단의 짜임새 속에서 여러 인물들과 행동들이 대조적으로 묘사된다. 첫째, 사울은 다윗을 죽이려고 하지만(삼상 22-23장) 다윗은 사울을 살려준다(삼상 24, 26장). 둘째, 다윗을 도와준 놉의 제사장들은 사울에게 죽임을 당하지만(삼상 21:1-9; 22:6-19), 다윗이 도와준 그일라 사람은 다윗을 사울에게 넘기려 한다(삼상 23:1-14). 셋째, 도엑은 사울에게 놉의 제사장들의 행동을 알려 제사장을 죽게 하지만(삼상 22:6-19), 놉에 있던 제사장인 아비아달은 사울에게서 피하여 다윗에게 도망 온다(삼상 22:20-23). 넷째, 요나단은 십 광야에서 다윗과 언약을 맺고 보호하고 위로하지만(삼상 23:1-18), 십 사람은 다윗이 있다는 것을 사울에게 알려주어 위협을 가한다(삼상 23:19-29). 다섯째, 나발은 다윗을 푸대접하지만(삼상 25:2-13), 아비가일은 다윗을 환대한다(삼상 25:14-44). 이러한 대조를 통하여 다윗과 사울의 대립이 강조된다.

3) 셋째 소문단: 다윗이 사울에게서 도망함 II - 블레셋에서의 다윗 (삼상 27:1-30:31)

셋째 소문단(삼상 27:1-30:31)은 다윗이 사울을 피해 도망가는 내용 가운데 블레셋 지경으로의 피신을 다룬다. 셋째 소문단은 아래와 같이 다른 나라와 연관된 다윗의 행동을 다루는 첫째(삼상 27:1-28:2)와 셋째(삼상 29:1-30:31) 미세문단을 테두리로 하여 그 중앙에 블레셋의 위협 앞에서 여호와를 의지하지 않고 죽은 사무엘을 의지하는 사울의 모습을 다루는 둘째 미세문단(삼상 28:3-25)이 놓인 형태로 배열된다.

1. 블레셋에 거주하는 다윗과 아말렉에게 승리한 다윗 I	27:1-28:2
a. 블레셋으로 망명하는 다윗	27:1-4
b. 다윗이 아기스에게 한 요청: 거주할 한 성읍을 달라	27:5-7

c(a'). 아말렉에게 승리한 다윗	27:8–12
d(b'). 아기스가 다윗에게 한 요청: 이스라엘과의 싸움에 참여	27:12–28:2
2. 블레셋의 위협 앞에서 죽은 사무엘을 의지하는 사울	28:3–25
a. 사울과 사무엘과의 만남의 배경	28:3–7
1) 사울의 위기 1: 사울의 조언자가 없음	28:3
2) 사울의 위기 2: 블레셋의 군대와 대치함	28:4–5
3) 위기에 대한 사울의 대응 1: 여호와께 물음	28:6
4) 위기에 대한 사울의 대응 2: 신접한 자를 찾음	28:7
b. 사울과 사무엘의 만남	28:8–19
1) 사울과 신접한 여인의 만남	28:9–14
2) 사울과 사무엘의 만남	28:15–19
c. 사울과 사무엘과의 만남 이후	28:20–25
3(1'). 블레셋에 거주하는 다윗과 아말렉에게 승리한 다윗 II	29:1–30:31
a. 이스라엘과의 싸움을 피한 다윗	29:1–11
1) 블레셋과 다윗이 전쟁터에 나아감	29:1–2
2) 블레셋 방백과 아기스의 대화: 다윗이 참여하는 것을 거절	29:3–5
3–2') 아기스와 다윗의 대화: 전쟁터에서 떠나라	29:6–10
4–1') 다윗이 전쟁터에서 물러감	29:11
b. 아말렉과의 싸움을 대면해 승리한 다윗	30:1–31
1) 아말렉과의 싸움의 배경: 아말렉이 시글락을 침범함	30:1–6
2) 전쟁에 대한 다윗과 여호와의 대화: 승리할 것이다	30:7–8
3–2') 다윗이 아말렉을 쳐서 승리함	30:9–20
4–1') 아말렉과의 싸움 이후	30:21–31

첫째 미세문단(삼상 27:1–28:2)은 위와 같이 네 개의 대 단위가 병행구조로 배열된다. 첫째 큰 단위(삼상 27:1–4)는 다윗이 다른 나라인 블레셋으로 망명하는 것을 다루며, 이와는 대조적으로 셋째 큰 단위(삼상 27:8-12)는 다윗이 다른 나라인 아말렉과 싸움에서 승리한 것을 다룬다. 둘째 큰 단위(삼상 27:5-7)는 다윗이 자신과 부하들이 거주할 성읍을 달라고 아기스에게 요청하여 시글락을 얻은 사건을 언급한다. 고

대 근동에서 신뢰하는 봉신들에게 큰 땅을 주는 것은 봉건적인 경제 제도의 일반적인 모습이었다.[10] 이러한 풍습에 따라 아기스의 봉신인 다윗이 성읍을 요청한 것이었다. 이와는 대조적으로 넷째 큰 단위(삼상 27:13–28:2)는 아기스가 이스라엘과의 싸움에 참여하라고 다윗에게 요청한 사건을 다룬다. 이러한 대조적 병행을 통하여 이 미세문단은 비록 다윗이 블레셋에 망명했지만, 그가 이스라엘의 대적인 아말렉과 싸워 승리를 거두는 이스라엘의 지도자임을 보여준다.

둘째 미세문단(삼상 28:3–25)은 블레셋의 위협 앞에서 사울이 죽은 사무엘을 만나는 사건을 다룬다. 이 미세문단은 사무엘과의 만남의 이전을 다루는 첫째 큰 단위(삼상 28:3–7), 사무엘과의 만남을 다루는 둘째 큰 단위(삼상 28:8–19), 그리고 사무엘과의 만남 이후를 다루는 셋째 큰 단위(삼상 28:20–25)로 구성된다. 첫째 큰 단위에서 사울은 사무엘이 죽은 후 조언자를 잃게 되었고(삼상 28:3), 블레셋의 군대와 대치하는 가운데 두려워 떨었다(삼상 28:4–5). 이러한 위기 상황에서 사울은 여호와께 물었으나 여호와께서 대답하지 않으셨고(삼상 28:6), 사울은 신접한 여인을 찾았다(삼상 28:7). 둘째 큰 단위에서 사울은 변장하고 밤에 신접한 여인을 찾아가서 사무엘을 불러오라고 청하였고, 그 여인은 죽은 사무엘을 불러 올렸다(삼상 28:9–14). 신접한 자를 찾아가서 도움을 구하는 것은 블레셋 족속이 행하는 이교도적인 행동이었다(삼상 6:2; 참조. 신 18:10). 그러나 사울은 변장하기도 좋고, 죽은 사람의 영과 대화하기에도 적합한 밤 시간에 몰래 신접한 여인을 찾아갔다.[11] 사울은 죽은 사무엘의 영에게 블레셋의 공격에 대하여 물었고, 사무엘은 사울이 여호와의 목소리를 청종하지 않아 블레셋을 통해 여호와께서 사울과 그의 자녀들을 심판하시고 이스라엘을 다윗에게 주실 것이라고 말하였다(삼상 28:15–19). 셋째 큰 단위에서 사울은 자신과 자녀들의 운명을 들은 후 충격을 받아 음식을 먹지 못하다가 신접한 여인

---

10) McCarter, *I Samuel,* 414.

11) Theodore J. Lewis, “Dead, Abode of the” *ABD,* vol. 2 (1992), 103.

이 준비한 무교병을 먹고 돌아갔다(삼상 28:20-25). 둘째 미세문단은 사무엘의 예언을 통하여 하나님께서 사울을 심판하시고 이후에 다윗이 이스라엘의 왕이 될 것을 강조한다(삼상 28:17-19).

셋째 미세문단(삼상 29:1-30:31)은 첫째 미세문단처럼 블레셋에서 일어난 사건과 다윗이 아말렉에게 승리를 거둔 사건을 다룬다. 이 미세문단은 다윗이 이스라엘과의 싸움을 피한 것을 다루는 첫째 큰 단위(삼상 29:1-11)와 다윗이 아말렉과의 싸움을 대면하여 승리한 사건을 다루는 둘째 큰 단위(삼상 30:1-31)로 구성된다. 각각의 큰 단위들은 위와 같이 교차대구구조로 배열된 네 개의 작은 단위들로 구성된다. 첫째 큰 단위(삼상 29:1-11)는 다윗이 블레셋의 군대와 함께 전쟁터로 나아가는 사건(삼상 29:1-2)과 전쟁터에서 물러가는 사건(삼상 29:11)을 테두리로 하여 그 중앙에 블레셋 방백과 아기스의 대화(삼상 29:3-5)와 아기스와 다윗의 대화(삼상 29:6-10)가 놓인 형태로 배열된다. 블레셋 편으로 전쟁터에 나간 다윗에 대하여 블레셋의 방백들은 아기스에게 그를 믿지 못하겠다고 하면서 전장에서 돌려보내라고 요청하였다. 이러한 요청에 대하여 아기스는 다윗에게 블레셋의 수령들의 의견을 전하고 다윗에게 떠나라고 명령하였다. 아기스의 제안으로 이스라엘과의 싸움에 참여할 수밖에 없는 위기에 처했던 다윗(참조. 삼상 27:12-28:2)은 블레셋 방백들의 요청으로 자연스럽게 이스라엘과의 전투를 피할 수 있었다.

둘째 큰 단위(삼상 30:1-31)는 아말렉과의 싸움의 배경(삼상 30:1-6)과 싸움 이후(삼상 30:21-31)를 다루는 내용을 테두리로 하여 그 중앙에 전쟁에 대한 여호와의 말씀(삼상 30:7-8)과 말씀대로 다윗이 승리를 거두는 사건(삼상 30:9-20)이 놓인 형태로 배열된다. 이스라엘과 싸우지 않고 시글락으로 돌아온 다윗과 부하들은 시글락이 아말렉에 의해 공격을 받아 많은 사람들이 포로로 잡혀가고 큰 피해 본 것을 알게 되었다(삼상 30:1-6). 이러한 상황에서 다윗은 아말렉을 추격할지에 대하여 여호와 하나님께 물었고, 하나님께서는 추격하면 승리를 거둘 것이라고 응답하셨다(삼상 30:7-8). 다윗은 여호와의 말씀에 따라 아말렉을 추격하였다. 도중에 이백 명의 부하가 낙오되는 문제가 발생했으나, 들에서 만난 애굽 소년의 인도를 통하여 아말렉 군대가 있는 곳을 알아내고 공격하여 빼앗겼던 모든 전리품과 포로로 잡혀갔던 사람들을 구출하였다(삼상 30:9-20). 전쟁에서 승리한 이후 다윗은 낙오된 부하들에게도 되찾은 전리품을 주었고, 그 외의 전리품을 유다의 여러 곳에 있는 다윗의 친구 유다 장로들에게 선사하였다(삼상 30:21-31). 유다의 장로들은 이후에 다윗을 왕으로 세울 지도자들이었다(참조. 삼하 2:4; 5:3). 이 큰 단위에서 다윗은 전쟁에 대하여 여호와께 의지하고, 여호와의 명령에 순종하며, 포로된 백성들을 구원하고, 전리품을 나눔으로 백성들의 마음을 얻는 자로 매우 긍정적으로 묘사된다.

4) 넷째 소문단: 사울(과 요나단)의 죽음: 궁전 밖에서의 사울(삼상 31:1-13)

넷째 소문단(삼상 31:1-13)은 사울과 그의 아들들의 죽음(삼상 31:1-6)과 죽은 자들을 장사한 사건(삼상 31:7-13)을 다룬다. 이 소문단의 구조는 아래와 같다.

1. 사울과 그의 아들들의 죽음	31:1-6
a. 블레셋과 이스라엘의 싸움: 이스라엘의 패배	31:1
1) 블레셋의 공격	31:1a
2) 공격의 결과: 이스라엘 사람들의 죽음	31:1b
b(a'). 블레셋과 사울과 그 아들의 싸움	31:2-6
1) 블레셋의 공격	31:2a
2) 공격의 결과: 사울의 아들과 사울의 죽음	31:2b-6
2. 사울의 죽음 이후: 사울과 아들들의 장사	31:7-13
a. 사울의 죽음에 대한 이스라엘 사람의 반응: 도망함	31:7a-bα
b. 사울의 죽음에 대한 블레셋의 반응: 사울의 시체를 못 박음	31:7bβ-10
c. 사울의 죽음에 대한 길르앗 야베스 사람의 반응: 장사함	31:11-13

사울과 그의 아들들의 죽음을 다루는 첫째 미세문단(삼상 31:1-6)은 위와 같이 두 개의 병행되는 큰 단위로 구성되는데, 그 내용은 사무엘이 사울에게 한 말(삼상 28:16-19)의 성취로 이해된다. 첫째 큰 단위(삼상 31:1)에서 블레셋은 이스라엘을 공격하여 이스라엘 사람들은 도망하다가 길보아 산에서 죽었다. 둘째 큰 단위(삼상 31:2-6)에서 블레셋은 사울과 그의 아들들을 공격하여 아들들은 죽고 사울은 부상을 당하고 결국 자살하여 죽었다.

사울과 그의 아들들의 죽음 이후를 다루는 둘째 미세문단(삼상 31:7-13)은 사울의 죽음과 연관된 세 종류의 사람의 반응을 다룬다. 첫째, 이스라엘 백성들은 사울과 그의 아들이 죽음을 알고 도망하였다(삼상 31:7a-bα). 둘째, 블레셋 사람들은 이스라엘 지경을 점령하고 사울의 시체에서 머리를 베고 그의 갑옷을 벗기고 그것을 자신들의 백성들에게 보냈으며 사울의 시체는 성벽에 못 박았다(삼상 31:7bβ-10). 셋째, 길르앗 야베스 사람들은 사울이 죽은 소식을 듣고 사울과 그의 아들들의 시체를 몰래 훔쳐서 화장하고 그 뼈를 취하여 장사하고 사울을 위하여 칠 일을 금식하였다(삼상 31:11-13). 길르앗 야베스는 이전에 암몬의 위협에서 사울이 구원했던 도시였다(삼상 11:1-11). 그 도시의 사람들은 사울을 장사함으로 이전에 받은 은혜에 보답하였다.

결론적으로, 블레셋의 위협으로 인해 이스라엘의 초대 왕이 된 사울은 하나님의 명령을 청종하지 않음으로 하나님으로부터 버림받고 결국 블레셋과의 싸움에서 전사함으로 역사에서 사라졌다.

II. 갈등의 주제로 읽는 사울과 다윗 이야기

사울은 하나님과의 관계뿐만 아니라 사무엘과의 관계가 깨어지면서 점점 고립되어 갔다(삼상 13-15장). 이러한 단절은 다윗의 등장과 함께 더욱 가속화되었다. 사울과 다윗이 함께 등장하는 텍스트인 삼상 16-

31장은 수직적으로는 사울과 하나님과의 관계가, 수평적으로는 사울과 그의 후계자인 다윗, 그리고 그의 백성들과의 관계가 어떻게 훼손되는지 잘 보여준다. 특히 이스라엘의 초대 왕이었던 사울과, 그의 뒤를 이어 왕위에 오르게 되는 다윗 사이의 관계는 이러한 갈등의 모습을 명백히 드러낸다. 그 둘의 관계는 처음에는 서로를 도와주고 세워주는 협력자로 등장하나(삼상 16:1-18:5), 그 이후에는 사울로 인하여 갈등이 야기되다가 결국 비참한 결과로 마무리된다(삼상 18:6-31:13). 이러한 둘 사이의 관계는 전임자(사울)로부터 후임자(다윗)로의 리더십의 이양에 있어서 바람직하지 못한 모습을 보여준다. 이러한 부정적인 모습은 갈등과 연관된 문제에 있어서 반면교사(反面教師)가 된다. 비록 현재 형태의 텍스트가 다윗과 사울의 관계를 긍정적인 관계에서 부정적인 관계로 진행시키지만, 이 장(chapter)에서는 갈등의 시각에서 재해석하여 부정적인 갈등의 관계부터 다룬다.

1. 갈등의 이유

이스라엘의 초대 왕이었던 사울과 그의 계승자가 되는 다윗 사이의 갈등은 삼상 18:6 이하부터 나타난다. 그 앞의 문단(삼상 16:1-18:5)에는 사울과 다윗이 서로를 도와주고 세워주는 관계로 묘사된다. 사울과 다윗의 갈등의 모습은 사울이 다윗을 주목하고(삼상 18:9), 두려워하여 평생에 대적이 되었다(삼상 18:29; 참조. 18:12)는 표현에 분명히 나타난다.

1) 전임자와 후임자를 비교할 때 둘 사이의 관계가 깨어진다

사울과 다윗의 갈등이 시작되는 삼상 18:6 이하는 다윗이 골리앗을 죽이고 이스라엘로 돌아올 때를 배경으로 한다. 다윗이 귀환할 때에 여인들은 소고와 경쇠를 갖고 춤추며 다음과 같이 노래를 하였다.

> 사울이 죽인 자는 천천이요 다윗은 만만이로다(삼상 18:7; 참조. 삼상 21:11; 29:5).

시편을 보면 '천천', '만만'은 큰 수를 의미하는 동의적 표현이다(시 91:7; 144:13 등). 그러나 사울은 '천천'과 '만만'을 문자 그대로 이해하면서 다윗과 자신을 비교하였다. 그는 여인들의 노래를 듣고 매우 불쾌하여 심히 노하면서 마음속으로 이렇게 말했다.

> 다윗에게는 만만을 돌리고 내게는 천천만 돌리니 그가 더 얻을 것이 나라 말고 무엇이냐(삼상 18:8).

이 사건 후에 사울은 다윗을 경계하고 그를 의식하게 되었다(삼상 18:9). 이후에도 다윗은 많은 백성들에게 사랑과 인정을 받았다. 이로 인해 사울은 다윗에게 위협을 느꼈다(삼상 18:14-16). 사울은 딸 미갈을 신부로 주는 대신 다윗에게 신부 값으로 블레셋 사람의 포피 백 개를 요구하여 그를 위험에 처하게 하였다. 그러나 다윗은 블레셋 사람 이백 명을 죽이고 배나 많은 포피를 갖고 왔다(삼상 18:22-28). 사실 사울은 이전에 골리앗과 싸워 이기는 자에게 그의 딸을 주겠다고 약속하였다(삼상 17:25). 그러나 사울은 골리앗을 죽인 다윗에게 그 대가로 딸을 준 것이 아니라, 그에게 올무를 씌우기 위해 딸을 준다고 하였다. 이 사건 외에도 다윗은 블레셋과의 싸움 때마다 지혜롭게 행하여 승리를 거두었고, 많은 백성들은 더욱 다윗을 추종하였다(삼상 18:30). 이렇게 다윗의 인기가 높아질수록 열등감에 쌓인 사울은 자신의 왕위가 위태로울까 두려워하였고(삼상 18:8), 다윗을 평생 자신의 대적자로 간주하였다(삼상 18:29).

사실 사울은 다윗과 비교 대상이 아니었다. 사울이 왕이 되었을 때의 나이가 40세였고(삼상 13:1), 다윗이 골리앗과 싸울 때는 군대에 들어갈 나이도 되지 않았던 시절이었다. 골리앗과의 싸움이 사울이 통치한 후에 벌어진 사건이므로 사울과 다윗의 나이 차이는 약 25-30년 정도라 할 수 있다. 아마 다윗은 사울의 아들 요나단과 비슷한 또래였을 것이다(참조. 삼상 18:4). 그러므로 연령대로 볼 때 다윗의 비교 대상은 사울이 아니라 그의 아들 요나단이었을 것이다.

연령에 있어서 다윗은 사울과 대등한 자가 아니었다. 게다가 다윗은 사울을 대적하지 않았다. 사울의 통치 시대에 이스라엘의 가장 큰 적은 블레셋이었다. 다윗은 이스라엘의 가장 큰 적인 블레셋과의 싸움에서 승리를 거둠으로 사울을 잘 보좌하였던 그의 부하였다(삼상 18:30). 비록 다윗이 사울보다 백성들의 인기를 많이 얻기는 했지만, 다윗과 사울은 세대도 다르고 역할도 달랐던 지도자들이었다.

그러나 사울은 다윗이 백성들에게 인기를 얻자 그와 비교하기 시작하였다. 비록 여인들이 승리 후 귀환하는 다윗을 노래하면서 '천천'과 '만만'을 어떤 의미로 사용했는지는 확실하지 않지만, 사울은 이것을 자신과 다윗을 비교하는 것이라 이해했다. 사울은 여인들의 소리에 너무 민감했다.

이전에도 사울은 하나님의 음성보다 사람들의 말을 더 의식한 적이 있었다. 사울은 아말렉과의 전투에서 승리를 거둔 후에도 하나님보다는 백성들을 두려워하여 그들의 말을 청종하여 전리품 중 좋은 것을 취하였다(참조. 삼상 15:24). 이와 같이 사울은 사람들의 소리에 너무 민감하여 하나님의 소리를 잘 듣지 못했다. 사울은 여인들의 노래가 자신과 다윗을 비교하는 것으로 이해했고, 이 비교의식은 다윗에 대한 열등감으로 확장되었으며, 이 열등감은 피해의식으로 표출되었다. 사울은 다윗이 백성들의 인기를 얻자 점점 다윗을 두려워하였고, 이러한 두려움으로 다윗이 자신의 왕위를 빼앗을 것이라는 피해망상 속에 갇히게 되었다(삼상 18:8).

비교 의식은 비교하는 대상에 따라 자신을 평가하게 한다. 상대방보다 자신이 더 낫다고 생각하면 스스로 교만하게 되고, 상대방보다 자신이 부족하다고 판단하면 열등감에 빠지게 된다. 남과의 비교를 통해 교만하게 되면 다른 사람을 무시하기 쉽다. 남과의 비교를 통해 열등감을 느끼면 자신을 무가치한 존재로 생각하기 쉽다. 그러므로 비교의식은 비교하는 대상과의 관계를 비정상적으로 만든다. 이러한 비교의식은 하나님 앞에서 자신의 본연의 모습을 보지 못하게 만들고, 비교하는 대상에 따라 상대적으로 스스로를 평가하게 만든다. 하나님께서 각자에게 주신 역할을 보질 못하고, 상대방을 동역이 아닌 경쟁의 대상으로 간주하게 한다. 그러므로 비교의식은 사람 사이에 경쟁과 갈등을 야기하는 요소이다.

다윗은 사울 시대가 아닌 그 다음 세대의 지도자였다. 그러므로 다윗의 비교대상 또는 라이벌은 사울이라기보다는 그의 아들 요나단이었다. 요나단은 사울의 아들로, 아버지의 뒤를 이어 왕이 될 인물이었다. 요나단도 다윗처럼 용맹스러웠고(삼상 14:1-15), 백성들로부터 큰 신임도 얻었다(참조. 삼상 14:45). 다윗이 등장하기 전까지 요나단은 사울의 후계자로 부족한 점이 없었던 인물이었다. 그러나 다윗이 등장하면서 사정이 바뀌었다. 백성들은 다윗을 더욱 따르고 그를 인정하였다. 요나단도 다윗이 자신의 아버지 사울의 뒤를 이어 이스라엘의 왕이 될 것이고 자신은 다윗 다음이 될 것임을 알았다(삼상 23:17). 그럼에도 요나단은 다윗과 자신을 비교하지 않고, 서로의 다른 모습을 인정했다. 요나단은 다윗을 자신과 비교하는 타자가 아니라, 자신과 같은 마음을 품은 동행자로 이해하였다. 요나단의 마음은 다윗의 마음과 하나가 되었으며, 요나단은 다윗을 자기 생명 같이 사랑하였다(삼상 18:1, 3; 20:17). 요나단은 다윗을 향한 사랑으로 다윗에 대한 비교의식을 극복하였다. 자신의 생명과 같이 다윗을 사랑하는 요나단의 마음이 다윗을 라이벌이 아닌 동역자로 받아들이도록 이끌었다. 그러나 사울은 요나단과는 달리 비교의식을 극복하지 못했다. 다윗과 비교함으로 자신이 부족하다는 열등감과 피해의식을 갖게 되었고, 이러한 피해망상증으로 평생 다윗과 갈등과 대적의 관계가 되었다. 그러므로 전임자와 후임자의 사이뿐만 아니라, 사람들 사이의 관계에서 반드시 피해야 할 것은 비교의식이다.

2) 마음을 다스리지 못하면 갈등이 표출된다

다윗을 자신의 생명처럼 사랑했던 요나단과는 달리 사울의 마음에는 다윗에 대한 애정이 없었다. 사울은 다윗에 대한 피해의식으로 정신적으로, 그리고 심리적으로 혼돈하였다. 사실 사울의 마음의 문제는 다윗이 등장하기 이전부터 있었던 것 같다. 사무엘을 통해 여호와로부터 버림받았다는 선언을 들은 사울은 사무엘이 돌아가려할 때에 자신의 감정을 주체하지 못하고 사무엘의 겉옷이 찢어지도록 그를 붙잡았다. 이러한 정신적 혼돈으로 사울의 삶은 고뇌로 가득했다(삼상 16:14). 사울의 심리적 혼돈을 다스리기 위해서는 외부적인 치료가 필요했다. 그래서 사울의 신하들은 수금을 잘 타는 음악치료사를 구해, 사울의 정서적 문제를 해결하려하였다(삼상 16:15-16). 이러한 방법은 어느 정도 효과가 있었다. 사울이 악령으로 인해 괴로워할 때에 다윗은 수금을 연주하였고, 그 결과 사울의 병은 어느 정도 치유되었다(삼상 16:23).

마음을 다스리지 못하는 문제가 있었던 사울에게 다윗이 골리앗을 죽인 사건은 그 문제를 더욱 심화시켰다. 다윗이 사람들에게 인정을 받자 자신의 신변에 위협을 느꼈던 사울은 피해 망상적 증상을 보였다. 그는 백성들이 다윗을 인정하고 좋아한다는 그 이유만으로 다윗을 죽이고 싶을 정도로 미워했다. 사울은 그 미움의 마음을 통제하지 못하고, 결국 다윗을 죽이려는 행동까지 하였다. 다윗이 자신 앞에서 수금을 타고 있을 때에 사울은 자신의 감정을 주체하지 못하고 자신의 손에 있던 창을 다윗에게 두 번이나 던져 그를 죽이려고 하였다(삼상 18:10-11). 그 후에도 다윗이 블레셋과의 싸움에서 승리하여 백성들의 인기를 얻자 사울은 다윗을 죽이기 위해서 수금을 타던 다윗에게 단창을 던졌다(삼상 19:8-10). 다윗은 이러한 사울의 위협을 피해 자신의 집으로 도망하였다. 그러나 사울은 전령들을 다윗의 집까지 보내어 그를 죽이려고 하였다. 결국 사울의 딸이며 다윗의 아내였던 미갈의 도움으로 다윗은 사울을 피해 도망하였다(삼상 19:10-17). 자신의 마음을 다스리지 못하고 다윗을 죽이려고 했던 사울로 인해 다윗과의 갈등은 더욱 심화되어갔다.

사울이 자신의 마음을 통제하지 못한 결정적인 모습은 다윗을 변호하고 두둔하던 요나단에 대한 행동에 잘 나타난다. 다윗에 대한 사울의 마음을 확실히 알기 위해 다윗을 들에 숨긴 요나단은 사울 앞에서 다윗을 변호하였다. 그러자 사울은 요나단을 모욕적으로 꾸짖으면서, 자신과 그의 아들 요나단의 나라가 든든하게 서기 위해서는 다윗이 반드시 죽어야 한다고 말했다(삼상 20:30-31). 이 말에 요나단은 사울에게 다윗이 죽을 만한 죄를 지은 것이 무엇이냐고 대꾸하였다(삼상 20:32). 그러자 사울은 끓어오르는 분노를 참지 못하고 그의 아들 요나단에게 단창을 던져 죽이려고 하였다(삼상 20:33). 이와 같이 사울은 자신의 아들 요나단까지 죽이려고 할 정도로 다윗에 대한 미움의 감정을 통제하지 못했다.

잠언 4:23은 마음의 중요성을 이렇게 말한다.

> 모든 지킬 만한 것 중에 더욱 네 마음을 지키라 생명의 근원이 이에서 남이니라.

우리가 지켜야 할 가장 중요한 것 가운데 하나는 마음이다. 마음을 지킬 수 있느냐에 따라 생명을 얻을 수도 있고 생명을 잃을 수도 있다. 마음을 지키느냐에 따라 사람을 얻을 수도 있고 사람을 잃을 수도 있다. 블레셋과의 싸움에서 용사였고 백성들의 신임을 받았던 요나단은 블레셋과의 싸움에서 더 큰 승리를 거두고 백성들의 더 큰 사랑을 받게 된 다윗이 등장했음에도 불구하고 그를 대적자로 생각하지 않았다.

요나단은 자신의 겉옷과 군복, 칼과 활과 띠를 줄 정도로 다윗을 사랑하는 친구로 이해했고, 자신보다 뛰어난 자로 인정했다(삼상 18:3-4). 요나단은 다윗과 평생 서로를 해하지 않고 서로의 가족에 대해서도 인자를 베풀기로 언약을 맺었다(삼상 20:14-17). 요나단은 다윗에 대하여 자신의 마음을 지켰고, 그 결과 요나단은 다윗을 얻었다. 그러나 사울은 그렇지 못했다. 사울은 다윗에 대한 열등감, 피해의식 등으로 다윗을 죽일 정도로 미워하였다. 사울은 내적 미움을 절제하지 못하고 다윗을 계속 죽이려고 하였고, 그 결과 사울은 자신의 가장 유능한 신하인 다윗을 잃었다. 그러므로 자신의 마음과 감정을 다스리지 못하는 것은 사람 사이의 관계를 단절시키고 갈등을 더욱 심화시킨다.

3) 뜻이 다른 사람을 포용하지 못하는 편협한 태도가 갈등을 확대시킨다

사울은 다윗의 가치를 알지 못했다. 그의 존재가 사울 자신과 그의 통치에 얼마나 소중한지 인식하지 못했다. 비록 많은 백성들이 다윗을 따랐지만, 다윗은 사울의 신하에 불과했다(참조. 삼상 18:13). 그는 사울과 이스라엘을 위하여 블레셋과 싸운 장군이었고 매우 지혜로운 인물이었다(삼상 18:14, 30). 이러한 다윗의 모습을 인정하고 그를 포용하면서 그의 섬김을 받았으면, 사울은 그 시대 이스라엘의 가장 큰 적인 블레셋의 위협도 잘 감당하면서 백성들을 통치할 수 있었을 것이다. 다윗이 떠나간 이후에 사울은 블레셋의 공격 앞에서 자신을 도와줄 사람을 찾지 못해, 결국에는 죽은 사무엘을 불러 조언을 들을 수밖에 없었다(삼상 28:3-25). 만약 사무엘이 죽었더라도 그의 곁에 다윗이 있었더라면 사울은 블레셋의 위협을 보다 효과적으로 대처할 수 있었을 것이다. 그러나 사울은 자신의 조력자였던 다윗을 스스로 대적자로 만들어 더 큰 위기를 초래하였다. 게다가 다윗은 여호와께서 함께 하는 인물이었다(삼상 16:18; 18:12, 28 등). 그러한 인물을 포용했더라면, 어쩌면 사울도 하나님께서 다시 함께 하시는 기회를 얻었을 수 있었을 것이다.

그러나 사울은 다윗을 자신을 위협하는 적대자로만 이해했다. 이러한 적대적 감정으로 인하여 사울은 다윗뿐만 아니라 그를 직, 간접적으로 도와준 많은 백성들과도 갈등을 일으키어 스스로를 고립시켰다.

사울은 하나님의 말씀을 청종하지 않고 제사드리고(삼상 13장) 아말렉과의 승리에서 얻은 전리품을 진멸하지 않음으로(삼상 15장) 그 시대의 영적 지도자였던 선지자 사무엘로부터 버림받았다. 사울은 다윗을 죽이려고 하는 상황을 만들어 그의 딸이며 다윗의 아내였던 미갈과 갈등의 각을 세웠다(삼상 19:11-17). 사울은 다윗과 친구가 되었고 평생 서로를 존귀히 여기겠다고 언약을 맺은 요나단이 다윗을 변호한다는 이유로 그의 아들 요나단까지도 죽이려 하였다(삼상 20:30-34). 사울은 그의 아들과도 갈등을 일으켰던 것이다. 결국 사울은 다윗을 포용하지 못함으로 그의 자녀들과 단절되었다.

다윗은 자신을 죽이려 하는 사울의 위협을 피해 유다 땅 놉으로 도망하였다. 그곳에 있었던 제사장들은 다윗의 상황을 알지 못하고 다윗의 요청에 따라 다윗과 그의 부하들에게 떡과 무기를 주었다(삼상 21:1-9). 나중에 이 사실을 알게 된 사울은 부지불식간에 다윗을 도와준 제사장 아히멜렉과 그의 가족 등 팔십오 명의 제사장들과 놉에 있던 모든 생명들을 죽였다(삼상 22:6-19). 사울은 다윗에 대한 미움으로 인해 제사장들과의 관계마저도 단절시켰다. 사울에게 있어서 인간관계와 인간의 생명은 별로 중요하지 않았다. 자신의 왕위를 보전하는 것과 자신의 상한 감정 앞에 타인의 가치와 존귀함은 하찮은 것이었다.

모든 인간은 하나님의 형상으로 창조된 피조물이다. 인간은 하나님의 외아들 예수 그리스도가 십자가에 죽기까지 사랑했던 가치 있는 존재이다. 인간의 생명은 예수님의 피값으로 사신 천하보다 귀한 것이다(참조. 마 16:26). 왕이란 이렇게 귀한 생명을 구원하기 위해 세워진 지도자였다(삼상 9:16). 왕은 이스라엘 백성들을 블레셋의 손에서 구원하고, 그의 백성을 존귀하게 여기며 그들을 섬기는 사명을 수행해야 할 인물이었다. 그러나 사울은 자신의 백성을 섬기는 자가 아니라 백성 위에 군림하는 자가 되었다. 자신의 백성을 구원하는 자가 아니라 죽이는 자가 되었다. 사람을 존귀하게 여기는 자가 아니라, 자신의 유익을 위해 타인의 생명까지도 위협하는 자가 되었다. 백성들에 대한 애정으로 자신과 다른 뜻을 가진 자들을 포용하는 지도자가 아니라, 자신과 생각이 다른 사람들은 누구나 싸워서 이겨야 할 적으로 생각한 자기 세계에 갇힌 지도자였다. 그 결과 사울의 갈등은 다윗과 그를 직접 추종하던 백성들뿐만 아니라, 심정적으로 다윗을 따르던 백성들에게까지 확대되었다.

2. 갈등 해결의 원리

사울과 다윗의 갈등은 해결되지 않은 채 사울의 죽음으로 끝나지만, 사울과 다윗 사이에 갈등이 있기 전의 모습(삼상 16:1–18:5)과 사울과 다윗의 갈등 가운데 대조적으로 나타나는 사람들 사이의 화평의 관계와 갈등 극복의 모습은 갈등을 해결할 수 있는 원리를 제공한다.

1) 하나님의 주권을 인정할 때 갈등을 담대히 대면할 수 있다

사무엘상은 사울과 다윗의 갈등이 해결되지 않은 가장 근본적인 원인을 사울이 여호와 하나님으로부터 버림받고(삼상 15:22–28), 하나님께서 부리는 악령이 그에게 임했기 때문이라고(삼상 16:14; 18:10; 19:9 등) 설명한다. 구약성서는 갈등을 포함한 모든 인간의 역사가 하나님의 통치와 주권 하에 있음을 분명히 한다(참조. 출 15:18; 삼상 2:1–10; 시 96:10, 13). 사울을 택해 그를 이스라엘의 초대 왕으로 세우신 분도 하나님이시고(삼상 9:16; 10:24) 그를 버리신 분도 하나님이셨다(삼상 13:14; 15:23, 26). 다윗을 선택하신 분도 하나님이셨고(삼상 16:13), 그와 함께 하신 분도 하나님이셨다(삼상 16:18; 18:14, 28). 사울도 여호와 하나님께서 다윗과 함께 하심을 알았고(삼상 18:28–29), 하나님께서 자신의 왕위를 폐하고 다윗을 왕으로 세울 것임을 알았다(삼상 23:17; 24:20; 28:17). 즉 사울과 다윗 사이의 갈등의 원인은 근본적으로 여호와 하나님으로 기인한다. 그러므로 갈등의 해결도 근본적으로 하나님을 통하여 가능하다.

하나님을 의지하고 그 분께 집중할 때 갈등이 해결되는 모습은 다윗과 골리앗과의 싸움 사건에 잘 나타난다(삼상 17:1-54). 블레셋의 장군 골리앗 앞에서 사울과 온 이스라엘은 크게 두려워하였다(삼상 17:11). 사울과 이스라엘은 그들 앞에 있는 거대한 장군 골리앗을 대면할 힘이 없었다. 이러한 상황 속에서 세 명의 형들을 전쟁터로 보낸 다윗은 그들의 안부를 살피라는 아버지의 말씀에 따라 블레셋 군대가 대치하고 있는 전쟁터로 갔다(삼상 17:12-22). 그곳에서 다윗은 이스라엘을 모욕하는 골리앗과 그 앞에서 두려워 떠는 이스라엘 군대를 보고 거룩한 분노가 생겼다(삼상 17:23-27).

> 이 할례 받지 않은 블레셋 사람이 누구이기에 살아 계시는 하나님의 군대를 모욕하겠느냐(삼상 17:26).

다윗의 이 말은 사울에게 전해졌고, 사울은 다윗을 불렀다(삼상 17:31). 다윗은 사울 앞에서 이스라엘이 대면하는 문제인 골리앗과의 싸움에 대하여 이렇게 말했다.

> 여호와께서 나를 사자의 발톱과 곰의 발톱에서 건져내셨은즉 나를 이 블레셋 사람의 손에서도 건져내시리이다(삼상 17:37)

다윗은 골리앗과의 싸움이 자신의 싸움이 아니라 여호와 하나님의 전쟁임을 알았다. 하나님께서 이전에도 자신을 구원하셨듯이 골리앗과의 싸움에서도 자신을 구원하시리라 믿었다(삼상 17:34-37). 백성들은 골리앗의 강한 힘에 위축되었지만 다윗은 그의 칼과 창을 두려워하지 않았다. 왜냐하면 다윗은 여호와 하나님께 집중했기 때문이다.

> 너는 칼과 창과 단창으로 내게 나아오거니와 나는 만군의 여호와의 이름 곧 네가 모욕하는 이스라엘 군대의 하나님의 이름으로 네게 나아가노라(삼상 17:45).

다윗은 골리앗과의 싸움, 블레셋과의 전쟁이 하나님의 주권 하에 있음을 믿었다. 다윗은 칼이 아닌 여호와 하나님에 대한 믿음으로 골리앗에게 나아갔고, 그와 싸워 승리를 거두었다(삼상 17:46-49). 골리앗과의 싸움에서의 승리로 사울과 이스라엘이 당면했던 문제가 해결되었다. 그들을 두려움과 공포에 몰아넣었던 갈등이 해결되었던 것이다.

다윗은 골리앗으로 인해 야기된 이스라엘의 갈등을 자신의 힘과 경험으로 해결하지 않았다. 다윗은 골리앗과의 싸움이 여호와의 손에 달려 있음을 믿고 그 분께 집중함으로 문제를 해결하였다. 비록 인간의 연약함과 부족함으로 갈등이 일어나지만, 그 문제까지도 하나님의 주권 하에 있다. 그러므로 갈등의 문제를 해결하기 위해서는 모든 것의 주권자 되시며 통치자 되시는 하나님께 집중해야 한다. 하나님을 신뢰하며 의지해야 한다. 전쟁에 나갈 나이도 되지 않았고, 이스라엘의 왕 사울이 입었던 최고의 갑옷과 투구를 입진 않았지만 오직 여호와 하나님을 의지하며 문제를 대면하고 해결했던 다윗처럼, 갈등의 문제는 이 세상의 주인 되신 여호와 하나님께 집중하고 그분을 의지할 때 해결되어진다.

2) 참다운 회개는 갈등을 무효화시킨다

사울과 다윗의 갈등은 근본적으로는 하나님의 주권 하에 있었다. 그러나 하나님의 주권은 인간의 자유와 책임을 훼손하지 않는다. 세상의 모든 역사를 하나님께서 다스리시지만, 그 안에는 인간의 자유와 책임이 있다. 사울과 다윗의 갈등도 인간 편에서의 책임이 있었다. 그것은 사울의 비교의식과 열등감, 그리고 그 마음 가운데 있었던 다윗에 대한 미움이라 할 수 있다. 이러한 사울의 모습으로 인해 다윗과의 갈등이 야기되었고, 사울은 다윗을 끊임 없이 죽이려고 하였다. 그러한 과정 가운데 사울은 몇 번에 걸쳐 다윗과의 관계를 회복할 수 있는 기회를 얻었다. 그러나 사울은 그것을 온전한 회개의 기회로 만들지 못했다.

사울에게 주어진 첫 번째 기회는 그의 사랑하는 아들 요나단의 조언이었다. 다윗과 연관하여 요나단은 사울에게 두 번에 걸쳐서 조언을 하였다. 이러한 요나단의 조언은 다윗을 죽이려는 사울의 모습과는 대조적으로 요나단이 다윗을 살리기 위한 시도로 이해된다. 이러한 요나단의 조언은 삼상 18:6-20:42에 나타난다. 이 문단은 사울이 다윗을 죽이려고 시도했던 두 번의 사건과 요나단이 다윗을 살리려고 시도했던 두 번의 사건이 아래와 같이 병행구조로 배열된다.

a. 사울의 다윗을 죽이려는 시도 (18:6-30)
  b. 요나단의 다윗을 살리려는 시도 (19:1-7)
a'. 사울의 다윗을 죽이려는 시도 (19:8-24)
  b'. 요나단의 다윗을 살리려는 시도 (20:1-42)

이러한 구조에서 요나단이 다윗을 살리려는 두 번의 시도(삼상 19:1-7; 20:1-42)는 구분하여 이해하기보다는 서로 관련지어 이해해야 한다.

다윗을 살리려는 첫 번째 시도에서(삼상 19:1-7), 요나단은 다윗을 죽이라는 사울의 명령을 들었다(삼상 19:1). 고대 시대에 왕의 명령은 절대적인 것이었다. 그러므로 왕의 명령을 거역한다는 것은 왕권에 대한 도전이요 왕에 대한 반역이었다. 그러나 요나단은 이러한 위험을 감수하면서 사울에게 나아갔다. 그리고 아버지 사울의 명령에 문제가 있음을 지적하였다. 다윗이 사울을 위하여 선을 행하였고 블레셋과 싸워 이스라엘을 구원하였음을 상기시키면서, 이러한 무죄한 사람을 죽이는 범죄를 행치 말라고 조언하였다(삼상 19:3-5). 사울은 요나단의 조언을 청종하였고, 다윗을 죽이지 않겠다고 맹세하였다(삼상 19:6).

이 사건만을 보면 사울은 다윗을 죽이려는 자신의 생각을 돌이킨 것처럼 보인다. 사울의 돌이킴으로 이후에는 사울과 다윗의 관계가 회복되어 화해의 관계로 나아갈 것이라고 기대된다. 그러나 이 사건과 대응되는 다윗을 살리려는 요나단의 두 번째 시도(삼상 20:1-42)를 보면 사울의 모습은 첫 번째와 매우 대조적으로 나타난다. 사울은 다윗을 죽이지 않겠다고 말로는 맹세했지만(삼상 19:6), 그 이후에도 계속해서 다윗을 죽이려고 하였다(삼상 19:8-24). 이러한 사울의 불안정한 모습으로 인하여 다윗과 요나단은 사울의 진심을 시험해 보기로 계획을 세웠다. 다윗은 요나단에게 사울의 의향을 알기 위해 함께 식사를 해야 하는 초하루 절기에 자신이 가족을 위하여 베들레헴으로 갔다고 말해 달라고 부탁하면서, 그것에 대한 사울의 반응을 살피자고 제안하였다(삼상 20:1-11). 초하루 절기 때에 다윗이 어디에 있느냐는 사울의 질문에 요나단은 다윗이 고향 베들레헴으로 갔다고 대답하였다(삼상 20:24-29). 그러자 사울은 크게 화를 내면서 다윗을 죽일 것이라고 말하였고, 이러한 사울의 말에 요나단이 다윗을 변호하자 사울은 자신의 아들 요나단까지 죽이려 단창을 던졌다(삼상 20:30-34).

사울이 요나단의 조언을 처음 들었을 때에는 그의 말을 듣고 자신의 잘못을 뉘우친 것처럼 보였으나, 그의 뉘우침은 진정한 것이 아니었다. 그는 자신의 맹세를 뒤엎고 다윗을 죽이겠다는 이전의 죄된 모습으로 돌아갔다. 사울은 다윗과의 관계를 회복할 수 있는 기회를 잡았으나, 자신의 왕위에 대한 집착으로 그것을 스스로 포기하였다. 갈등을 넘어 화해의 관계로 나아갈 수 있는 기회를 놓친 것이다.

이러한 사울의 모습은 다윗이 사울을 살려주었던 두 번의 사건에 더욱 확연히 나타난다(삼상 24:1-25:1; 26:1-25). 첫 번째 사건에서(삼상 24:1-25:1) 엔게디 광야의 굴속에 숨어 있던 다윗은 자신을 죽이려는 사울이 뒤를 보러 굴속에 들어왔으나 그를 죽이지 않고 그의 옷자락만 베었다. 그리고 굴속에서 나가 멀리 떨어져 있게 된 사울에게 그의 옷자락을 보여주면서 자신이 왕을 죽일 수 있었으나 해하지 않았다고 말하였고, 자신은 왕에게 득죄한 일이 없다고 자신의 결백을 주장하였다. 그러자 사울은 울면서 아래와 같이 자신의 죄를 고백하면서 다윗을 축복하였다.

> 나는 너를 학대하되 너는 나를 선대하니 너는 나보다 의롭도다 네가 나 선대한 것을 오늘 나타냈나니 여호와께서 나를 네 손에 넘기셨으나 네가 나를 죽이지 아니하였도다 사람이 그의 원수를 만나면 그를 평안히 가게 하겠느냐 네가 오늘 내게 행한 일로 말미암아 여호와께서 네게 선으로 갚으시기를 원하노라(삼상 24:17-19).

사울은 자신의 생명을 취하지 않은 다윗을 축복하면서 자신의 잘못을 고백하였다. 그러나 사울의 고백은 참다운 회개가 아니었다. 참다운 회개란 생각뿐만 아니라 구체적인 삶과 행동의 전환을 의미하는데, 사울은 말로는 자신의 잘못을 인정했지만 행동의 변화가 따라오지 못했다. 이러한 고백 후에도 사울은 계속해서 다윗을 죽이려고 하였다.

다윗이 사울을 살려준 두 번째 사건에서도(삼상 26:1-25) 다윗은 진중에 잠을 자던 사울을 죽일 수 있는 기회가 있었음에도 그를 죽이지 않고 그의 머리 곁에 있던 창과 물병만 가지고 갔다. 그리고 사울의 진 건너편 멀리 있는 산꼭대기에 가서 사울에게 창과 물병을 보여주면서 자신이 왕을 죽일 수 있었으나 죽이지 않았다고 말하였고, 자신이 왕에게 죄를 저지른 일이 없다고 변호하였다. 이러한 다윗의 말을 듣고 사울은 다음과 같이 자신의 죄를 인정하였다.

> 내가 범죄하였도다 내 아들 다윗아 돌아오라 네가 오늘 내 생명을 귀하여 여겼은즉 내가 다시는 너를 해하려 하지 아니하리라 내가

어리석은 일을 하였으니 대단히 잘못되었도다(삼상 26:21).

사울은 다윗이 용서함으로 생명을 얻고 자신의 죄를 다시 자백하였다. 그러나 사울의 고백은 온전한 회개가 아니었다. 자신이 가던 방향에서 돌이켜 제자리를 찾는 것이 아니었다. 그는 또 다시 다윗을 잡으려고 하였고, 결국 다윗은 사울의 힘이 미치지 않는 블레셋 지경으로 피할 수밖에 없었다(삼상 27:1 이하).

사울은 두 번에 걸친 요나단의 조언을 통하여, 그리고 두 번에 걸친 다윗의 용서함을 통하여 자신의 길에서 돌이킬 수 있는 기회를 얻었다. 그러나 그는 그것을 회개의 기회로 만들지 못했다. 회개란 잘못된 삶의 방향을 돌이켜, 하나님께서 주셨던 본연의 자리로 돌아가는 것이다. 그러나 사울은 말로는 자신의 잘못을 고백했지만, 삶의 방향을 돌이키지는 않았다. 다윗과 갈등을 야기했던 그의 잘못된 모습에서 방향을 전환하여 화평과 화해의 길로 나아가지 못했다.

이러한 사울의 실패한 모습은 갈등 해결을 위한 역모델을 제시한다. 갈등을 야기한 가해자에게는 그 갈등을 극복할 수 있는 몇 번의 기회가 찾아올 수 있다. 그 기회를 어떻게 활용하느냐에 따라 갈등은 극복될 수도 있고, 심화될 수도 있다. 하나님께서는 때때로 주변 사람들을 통해서 갈등을 일으킨 자에게 자신의 잘못을 깨닫게 하신다. 사울에게 요나단처럼 자신과 매우 가깝고 신뢰할만한 사람을 통해 말씀하시기도 하시고, 사울에게 다윗처럼 갈등의 상대방을 통해서 자신의 모습을 다시 바라볼 수 있는 기회를 주신다. 이러한 기회를 놓치지 않고 그것을 자신의 바른 자리를 찾아가는 참다운 회개의 기회로 삼을 때, 자신의 부족함으로 인해 발생된 갈등은 회복과 화해로 전환되어질 수 있다.

3) 진정한 용서는 상처의 과거로부터 화해의 미래로 이끈다

사울과 다윗 사이의 갈등으로 인해 다윗은 수많은 어려움을 겪었다.

다윗은 사울의 번뇌를 치유하기 위하여 수금을 탔고, 사울이 다스리는 이스라엘의 가장 큰 적인 블레셋과의 전쟁에 나아가 자신의 생명을 아끼지 않고 싸워 승리를 거두었다. 다윗이 행한 것들은 처음에는 사울도 기뻐했었던 일들이었다(참조. 삼상 18:5; 19:5). 그러나 다윗이 백성들에게 인정받으면서 상황은 바뀌었다. 사울은 다윗이 자신의 왕위를 위협한다고 생각하여 그를 미워하였고 그를 죽이려고 하였다. 이러한 사울의 돌변한 태도로 인해 다윗은 자신의 아내와 집을 떠날 수밖에 없었고(삼상 19:11-17), 지속적인 사울의 위협으로 인해 놉으로, 가드 지역으로, 아둘람 굴로, 모압 땅으로, 그일라로, 십 광야 등으로 피하다가 결국 이스라엘의 적대국이었던 블레셋으로 망명하게 되었다.

다윗은 아무 죄도 없었지만 단지 사울의 왕위 집착증과 피해망상증으로 인해 오랫동안 집을 떠나 고된 피신 생활을 할 수 밖에 없었다. 피신하는 동안 다윗에게는 사울을 두 번이나 죽일 수 있는 기회가 있었다. 첫 번째 기회는 다윗이 엔게디 광야에서 피신 중에 있었다(삼상 24:1-22). 사울은 볼일을 보기 위해 다윗이 피신해 있던 동굴 속에 들어와 뒤를 보았다. 다윗의 부하들은 이 순간이 하나님께서 주신 기회라고 말하면서 다윗에게 사울을 죽이라고 말했다. 이것은 다윗에게 큰 갈등의 순간이었을 것이다. 부하들의 말처럼 무죄한 자신을 죽이려는 원수를 해치우라고 하나님께서 주신 기회인지, 아니면 사울을 죽이지 말고 용서해야 하는지 선택하기 힘든 순간이었을 것이다. 다윗은 악을 악으로 갚지 않았다. 사울은 자신을 죽이지 않은 다윗에게 "나는 너를 학대하되 너는 나를 선대하니 너는 나보다 의롭도다"(삼상 24:17)라고 말할 정도로 다윗은 사울을 선대하였다. "아무에게도 악을 악으로 갚지 말고 모든 사람 앞에서 선한 일을 도모하라 할 수 있거든 너희로서는 모든 사람과 더불어 화목하라"(롬 12:17-18)는 말씀처럼 다윗은 악을 선으로 갚았다. 사울은 자신을 죽이려고 할 정도로 큰 갈등을 일으켰지만, 다윗은 그를 용서함으로 그와 화목하기를 시도했던 것이다.

다윗이 사울을 죽일 수 있었던 두 번째 기회는 십 광야 앞에 있던 하길라 산 주변에서 일어났다(삼상 26:1-25). 다윗은 자신의 부하와 함께 자신을 추격하던 사울이 진을 친 곳에 몰래 들어갔다. 다윗과 그의 부하들은 그곳에서 깊은 잠에 빠진 사울을 보았다. 다윗의 부하 아비새는 다윗에게 "하나님이 오늘 당신의 원수를 당신의 손에 넘기셨나이다 그러므로 청하오니 내가 창으로 그를 찔러서 단 번에 땅에 꽂게 하소서"(삼상 26:8)라고 제안하였다. 다윗의 입장에서는 자신이 직접 사울을 죽이지 않아도 그를 없앨 수 있는 기회였다. 왕을 죽인 것이 나중에 문제가 될 때, 책임을 회피할 수도 있는 절호의 찬스였다. 그러나 다윗은 자신이 스스로 원수를 갚지 않았다. 다윗은 아비새에게 이렇게 대답했다.

> 여호와께서 살아 계심을 두고 맹세하노니 여호와께서 그를 치시리니 혹은 죽을 날이 이르거나 또는 전장에 나가서 망하리라 내가 손을 들어 여호와의 기름 부음 받은 자를 치는 것을 여호와께서 금하시나니… (삼상 26:10-11).

다윗은 원수를 친히 갚지 않고 하나님의 진노에 맡기면서 사울을 용서하였다. "너희가 친히 원수를 갚지 말고 하나님의 진노하심에 맡기라 기록되었으되 원수 갚는 것이 내게 있으니 내가 갚으리라고 주께서 말씀하시니라"(롬 12:19-20)의 말씀처럼 다윗은 하나님께서 왕으로 기름 부은 사울에 대하여 보복하는 것을 하나님께 맡겼다. 비록 이전에도 사울이 용서를 받은 후에 참다운 회개를 하지 않고 다윗을 다시 죽이려고 쫓아 다녔지만, 다윗은 사울에게 회개할 수 있는 기회를 한 번 더 주었다. 비록 사울이 그러한 기회를 놓치고 분노 가운데 비참한 최후를 맞이하지만(삼상 31장), 다윗은 사울을 용서함으로 선으로 악을 이겼다(참조. 롬 12:21).

요나단은 다윗에 대한 진정한 사랑으로 갈등을 야기할 수 있는 비교의식과 열등감을 극복하였고, 다윗은 사울에 대한 진정한 용서함으로 갈등의 관계를 화해의 관계로 이끌었다. 사랑과 용서는 사랑과 용서받는 사람뿐만 아니라, 사랑과 용서하는 사람을 자유롭게 만든다. 다윗을 향한 요나단의 사랑은 다윗에게 이스라엘을 다스리는 자가 되는데 자유함을 주었을 뿐만 아니라, 요나단 자신에게도 사울의 아들로 사울의 왕위를 반드시 계승해야 된다는 강요로부터 자유함을 주었다(삼상 23:17). 사울을 향한 다윗의 용서함은 사울에게 죄의 길에서 벗어날 수 있는 자유를 주었을 뿐만 아니라, 다윗 스스로에게도 사울에게서 받은 아픔과 상처를 벗어날 수 있는 자유를 주었다. 이와 같이 용서는 남을 위한 것임과 동시에 자기 자신을 위한 것이다. 용서하지 못하는 자는 과거의 아픔을 극복하지 못한다. 과거에 받았던 상처의 기억 속에서 헤어나지 못하고 항상 과거에 얽매어 살아가게 된다. 용서는 용서하는 자와 용서 받는 자 모두를 과거의 상처로부터 미래의 회복으로 이끄는 통로이다.

예수님께서는 십자가상에서 "아버지 저들을 사하여 주옵소서 자기들이 하는 것을 알지 못함이니이다"(눅 23:34)라고 기도함으로 우리의 모든 죄를 용서해 주셨다. 예수님께서 우리를 용서하심으로 하나님과의 막힌 담, 이웃 사이의 막힌 담을 모두 허시고 화목케 하셨다(참조. 엡 2:13-16). 이와 같이 용서는 둘 사이에 막힌 담을 헐고 새로운 관계로 회복하는 과정이다. 이전의 갈등의 관계를 화해의 관계로, 과거의 상처를 미래의 치유함으로, 과거에 깨어진 관계를 미래의 회복된 관계로 이끄는 통로이다.

3. 갈등의 목표

사울과 다윗의 갈등은 사울의 죽음(삼상 31장)으로 끝나지만, 그 갈등의 과정 가운데 다윗에게 아픔만 있었던 것은 아니었다. 갈등 속에서 다윗이 얻은 유익들도 있었다. 하나님께서는 갈등을 통하여 다윗뿐만 아니라, 그것을 읽는 독자들에게 어떤 메시지를 전달하길 원하신다. 그 메시지가 갈등의 목표라 할 수 있다.

1) 갈등은 한 사람을 지도자로 만드는 과정이다

다윗은 골리앗과의 싸움에서 승리한 후 백성들에게 지도자로서 인정받게 되었다. 그러나 그것은 오히려 다윗에게 독이 되었다. 다윗은 이스라엘 나라를 위하여 생명의 위협을 마다하지 않고 블레셋과 싸워 승리를 거두었는데, 이스라엘의 왕이었던 사울은 이러한 다윗을 시기하고 죽이려고 하였다. 사울의 위협으로 다윗은 오랜 도피생활을 할 수밖에 없었다. 다윗은 죄가 없음에도 억울하게 누명을 쓰고 죽임을 피해 도망가는 신세가 되었던 것이다. 게다가 다윗은 하나님으로부터 왕으로 선택받아 기름부음을 받고 하나님의 뜻에 순종하며 살았다. 그런 다윗에게 돌아온 것은 세상의 부귀영화가 아니라, 사울에게 쫓김을 당하는 수치와 모욕이었다.

그러나 이러한 힘든 과정은 다윗에게 헛된 시간이 아니었다. 하나님께서는 고난의 과정을 통하여 다윗을 연단시켰을 뿐만 아니라, 미래의 지도자로 준비시키셨다. 지도자에게 있어서 가장 중요한 것은 최고의 왕이신 하나님의 뜻을 분별하고 그 뜻에 순종하는 것이다. 자신의 생각과 판단보다, 자신을 하나님의 대리인으로 임명한 진정한 통치자이신 하나님의 뜻을 따르는 것이다. 다윗은 고난과 갈등의 과정을 통하여 하나님의 말씀을 청종하는 것이 그 무엇보다 우선된다는 것을 배웠다. 자신의 뜻대로 이끄는 것이 지도자가 아니라, 하나님의 뜻에 굴복하는 것이 참된 리더십임을 깨달았다.

하나님의 뜻을 분별하고 그 뜻에 순종하는 다윗의 모습은 위기의 순간에 더욱 빛났다. 다윗에게 찾아온 첫 번째 위기는 골리앗과 대면하는 사건이었다(삼상 17장). 다윗은 형들을 만나러 전쟁터로 갔을 때에 블레셋의 골리앗이 이스라엘 군대를 모욕하고 이스라엘 군대들은 두려워 떠는 모습을 보았다. 이러한 골리앗에 대하여 다윗은 그가 하나님의 군대를 모욕한다고 말했다(삼상 17:26). 다윗은 이스라엘의 군대가 사람의 군대가 아니라 하나님의 군대라고 생각했다. 다윗에게는 현실 너머의 믿음의 세계를 볼 수 있는 눈이 있었다. 다윗은 사울 앞에서 여호와께서 이전에 자신을 사자와 곰의 공격에서 구원하셨듯이 골리앗의 손에서도 건져내실 것이라고 확신 있게 말했다(삼상 17:37). 다윗은 골리앗이라는 큰 장애물 앞에서 장애물에 집중하지 않고 전쟁의 주인 되신 하나님께 집중하였다(삼상 17:47). 이러한 믿음의 행동이 승리를 이끌었다. 다윗은 골리앗과 싸워 이겼고, 이스라엘 군대들은 블레셋의 군대를 물리쳤다(삼상 17:48–54). 이러한 믿음의 경험은 이후에 다윗을 하나님을 더욱 신뢰하는 인물로 만들었다.

다윗은 자신을 추격해온 사울을 두 번이나 죽일 기회가 있었다(삼상 24, 26장). 그러나 다윗은 자신을 죽이려는 사울에게 보복하지 않았다. 왜냐하면 사울은 여호와의 기름 부음을 받은 자였기 때문이었다(삼상 24:6; 26:11). 사울을 죽이지 않고 피하는 것은 골리앗을 대면하는 것보다 다윗에게 더욱 힘든 일이었을 것이다. 골리앗은 대면하기 두려운 큰 장애물이었지만, 이전에 다윗은 골리앗과 비슷한 힘을 가진 곰이나 사자와 싸워 이긴 경험이 있었다(삼상 17: 36). 또한 자신은 할 수 없을지라도 여호와 하나님께서 자신을 구원해 주실 것이라고 믿음이 있었다. 골리앗과 싸운 것은 자신이 극복하기 힘겨운 문제를 하나님을 의지하여 대면한 것이었다면, 사울을 죽이지 않는 것은 자신이 해결할 수 있는 문제를 하나님 때문에 포기하는 것이었다. 다윗이 만약 사울을 죽였으면, 지금까지의 고된 도피생활을 마감하고 가족의 품으로 돌아갈 수 있었을 것이다. 사울을 죽였으면 왕을 잃은 이스라엘 백성들이 자신을 더욱 따랐을 것이고, 다윗이 이스라엘의 왕이 될 것이라는 하나님의 약속을 쉽게 이룰 수 있었을 것이다. 게다가 다윗의 부하들도 사울을 죽일 수 있는 상황을 주신 분이 하나님이라고 말하면서 다윗에게 사울을 죽이라고(삼상 24:4), 또는 자신이 직접 사울을 죽이겠다고(삼상 26:8) 제안할 정도로, 사울을 죽이는 것은 다윗의 꿈을 이루기 위한 손쉬운 방법이었을 것이다. 이러한 절호의 기회를 포기하는 것은 인간적인 눈으로 볼 때는 정말 어리석은 일이었을 것이다. 그러나 다윗은 사울을 죽이지 않았다. 자신을 따르던 부하들도 동의하지 않았던, 인간적인 생각으로는 손해가 되는 것을 선택하였다. 왜냐하면 하나님께서 기름 부은 자를 죽이는 것은 그 분이 원하지 않는 것이라는 확고한 믿음이 있었기 때문이었다.

다윗은 골리앗과의 대면을 통하여 자신이 감당하기 힘든 외적 장애물을 극복하기 위해서는 하나님을 의지해야 한다는 것을 배웠다. 또한 다윗은 사울과의 대면을 통하여 자신이 능히 감당할 수 있는 일이라도 자신의 마음과 욕심을 먼저 내세우지 않고 온전히 하나님의 뜻에 굴복해야 함을 배웠다. 다윗이 만났던 장애물과 갈등은 그것이 외부적인 적이었든(골리앗) 또는 자기 내면의 적이었든(사울) 다윗은 이러한 적들을 대면하고 극복하였다. 갈등을 많이 통과해 본 사람만이 갈등을 잘 극복할 수 있다. 이전에 만났던 갈등 속에서 지혜를 얻고, 갈등을 통하여 하나님에 대한 믿음을 키운 사람만이 이후에 만날 갈등도 잘 해결할 수 있는 지도자가 될 수 있다. 다윗이 만난 많은 갈등들은 다윗을 지혜로운 사람으로, 하나님의 더욱 신뢰하는 믿음의 지도자로 만들었다. 그러므로 갈등은 그것을 통과한 사람들을 더 크고 다양한 장매물도 능히 극복할 수 있는 건강한 지도자로 만든다.

2) 갈등은 지도자가 백성들의 마음을 얻는 기회이다

다윗은 갈등을 통하여 하나님을 더욱 신뢰하는 지도자가 되었을 뿐만 아니라, 많은 사람들의 지지를 얻는 지도자가 되었다. 즉 다윗은 갈등을 통하여 위로부터는 왕을 세우신 하나님을 전적으로 신뢰하는 지도자가 되었으며, 아래로부터는 백성들의 마음을 얻고 그들의 신뢰를 받는 지도자가 되었다.

다윗이 백성들의 지지를 받는 사건은 사울과의 갈등의 시발점이 되는 골리앗과의 싸움 이후에 나타난다. 다윗은 골리앗과의 싸움에서 승리 후에 혈통적으로 사울의 왕위를 계승할 왕자인 요나단의 마음을 얻었다. 요나단은 다윗을 자신의 생명처럼 사랑하여 그와 평화의 언약을 맺었으며(삼상 18:1, 3; 20:14–17), 다윗을 자신보다 앞에 두기까지 하였다(삼상 23:17–18). 요나단뿐만 아니라 백성들도 골리앗과의 싸움 이후에 다윗을 찬양했다(삼상 18:7). 비록 그들의 찬양이 다윗과 사울을 비교함으로 사울의 열등감을 자극하는 결과를 초래했지만(삼상 18:8), 백성들은 다윗이 골리앗뿐만 아니라 그 이후에도 블레셋과의 싸움에서 지속적으로 승리를 거두자 다윗을 더욱 의지하며 추종하였다(삼상 18: 16, 30). 즉 골리앗과의 싸움에서 승리를 얻은 것은 사울에게는 미움을 받는 이유가 되었지만, 미래에 다윗이 통치해야 할 백성들에게는 지도자로서 신뢰를 주는 가치 있는 사건이 되었다.

다윗이 백성들의 마음을 얻는 사건은 그 이후에도 많이 나타난다. 다윗은 사회적으로 소외된 자를 포용했다(삼상 22:1–2). 다윗은 사울을 피해 도망하는 가운데 놉의 제사장들의 도움을 받게 되었다(삼상 21장). 이로 인해 놉의 제사장들은 사울에게 처형을 당하지만, 그 가운데 제사장 아히멜렉의 아들 아비아달이 다윗에게 피신해왔다(삼상 22:20). 사울은 사람을 귀히 여기지 않고 제사장들을 죽임으로 민심을 잃었지만, 다윗은 사울에게서 도피한 아비아달을 받아들이며 그에게 자신의 잘못을 고백하면서 마음을 나누었다

> 네 아버지 집의 모든 사람 죽은 것은 나의 탓이로다 두려워하지 말고 내게 있으라 내 생명을 찾는 자가 네 생명도 찾는 자니 네가 나와 함께 있으면 안전하리라(삼상 22:22–23).

다윗은 아비아달에게 자신과 함께 있으면 안전할 것이라고 위로하면서 아비아달을 자신과 운명을 같이 할 사람으로 포용하였다. 이 후 아비아달은 다윗 왕국의 대제사장이 되었다(삼하 8:17; 20:25). 다윗은

아비아달을 위로하고 그에게 사랑을 베풂으로 이후에 다윗의 나라를 신앙적으로 섬길 대제사장을 얻었던 것이다.

다윗은 비록 자신과 반대편에 있는 백성이라도 그들이 고통을 당하면 그들을 위하여 수고를 아끼지 않았다. 다윗은 그일라가 블레셋에 의해 점령당했을 때에 그일라에 있던 블레셋을 공격하여 그 도시를 구원하였다(삼상 23:1-5). 블레셋에게 점령된 그일라를 공격하는 것은 부하들도 반대할 정도로 위험한 일이었다. 또한 그일라는 다윗에 의해 구원을 받은 후에도 사울 편에서 다윗을 사울에게 넘기려고 할 정도로 친사울 정서를 갖고 있던 도시였다(참조. 삼상 23:12). 그럼에도 다윗은 그일라의 아픔을 지나치지 않고 그 도시의 백성들을 위해 위험을 감수하고 블레셋을 공격하였던 것이다.

다윗은 블레셋에 망명 생활을 하는 가운데서도 자신의 백성들을 섬겼다. 다윗은 이스라엘을 괴롭혔던 그술 사람과 기르스 사람과 아말렉 사람을 공격하여 승리를 거두었다(삼상 27:8-9). 다윗은 자신이 없을 때에 자신이 살던 도시인 시글락을 공격하여 백성들을 포로로 잡아간 아말렉을 추격하여 포로들을 구했다(삼상 30:1-20). 이 추격은 다윗의 부하 육백 명 가운데 이백 명이 낙오될 정도로 힘든 전쟁이었다(삼상 30:9-10). 그럼에도 다윗은 포로로 잡혀간 백성들에 대한 안타까움으로(참조. 삼상 30:4-6) 멀리 떨어진 아말렉을 쉬지 않고 추격하였다. 마침내 다윗은 아말렉을 공격하여 포로로 잡혔던 시글락의 백성들을 구원했으며 많은 전리품을 얻었다. 포로 가운데 자유를 얻은 시글락의 백성들이 다윗에게 감사하고 그를 자신들의 지도자로 더욱 신뢰하게 되었음은 자명한 일일 것이다.

다윗의 포용력은 그 다음 사건에 더욱 명확히 나타난다. 시글락의 백성들을 구원한 후에 끝까지 함께 했던 부하들은 추격 도중 낙오된 사람들에게 전리품을 나눠주지 말 것을 다윗에게 요청하였다. 그러나 다윗은 낙오된 자들을 이해하고 그들을 배려하였다. 다윗은 이 전쟁에 승리를 주신 분이 여호와 하나님이시기에 전리품을 사람 마음대로 취급할 수 없다고 말하면서, 낙오된 자에게도 동일하게 전리품을 분배해 주었다(삼상 30:21-24). 뿐만 아니라 아말렉과의 싸움에서 얻은 전리품을 유다의 다른 지역에 있는 장로들에게까지 나누어 줌으로, 이후에 자신의 백성이 될 자들과 기쁨을 함께 하였다.

다윗은 사울과의 갈등으로 인해 야기된 고난의 기간 동안에도 그의 백성들과 함께 고통과 기쁨을 나누었다. 다윗은 갈 곳 없는 백성을 영접하였으며, 자신의 편이 아니더라도 고통당하는 이스라엘 백성이 있으면 그들을 위하여 수고를 아끼지 않았다. 다윗은 가족을 잃어 슬퍼하는 백성들의 아픔을 보고 포로로 잡혀간 백성들을 구원하기 위하여 의로운 분노로 아말렉을 공격하였으며, 함께 전쟁터에 나갔다가 낙오된 군인이라도 그들을 배려하여 전리품을 똑같이 나누었다. 그리고 전쟁을 통해 얻은 재물을 주변에 있는 유다의 백성들과도 함께 나누었다. 이러한 과정을 통하여 다윗은 백성들의 마음을 얻었다. 백성들 위에 군림하는 지도자가 아니라, 백성들을 섬기는 지도자가 되었다.

고난의 순간은 다윗이 백성들을 찾아가는 기간이었다. 백성들의 아픔 가운데 들어가 그들과 함께 울고, 그들의 문제를 해결하기 위해 함께 애쓰는 시간이었다. 이것을 통하여 미래의 왕 다윗은 백성들의 마음이 무엇인지, 백성들의 아픔이 무엇인지 하나씩 배워갔다. 자신을 따르지 않는 사람이라도, 자신과 함께 하는 가운데 낙오된 사람이라도 그들에게 사랑을 베풀고 그들을 깊이 배려함으로 자신의 영향력을 키워갔다. 비록 다윗은 사울과의 갈등 가운데 편안함을 잃었을지는 모르지만, 그는 더욱 소중한 것을 얻었다. 그것은 백성들의 마음이었다. 그러므로 지도자의 갈등은 백성들의 소리를 더욱 가까이서 들을 수 있고, 그들을 더욱 섬길 수 있으며, 백성들의 마음을 얻을 수 있는 기회이다.

3) 갈등은 하나님의 뜻이 실현되는 과정이다

하나님께서는 사울과 다윗과의 갈등을 통하여 다윗을 이스라엘의 통치자로 삼으려는 자신의 뜻을 이루셨다. 하나님께서 다윗을 선택하신 사건은 '사울의 쇠퇴와 다윗의 등장'을 다루는 본문(삼상 16:1–31:13)의 맨 처음에 나온다(삼상 16:1–13). 다윗을 택하신 사건은 여호와께서 사울을 버려 이스라엘 왕이 되지 못하게 하셨다는 말씀과 함께 시작된다(삼상 16:1). 즉 다윗은 하나님께서 버린 사울을 대신하여 왕으로 선택되었다. 사무엘은 하나님의 지시에 따라 베들레헴에 있는 이새의 집으로 가서 이새의 아들을 보았다. 사무엘은 외모가 뛰어난 엘리압이 마음에 들었으나, 하나님께서는 사무엘에게 왕의 선택 기준이 용모나 키가 아니라 마음 중심이라고 말씀하셨다(삼상 16:6–7). 이 기준에 따라 선택되어 기름부음을 받은 자가 다윗이었다(삼상 16:12–13).

다윗을 왕으로 삼으려는 하나님의 뜻이 이루어지는 과정은 참으로 험난했다. 비록 다윗이 골리앗과 싸워 승리함으로 백성들에게 인정받기 시작했지만, 이로 인해 다윗은 그 시대의 최고의 권력자였던 사울의 시기와 미움을 샀다. 사울은 다윗이 존재하는 한 자신의 왕위와 자신의 아들인 요나단의 왕위 계승이 불가능하다는 것을 알았다(삼상 20:31; 참조. 삼상 23:17). 그래서 사울은 다윗을 지속적으로 죽이려 하였다. 그 시대에 이스라엘에서 사울과 대적하여 생존한다는 것은 거의 불가능한 일이었다. 그 시대 종교의 지도자였던 놉의 제사장들도 부지불식간에 다윗을 도왔다는 이유 하나만으로 그들과 그들의 성읍이 모두 사울에 의해 살육 당했다(삼상 22:1–19). 다윗을 죽이려는 사울의 위협 가운데 다윗을 왕으로 세우려는 하나님의 뜻은 위기를 맞이하였다.

다윗이 사울의 위협을 피해 생존할 수 있는 유일한 방법은 그 시대의 이스라엘의 가장 큰 적인 블레셋으로 피신하는 길 밖에 없었다(참조. 삼상 27:1). 그래서 다윗은 블레셋으로의 망명의 길을 택했다. 이스라엘의 적대국에 망명한다는 것은 다윗이 하나님의 뜻대로 이스라엘의 왕이 되는데 있어서 너무나 위험한 선택이었다. 이스라엘의 대적의 편에 있었던 다윗이 이스라엘의 왕이 되는 것은 백성들의 정서로 받아들이기 힘든 일이었을 것이다. 또한 다윗은 블레셋 편에서 이스라엘과의 전쟁에 참여할 뻔 하였다. 비록 블레셋 수령들의 반대로 전쟁터에 나가기 직전에 보류되었지만(삼상 29:1-11), 만약 다윗이 블레셋 편에서 이스라엘과 싸우기라도 했다면 그는 이스라엘의 영원한 적이 되었을 것이다. 이와 같이 다윗이 블레셋에 망명한 것은 사울의 위협을 피한 어쩔 수 없는 선택이었을지는 모르지만, 다윗을 이스라엘 왕으로 세우려는 하나님의 뜻이 성취되는 과정에 크나큰 위기였다.

다윗을 이스라엘의 왕으로 세우려는 하나님의 계획은 지속적인 위기를 맞이하였다. 그러나 이러한 위기의 과정 가운데서도 하나님의 뜻은 흔들리지 않았다. 사울로부터 도피하는 과정 가운데서도 하나님께서 다윗과 함께 하셨다는 말씀(삼상 17:37; 18:12, 14, 28; 20:13)과 다윗이 사울의 뒤를 이어 왕이 될 것이라는 주제는 지속적으로 반복된다(삼상 23:17; 28:16-19). 이러한 반복을 통하여 성서는 여호와께서 함께 하는 다윗이 언젠가는 반드시 왕이 될 것이라는 사실을 독자들에게 전하고 있다.

사울의 죄악으로 발생된 다윗과의 갈등은 하나님의 약속의 위기를 초래하였다. 그러나 하나님께서는 이러한 위기의 순간에도 항상 다윗과 함께 하셨고, 결국 자신의 계획대로 역사를 이끄셨다. 이와 같이 갈등은 하나님의 뜻을 이루는 과정이다. 때로는 이러한 갈등이 인간의 눈으로는 하나님의 계획이 성취되는 과정에서 위기로 보이지만, 하나님께서는 악을 선으로 바꾸어 자신의 뜻을 이루신다. 요셉을 애굽에 팔았던 형들의 죄악에도 불구하고 그 악을 선으로 바꾸어 기근 가운데 있었던 야곱의 가족들을 구원하셨던 하나님께서는(참조. 창 50:20), 여러 자리에서 리더로 살아가는 사람들이 만나는 갈등 가운데서도 그의 뜻을 흔들림 없이 이루어 가신다. 그러므로 여호와를 신뢰하는 자들이 만나는 갈등은 하나님께서 자신의 뜻을 온전히 이루어 가시는 과정 가운데 하나이다.

참고 문헌

강사문. 《하나님이 택한 자들의 가정 이야기》. 서울: 한국성서학연구소, 1998.

강준민. 《관계의 법칙》. 서울: 두란노, 2005.

김의원. 《하늘과 땅, 그리고 족장들의 톨레돗》. 서울: 총신대학교출판부, 2004.

김정우. 《구약통전》. 서울: 이래서원, 2002.

왕대일. 《새로운 구약주석: 이론과 실제》. 서울: 성서연구사, 1996.

_____. 《21세기 설교 가이드: 창세기 I》. 서울: 성서연구사, 1996.

_____. "다시 읽는 야곱 이야기(창 25:19–36:43): 그 구조와 의미." 「구약논단」 4집(1998년 봄): 5–40.

정석규. 《구조로 읽는 창세기》. 서울: 프리칭아카데미, 2006.

_____. 《구조로 읽는 구약성서: 구조분석 방법과 실제》. 서울: 프리칭아카데미, 2006.

_____. "요나서 4장의 주석과 설교," 「한영논총」10호 (2006): 37–60.

_____. "창세기 16장의 구조분석적 해석." 「구약논단」 23집 (2007, 3): 31–51.

_____. 《구조로 읽는 말라기: 주석과 설교》. 서울: 프리칭아카데미, 2008.

정석규 외. 《출애굽기: 어떻게 설교할 것인가》. 두란노 HOW 주석 02; 서울: 두란노, 2009.

정태기. 《아픔 · 상담 · 치유》. 서울: 상담과치유, 2000.

차준희. 《창세기 다시 보기》. 서울: 대한기독교서회, 1998.

_____. 《출애굽기 다시보기》. 서울: 프리칭아카데미, 2004.

천사무엘. 《성서주석: 창세기》. 서울: 대한기독교서회, 2001.

Ahlström, G. W. *Royal Administration and National Religion in Ancient Palestine*. Leiden: E. J. Brill, 1982.

Anderson, B. W. "From Analysis to Synthesis: The Interpretation of Gen 1–11." *JBL* 97 (1978): 23–39.

Blenkinsopp, Joseph. *The Pentateuch: An Introduction to the First Five Books of the Bible*. New York: Doubleday, 1992.

Bright, John. *A History of Israel.* 박문재 역. 《이스라엘 역사》. 서울: 크리스챤 다이제스 트, 1993.

Brown, F., S. R. Driver, and S. A. Briggs. *Hebrew and English Lexicon of the Old Testament.* Oxford: Clarendon, 1907.

Brueggemann, Walter. *First and Second Samuel.* Int.; Louisville, Kentucky: John Knox Press, 1990.

______. *Genesis.* 강성열 역. 《창세기》. 현대성서주석; 서울: 한국장로교출판사, 2000.

Brueggemann, W. and others. *Theological Introduction to the Old Testament.* 차준희 역. 《구약신학과의 만남: 신학으로 본 구약입문》. 서울: 프리칭 아카데미, 2007.

Callaway, Mary. *Sing, O Barren One: A Study in Comparative Midrash.* Atlanta: Scholar Press, 1986.

Cassuto, U. *Commentary on the Book of Genesis: From Adam to Noah/From Noah to Abraham.* Jerusalem: Magnes Press, 1961/64.

Childs, Brevard S. *Introduction to the Old Testament as Scripture.* Phila-delphia: Fortress Press, 1979.

______. *Old Testament Theology in a Canonical Context.* Philadelphia: Fortress Press, 1985.

Clines, D. J. A. *The Theme of the Pentateuch.* JSOTSup 10; Sheffield: JSOT Press, 1979.

Coats, George W. *Rebellion in the Wilderness.* Nashville: Abingdon Press, 1968.

______. "The Wilderness Itinerary." *CBQ* 34 (1972): 135-52.

______. *Genesis with an Introduction to Narrative Literature.* FOTL; Grand Rapids: William B. Eerdmans Publishing Company, 1983.

Cotter, David W. *Genesis.* Beirt Olam; Collegeville: Liturgical Press, 2003.

Cross, F. M. *Canaanite Myth and Hebrew Epic.* Cambridge: Harvard University Press, 1973.

Dahood, M. "Ugaritic-Hebrew Parallel Pairs." In *Ras Shamra Parallels.* vol. 1. Rome: Pontifical Biblical Institute, 1972.

Davies, G. I. "The Wilderness Itineraries and the Composition of the Pentateuch." *VT* 33 (1983): 1–13.

Dempsey, Carol J. *The Prophets: A Liberation-Critical Reading.* Minneapolis: Fortress Press, 2000.

Dillard, Raymond B. and Tremper Longman III. *An Introduction to the Old Testament.* Grand Rapids: Zondervan, 1994.

Dorsey, David A. *The Literary Structure of the Old Testament.* Grand Rapids: Baker Books, 1999.

Durham, John I. *Exodus.* WBC; Waco, Texas: Word Books, 1987.

Eslinger, L. M. "A Contextual Identification of the bene ha'elohim and benoth ha'adam in Gen 6:1–4." *JSOT* 13 (1979): 65–73.

________. *Kingship of God in Crisis: A Close Reading of 1 Samuel 1–12.* Sheffield: JSOT Press, 1985.

Fishbane, Michael. "Composition and Structure in the Jacob Cycle (Gen 25:19–35:22)." *Journal of Jewish Studies* 26 (1975): 15–38.

Fokkelman, J. P. *Narrative Art in Genesis.* Amsterdam: van Gorcum, 1975.

Fretheim, Terence E. *Exodus.* Interpretation; Louisville: John Knox Press, 1991.

Gillman, Florence Morgan. "Nuzi." *ABD.* vol. 4 (1992): 1156–62.

Good, Edwin M. *Irony in the Old Testament.* Sheffield: The Almond Press, 1981.

Gordon, R. P. "David's Rise and Saul's Demise: Narrative Analogy in 1 Samuel 24–26." *TynBul* 32 (1980): 37–64.

______. *1 & 2 Samuel.* OTG; Sheffield: JSOT Press, 1984.

Gunn. David M. *The Fate of King Saul.* JSOTSup 14; Sheffield: JSOT Press, 1980.

Gunkel, Hermann. *Genesis.* 6th ed. Göttingen: Vandenhoeck, 1964.

Hamilton, V. P. *The Book of Genesis 1–17/18–50.* Grand Rapids: Eerdmans, 1990/1995.

Hanson, Paul D. *The People Called. The Growth of Community in the Bible.* San Francisco: Harper & Row Publisher, 1987.

Harris, R. Laird. ed. *Theological Wordbook of the Old Testament.* Chicago: Moody Press, 1980.

Hendel, R. *The Epic of the Patriarch.* Atlanta: Scholars, 1987.

Jobling, D. *The Sense of Biblical Narrative: Three Structural Analyses in the Old Testament (I Samuel 13-31, Numbers 11-12, I Kings 17-18).* JSOTSup 7; Sheffield: JSOT Press, 1978.

______. *1 Samuel.* Berit Olam; Collegeville, Minnesota: The Liturgical Press, 1998.

Keck, Brian E. "Mari." *ABD.* vol. 4 (1992): 525-38.

Keel, O. *Goddesses and Trees, New Moon and Yahweh: Ancient near Eastern Art and the Hebrew Bible.* JSOTSup 262; Sheffield: Sheffield Academic Press, 1998.

Klein, Ralph W. *1 Samuel.* WBC; Texas, Waco: Word Books, 1983.

Kobayashi, Yoshitaka. "HARAN." *ABD.* vol. 3 (1992): 58-59.

Kohler, Ludwig Kohler and Walter Baumgartner. *The Hebrew and Aramaic Lexicon of the Old Testament.* Revised by Walter Baumgartner and Johann Jakob Stamm. Leiden; New York: E. J. Brill, 1994-1996.

Kollar, Charles Allen. *Solution-Focused Pastoral Counselling.* 유재성 역. 《해결중심 목회상담》. 서울: 요단출판사, 2004.

Landes, G. M. "The Kerygma of the Book of Jonah." *Int* 21 (1967): 3-31.

LaSor, William Sanford, David Allan Hubbard and Frederic William Bush. *Old Testament Survey.* 박철현 역. 《구약개관》. 서울: 크리스찬다이제스트, 1994.

Lewis, Theodore J. "Dead, Abode of the," *ABD.* vol. 2 (1992): 101-05.

Maidman, Maynard Paul. "Nuzi: Portrait of an Ancient Mesopotamian Provincial Town." *CANE.* vol. II (1995): 931-47.

Malamat, A. "Intuitive Prophecy - A General Survey." In *Mari and the Bible.* Leiden: E. J. Brill, 1998.

Margueron, Jean-CCL. "UR." *ABD.* vol. 6 (1992): 766-67.

McCarter, P. K. Jr. *I Samuel: A New Translation with Introduction, Notes and Commentary.* AB 8; Garden City, N. Y.: Doubleday, 1980.

McCarthy, D. J. *Treaty and Covenant.* Rome: Biblica Institute Press, 1978.

McGowan, J. C. "Jonah." *The Jerome Biblical Commentary.* Englewood Cliffs: Prentice-Hall Inc., 1968. 1:633-37.

Nicholson, E. W. *God and His People.* Oxford: Clarendon Press, 1986.

Nogalski, James. *Redactional Processes in the Book of the Twelve.* Berlin; New York: Walter de Gruyter, 1993.

Noth, Martin. *Exodus.* OTL; Philadelphia: Westminster Press, 1962.

______. *A History of Pentateuchal Traditions.* Englewood Cliffs: Prentice-Hall, 1972.

______. *The Deuteronomistic History.* Sheffield: JSOT Press, 1981.

Pritchard, J. B. ed. *Ancient Near Eastern Texts Relating to the Old Testament.* Princeton: Princeton University Press, 1969.

Rendtorff, R. "Pentateuchal Studies on the Move." *JSOT* 3 (1977): 20-28.

______. *The Old Testament: An Introduction.* Tr. J. Bowden. London: SCM Press, 1985.

Rendsburg, G. A. *The Redaction of Genesis.* Winona Lake: Eisenbrauns, 1986.

Salter, R. B. *Jonah & Lamentations.* OT Guides; Sheffield: JSOT Press, 1994.

Sarna, Nahum M. *Genesis.* JPS Torah Commentary. Philadelphia; New York: Jerusalem: The Jewish Publication Society, 1989.

______. *Exodus.* JPS Torah Commentary. Philadelphia; New York; Jerusalem: The Jewish Publication Society, 1989.

Seamands, David A. *Healing for Damaged Emotions.* 송헌복 역. 《상한 감정의 치유》. 서울: 두란노, 1986.

Seters, J. van. *Abraham in History and Tradition.* New Haven: Yale University Press, 1975.

______. "Recent Studies in the Pentateuch: A Crisis in Method." *JAOS* 99 (1979): 663-72.

Speiser, E. A. *Genesis.* AB; New York: Doubleday & Company, 1982.

Stuart, Douglas. *Hosea-Jonah.* WBC; Waco: Word Books, 1987.

Sweeney, Marvin A. "Form Criticism." In *To Each Its Own Meaning: An Introduction to Biblical Criticisms and their Application.* Edited by Stephen R. Haynes and Steven L. McKenzie, 58-89. Louisville: Westminster; John Knox Press, 1999.

______. *The Twelve Prophet.* vol. I. Berit Olam; Collegeville: The Liturgical Press, 2000.

Trible, Phyllis. *Rhetorical Criticism: Context, Method, and the Book of Jonah.* Minneapolis: Fortress Press, 1994.

Tsumura, David Toshio. *The First Book of Samuel.* NIC; Grand Rapids, Michigan: William B. Eerdmans Pub., 2007.

Vaux, R. de. *Ancient Israel: Its Life and Institutions/Social Institutions.* New York: McGraw-Hill, 1961/65.

Von Rad, Gerhard. *Das erste Buch Mose: Genesis.* 한국신학연구소 역. 《창세기》. 서울: 한국신학연구소, 1981.

Waltke, Bruce K. and M. O'Connor. *An Introduction to Biblical Hebrew Syntax.* Eisenbrauns: Winona Lake, 1990.

Walsh, Jerome T. *Style and Structure in Biblical Hebrew Narrative.* College-ville: The Liturgical Press, 2001.

Walton, John H, & Victor H. Matthews, *The Bible Background Commentary.* 정옥배 역. 《IVP 성경배경주석》. 서울: IVP, 2000.

Ward, James M. *Thus says the Lord: The Message of the Prophets.* Nash-ville: Abingdon Press, 1991.

Wellhausen, J. *Prolegomena to the History of Ancient Israel.* Cleveland: World, 1965.

Wenham, Gordon J. *Genesis 1-15/16-50.* 박영호 역. 《창세기 1-15/16-50》. 서울: 솔로몬사, 2000.

Westermann, Claus. *Genesis 12-36.* Minneapolis: Augsburg, 1985.

______. *Genesis.* 강성열 역. 《창세기 주석》. 서울: 한들출판사, 1998.

Whybray, R. Norman. *The Making of the Pentateuch.* Sheffield: JSOT, 1987.

______. *Introduction to the Pentateuch.* Grand Rapids: William B. Eerdmans Publishing Company, 1995.

Willis, J. T. "The Function of Comprehensive Anticipatory Redactional Joints in 2 Samuel 16–18." *ZAW* 85 (1973): 294–314.

Wolf, Herbert. *An Introduction to the Old Testament Pentateuch.* Chicago: Moody Press, 1991.

Yeivin, Israel. *Introduction to the Tiberian Masorah.* Trans. and Ed. by E. J. Revell; Masoretic Studies 5. Mssoula, MT: Scholars Press, 1980.

구약성서로 읽는 갈등과 화해

지은이　정석규
펴낸이　정덕주
펴낸곳　한들출판사
서울시 종로구 연지동 136-46 기독교회관 710호
등록 제2-1470호 1992

펴낸날　2010년 4월 30일 초판 1쇄 발행

E-Mail　handl2006@hanmail.net
홈페이지　www.ehandl.com
전화　편집부 741-4068~69
영업부 741-4070 FAX 741-4066

ISBN 978-89-8349-508-2 93230

* 잘못된 책은 바꾸어 드립니다.